꿈의 해석

프로이트 **지음** | **홍성표** 옮김

홍신문화사

꿈의 해석

contents

꿈에 관한 학문적 문헌 ①

나는 이 책에서 다음과 같은 사실을 증명하고자 한다. 즉 꿈을 해석할 수 있는 심리학적 기법(技法)이 있으며, 그 방법을 적용하면 모든 꿈이 깨어 있는 동안의 정신 상태의 소산(所産)임을 알 수 있다는 사실이다. 또한 꿈이라는 것이 도대체 어떤 과정들로 인해 정체 모를 낯선 것으로 보이는지 설명하고, 그 과정들을 통해 인간의 마음이 갖는 힘의 성질을 추론해 볼까 한다. 이러한 노력이 성과를 거두면 나는 이 논술을 일단 멈출 작정이다. 왜냐하면 꿈의 문제가 꿈 이외의 다른 재료를 써서 해결해야 하는 보다 포괄적인 여러 문제와 합류되는 지점에 이르렀기 때문이다. 따라서 우선 지금까지 꿈에 관해 어떤 연구가 있었는가, 또 꿈의 문제에 관한 학문적 현상은 어떠한가를 대략 훑어보고자 한다.

수천 년이라는 세월이 소요되었음에도 불구하고 꿈을 학문적으로 이해하려는 노력은 그다지 큰 성과를 거두지 못하였다. 원시민족은 꿈을 어떻게 생각했으며, 또 꿈이 그들의 세계관이나 영혼관을 만들어 가는 데 어떤 영향을 미쳤는가 하는 것은 매우 흥미로운 주제이다. 그러나 여기서는

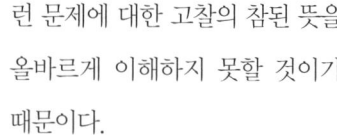

단지 존 러복 경이나 스펜서, 타일러 같은 사람들의 유명한 연구서를 참조하라고 권할 뿐이다. 왜냐하면 우리의 당면 과제인 '꿈 해석'의 연구를 끝낸 후가 아니면 이런 문제에 대한 고찰의 참된 뜻을 올바르게 이해하지 못할 것이기 때문이다.

그리스 로마 시대 사람들의 꿈 평가에는 확실히 꿈에 대한 원시적 견해가 남아 있다. 그들은 꿈이 그들이 믿고 있던 초인간적 세계와 관계있는 것으로, 신이나 악령들의 계시라는 생각을 가지고 있었다. 그리고 그들은 또 꿈에는 그 꿈을 꾼 사람에게 미래를 알리는 뜻깊은 목적이 있다고 생각했다.

꿈을 다룬 아리스토텔레스의 저서 중에서 꿈은 이미 심리학의 연구 대상이었다. 그는 꿈이 인간 정신 가운데 신성(神性)에 가까운 것으로 확신되는 여러 법칙에서 생긴 것이며, 자는 동안 일어나는 영혼의 활동이라고 정의했다.

아리스토텔레스는 꿈의 특성을 얼마쯤 알고 있었다. 예를 들면, 꿈이란 잠자는 동안 일어나는 사소한 자극을 확대 해석한다(몸 어딘가가 약간 따뜻해지면 불 속을 지나면

서 뜨거움을 느끼는 꿈을 꾸게 된다.)는 등의 것으로서, 꿈은 십중팔구 낮 동안 깨닫지 못했던 체내 변화의 첫 징조를 의사로 하여금 알 수 있게 한다는 것이다.

아리스토텔레스 이전의 사람들은 꿈을 신의 고지(告知)라고 생각했다. 그리고 오늘날 우리가 꿈을 생각할 때 언제나 마주치는 그 대조적인 동향에도 이미 고대인들의 생각이 미치고 있었다. 그들은 경고하거나 또는 미래를 예언하기 위한 참되고 가치있는 꿈과, 사람을 미혹하고 타락시키려는 의도를 가진 공허하고 혼미한 꿈을 구별했다.

꿈의 여러 현상에 대한 학문적 관심은 부분적으로 중복되는 다음 몇 가지 문제를 제기한다.

꿈과 깨어 있는 상태의 관계

깨어 있을 때 사람들은 대개 순진하게 생각한다. 꿈은—그것이 실제로 다른 세계에서 오는 것이 아니라 할지라도—잠든 사람을 다른 세계로 옮겨가는 것이라고. 꿈의 여러 현상에 대해 매우 소상하게 기술한 생리학자 부르다흐는 그의 유명한 소론에서 다음과 같이 표현했다.

"……긴장과 즐거움, 기쁨과 고통이 따르는 낮 동안의 생활은 결코 되풀이되지 않는다. 꿈은 우리를 그러한 낮 생활로부터 해방시키려고 한다. 우리 마음이 어떤 일로 꽉 차 있더라도, 또 극심한 고통 때문에 마음이 갈기갈기 찢어져 있을 때라도, 혹은 어떤 과제가 우리의 온 정신을 심각하게 긴장시킬 때조차도 꿈은 우리에게 아주 다른 어떤 것을 주거나, 현실에서 단 몇 가지 요소만 뽑아서 꿈의 조합에 이용하거나, 우리 기분에 따라 현실을 상징화한다."

피히테도 같은 의미에서 '보충몽(補充夢)'이라는 말을 썼는데, 보충몽이란 정신의 자기 치유적 성질의 은밀한 혜택의 하나라고 했다. 슈트륌펠도 꿈의 성질과 생성에 관한 연구(이것은 각 분야에서 높은 평가를 받았다.)에서 이렇게 말하고 있다. "꿈을 꾸는 사람은 깨어 있는 동안의 의식세계에 등을 돌리는 것이다……." "꿈속에서는 깨어 있는 삶의 질서정연한 내용을 거의 기억하지 못하고 의식의 정상적인 작용이 소멸되어 있는 것이다……."

그러나 대부분의 연구가들은 깨어 있는 상태와 꿈의 관계에 대해 이와 상반된 생각을 하고 있다. 하프너는 말했다. "꿈은 깨어 있는 동안 이루어지는 삶의 연장이다. 우리의 꿈은 언제나 바로 얼마 전 의식 속에 존재했던 표상과 연결되며, 전날의 체험에서 그 실마리를 찾을 수 있다." 특히 바이간트는 앞에서 소개한 부르다흐의 주장을 정면으로 반박하고 있다. "꿈은 우리를 일상의 삶에서 해방시키기는커녕 도리어 그 속으로 되돌아가게 하는 것이다." 모리는 《잠과 꿈》에서 "우리는 전에 우리가 보았거나 말했거나 바랐거나 행한 것을 꿈꾼다."라고 말했다.

고대인들도 꿈의 내용이 일상의 삶에 의존하는 것이라는 데 대해 역시 같은 견해를 가지고 있었다. 루크레티우스의 교훈시 〈자연계에 관하여〉 가운데 이런 구절이 있다.

사람은 대개 꿈속에서
스스로 집착하는 일이나
지난날 자신을 사로잡았던 일,
말하자면 마음이 갈망하는 일을 꿈꾼다.
변호사는 소송을 생각하며 법조문을 살펴보고
제왕은 전쟁을 일으키려 한다…….

그보다 훨씬 나중에 키케로는 다음과 같은 말을 했다. "깨어 있을 때 생각하거나 행동한 일의 잔재가 우리 정신 속에서 작용한다."

꿈과 깨어 있는 상태의 관계에 관한 이런 의견의 대립은 사실 없어지기 어려울 것 같다.

꿈의 재료 | 꿈속에서의 기억

꿈을 구성하는 재료는 모두 어떤 방법으로든 체험에서 나온 것이며, 따라서 그 재료가 꿈속에서 재생되고 기억된다는 사실은 논쟁의 여지가 없다. 그럼에도 불구하고 꿈과 깨어 있는 생활의 이러한 관계가 비교하면 분명하게 밝혀지리라 기대하는 것은 잘못이다. 오히려 꿈과 현실의 연관은 주의깊게 살펴봄으로써 밝혀지는 것으로, 오랫동안 밝혀지지 않을 경우도 있다.

잠에서 깨어 생각해 보면 전혀 알지도 못하고 체험한 일도 없는 재료가 나타나는 경우가 종종 있다. 이런 경우 꿈을 꾸고 여러 날이 지난 뒤 새로운 체험을 하면, 그것이 지금까지 기억에 없었던 이전의 체험을 불러일으켜 꿈의 원천이 발견되는 수가 있다. 그래서 깨어 있을 때의 상기 능력(想起能力) 지배권 밖에 있던 무엇인가가 꿈속에서 상기된다는 점을 인정하지 않을 수 없게 된다.

델뵈프는 자신이 직접 꿈꾼, 매우 인상적인 다음과 같은 사례를 인용했다. 그는 꿈속에서 눈 덮인 자기 집 마당에 작은 도마뱀 두 마리가 반쯤 언 채 눈에 파묻혀 있는 것을 보았다. 동물 애호가인 그는 도마뱀을 손으로 녹여주고, 그 집인 작은 담구멍 속에 다시 넣어주었다. 그리고 양치식물의 잎을 몇 개 따서 주었다. 도마뱀이 양치식물을 좋아한다는 사실을 알고 있었기 때문이다.

꿈속에서 그는 그 양치식물의 이름이 '아스플레니움 루타 뮤랄리스'라고 기억했다. 꿈은 계속되어 잠시 다른 내용을 보여주다가 다시 도마뱀으로 되돌아왔는데, 놀랍게도 다른 두 마리의 도마뱀이 나타나더니 남은 양치식물의 잎사귀를 허겁지겁 먹어치웠다. 그리고 그는 들판 쪽에서 다섯 번째, 여섯 번째 도마뱀이 담쪽을 향해 오는 것을 보았다. 마침내는 길이 온통 도마뱀의 행렬로 가득 찼다.

잠을 깬 후 생각해 보니 델뵈프가 아는 얼마 안 되는 라틴어 식물 이름 중 '아스플레니움'이라는 것은 포함되어 있지 않았다. 그런데 실제로 그런 이름의 양치식물이 있음을 알고는 크게 놀라지 않을 수 없었다. 꿈속에서 어떻게 '아스플레니움'이라는 이름을 알 수 있었는지, 델뵈프에게는 그 일이 수수께끼로 남았다.

그 꿈을 꾼 것은 1862년인데, 그후 16년이 지났을 때 이 철학자는 한 친구 집을 방문해 식물 표본 앨범을 보게 되었다. 스위스의 여러 곳에서 관광객들에게 기념품으로 파는 것이었다. 그것을 보자 문득 어떤 기억이 떠올랐다. 앨범을 펼치니 꿈에서 본 아스플레니움 표본이 붙여져 있고 그 옆에 자신의 필체로 그 라틴어 이름이 적혀 있었다. 여기서 꿈과 현실이 연결되었다. 그 친구의 누이동생이 1860년—도마뱀 꿈을 꾸기 2년 전—신혼여행 도중 델뵈프를 찾아온 일이 있었다. 그때 그녀는 오빠에게 줄 선물로 그 앨범을 가지고 왔었다. 델뵈프는 한 식물학자에게 배워 가면서 그 앨범의 식물 표본 하나하나에 라틴어 이름을 써주었던 것이다.

이 꿈을 이렇게 소개하도록 도와준 우연의 힘을 또 한 번 빌려, 델뵈프는 꿈 내용의 다른 부분 역시 숨겨진 원천을 찾을 수 있었다. 1877년 어느 날, 델뵈프는 우연히 낡은 그림잡지 한 권을 손에 넣었다. 그는 그 잡지 속에서 그가 1862년의 꿈에서 본 것과 같은 도마뱀의 행렬을 발견했다. 그 책은 1861년에 발간된 것인데, 그는 자신이 그 잡지를 창간호부터 정기 구독했다는 사실을 깨달았다.

깨어 있을 때는 생각나지 않는 그런 기억을 꿈이 자유로이 활용한다는 것은 이론적으로 중요하고 주목할 만한 사실이므로, 나는 또 다른 '초기억적(超記憶的)인 꿈'으로 이 사실에 대해 좀더 주의를 환기시키고자 한다. 모리는 한동안 낮에 '뮈시당(Mussidan)'이라는 말이 머릿속에 맴돌아 견딜 수가 없었다. 그것이 프랑스의 한 도시 이름이라는 것은 알았으나, 그 이상은 생각나는 바가 없었다.

어느 날 밤, 그는 어떤 여인과 대화하는 꿈을 꾸었다. 그 여인은 자신이 뮈시당 출신이라고 말했다. 그곳이 어디냐고 물었더니, 도르도뉴 군의 한 도시라는 것이었다. 꿈을 깬 모리는 꿈속에서 들은 말을 믿으려 하지 않았다. 그러나 지리학 사전을 들춰보니 꿈에서 들은 대로였다. 이 경우에도 꿈이 더 많은 것을 알고 있다는 사실이 밝혀졌지만, 어떻게 알게 되었는지 잊혀진 원천을 찾은 것은 아니다.

처음 꿈에서는 생각나지 않았던 기억이 다음 꿈에서 확인되는 초기억적인 꿈에 관해서 에르베 드 생 드니 후작은 이렇게 말했다. "나는 어느 날 누이동생과 금발의 젊은 여인이 이야기하고 있는 꿈을 꾸었다. 꿈속의 여인은 누이동생에게 자수(刺繡)를 보여주고 있었는데, 매우 낯이 익었다. 꿈에서 깨어나서도 생생하게 그 얼굴이 기억났으나 누구인지 알 수가 없었다. 나는 다시 잠이 들었는데, 똑같은 꿈을 꾸었다. 이 두 번째 꿈에서 나는 그 여인에게 어디서 만난 적이 있는 듯하다고 했더니, '그래요, 포르닉 해변을 한번 생각해 보세요.'라고 대답했다. 나는 또 잠을 깼다. 그제야 꿈에 나타난 여인과 관련된 일들이 자질구레한 부분까지 아주 또렷하게 떠올랐다."

꿈을 연구하는 사람이라면, 깨어 있을 때 알지 못한다고 생각하는 기억이나 지식이 꿈에서 증명된다는 사실을 지극히 흔한 현상으로 인정해야 한다.

한 환자가 꿈속에서 카페에 들어가 '콘투슈프카'를 주문한 이야기를 하고는, 나에게 도대체 그것이 무엇인 것 같으냐고 물었다. 그는 그런 괴상한 이름은 들은 적도 없다는 것이다. 나는 광고를 통해 훨씬 전부터 그 이름을 알고 있었으므로, 그것은 폴란드 산 보드카의 일종이라고 말했다. 환자는 처음에 내 말을 믿으려 하지 않았다. 그로부터 2, 3일 후, 그는 실제로 카페에서 꿈속에서처럼 그 술을 주문한 후 한 광고판에서 그 이름을 발견했다. 그 광고판은 그가 몇 달 전부터 자주 지나다니던 길목에 붙어 있었던 것이다.

나도 경험한 일이지만, 꿈의 원천을 우연히 발견할 때가 많다. 이 책을 쓰기 전 몇 년 동안 매우 단순한 교회탑이 내 머릿속에서 떠나지 않은 일이 있다. 그러나 어디서 보았는지는 생각이 나지 않았는데, 어느 날 갑자기 그것을 알게 되었다. 바로 잘츠부르크와 라이헨할 사이의 어느 작은 역에서였다. 꿈을 꾼 것은 1890년대 후반이었지만, 그곳을 처음 지나간 때는 1886년이었다. 나중에 내가 집중적으로 꿈에 대한 연구를 하고 있을 때, 어떤 기묘한 풍경이 계속 꿈에 나타는 바람에 괴로웠던 적이 있다. 내 쪽에서 볼 때 왼편으로 어두컴컴한 공간이 보였는데, 거기에는 기괴한 석상이 여러 개 번쩍거리고 있었다. 믿을 수 없는 나의 희미한 기억에 의하면, 아무래도 그것은 어떤 맥주집 입구 같았다.

그러나 이 꿈속의 광경이 도대체 어떤 의미가 있는지, 또 그것이 어디에 있는지 전혀 알 수가 없었다. 1907년 나는 1895년에 처음 가 보고 다시 가지 못해 아쉬웠던 파도바를 우연히 방문하게 되었다. 이 아름다운 대학 도시의 첫 방문은 그다지 만족스러운 것이 못 되었다. 나는 마돈나 델 아레나에 있는 그 유명한 지오토의 프레스코화를 보지 못했다. 그쪽으로 가는 도중 성당의 문이 닫혔다는 말을 듣고 발길을 되돌렸던 것이다. 12년 후의 두 번째 방문 때는 먼저 마돈나 델 아레나 성당으로 향했다. 그런데 그곳으로 가다가 길 왼쪽에 여러 차례 꿈에서 본 풍경이 펼쳐진 것을 발견했다. 아마도 1895년 내가 되돌아섰던 바로 그 지점 같았다. 그곳에는 예의 석상까지 서 있었다. 실제로 그것은 어느 음식점의 정원으로 통하는 입구였다.

재현(再現)의 재료가 될 수 있는 꿈의 원천, 깨어 있을 때의 사고 활동에서는 잘 생각도 안 나고 사용되지도 않는 재료를 꿈이 끄집어내는 경우의 하나는 유년시절의 삶이다. 이를 인정하고 강조한 몇몇 연구가의 말을 인용하겠다.

힐데브란트 "꿈은 때때로 이상한 재현 능력을 발휘하여 잊어버린 옛 일들을 우리 마음속에 불러일으킨다는 사실은 이미 명확하게 밝혀진 바 있다."

슈트륌펠 "꿈의 기억 속에는 먼 옛날의 인물이나 사물, 장소, 체험 형상까지 포함되어 있다. 그것들은 당시 별로 의식하지 않았거나, 아무런 심리적 가치도 갖지 못했거나, 혹은 오래 전에 그 내용을 잃어버렸기 때문에 그 원천이 발견되기까지는 꿈에서 깨고 나서도 전혀 낯선, 미지(未知)의 것처럼 느껴진다."

폴켈트 "유년기 및 청소년기의 기억이 꿈속에 얼마나 잘 등장하는가 하는 사실에 특히 주목해야 한다. 꿈은 우리가 생각하지 않게 된 일, 우리에게는 이미 가치가 없어진 일, 이런 일들을 끈질기게 상기시킨다."

잘 알다시피 의식적인 기억 능력의 배후에 숨어 있는 유년기의 재료를 꿈이 통제하고 있다는 사실은 흥미로운 초기억적인 꿈을 성립시키는 계기가 된다. 그런 사례를 두세 가지 들기로 하자.

모리는 말한다. "나는 어린 시절 곧잘 트릴포르에 가곤 했다. 아버지가 교량 공사를 감독하고 있었기 때문이다. 어느 날 밤 꿈에, 트릴포르에 가서 어렸을 때처럼 한길에서 놀고 있는데 제복 같은 옷을 입은 한 남자가 다가왔다. 나는 그에게 이름을 물었다. 그는 C라고 자신을 소개하면서 다리지기라고 했다. 잠을 깬 뒤 꿈속의 기억이 믿기지 않아 어렸을 때부터 함께 사는 늙은 하녀에게 그런 이름의 남자가 기억나느냐고 물었다. 그녀는 '네, 있었어요. 그는 아버님이 공사를 맡았던 다리를 지켰었지요.'라고 대답했다."

꿈속 유년시절의 기억이 정확하다는 사실을 뚜렷하게 뒷받침하는 실례를 모리는 또 F라는 사람을 통해 보고하고 있다. F는 어린 시절을 몽브리종에서 보냈다. 그는 그곳을 떠난 지 25년 만에 옛 친구들을 찾아볼 생각으로 고향에 가려고 했다. 떠나기 전날 밤 꿈에, 그는 몽브리종 근교에서 한 낯선 신사를 만났다. 신사는 T라고 자기 이름을 밝히면서, F의 아버지 친구라고 말했다. F는 꿈속에서는 어렸을 때 그런 이름의 사람을 알고 있었다고 생각했는데, 잠에서 깨어나서는 아무리 생각해도 그 모습이 기억나지 않았다. 그로부터 2, 3일 후 몽브리종에 도착하니, 꿈속에서 생소하게 느껴졌던 그 장소가 실제로 거기 있었고, 또 거기서 한 신사를 만났는데, 그는 꿈에서 본 바로 그 T였다. 다만 실제의 T는 꿈에서보다 훨씬 더 늙어 보였다.

여기서 내가 꾼 꿈을 한 가지 더 이야기하겠다. 이 경우는 기억에 남아 있는 인상이 어떤 관계를 통해 보충되었다. 꿈에 어떤 사람을 만났고, 그가 내 고향 마을의 의사라는 사실을 꿈속에서는 알고 있었다. 그의 얼굴은 뚜렷하지 않았는데, 내가 요즘도 가끔 만나는 중학교 시절 선생님의 얼굴과 혼동되었다.

이 두 사람 사이에 어떤 관계가 있는지, 꿈을 깬 뒤에도 알 수가 없었다. 그래서 어머니에게 그 의사에 관하여 물었더니, 그가 애꾸눈이라는 것이었다. 그런데 그 중학교 선생님 역시 애꾸눈이었다. 나는 이미 38년 동안이나 그 의사를 만난 적이 없고, 깨어 있을 때는 그 의사에 대해 생각해 본 일조차 없었다.

꿈의 내용과 깨어 있는 삶의 긴밀한 연관성을 믿어 의심치 않는 많은 학자가 주목하는 점은, 깨어 있는 동안의 의식을 사로잡는 여러 인상은 낮 동안의 사고 활동에서 다소 멀어진 후 비로소 꿈속에 나타난다는 사실이다. 그래서 일반적으로 친한 사람이 죽었을 때, 사람들이 아직 슬픔에 잠겨 있을 동안에는 죽은 사람의 꿈을 꾸지 않는다. 그러나 최근 이 문제를 꼼꼼하게 관찰한 핼럼은 그 반대의 실례들을 모아, 이 점에 관해서는 심리적 개성에 따라 다르다는 주장을 했다.

꿈속에서의 기억에 관한 기묘하고 이해하기 어려운 세 번째 특성은 재현된 재료의 선택 방법에서 나타난다. 즉 꿈은 깨어 있을 때와는 달리 뜻깊은 기억에만 가치를 두지 않고, 아주 사소한 기억도 존중한다는 점이다. 이 점에 관해 몹시 신기해하며 놀라움을 나타내는 학자들의 말을 인용해 보자.

힐데브란트 "꿈이 그 재료를 심각한 사건이나 전날의 뚜렷한 주요 관심사가 아니라 가치 없고 사소한 단편에서 취하는 것은 특이한 일이기 때문이다. 가족 중 누군가 죽으면 잠을 이루지 못할 정도로 슬픔에 잠긴다. 그러나 그토록 슬픈 일도 눈을 뜨는 순간 새삼스럽게 가슴을 짓누르며 생각날 때까지 잠시 잊혀진다. 그런데 우리 옆을 스쳐간 낯선 통행인의 이마에 있던 사마귀 같은 것은 유난히 꿈속에 잘 나타난다……."

슈트륌펠 "꿈을 분석해 보면, 그 구성 요소 가운데 많은 부분은 확실히 전날 혹은 전전날의 체험을 근거로 하지만, 깨어 있을 때의 의식에는 극히 무의미하고 가치 없는 것이어서 금방 잊어버리고 만 그런 것들이다."

하벨로크 엘리스 "깨어 있는 동안 느낀 삶의 심각한 감정이나, 우리가 자발적으로 주요한 심적 에너지를 쏟는 의문이나 문제가 보통 즉시 꿈속에 등장한다고는 할 수 없다. 우리의 꿈속에 재현되는 것은 대개 사소한 일, 우연한 일, 일상적인 삶의 '잊혀진' 인상들이다."

빈츠 "일상의 꿈은 우리에게 비슷한 의문을 제기한다. 왜 우리는 그날의 기억에 남은 인상을 꿈꾸지 않고, 이렇다할 뚜렷한 이유도 없는데 먼 과거, 이미 사라진 과거의 일을 자주 꿈꾸는가."

꿈속의 기억이 즐겨 취하는 것은 일상의 체험 가운데 사사로운 것, 등한히 보아 넘긴 것이다. 따라서 꿈이 낮 동안의 깨어 있는 삶에 의존하고 있음을 대부분 오인하고 그 의존 관계를 하나하나 증명하기가 어렵다는 사실은 쉽게 깨달을 수 있다. 사실 힐데브란트의 다음과 같은 주장은 옳은 것 같다. "만약 우리가 그때그때 충분하게 시간을 들이고 재료도 충분히 수집해서 꿈의 유래를 탐색한다면, 꿈속에 나타나는 것은 모두 그 기원을 설명할 수 있을 것이다. 이것은 물론 '몹시 힘이 드는, 성과가 적은 일'이다. 왜냐하면 대부분의 경우 기억의 방 한쪽 구석에 간직되어 있는, 심적으로 별로 가치가 없는 온갖 일들을 캐내고, 오래 전에 지나간 과거의 아무 의미도 없는 모든 요인을, 아마도 당시에는 순식간에 덮어버렸던 망각의 구렁에서 끄집어내는 일로 끝날 것이기 때문이다."

꿈속의 기억 방법은 모든 기억 일반론에서 대단히 중요하다. 그것은 '우리가 일단 정신적으로 소유한 것은 아주 잃어버리게 되지는 않는다'는 사실을 가르치고 있다. 이에 대해 델뵈프는 "아무리 하찮은 인상이라도 모두 언제 어느 때라도 다시 표면화될 수 있는, 변질되지 않는 흔적을 남기는 것"이라고 말했다. 심적 생활의 다른 많은 병리학적 현상도 똑같이 우리를 이런 결론으로 이끌어간다.

우리는 꿈의 현상 일반을 기억의 현상으로 환원시켜서, 꿈을 밤에도 쉬지 않는 재현 활동의 나타남으로 보려고 한다. 이 경우 그것은 재현한다는 것 자체가 하나의 목적이라고 할 수 있다. 필츠의 보고는 이 해석에 부합된다. 그의 보고에 의하면, 꿈을 꾸는 시간과 꿈의 내용 사이의 긴밀한 연관은 깊이 잠들었을 때는 먼 과거의 인상을 재현하나, 새벽 가까이의 얕은 잠 속에서는 최근의 인상이 나타난다는 것으로 증명된다. 슈트륌펠은 체험이 꿈속에서 되풀이되는 것은 아니라고 지적했다. 체험은 모습을 바꾸어서 등장하든가, 아니면 전혀 알지도 못하는 일로 나타난다. 꿈은 단지 단편적으로 재현을 불러일으키는 데 지나지 않는다. 그러나 예외도 있다. 꿈이 깨어 있을 때의 체험을 완벽하게 되풀이할 경우가 없지 않다. 델뵈프의 대학 친구 하나는, 마차 여행 도중 기적적으로 사고를 면했을 때의 상황을 꿈속에서 처음부터 끝까지 그대로 다시 체험했다고 한다. 캘킨스 양도 전날 일어난 일을 정확하게 재현하는 내용의 꿈을 두 가지 보고했다. 나도 기회 있는 대로 유년시절에 체험한 일이 꿈속에서 그대로 되풀이된 실례를 소개할 것이다.

꿈의 자극과 꿈의 원천

꿈의 자극과 꿈의 원천이라는 것이 대체 무엇이며 어떻게 밝혀지는가에 대해서는 '꿈은 내장(內臟)에서 온다'는 흔한 말을 인용하면 쉽게 이해되리라 믿는다. 이런 개념의 배후에는 하나의 이론이 숨겨져 있다. 즉 잠자는 동안 방해하는 일이 일어나지 않았으면 꿈을 꾸지 않았을 것이라는 이론이다. 그리하여 꿈을 이 방해에 대한 대응으로 간주하는 것이다.

꿈의 자극에 관해서는 여러 연구가가 그 저서나 논문 가운데 가장 많은 양을 할애하고 있다. 고대인은 꿈을 신의 고지로 간주했기 때문에 꿈의 자극원을 탐색할 필요를 느끼지 않았다. 그러나 과학이 발달함에 따라 다음과 같은 의문이 생겼다. 즉 꿈을 꾸게 하는 자극은 항상 같은 것인가, 아니면 여러 가지인가 하는 점이다. 이에 따라 꿈의 원인 해명은 심리학이 아니라 오히려 생리학의 과제에 가깝다는 견해가 나오기도 했다. 꿈의 원천에는 네 가지가 있다. 이 네 가지는 꿈의 분류에도 이용된다.

① 외적(객관적) 감각자극 ② 내적(주관적) 감각자극 ③ 보다 내적(기관적)인 신체

자극 ④ 순수한 심리적 자극원

외적(객관적) 감각자극

이미 여러 차례 꿈의 문제에 대한 안내서로 인용된 저서의 필자인 철학자 슈트림펠의 아들, 슈트림펠 2세는 어떤 환자를 관찰한 결과에 관해 일반적인 보고를 하고 있다. 이 환자는 피부의 전신적 무감각증에 고급 감각기관 중 몇 가지가 마비된 증세를 보였다. 아직 남아 있는 감각의 문을 외계(外界)에서 차단하자 그는 잠에 빠졌다. 우리도 잠이 들려 할 때는 대개 슈트림펠의 실험에서와 비슷한 상황에 처하게 된다. 다시 말하면, 외계로 통하는 중요한 감각기관의 문인 눈을 감고, 다른 감각기관으로부터 오는 자극이나 혹은 감각에 작용하는 일체의 자극의 변화로부터 멀리 떨어지려 한다. 그렇게 하면 잠이 든다. 사람은 감각기관에 작용하는 자극을 완전히 물리칠 수 없을 뿐만 아니라, 감각기관의 피자극성을 깨끗이 털어버리지도 못한다. 비교적 강한 자극을 받으면 언제든 잠이 깬다는 사실은 '영혼은 잠자는 동안에도 끊임없이 신체 밖에 있는 외계와 결합하고 있다'는 사실을 증명한다고 해도 좋을 것이다. 잠자는 동안 우리가 받는 감각자극은 꿈의 원천이 될 수 있다.

나는 여기서 다소 우발적이긴 하지만 객관적 감각자극에서 비롯되는 꿈들을 수집한 예센의 글을 인용하기로 한다.

"정체 모를 모든 소리는 그에 따른 꿈의 형상을 낳는다. 천둥소리는 우리를 싸움터 한복판으로 인도하고, 닭의 울음소리는 인간의 비명으로 바뀌고, 문소리는 강도가 침입하는 꿈을 꾸게 한다. 밤에 이불을 걷어차면 알몸으로 돌아다니거나 물속에 빠진 꿈을 꿀 것이고, 비스듬히 누워 발이 침대 밖으로 나가면 무서운 절벽 끝에 서 있는 꿈이나 높은 데서 떨어지는 꿈을 꾸게 될지도 모른다. 머리가 베개 밑으로 들어가면, 큰 바위가 덮치려 하는 꿈을 꾼다. 정액(精液)이 지나치게 축적되면 육욕(肉慾)을 발산하는 꿈을 꿀 것이고, 몸이 아프면 학대를 받거나 적의 공격을 받거나 상처를 입는 꿈을 꾸게 될 것이다."

"마이어는 두세 명의 남자에게 습격당하는 꿈을 꾸었다. 그들은 그를 땅바닥에 뉘어놓고 엄지발가락과 집게발가락 사이에 말뚝을 박았다. 잠을 깨고 보니 발가락 사이에 지푸라기 한 개가 끼여 있었다. 헤닝스에 의하면, 마이어는 셔츠 깃이 목에 너무 꽉 끼었을 때는 교수형당하는 꿈을 꾸었다고 한다. 또 어떤 사람은 덜 마른 잠옷을 입고 잠들었는데, 그만 강물에 떠내려가는 꿈을 꾸었다는 것이다. 잠을 자다가 발에 통풍(痛風) 발작이 일어난 한 환자는 종교재판에 회부되어 고문을 당하는 괴로운 꿈을 꾸었다."

자극과 꿈의 내용 사이의 유사성에 관한 이상의 여러 가지 논의는, 잠든 사람에게 계획적으로 감각자극을 줌으로써 그 자극에 따른 꿈을 꾸게 하는 데 성공하면 그 신빙성이 더욱 강화될 것이다.

모리는 자신의 꿈에 관한 새로운 관찰 결과를 보고하고 있다(다른 일련의 실험은 성공하지 못했다.).

① 입술과 코밑을 깃털로 간질였을 때 : 무서운 고문을 당하는 꿈. 얼굴에 고문의 도구인 가면을 씌웠다가 벗기자 살점이 떨어져 나갔다.

② 가위를 핀셋으로 두드렸을 때 : 종소리가 나더니, 곧 요란한 경종(警鐘)이 울렸다. 1848년 6월 어느 날의 꿈.

③ 코에 향수를 갖다 댔을 때 : 카이로의 요한 마리아 파리나 상점(향수 상점)에 있었으며, 도저히 재현할 수 없는 사랑의 모험을 했다.

④ 목을 살짝 꼬집었을 때 : 고약을 바르는 꿈을 꾸고, 어렸을 때 치료해 주던 의사의 일을 생각했다.

⑤ 뜨겁게 달군 쇠를 얼굴 가까이 가져갔을 때 : 강도들이 침입하여 가족들의 발을 화로 속에 넣고 돈을 몽땅 털어 갔다. 그리고 아브랑테 공작 부인이 나타난다.

그는 꿈속에서 그녀의 비서였다.

⑥ 이마에 물 한 방울을 떨어뜨렸을 때 : 이탈리아에서 몹시 땀을 흘리며 오르비에토 백포도주를 마셨다.

⑦ 붉은 종이 너머로 촛불을 여러 차례 얼굴에 비추었을 때 : 언젠가 도버 해협에서 만난 적이 있는 폭풍우가 몰아쳤다.

꿈을 실험적으로 만드는 시도는 그밖에도 에르베 드 생 드니와 바이간트 등에 의해 이루어졌다.

'감각계에서 오는 갑작스러운 인상을 꿈의 형성물 속에 섞어 넣는 꿈의 기묘한 작용'은 여러 방면에서 지적되었다. 힐데브란트는 다음과 같이 말했다. "젊었을 때 나는 아침에 규칙적으로 일어나기 위해 자명종을 사용했다. 이 자명종 소리가 연관성을 가지고 내 꿈속으로 끼어드는 일이 많았다. 마치 꿈 전체가 오직 그것을 위해 형성되고, 그것이야말로 불가결한 꿈의 논리적 요소이며 본디부터 정해진 궁극적인 목표인 듯한 느낌을 주었다. 나는 여러 차례 그런 경험을 했다."

나는 다소 다른 목적으로 이런 종류의 자명종에 관련된 꿈을 세 가지 더 인용하고자 한다.

폴켈트는 말한다. "어떤 작곡가가 음악시간에 학생들에게 무엇인가 설명하는 꿈을 꾸었다. 그는 설명을 끝내고 나서 한 학생에게 '알았나?' 하고 물었다. 그러자 그 학생은 미친 사람처럼 '오 야(Oh ja : 잘 알았습니다).' 하고 크게 소리쳤다. 그는 화가 나서 그 소리친 학생을 꾸짖었다. 그러자 학급 전체가 외쳐댔다. '오랴(Orja).' 그러다가 '오이료(Eurjo)', 끝에 가서는 '포이에료(Feurjo : 불이야)' 하고 소리쳤다. 꿈에서 깨니 길에서 정말로 '불이야!' 하고 사람들이 소리치고 있었다."

가르니에는 다음과 같이 전한다. "나폴레옹 1세가 폭탄이 터지는 바람에 꿈에서 깨어났다. 그는 마차 속에서 졸다가 꿈을 꾸었던 것이다. 타리아멘토 강을 건너며 오스트리아군의 포격을 받는 꿈이었다. 그는 '큰일났다!' 하고 외치면서 놀라서 눈을 떴다는 것이다.”

모리가 체험한 다음과 같은 꿈은 유명하다. 그는 병이 나서 방에 누워 있었다. 곁에는 어머니가 있었다. 그때 그는 혁명 당시의 공포정치에 대해서 꿈꾸다가 처참한 살육 장면을 목격했다. 결국 그 자신도 법정으로 끌려나가게 되었는데, 거기에는 로베스피에르, 마라, 푸키에 탱빌, 그밖에 한때의 비극적인 영웅들이 모여 있었다. 그는 그들에게 변명했다. 그러나 잘 기억나지 않는 여러 돌발 사건이 있은 뒤에 유죄 선고를 받고, 숱한 군중들에 둘러싸인 채 형장으로 끌려가 단두대에 올랐다. 형리가 그를 묶었다. 단두대가 돌아가다가 칼날이 밑으로 떨어졌다. 그는 머리가 몸통에서 떨어져 나가는 것을 느끼고 소스라치게 놀라 잠에서 깨어났다. 마치 단두대의 칼날처럼 침대 선반이 그의 목덜미에 떨어져 있었다.

이 꿈에 관하여 《철학 잡지》에서 르 로랭과 에제가 흥미로운 논쟁을 벌였다. 각성자극의 지각과 각성 사이의 짧은 시간에 그렇게 많은 내용의 꿈을 압축할 수 있는지 여부와, 압축할 수 있다면 어떻게 하는가 하는 토론이었다.

이런 종류의 실례를 열거해 나가면, 당연히 수면중의 객관적인 감각자극이 꿈의 원천 가운데 가장 확실한 것으로 여겨진다. 또한 객관적인 감각자극이야말로 일반인의 지식에서 중요한 역할을 하는 유일한 것이기도 하다.

그러나 학문적 고찰은 이런 것에만 머물러 있을 수 없고, 관찰을 통해서 보다 많은 문제의 실마리를 찾아내야 한다. 즉 수면중 감각에 작용하는 자극은 그 원래의 모습으로 꿈속에 나타나는 것이 아님은 다 아는 사실이다. 다시 말하면, 자극과 관계는 있지만 그와는 다른 어떤 표상에 의해 대치되는 것이다.

그러나 꿈을 만드는 자극과 꿈속에서의 반응을 이어주는 관계는 모리의 말대로라면 ‘어떤 친화 관계이지 유일무이한 것은 아니다.’ 힐데브란트가 이야기한 다음의 자명종과 관련된 세 가지 꿈을 보면, 왜 동일한 자극이 그렇게 다른 내용의 꿈을 만드는가 하는 의문이 저절로 일어날 것이다.

“나는 어느 봄날 아침 산책을 나갔다. 푸른 들을 지나 이웃 마을까지 천천히 걸어갔다. 마을 사람들은 나들이옷 차림으로 찬송가책을 옆에 끼고 교회를 향해 가고 있었다. 나도 예배에 참석하려고 했으나, 몹시 더웠으므로 교회 주변 묘지에 가서 몸을 좀 식히려고 마음먹었다. 묘지에서 여러 묘비명을 읽고 있는 동안 종탑으로 올라가는 종지기의 발소리가 들렸다. 이윽고 종탑 꼭대기에서는 예배의 시작을 알리는 맑고 날카로운 종소리가 나기 시작했다. 나는 그 소리에 잠을 깼다. 그런데 그 소리는 실제로 자명종이 울리는 소리였다."

"두 번째 예. 맑게 갠 어느 겨울날, 한길에는 눈이 쌓여 있다. 나는 썰매를 타기로 약속했는데, 오래 기다린 후에야 썰매가 문 앞에 왔다는 통지를 받았다. 썰매 바닥에 모피를 깔고 가까스로 자리에 앉았으나 출발하기까지는 꽤 시간이 남았다. 드디어 고삐로 말들에게 출발 신호를 했다. 말들이 달리기 시작했다. 힘차게 흔들리는 방울은 저 유명한 터키 행진곡을 연주하기 시작했다. 그런데 그 소리가 너무 커서 그만 꿈을 깨고 말았다. 이것 또한 자명종 소리였다."

"세 번째 예. 하녀가 접시를 많이 포개어 들고 식당을 향해 걸어가다가 문턱에 발이 걸렸다. 접시는 그만 '와장창!' 요란한 소리를 내며 바닥에 떨어져 산산조각이 났다. 잠에서 깨어나 보니 그것 역시 자명종이 울리는 소리였다."

우리의 정신이 왜 꿈속에서 객관적인 감각자극의 성질을 오인하는가 하는 의문에 대해 슈트륌펠(분트 역시 마찬가지다.)은 이렇게 대답한다. 정신이 수면중의 객관적인 감각자극에 대해서는 착각 형성이라는 조건 아래 있다고. 어떤 감각 인상이 강하고 선명해서 지속적인 경우, 또 잘 생각해 볼 만한 시간적 여유가 있는 경우, 우리는 그 인상을 바르게 '인식하고 해석한다.' 즉 모든 선행하는 경험에 따라 그것이 속해야 할 기억군(記憶群)으로 정리된다. 이런 조건이 충족되지 않으면 우리는 그 인상의 원천인 대상을 오인하는 것이다. 우리 정신이 수면중 외적 자극에 의해 받은 인상도 이와 비슷하게 일정하지 않은 성질을 띠고 있으므로, 정신은 이런 인상을 근거로 착각을 만드는 것이다. 이를테면 심적인 생활의 자의(恣意)에 맡겨진다고 할 수 있을 것이다.

꿈 형성 과정에서 더 이상은 법칙성을 찾을 수 없다. 따라서 감각 인상에 의해 환기되는 착각을 해석하려면, 그것 이외의 조건을 고려에 넣어야 하는가 여부에 대한 물음을 단념하든가, 아니면 수면중에 가해지는 객관적 감각자극이 꿈의 원천으로서는 그다지 대단한 역할을 하지 않으므로 환기되어야 할 기억 형상의 선택을 결정하는 것은 다른 여러 요소라고 추측하든가, 둘 중 한 가지를 택하지 않으면 안 된다. 사실 모리가 실험적으로 만들어낸 꿈을 검토해 보면, 실험이 실제로는 꿈의 여러 요소 중 단 한 가지의 유래에만 부합되는 것이라고 말하고 싶어진다. 그 나머지 꿈에 관련된 내용은 독립되어 있고, 또 상세하게 결정되어 있기 때문에, 그것이 실험적으로 도입된 요소와 일치된다는 주장으로는 도저히 설명되지 않는다. 뿐만 아니라 객관적 인상이 때에 따라서는 꿈속에서 아주 기묘하기 짝이 없는 뜻밖의 방향으로 해석되는 것을 보면, 착각 이론이나 꿈을 구성하는 객관적 인상의 힘 같은 것에 의심을 갖지 않을 수 없다. 이를테면 M. 시몽은 여러 명의 거인이 식탁에 앉아 무서운 소리를 내며 음식을 먹는 꿈을 꾸었다. 잠을 깨니 창 밖을 질주하는 말발굽 소리가 들렸다. 이 꿈에서 말발굽 소리가 《걸리버 여행기》의 기억권, 즉 브롭딩내그의 거인들이나 도덕적인 말〔馬〕 곁에 머물렀을 때의 기억 중에서 표상을 환기했다면, 그 자극에 대해 이처럼 색다른 기억권이 선택되었다는 것은 그 밖에 다른 계기의 도움이 있지 않았을까 하는 생각이 드는 것이다.

내적(주관적) 감각자극

　꿈을 야기하는 것으로서 수면중의 객관적 감각자극의 역할은 분명하다. 그리고 이 자극들이 성질이나 빈도로 보아 모든 꿈의 형상을 설명하기에 불충분하다고 생각된다면, 그와 비슷한 작용을 하는 다른 꿈의 원천을 찾아야 할 것이다. 이에 대해 분트는 다음과 같이 말하고 있다.

"나는 어두운 곳에서 본 빛의 혼돈이나 이명(耳鳴) 등 깨어 있는 상태에서 잘 알고 있는 주관적인 시각 및 청각이 꿈의 착각에서 중요한 역할을 하고 있다고 생각한다. 그중에서도 주관적 망막자극이 큰 역할을 한다. 꿈속에서 흔히 닮은 것이나 똑같은 것이 많이 나타나기 쉽다는 특징이 바로 이 점을 잘 설명해 준다. 무수한 새나 나비·물고기·진주·꽃 같은 것이 우리 눈앞에 펼쳐지는데, 이때 어두운 시야에 떠오르는 광진(光塵)이 바로 그런 형태를 취한 것이다. 광진을 만들고 있는 수많은 빛의 점이 꿈에서 그와 같은 수의 독립된 형상으로 구상화되는데, 그 형상들이 빛의 무질서한 운동성 때문에 '움직이는' 것처럼 보인다. 꿈속에 온갖 동물이 나타나는 것도 아마 이 때문이 아닐까 한다. 동물들의 형태가 잡다한 것은 주관적인 빛의 양상의 특수한 형태에 쉽게 적응하기 때문이다."

주관적 감각자극은 꿈 형상의 원천으로서 객관적 감각자극과는 달리 외적 우연에 의존하지 않는 장점을 가지고 있다. 주관적 감각자극에 꿈을 야기하는 힘이 있다는 주된 증명은, 요하네스 뮐러가 '환상적 시각현상'이라고 기술한 소위 최면 상태적 환각에 의해 얻어진다.

최면 상태적 환각은 대개 사람들이 막 잠들려고 할 때 나타나며, 또 눈을 뜬 뒤에도 잠시 그대로 남아 있는 매우 활발하고 다양한 형상들이다. 모리는 유난히 이런 형상이 심하게 나타났는지, 이 현상을 세밀하게 관찰하여 그것과 꿈의 형상의 일치를 주장했다. 그는 말하기를, 이런 현상이 발생하려면 어느 정도 마음이 느긋해져야 한다고 했다.

그런데 이와는 반대의 체질을 가진 사람이 이런 최면 상태적 환각을 보려면, 잠시 동안 무감각 상태에 빠지면 된다. 그 환각에서 깨어났다가 다시 환각에 빠지고 또 깨어나고 하는 동안 결국 잠들어 버리는 것이다. 너무 긴 시간이 지나기 전에 잠을 깬다면, 잠들기 전에 최면 상태의 환각으로서 눈앞에 아른거렸던 형상을 꿈속에서도 볼 수 있다고 모리는 말한다.

모리는 어느 날 잠이 들 무렵 일그러진 표정과 기묘한 머리 모양을 한 괴상한 사람을 여러 명 보았는데, 잠을 깨고도 그 인물들을 생생히 기억할 수 있었다. 또 마침 절식(節食)을 하고 있을 때, 최면 상태에서 포크를 쥔 손이 그릇 속 음식을 꺼내고 있는 것을 보았다. 꿈속에서 그는 음식이 차려진 식탁 앞에 앉아서 사람들이 내는 포크 소리를 들었다. 또 한번은 눈이 아팠는데, 잠들기 전에 극히 작은 기호(記號)의 최면적 환각을 보았다. 그것은 아주 주의해서 그 하나하나를 해독하지 않으면 안 될 정도로 작았다. 한 시간쯤 자다가 눈을 떠보니, 책 한 권을 펼쳐 놓고 아주 작은 인쇄 활자를 읽느라고 애쓰던 꿈을 꾼 기억이 났다.

이 형상들과 마찬가지로 낱말이나 이름 등의 환청도 최면 상태에서 나타났다가 그것이 또 꿈속에서 되풀이되는 경우가 있다.

요하네스 밀러나 모리와 같은 방법으로 새로이 최면 상태의 환각을 관찰한 사람으로는 G. 트럼벌 래드가 있다. 그는 서서히 잠들었다가 2~5분 후에 재빨리 잠을 깨는 훈련을 했는데, 눈을 뜨지 않은 채 막 사라지려는 망막상의 감각을 기억에 남아 있는 꿈의 형상과 비교해 보았다. 그리하여 그는 망막의 자기광선(自己光線)의 빛나는 점이나 선이, 말하자면 심적으로 지각된 꿈속 형태의 윤곽이나 규범을 이루는 방식으로 양자간의 연결을 언제나 인식할 수 있었다고 확언한다. 그의 말을 빌린다면, 그가 꿈속에서 읽은 인쇄된 종이가 어떤 것으로 해체되었는데, 깨어 있는 지각에는 그것이 실제로 인쇄된 책장처럼 생각되었다. 그것은 마치 그 종이가 너무 멀리 떨어져 있어 다소 뚜렷하게 하기 위해 종이의 뚫린 구멍으로 들여다보는 것 같았다.

래드는 망막의 내적 흥분 상태라는 재료에 의하지 않는 지각적 꿈은 꾸지 않는다고 말하는데, 그렇다고 해서 그가 이 현상의 핵심 부분의 가치를 낮게 평가하고 있는 것은 아니다. 이런 사실은 특히 어두운 방에서 잠든 직후에 꾸는 꿈에 해당된다. 그러나 이와 반대로 새벽에 잠을 깨기 전에 꾸는 꿈에서는, 훤해진 방에서 눈에 들어오는 객관적인 빛이 자극원이 되기도 한다. 망막의 자기광선 자극이 다채롭고 분주하게 변화할 수 있는 특성은 우리가 꿈에서 보는 불안한 형상의 흐름과 적합하게 대응하고 있다. 래드의 관찰을 의미있는 것으로 인정한다면, 이들 주관적인 자극원이 꿈에 대해 갖는 큰 역할을 낮게 평가하지는 못할 것이다. 왜냐하면 시각적 형상이야말로 이미 알고 있는 것처럼 우리 꿈의 주요 성분을 이루고 있기 때문이다. 청각을 제외한 다른 감각 영역이 꿈에 대해 갖는 의의는 시각의 그것에 비해 아주 사소한 것이며, 또 일정한 것도 아니다.

보다 내적(기관적)인 신체자극

우리는 지금 꿈의 원천을 신체의 외부가 아니라 내부에서 찾으려 하고 있는데, 이 경우 건강할 때는 거의 지각되지 않는 우리 내장기관의 대부분이 자극을 받거나 병이 났을 때는 대개 동통감각(疼痛感覺)의 원천이 되며, 이 원천이 외부에서 오는 동통자극이나 감각자극을 일으키는 것과 같아야 한다는 점을 잊지 말아야 한다.

아리스토텔레스는 깨어 있을 때는 전혀 몰랐던 병의 초기 증상을 꿈에서 알게 되는 일이 흔하다고 말했다. 꿈의 예언력을 전혀 믿지 않는 의사들도, 적어도 병의 예고라는 점에서는 꿈이 갖는 의의를 인정하고 있다.

티시에는 그 한 예로 43세 된 여성에 관해 서술하고 있다. 그녀는 보기에 아주 건강했으나 2, 3년 동안 계속 불안한 꿈으로 괴로워했다. 그러다가 의사에게 진찰을 받은 결과 심장병이 있음을 알았는데, 마침내 그 병으로 사망했다.

대부분의 사람에게는 여러 내장기관의 장애가 분명히 꿈의 원인으로서 작용한다. 심장이나 폐가 나쁜 환자가 자주 불안한 꿈을 꾼다는 것은 일반적으로 지적되고 있는 바이다. 모리는 병든 기관이 꿈 내용에 특별한 성격을 부여한다고 말하고 있다. 심장병 환자는 대체적으로 대단히 짧고 무서운 내용의 꿈을 꾼다. 폐결핵 환자는 질식 · 압박 · 도망의 꿈을 꾼다. 그리고 그들 대부분은 엎드려서 자거나 호흡기관을 막는 실험을 통해 그런 악몽을 꿀 수 있었다. 소화기 계통에 장애가 있는 사람은 음식을 먹거나 토하거나 하는 내용의 꿈을 꾼다. 끝으로 성적 흥분이 꿈의 내용에 미치는 영향은 설명할 것도 없이 누구나 다 잘 알 것이다. 이것이야 말로 기관자극에 의한 꿈 발생의 모든 이론에 가장 강력한 논거가 된다.

이제 문제가 되는 것은 정상적인 사람의 흔한 꿈에서는 무엇이 자극 원인일까 하는 점이다.

신체 내부의 어느 기관이 병에 걸렸을 때 꿈 자극의 원천이 되는 것이 확실하고, 또 수면 상태에서는 깨어 있을 때보다 신체 내부에 더 많은 주의를 기울인다는 사실을 인정한다면, 반드시 질병에 걸리지 않아도 자극이 잠든 정신에 도달하여 어떤 방법으로든 꿈의 형상이 된다는 점을 쉽게 추정할 수 있다. 우리는 깨어 있을 때 막연하게 일반적인 느낌으로서 그저 질적으로만 지각한다. 이런 느낌에는 모든 신체기관 조직이 기여하고 있다고 의사들은 생각하고 있는데, 이것이 밤이면 힘차게 작용하여 그 하나하나의 요소가 활동함으로써 꿈의 표상을 환기하는 데 강력하고도 흔한 원천이 된다. 그렇다면 어떤 법칙에 따라 기관자극이 꿈의 표상으로 변화되는지 검토하는 일만 남는다.

우리는 여기서 모든 의사와 꿈 연구가들이 찬성하고 있는 꿈의 발생론에 부딪힌 것이다. 우리 존재의 중핵, 티시에가 말하는 내장자각이 우리의 인식을 덮고 있는 어둠과 꿈 발생시의 어둠은 굳이 관련지을 필요가 없을 만큼 서로 잘 일치된다. 게다가 식물 신경성(植物神經性) 기관감각을 꿈의 원천이라고 생각하는 견해가 의사에게는 또 다른 매력을 준다. 이 견해에 의하면, 그 현상에서 꿈과 많은 일치점을 나타내는 정신장애는 병리학적으로도 일치된다. 그것은 신체 전체의 일반적인 감정의 변화와 내장기관에서 비롯되는 자극이 정신병 성립에 큰 의의를 갖는 것으로 되어 있기 때문이다.

몇몇 연구가들은 철학자 쇼펜하우어가 1851년에 주장한 견해를 따르고 있다. 우리의 세계상이 성립하는 것은 지성이 밖에서 엄습해 오는 여러 인상을 시간·

공간·인과율(因果律)의 형식으로 개조한 결과다. 신체 내부로부터의 교감신경에 의한 자극은 낮 동안은 고작해야 무의식적으로 우리 기분에 영향을 나타낼 뿐이지만, 밤에 낮 동안의 강렬한 인상작용이 끝나면 내부에서 솟아오르는 인상들이 주의를 끌게 된다. 지성은 그러한 자극을 시간·공간을 채우고 인과율에 따라 움직이는 여러 형식으로 개변(改變)시킨다.

정신과 의사 크라우스는 철저한 연구에 의하여 꿈·섬망(譫妄)·망상의 발생을 '기관적'으로 '제약된 감각'이라는 동일한 요소에 의해 설명하려고 했다. 이것은 신체의 일부로서 꿈 또는 환상의 출발점이 되지 않는 것은 하나도 없다는 의미다. 기관적으로 제약된 감각은 다음의 두 계열로 나눌 수 있다. ① 전체적 기분(일반감정)의 계열 ② 식물 신경성 유기체의 주요한 여러 계통에 내재하는 특수감각. 이두 번째 것은 다시 다섯 가지로 나뉜다. a. 근육감각 b. 호흡감각 c. 위(胃)감각 d. 성욕감각 e. 말초감각.

신체자극에 기인한 꿈 형상의 성립 과정을 크라우스는 다음과 같이 상정하고 있다. 자극을 받고 일깨워진 감각은 어떤 연상 법칙에 따라 그 감각과 유사한 표상을 환기시키고, 그 감각과 결합되어 하나의 기관적인 형성물이 되는데, 이 형성물에 대해 의식은 정상적인 경우와 다른 자세로 임한다. 왜냐하면 의식이 오로지 그 감각에 따르는 표상에만 주의를 기울이기 때문인데, 이 점이 바로 왜 이런 상태가 오랫동안 바르게 포착되지 않았는가를 설명하는 것이기도 하다. 크라우스는 이 과정에 감각의 꿈 형성으로의 '변질'이라는 특별한 표현을 사용하고 있다.

여러 가지 꿈의 형태에 대한 해석은 대체로 일치하고 있다. 소위 '유형적' 해석이 바로 그것이다. 많은 사람들이 아주 비슷한 내용의 꿈을 자주 꾸기 때문이다. 높은 곳에서 떨어지는 꿈, 이가 빠지는 꿈, 하늘을 나는 꿈, 알몸이 되거나 옷이 벗겨질 듯하여 난처해하는 꿈 등은 이미 잘 알려진 것인데, 특히 맨 마지막 꿈은 이불을 걷어차 몸이 노출되었다는 사실을 수면중 지각했을 때 꾸는 것이다.

이가 빠지는 꿈은 '치아 자극'에 귀착되는데, 그렇다고 반드시 치아가 병적으로 자극된 상태여야 하는 것은 아니다. 하늘을 나는 꿈은 슈트륌펠에 의하면 우리 정신이 위아래로 움직이는 폐엽(肺葉)에서 나오는 자극량(刺戟量)을 그것으로 대치하는 근사상(近似像)인데, 그럴 경우 동시에 흉부의 감각이 이미 무의식화될 정도로 저하되어 있음을 나타낸다. 이러한 흉부 감각의 무의식화가 이루어지면 공중을 떠도는 표상과 결부된 감각이 생기는 것이다. 높은 곳에서 떨어지는 꿈은 피부 압박감을 의식하지 못하고 있다가, 한쪽 팔이 아래로 떨어지든가 아니면 구부리고 있던 무릎이 갑자기 펴지든가 할 때 피부 압박감을 다시 의식하면서 꾸는데, 이 의식화의 과정이 떨어지는 꿈으로서 심리적으로 구상화되는 것이다.

M. 시몽은 비슷한 일련의 꿈을 비교하고, 기관자극이 꿈의 성립을 규정하는 데 끼치는 영향이 어떤 법칙 아래 행해지는지 규명하려 했다. "대체로 수면중의 감정 표현에 관계되는 역할을 맡고 있는, 어떤 기관이 다른 유인(誘因)으로 흥분 상태에 놓였을 때(그리고 보통은 위에서 말한 감정에 의해 흥분 상태에 놓이는 것이다.) 발생하는 꿈은 그 감정에 알맞은 표상을 내포할 것이다."

또 다른 법칙은 다음과 같다. 즉 "한 기관이 수면중에 활동을 하거나 흥분하거나 기능장애에 빠지거나 하면, 꿈은 그 기관이 집행하는 기관적 기능 행사와 관련된 표상을 내포한다."

몰리 볼드는 꿈을 이루는 신체자극에 관한 이론에서 생각할 수 있는 영향을 개개의 영역에서 실험적으로 입증하려 했다. 그는 잠자는 사람의 손발 위치를 바꾸어 놓고 꿈의 내용이 어떻게 변하는지 비교하여, 그 결과를 이렇게 보고한다.

① 꿈속에서 손발의 위치는 대충 현실의 위치와 같다. 즉 꿈에서 보는 것은 현실의 상태에 조응하는 손발의 정적인 상태이다.

② 꿈속에서 손발을 움직일 때는 언제나 현실의 손발 위치에 조응한다.

③ 자기 손발의 위치를 꿈속에서 타인의 것으로 바꾸는 경우도 있다.

④ 그 운동이 방해받는 꿈을 꾸는 수도 있다.

⑤ 특정한 위치에 있는 손발이 꿈속에서 동물 또는 괴물의 모습으로 나타나기도

한다. 이때 양자간에 어떤 비슷한 점이 형성된다.

⑥ 꿈속에서 손발의 위치는 그 손발에 어떤 관계를 갖는 생각을 자극하는 수가 있다. 예를 들어 손가락을 움직이면 수(數)에 관한 꿈을 꾸는 것과 같다.

이런 결론에서 생각할 수 있는 것은, 신체자극 이론 역시 꿈의 상(像)이 만들어지는 과정에서 겉보기에 자유로운 상황을 완전히 제거할 수는 없다는 것이다.

심리적 자극원

꿈과 깨어 있는 상태의 관계와 꿈의 재료를 논했을 때, 우리는 낮 동안에 행동하고 깨어 있을 때 관심을 가졌던 일을 꿈꾼다는 것이 과거와 현재를 통틀어 모든 꿈 연구가들의 견해임을 알았다. 깨어 있을 때부터 잠자는 동안에도 계속되는 이 관심은 꿈을 의식 생활과 맺어주는 심적 유대일 뿐 아니라, 수면중에 관심을 갖게 된 것과 함께 모든 꿈 형상의 유래를 해명하는 데 충분한, 경시할 수 없는 또 하나의 꿈의 원천을 밝혀준다. 그러나 이런 주장에 대한 반론에 의하면, 꿈은 잠자는 사람을 낮 동안 관심을 가졌던 일로부터 멀어지게 하고, 대개 낮에 가장 강하게 우리의 관심을 끌던 사물들은 그 자극을 잃어버렸을 때 비로소 꿈에 등장한다는 것이다. 따라서 우리는 '흔히'라든가 '대체로'라든가 '대다수의 경우' 등 말로 조건을 달거나 미리 예외를 인정하지 않고는 일반적인 법칙을 세울 수가 없다.

수면시의 내적·외적 자극 외에 깨어 있을 때의 관심을 가지고 꿈의 원인을 모두 알 수 있다면, 우리는 꿈의 모든 요소의 유래를 충분히 설명할 수 있을 것이다. 그리하여 꿈 원천의 수수께끼가 해명되면, 결국 남는 과제는 꿈의 심리적 자극과 신체적 자극이 개개의 꿈속에서 어떻게 관여하고 있는가를 밝히는 일뿐이다. 하지만 실제로는 이처럼 꿈을 완벽하게 해명하는 작업이 아직 성공하지 못했을 뿐만 아니라, 이런 시도를 했던 그 누구도 그 유래에 관해 밝히지 못한 꿈의 요소가 많이 남아 있다.

꿈의 가장 특징적인 표상형상(表象形象)은 그 재료를 어디서 끄집어내고 있는 가 하는 점이다. 이런 상황에서 대다수의 연구가는 꿈의 형성에 대한 심리적 관여를 좀처럼 포착할 수 없으므로 되도록 축소하여 평가하려는 경향을 나타낸다. 그들은 꿈을 크게 '신경자극의 꿈'과 '연상의 꿈'으로 나누기도 하지만(후자는 전적으로 기억의 재현을 그 기원으로 삼는다.), '동기가 되는 신체자극이 없더라도 꿈을 꿀 수 있는 것이 아닐까' 하는 의문을 버리지 못한다.

심리적인 꿈의 원천과 마찬가지로 순수한 연상(聯想) 꿈에 대한 특징도 명쾌하게 해명되지 않았다. "본래 연상 꿈에서는 그런 뚜렷한 핵심이 문제가 되지 않는다. 여기에서는 여러 가지 요소가 서서히 뭉쳐서 꿈의 중심부로 침입해 온다. 그러잖아도 이성이나 오성으로부터 방임되어 있는 자유로운 표상세계는 더 중대한 신체자극이나 심리적 자극에 의해 화합하지 못하므로, 이렇듯 제멋대로 다채로운 활동, 구속 없는 장난에 빠지게 된다."(폴켈트)

분트 역시 꿈 형성에 대한 심리적 관여를 과소평가하면서 다음과 같이 논하고 있다. "꿈의 환상을 순수한 착각으로 보는 것은 잘못이다. 대부분의 꿈의 표상은 실제로 잠잘 때도 결코 소멸하지 않는 가벼운 감각자극에서 생기는 착각이기 때문이다."

바이간트의 의견 또한 같은데, 이것을 한층 더 일반화시켜서 모든 꿈의 표상에 대해 그는 이렇게 주장하고 있다. "그 가장 가까운 원인은 감각자극인데, 그것이 있음으로써 비로소 다른 재현적인 연상이 결합되어 간다."

티시에는 심리적 자극의 역할을 한층 더 경시한다. "정신에 근거한 꿈이란 절대로 존재하지 않는다. 꿈의 상념은 외부로부터 오는 것이다……."

유력한 철학자 분트처럼 중간적 입장을 취하는 몇몇 연구가들은 대개의 꿈에서는 신체적 자극과 미지의 심리적 자극, 혹은 깨어 있는 동안의 관심으로 인정되는 심리적 자극이 함께 작용해서 꿈을 만들어낸다고 덧붙인다.

심리적인 것이 실제의 연구에서 어떤 현상의 첫 동인(動因)으로 인정된다 하더라도, 한 걸음 더 깊이 들어가면 기관적(器官的)인 것에 기인함을 알 수 있다. 그러나 심리적인 것이 우리 의식에서 종착점을 의미하는 경우, 성급하게 그것을 부정할 필요는 없다.

왜 잠에서 깨면 꿈을 잊어버리는가

아침이면 꿈이 덧없이 사라진다는 것은 누구나 다 경험으로 알고 있다. 물론 꿈은 기억된다. 왜냐하면 우리는 잠에서 깨어나면 기억을 통해서만 꿈에 대해 알기 때문이다. 우리는 곧잘 이렇게 생각한다. 실제로는 더 많은 내용의 꿈을 꾸었는데 잠을 깨니 어느 일부분밖에 기억나지 않는다고. 또 아침에는 뚜렷하게 기억되던 꿈이 낮에 산산이 흩어지고 여러 개의 작은 조각만 남는 것을 쉽게 경험할 수 있다. 혹은 꿈을 꾼 것은 분명한데 무슨 꿈을 꾸었는지 모르는 경우도 흔히 있다. 우리는 꿈은 잊혀지게 마련이라는 경험에 익숙해 있다. 따라서 아침에 눈을 떴을 때 꿈의 내용을 기억 못하는 사람도 애당초 꿈을 꾸었으리라는 가능성은 부인하지 않는다. 다른 한편 생생하게 기억에 남는 꿈도 있다. 이런 모든 것은 충분히 주목할 만하지만, 당장 이해할 수 있는 일들은 아니다.

꿈의 망각에 관해 가장 자세히 연구한 사람은 슈트륌펠이다. 꿈의 망각은 복잡한 현상으로, 그는 이 현상을 여러 가지 원인에서 근거를 찾아 설명하고 있다.

꿈을 망각하는 원인은 첫째, 깨어 있는 동안 망각을 일으키는 원인과 통한다. 우리는 깨어 있는 동안 감각하고 지각한 것들을 금방 잊어버리는 경우가 많다. 그것은 그 감각이나 지각이 너무 미약하든가, 그에 결부된 심적 흥분도가 너무 낮기 때문이다. 꿈의 경우도 그와 마찬가지다. 꿈의 형상이 잊혀지는 것은 그것이 너무 약하기 때문이며, 그 반대로 강렬한 형상은 생생하게 기억된다.

슈트륌펠을 비롯한 연구가들(이를테면 캘킨스)은 다음의 사실을 인정하고 있다. 즉 매우 활발하게 느껴졌던 꿈의 형상은 쉽게 잊혀지나, 감각적으로 미약하고 희미하게 느껴진 꿈의 형상은 오히려 오랫동안 남는다는 사실이다. 둘째로, 한 번밖에 일어나지 않았던 일은 깨어나 잊어버리기 쉬운 반면, 여러 번 지각되었던 것은 잘 기억되는 것이 보통이다. 그러나 대개의 꿈의 형상은 단 한 번의 체험이다. 이러한 특성이 꿈의 망각을 돕는 것이다. 셋째, 감각이나 표상이나 사고 등이 어느 정도 기억되기 위해서는 따로 떨어지지 않고 적절히 결합하거나 연결의 관계를 맺을 필요가 있다. 꿈은 대개의 경우 질서가 없으며 이해하기 어렵다. 그리고 꿈의 구성에는 기억될 수 있도록 도와주는 것이 전혀 없으며, 대부분 다음 순간 흩어져 버리므로 망각되는 것이다.

슈트륌펠은 꿈과 깨어 있는 상태의 관계에서 비롯된 다른 요인들이 꿈을 잊는 큰 계기로 작용한다고 말한다. 깨어 있는 의식이 꿈을 잊기 쉬운 것은 분명히 앞에서 말한 다음 사실의 한 사본(寫本)에 불과하다. 즉 꿈은 대부분 깨어 있을 때의 기억을 개별적으로 이어받을 뿐이므로, 그 부분적인 기억을 깨어 있는 동안 익숙한 심리적 결합으로부터 떼어 버린다. 그러므로 꿈의 구성은 보통 정신을 채우고 있는 심리적 계열의 조직 속에 자리를 차지하지 못한다. 꿈의 구성에는 기억을 돕는 것이 전혀 없다. '그래서 꿈의 형성물은 우리의 심적 생활의 토대에서 떠올라, 새로 이는 바람에 흩날려 버리는 하늘의 구름과 같이 심리적 공간 속을 떠돌아다닌다.' 잠에서 깨자마자 우리의 사고는 밖에서 닥쳐오는 감각세계의 일로 분주해지기 때문에, 그 힘 앞에서 지탱할 만한 꿈의 형상이 얼마 없다는 상황도 같은 맥락으로 작용한다. 이 얼마 안 되는 꿈의 형상도 새로운 하루의 여러 인상 앞에서 마치 태양빛 앞의 별빛처럼 스러지는 것이다.

꿈을 잊는 것에 관해 보나텔리가 슈트륌펠의 설에 덧붙인 다른 두 가지 이유는 이미 슈트륌펠의 설 가운데 포함되어 있다.

① 잠잘 때와 깨어 있을 때 사이의 감각의 변화는 양자의 재현에 불리하다.

② 꿈속에서의 표상재료가 깨어 있을 때의 표상재료와 다르게 배열되어 있다.

슈트륌펠 자신이 밝힌 바와 같이, 꿈이 잊혀지는 이 모든 이유를 검토한 후에도 의아하게 생각되는 것은, 여전히 기억에 남는 꿈이 아주 많다는 사실이다. 꿈의 기억에 관한 몇 가지 특성이 최근에 특히 주목받은 것은 당연하다. 이를테면 아침에 눈을 떴을 때는 잊어버렸던 꿈이 우연히 꿈의 내용과 관계있는 일을 계기로 낮에 머릿속에 떠오르는 경우가 있다. 그러나 꿈에 대한 기억이 전체적으로 과연 본래 그대로인지 어떤지는 매우 의심스럽다. 왜냐하면 꿈 중의 많은 것을 생략하는 우리의 기억이 그 꿈 내용을 왜곡했을지도 모르기 때문이다.

우리 기억이 얼마나 믿을 만한지 알아보기 위해서는 객관적으로 검사하는 것이 가장 바람직한 방법이다. 하지만 꿈은 우리 스스로 체험한 것이면서도 유일하게 기억을 통해서만 알 수 있으므로 객관적인 검사는 불가능하다. 그렇다면 꿈에 대한 우리의 기억은 어떤 가치를 지니고 있을까?

꿈의 심리학적 특색

꿈을 학문적으로 고찰함에 있어서, 우리는 꿈이 정신 활동의 소산이라는 가정에서 출발했다. 그러나 만들어진 꿈이 왠지 낯설게 느껴져서, '꿈을 꾸었다'고 하는 것과 마찬가지로 기꺼이 '꿈에서 보았다'고 할 정도로 우리는 우리가 꾼 꿈에 대해 스스로 책임질 마음이 생기지 않는다. 꿈의 그런 '정신적 생소함'은 어디서 기인되는 것일까.

그것이 꿈 내용을 이루는 재료 때문은 아닌 것 같다. 재료는 깨어 있는 삶에서나 꿈속에서나 대부분 공통적이기 때문이다. 어쩌면 꿈에서 일어나는 심리적 과정의 변화 때문에 그런 인상을 불러일으키는 것은 아닐까 자문할 수 있다. 그렇게 되면 꿈의 심리적 특성 묘사를 시도하게 된다.

꿈의 주요한 특성 가운데 한 가지는 잠이 드는 상태에서부터 나타나며, 그것이 잠을 유도하는 현상으로 간주되고 있다는 것은 이미 지적한 바다. 잠을 깬 상태의 최대 특색은, 슐라이어마허에 의하면 사고 활동이 '형상'이 아니라 '개념'에 의해 이루어진다는 점이다.

그런데 꿈은 주로 형상에 의해 생각되고 수면 상태에 접근함에 따라 의식적인 여러 활동이 힘들어지는 데 비례하여 '자의적'인 표상들이 나타나고, 이 표상들은 모두 구체적 형상의 부류에 속한다는 사실을 알게 된다. 우리가 의도적으로 바란 다고 느끼는 사고 활동이 불가능하고 보통 '방심 상태'와 언제나 결부되어 있는 구체적 형상이 등장한다는 것은 꿈에서 떼어놓지 못할 두 가지 성격이다. 따라서 꿈을 심리학적으로 분석할 때 우리는 이것을 꿈의 본질적 성격으로서 인정하지 않을 수 없다. 형상에 관해서는 그 자체가 내용상 꿈의 형상과 일치한다는 사실을 앞에서 살펴보았다.

다시 말해, 꿈은 주로 시각적인 여러 형상에 의해 나타나지만 그것이 절대적인 것은 아니다. 청각형상을 이용하는 수도 있고, 또 드물기는 하나 다른 감각형상을 이용하는 경우도 있다. 또 꿈속에서는 많은 것이 평소 깨어 있을 때와 똑같이 단순 하게 생각되거나 표상되거나 한다(아마도 언어표상의 찌꺼기에 의해). 그러나 형상과 같은 작용을 가진 내용의 요소, 즉 기억표상보다도 지각과 비슷한 내용의 여러 요 소만이 꿈의 특색을 나타낸다.

일반적으로 꿈속에서의 심리적 작용을 대수롭지 않게 평가하는 연구가들도 심 적 활동의 어떤 잔재가 꿈속에 내포되어 있다는 사실만은 인정하고 있다. 다른 꿈 연구가에게 지대한 영향을 끼친 분트 또한 이 사실을 인정하고 있는데, 이렇게 되면 꿈속에 나타나는 정상적인 심적 활동의 잔재가 어떤 종류 또는 성격인가 하는 의문이 생기게 된다. 그에 대해 일반적으로 인정된 것은 재현 능력, 다시 말해 기억은 꿈속에서도 그 기능이 감소되는 일이 가장 적고, 어떤 면에서는 오히려 깨어 있을 때보다 더 우월하다는 점이다. 물론 꿈이 허무맹랑한 원인이 꿈의 세계의 잊어버리기 쉬운 특성에 있는 것도 사실이다. 슈피타에 의하면, 잠의 지배를 받지 않고 꿈을 감독하는 것은 정신의 '정서 활동'이다. 그가 정서라고 하는 것은 '인간의 가장 내적이고 주관적인 본질로서 여러 감정의 부단한 총괄'이다.

지나치게 과소평가를 하거나 미처 밝혀지지 않은 가치를 예감하거나, 아니면 깨어 있는 동안의 삶의 능력보다 한층 높이 보는 등, 꿈을 정신의 산물로 파악한 여러 문헌의 평가는 참으로 다양하다. 우리가 알고 있듯이 힐데브란트는 꿈을 심리학적으로 특징짓는 데 세 가지 이율배반을 제기했다. 그는 그중 세 번째 대립에서 그 이율배반의 최종적 요약을 시도했다.

"그것은 정신 생활의 '앙양'(昻揚), '정묘한 영역'에 도달하는 '자기강화', 종종 인간적인 수준 이하까지 떨어지는 정신 생활의 뚜렷한 '저하' 또는 '약화' 사이의 대립이다. 전자에 관해서는 누구나 자기 경험에 의거하여 확증할 수 있겠지만, 꿈 정령(精靈)의 창조와 활약 중에는 우리가 깨어 있는 동안 모든 것을 항시 소유하고 있다고는 말할 수 없는 정서의 깊이와 절실함, 감각의 섬세함, 직관의 명석함, 관찰의 세밀함, 기지의 활발함 등이 이따금 나타난다. 꿈은 놀라운 시를, 훌륭한 우의(寓意)를, 유례없는 유머를, 값진 풍자를 가지고 있다. 꿈은 세계를 독특하게 이상화(理想化)된 빛 속에서 보고, 이 세계의 여러 현상의 효과를 때때로 그 현상의 밑바탕에 존재하는 본질의 가장 뜻깊은 이해 속에서 강화한다. 꿈은 지상적인 미를 천상적인 빛으로, 숭고한 것을 최고의 존엄으로, 경험적으로 두려운 것을 가장 무시무시한 형태로, 우스꽝스러운 것을 철저한 희극으로 우리에게 제시한다. 따라서 우리는 꿈에서 깬 뒤에도 그 인상들이 여전히 마음을 차지하고 있음을 느끼고, 현실세계에서는 아직 한 번도 그런 것을 본 적도 경험한 적도 없었다는 생각을 하게 된다."

이처럼 찬양되는 것과, 앞서 과소평가된 것이 꿈이라는 동일한 대상일까 하는 의문이 생기는 것도 무리는 아니다. 하나는 우스운 꿈을 간과하고 다른 하나는 훌륭한 꿈을 간과해 버린 것이 아닐까? 꿈에 그런 두 가지 극단적인 평가를 받기에 알맞은 요소가 있다면, 꿈을 심리학적으로 특징지으려는 노력은 쓸데없는 것일지도 모른다.

옛날의 지성적인 어떤 시대에는 꿈의 심리적 능력이 현재보다 더 호의적으로 따뜻하게 용인되었던 것이 틀림없는 사실이다. 그런 시대에는 철학이 사람들의 마음을 지배하고 있었다. 꿈은 외적 자연의 폭력, 감각세계의 구속으로부터 벗어난 정신의 해방이라고 말한 슈베르트의 견해나, 전반적으로 꿈을 심적 생활의 보다 높은 단계로 비상하는 것으로 해석한 피히테의 생각은 오늘날 우리로서는 거의 이해하기 어렵다. 그러한 견해는 신비주의자나 신앙인들에게서나 들을 수 있다.

자연과학적인 사고방식의 등장과 함께 꿈의 평가에 반동(反動)의 풍조가 일어났다. 맨 처음 의학자들이 꿈의 심리적 작용을 무가치하게 평가하려는 경향을 보였다. 그러나 꿈 영역에서의 공헌을 결코 소홀히 다룰 수 없는 철학자들과 아마추어 심리학자들은 대중의 막연한 생각에 더 일치하여 대부분 꿈의 심리적 가치를 굳게 믿었다. 꿈의 심리적 능력을 낮게 평가하려는 사람은, 당연한 일이지만 꿈의 원인으로서 신체적 자극원을 중요시한다. 그 반면 꿈을 꿀 때도 정신은 여전히 깨어 있을 때의 능력의 대부분을 그대로 가지고 있다고 생각하는 사람은 정신이 혼자 힘으로 꿈꿀 수 있다는 사실을 부정할 이유가 전혀 없다.

냉정하게 비교했을 때도, 우리가 꿈 생활에 돌리고자 하는 여러 업적 중 가장 현저한 것이 기억력이다. 우리는 이 능력을 증명하는 데 결코 드물다고 할 수 없는 경험들을 상세하게 논했다. 옛 연구가들이 자주 칭찬했던 꿈 생활의 다른 한 가지 특징, 즉 꿈은 시공(時空)을 초월한다는 것은 하나의 착각이라고 인정하지 않을 수 없을 것이다. 그것은 힐데브란트의 말처럼 한낱 환상적 특징으로서, 꿈을 꾼다는 것 자체가 당초 각성적(覺醒的) 사고와 마찬가지로 시공을 초월하는 것인데, 꿈 역시 사고의 한 형식에 지나지 않기 때문이다.

꿈이 깨어 있는 동안의 지적 활동을 계승하여 낮에는 도달하지 못했던 결론을 내릴 수 있고, 의혹이나 문제를 해결하여 시인이나 작곡가의 새로운 영감의 원천이 될 수 있다는 것은, 여러 보고서나 샤바네의 사례 수집 등에 의하면 논쟁의 여지가 없을 듯하다. 그러나 그 사실 자체는 아니지만, 근본적으로 그에 관한 견해에는 의혹을 제기하지 않을 수 없다.

끝으로 꿈의 예언적 능력이 논쟁의 대상이 되고 있다. 우리는 이 주제와 관련해 사실을 부정하는 것은 피하려 한다. 왜냐하면 이 경우 자연스러운 심리학적 설명의 가능성이 있을 수 있기 때문이다.

꿈속에서의 윤리적 감정

깨어 있을 때의 도덕적 성향 및 감정이 꿈 생활에까지 영향을 미칠까? 만약 영향을 미친다면 그 범위는 어느 정도나 될까? 여기서도 우리는 당황하지 않을 수 없는데, 그것은 여러 연구가들이 두 그룹으로 나뉘어 다른 심리적 능력과 관련해 보인 모순적인 견해들을 피력하고 있기 때문이다. 한 그룹은 꿈이 도덕적 요구와 전혀 상관이 없다고 주장하고, 다른 한 그룹은 꿈에서도 사람의 도덕적 성향 및 감정은 그대로 유지된다는 입장을 보인다.

그러나 자신의 선악(善惡)의 정도에 관해 정확히 아는 사람은 없으며, 또 부도덕한 꿈에 대한 기억을 부정하는 사람도 없는 것 같다. 왜냐하면 꿈의 도덕성 여하에 대한 판정과 상관없이, 대립된 두 그룹의 연구가들은 모두 부도덕한 꿈의 유래를 해명하려는 노력을 보이기 때문이다. 그리고 부도덕한 꿈의 기원을 정신 생활의 여러 기능에서 찾는가, 아니면 신체적인 제약에 의해 일어난 정신 생활의 장애에서 찾는가에 따라 새로운 대립이 생긴다. 이런 경우 사실의 강제력은 꿈의 도덕론자, 부도덕론자를 막론하고 꿈의 부도덕성에 대한 특수한 심리적 원천을 인정하는 데서 일치시킨다.

그러나 도덕성이 꿈속에서 연장된다고 주장하는 사람들도 자기들의 꿈에 대해 책임을 지려 하지 않는다. 하프너는 이렇게 말한다. "우리는 꿈에 대해 책임질 필요가 없다. 꿈에서 우리의 사고나 의욕은 진실로 현실성을 가질 수 있는 토대가 없기 때문이다. 그렇기 때문에 꿈속에서의 어떠한 욕구나 행위도 선이나 악이 될 수 없다."

그러나 인간은 자기가 간접적으로 꿈을 일으키는 한 그런 꿈에 대해 책임을 져야 한다. 따라서 취침 전에는 마음을 도덕적으로 깨끗이 할 의무가 있는 것이다.

낮 동안에 유혹적으로 우리 마음을 스쳐가는 악한 충동과 암시 속에서 힐데브란트는 꿈의 부도덕성의 원천을 발견하고, 윤리적으로 인격을 평가함에 있어서 이 부도덕한 여러 요소를 계산에 넣는다. 모든 시대의 경건한 사람들이나 성자(聖者)들로 하여금 "나는 용서받지 못할 죄인이다."라고 탄식하게 만든 것이 바로 이 사상이며, 이 사상에 대한 동일한 평가인 것이다.

힐데브란트의 다른 의견은 이 대조적인 사상의 심리학적 위치를 더 명확하게 증명한다. 그에 의하면, 꿈은 깨어 있는 상태에서는 대체로 닫혀 있는 우리 본성의 깊이를 종종 보여준다고 한다. 칸트 또한 이와 유사한 인식을 《인류학》의 한 대목에서 언급하고 있다. 즉 그는 꿈이 숨겨진 성향을 드러내고, 또 현재의 우리가 만일 다른 교육을 받았더라면 어땠을지 우리에게 계시하기 위해 존재하는 것이 아닐까, 하고 말했다. 라데슈토크도 같은 내용의 주장을 하고 있는데, 그는 "꿈은 종종 우리가 자신에게 고백하고 싶어하지 않는 것만 계시한다. 따라서 부당하게도 꿈을 거짓말이라고 비난하는 것이다."라고 했다.

부도덕한 꿈이나 부조리한 꿈속에 나타나서 우리로 하여금 의아심을 갖게 하는 표상의 재료 전체를 총괄해서 '바람직하지 못한 표상'이라 해도 무관하다. 윤리적 영역에서의 바람직하지 못한 표상은 우리가 평소 가지는 감정과 대립되는 것이지만, 그 이외의 바람직하지 못한 표상은 단지 의아하게 느껴질 따름이라는 점이 중요한 차이다.

꿈속에 바람직하지 못한 표상이 나타나는 것은 어떤 의미를 내포하고 있는가? 또 이와 같이 정반대의 윤리적 충동이 밤에 고개를 쳐드는 것을 통해 깨어 있을 때의 정신이나 꿈꾸는 정신의 심리에 어떤 결론을 내릴 수 있는가?

힐데브란트의 견해나 이를 기초로 삼은 연구자들의 견해에 의하면, 부도덕한 충동에는 깨어 있을 때도 어떤 힘이 내재되어 있지만 그것이 행동으로 나타나지 않도록 억제되어 있을 뿐이라는 것이다. 그런데 수면중에는 장애물처럼 작용하여 그러한 충동의 존재를 우리에게 인식시키지 않으려는 어떤 것이 떨어져 나간다는 식으로 생각한다. 꿈은 이처럼 인간 본질 전체는 아닐지라도 있는 그대로의 모습을 보여주며, 감추어진 정신의 내부를 말해 주는 하나의 수단이다. 이것을 전제로 힐데브란트는 비로소 꿈에는 우리 정신의 숨겨진 윤리적 결함에 주의를 돌리게 하는 경고자의 역할이 있다고 생각했다. 그뿐만이 아니다. 의사들의 증언에 따르면, 꿈은 이제까지 느끼지 못했던 병의 증세를 의식에 알리는 경고자로서의 역할도 한다.

슈퍼타도 역시 사춘기 때 마음속에 생성되는 자극원을 지적하고, 만약 평소에 엄격하게 도덕적인 생활을 하는 사람이 죄짓고 싶은 생각이 떠오를 때마다 자신을 억제하려고 노력한다면 그로서는 최선을 다한 셈이라고 꿈을 꾼 사람을 위로한다. 이런 견해에 따르면 '바람직하지 못한' 표상은 낮 동안 '억제된' 표상이라고 부를 수 있을 것이고, 또 그런 표상의 출현을 순수한 심리적 현상이라고 볼 수 있다.

슈트리커의 《의식의 연구》에 다음과 같은 말이 있다. "꿈은 단지 미망으로만 이루어진 것은 아니다. 예컨대 꿈속에서 도둑을 무서워할 경우, 그 도둑은 분명 환상에 지나지 않지만 공포는 현실인 것이다." 이렇듯 우리의 꿈속에 어떤 감정이 발생할 경우 다음과 같은 문제가 생긴다. 즉 꿈속의 여러 심리적 과정 중 어느 것이 현실인가, 다시 말해 어느 것이 깨어 있는 동안의 심리적 과정에 포함될 권리를 요구할 수 있는가 하는 문제이다

꿈 이론과 꿈의 기능

꿈의 한 기능, 다시 말해 효용성이나 그밖의 능력을 반드시 그 이론으로부터 끌어낼 필요는 없으나, 일반적으로 목적론을 지향하는 우리의 기대는 꿈의 기능과 결부되어 있는 이론을 반긴다. 이런 의미에서 우리는 꿈 이론이라 불러 마땅한 몇 가지 견해를 이미 살펴보았다. 꿈은 인간의 행위를 인도하기 위한 신의 계시라는 고대인들의 신앙은, 꿈에 관해 알 만한 모든 것을 설명해 준 완전한 이론이었다. 꿈이 생물학적 연구의 대상이 된 이래 꿈에 관한 이론은 많이 증가했으나, 그중에는 불완전한 것도 적지 않다.

꿈 이론은 꿈에서 일어나는 심리적 활동의 정도와 종류에 관한 근본적 가설에 따라 대체로 다음과 같이 구분된다.

① 깨어 있을 때의 심리적 활동이 꿈속에서도 온전하게 계속된다는 설(예를 들면 델뵈프의 설)이다. 이때 정신은 잠자지 않고 정신의 장치에는 손상이 없다. 그러나 깨어 있을 때와 다른 수면 상태의 조건 때문에 정신은 정상적으로 작용하더라도 깨어 있을 때와는 다른 결과를 낳는다. 이 이론에서는 깨어 있을 때의 생각과 꿈의 차이점을 수면 상태의 여러 조건에서 끄집어낼 수 있느냐가 문제이다.

② 그와는 반대로 꿈속에서 심리적 활동이 저하되고, 여러 관계들이 이완됨으로써 재료가 빈약하게 된다는 이론들이다. 이 이론들에 의하면 델뵈프의 이론과는 아주 다른 심리학적 성격이 묘사되어야 한다. 잠은 정신에 널리 영향을 미쳐 외계로부터 차단시킬 뿐만 아니라, 정신의 메커니즘 속에 침입하여 때때로 그것을 사용하기 어렵게 한다.

정신병리학에 비유한다면, 전자의 이론은 꿈을 망상증과 같이 구성하고, 후자의 이론은 꿈을 정신박약 혹은 아메니타(섬망)의 범례로 삼는다.

③ 꿈 이론의 세 번째 그룹은, 깨어 있을 때는 전혀 행하는 일이 없거나, 아니면 불완전한 방법으로밖에 행하지 않는 그런 특수한 심리적 작업을 하는 능력과 경향이 꿈꾸는 정신에 있다고 보는 여러 이론이다. 대부분의 경우, 이들 여러 기능의 작용에서 꿈의 유익한 기능이 생긴다. 과거의 심리학자들이 꿈에 부여했던 평가는 대부분 이 계열에 속한다.

수면 상태에서 비로소 자유롭게 펼쳐지는 정신의 특수한 활동에 관한 꿈의 설명 중 가장 독창적이고 광범위한 연구자는 셰르너다.

셰르너는 정신의 능력이 그대로 꿈에 반영된다는 사실을 인정하지 않았다. 그 자신 꿈속에서 자아의 중심, 자동적 에너지가 어떻게 무력화되는가, 이 자아 분산의 결과 어떻게 인식력·감수력·의지력·표상력이 바뀌는가, 또 이 영혼의 여러 힘의 잔재에 어째서 참다운 정신이 결여되어 있고, 단지 어떤 제한된 메커니즘의 성질밖에 없는가를 자세히 서술하고 있다. 그러나 그 대신 꿈속에서는 '환상'이라고 불리는 정신의 활동이 오성(悟性)의 지배를 받지 않고, 따라서 엄밀한 척도를 벗어나 무제한의 지배권을 장악하게 된다. 하긴 이 환상이라는 정신의 활동은 그 근본 토대가 되는 구성 성분들을 깨어 있을 때의 기억으로부터 받아들이지만, 깨어 있을 때 만들어낸 것과는 전혀 다른 구조물을 세운다. 즉 그것은 꿈속에서 재현하는 능력뿐만 아니라 생산적인 힘도 가지고 있다.

이러한 심리적 활동의 여러 특성은 꿈에 특수한 성격을 부여한다. 그것은 지나친 것, 과장된 것, 당치도 않은 것을 즐기는 경향을 나타낸다. 그러나 동시에 방해하는 사고 범주로부터 해방됨으로써 깨어 있을 때보다 좀더 큰 유연성이나 민첩성, 변화 욕구를 얻는다. 또한 정서의 미묘한 자극이나 선정적 감정에 대해 극도로 민감해져서 내면의 삶을 즉시 외부의 조소적(彫塑的)인 구상성(具象性)으로 바꾼다. 꿈의 환상은 개념의 말을 갖지 않는다. 그것은 말하려는 것을 구상적으로 표현한다. 거기서는 개념에 의해 약화되는 일이 없기 때문에 꿈의 환상은 말하고자 하는 바를 직관 형식이 허용하는 한 자유롭고 활달하게 묘사하는 것이다.

꿈과 정신병의 관계

장차 꿈 심리학과 함께 꿈의 정신병리학이 의사들의 연구 과제가 되리라는 것은 의심할 바가 없다.

낮 동안엔 건강한 활동을 하면서도 꿈 생활은 여전히 정신병의 지배를 받는 것은 정신질환 후 회복 중에 있는 환자에게서 흔히 관찰되는 경우다.

장기간의 정신병자에게서 나타나는 꿈의 변화에 관해서는 현재 연구가 많이 진척되지 않았다. 이에 반해 꿈과 정신장애라는 두 현상의 광범위한 일치로 볼 수 있는 내적 유사성은 오래 전부터 주목받아 왔다. 모리에 의하면, 최초로 이 내적 유사성을 지적한 것은 카바니스의 신체와 정신에 관한 보고이고, 렐뤼, J. 모로, 철학자인 멘 드 비랑 등의 연구가 그 뒤를 이었다. 양자의 비교 고찰은 더 일찍부터 행해지고 있었다. 라데슈토크는 이런 비교를 시도한 한 장(章)에서 꿈과 광기(狂氣)의 유사점을 논한 여러 의견을 소개하고 있다. 칸트는 "미치광이는 눈을 뜬 채 꿈을 꾸는 인간이다."라고 했고, 크라우스는 "광기란 감각이 깬 상태에서의 꿈이다."라고 말했다. 쇼펜하우어는 꿈은 짧은 광기이며, 광기는 긴 꿈이라고 했다. 하겐은 섬망을 잠이 아니라 병에 의해 생긴 꿈 생활이라 했고, 분트는 그 저서 《생리학적 심리학》에서 "사실 우리는 정신병원에서 일어나는 현상을 거의 모두 꿈속에서 스스로 체험해 볼 수 있다."고 주장했다.

아주 자세한 특징에 이르기까지 논란의 여지가 없는 꿈과 정신장애 사이의 일치는, 꿈 생활에 관한 의학적 이론의 가장 강력한 지주(支柱)로 되어 있다. 이 의학적 이론에 의하면 꿈은 무익하고 방해되는 과정인 동시에 심리적 활동이 저하된 상태를 나타낸 것이라고 할 수 있다. 그러나 꿈에 관한 최후의 결정적인 해명을 정신장애에서 얻을 수 있다고 하기는 어렵다. 왜냐하면 이 정신장애의 진행에 대한 우리의 인식이 아직 너무 부족하기 때문이다. 그렇지만 꿈에 관한 다른 해석은 정신장애의 내적 메커니즘에 관한 우리의 견해에 영향을 끼칠 것이다. 이렇게 하여 우리는 꿈의 비밀을 해명하려고 노력하며 동시에 정신병의 해명에도 기여하게 될 것이다.

꿈 해석의 방법
(꿈 표본의 분석)

2

나는 이 장(章)에서 꿈이 해명되고 해결될 수 있다는 것을 입증해 볼 작정이다. 내가 이제까지 꿈 문제들을 다루며 그 해명에 기여한 바가 있다면, 그것은 본래의 과제를 해결하는 과정에서 뜻밖에 얻은 부산물에 불과하다. 꿈은 해석할 수 있다는 전제를 근거로 하면, 나는 곧 지배적인 꿈 이론, 아니 셰르너의 설만 제외하고 모든 꿈 이론과 대립하게 된다. 왜냐하면 꿈을 해석한다는 것은 꿈에 어떤 의미를 부여하고, 또 꿈을 우리의 심적 행위의 사슬 속에 동일 자격의 한 고리로 맺어진 어떤 것으로 바꾸는 것을 의미하기 때문이다. 비록 숨겨져 있다 할지라도 꿈에는 분명 뜻이 있으며, 어떤 다른 사고 과정의 대용물이 될 사명이 있다. 그리고 꿈의 숨겨진 뜻을 찾아내려면 이 대용물이 무엇을 대신하고 있는지 바르게 밝혀내는 것이 문제이다.

예부터 사람들은 꿈을 해석하려고 애썼다. 그때 근본적으로 다른 두 가지 방법이 사용되었다. 첫째 방법은 전체적인 꿈 내용을 파악하고, 그것을 보다 알기 쉬운 다른 내용, 그리고 어떤 면에서는 그와 비슷한 내용으로 바꾸어 보려고 했다. 이것이 '상징적' 꿈 해석이다. 물론 이 방법은 이해하기 어려울 뿐 아니라 혼란스러운 꿈을 만나면 처음부터 좌절하게 된다. 구약 성서에서 요셉은 바로 왕의 꿈을 해석해 주었다. 살찐 일곱 마리 소를 마른 일곱 마리 소가 잡아먹는 꿈으로서, 애굽에 7년 동안 계속된 풍년으로 비축된 풍성한 물자를 다음 7년 간의 기근이 와서 없애 버린다는 것을 예언하는 상징적인 대용물이었다. 그러면 어떻게 그런 상징적 해석의 길을 찾아내는가? 물론 이렇다할 방법이 있는 것은 아니다. 성공은 슬기로운 착상, 순간적인 직관에 달려 있으므로, 상징에 의한 꿈 해석은 반드시 특수한 재능이 있어야 할 것 같다.

그런데 일반적으로 행해진 또 하나의 꿈 해석 방법은 비교적 쉬운 것이었다. 이 방법은 '해독법'이라 할 수 있다. 꿈을 일종의 암호문같이 다루기 때문이다. 여기에는 정해진 해독의 열쇠가 있어서 어떤 암호라도 뜻이 알려져 있는 다른 기호로 번역된다. 이를테면 내가 편지나 장례식에 관련된 꿈을 꾸었다고 하자. 꿈 해석 책을 보면 '편지' 꿈은 '불쾌한 일', '장례식 꿈'은 '약혼'이라는 식으로 번역된다는 것을 알게 된다. 이런 해답을 기초로 관계를 만들어내 미래의 것으로 받아들이는 것이 나의 일이다.

이 해독법이 가진 순기계적 번역이라는 성격을 다소 수정 완화한 개정 해독법이라는 재미있는 방법이 달디스의 아르테미도로스의 꿈 해석을 기록한 저서에 나와 있다. 그는 꿈의 내용뿐만 아니라 꿈꾸는 사람의 인물이나 생활환경까지 고려했는데, 같은 꿈의 요소라도 부자, 기혼자, 웅변가일 경우와 가난한 사람, 미혼자, 상인일 경우 그 뜻에 차이가 있다고 했다.

꿈이라는 주제를 학문적으로 다룰 때 앞의 두 가지 통속적인 해석 방법은 별로 도움이 되지 않는다. 상징적 방법은 그 적용에 제한이 있기 때문에 일반적으로 설명되지 않으며, 해독법에서는 무엇보다도 꿈에 대한 책 자체를 신용할 수 없기 때문이다. 그러나 나는 꿈에는 실제로 뜻이 있으며, 꿈 해석의 학문적 방법이 가능하다고 생각한다.

내가 이런 방법을 알게 된 것은 몇 해 동안 치료 목적으로 어떤 정신병리학적 형성물, 즉 히스테리성 공포증·강박관념 등의 해결에 종사한 덕분이다.

그것은 요제프 브로이어의 중요한 보고에 의하여, 병증세로 느껴지는 이 형성물의 경우 해명과 해결이 일치한다는 사실을 알고 난 후의 일이다. 이런 병리학적 관념은 그것이 환자의 심적 생활 속에 생겼던 본래의 요소로 환원될 수 있을 경우에는 소멸되므로, 환자는 그런 관념에서 해방된다. 우리가 치료에 기울이는 노력은 무력하고 정신병리학적 상태는 수수께끼에 싸여 있기 때문에, 나는 많은 어려움을 감수하고 브로이어가 내디딘 길을 걸어 볼 생각이었다. 이런 정신분석적 연구를 진행시키는 동안 나는 꿈의 해석이라는 문제에 부딪히게 되었다. 환자들에게 어떤 일정한 테마에 대해 이야기해 달라고 부탁했더니, 그들은 꿈 이야기도 해 주었다. 그 결과 꿈이라는 것은 어떤 병적 관념으로부터 반대로 기억을 더듬어 찾아갈 수 있는, 심리적 연결 고리 속에 넣을 수 있는 것임을 알게 되었다. 따라서 꿈 자체를 하나의 증세로 보고 정신병을 위해 고안된 해석 방법을 꿈에 적용시켜 보면 어떨까 하는 생각이 떠올랐다.

그런데 그렇게 하기 위해서는 환자에게 마음의 준비를 시켜야만 했다. 즉 환자는 심리적 지각에 대해 주의력을 높이고, 자신의 뇌리에 떠오르는 상념에 대해 언제나처럼 비판을 가하는 일을 중지하도록 애써야 한다. 주의력을 집중하고 자기 관찰을 하기 위해서는 환자가 편한 자세로 눈을 감는 것이 유리하며, 지각한 상념 형성물에 대한 비판을 중지시키기 위해서는 의사가 환자에게 엄격하게 명령할 필요가 있다. 즉 정신분석의 성공 여부는 머리에 떠오른 것을 모두 이야기하느냐 하지 않느냐에 달려 있다고 환자에게 말한다. 만약 성공하지 못한다면, 즉 꿈이나 강박관념, 그밖의 것을 잘 해소시키지 못한다면, 그것은 바로 환자가 머리에 떠오른 생각을 비판했기 때문일 것이다.

정신분석을 하는 도중 나는 깊이 생각하는 사람의 심리 상태가 자기 마음의 움직임을 관찰하는 사람의 심리 상태와는 전혀 다르다는 새로운 사실을 알게 되었다. 전자는 후자보다 심리적 활동이 왕성하다. 두 경우는 주의력의 집중이라는 점에서는 일치한다. 그러나 전자는 그 외에도 무엇인가 비판을 하고 그 비판에 따라 머리에 떠오르는 생각을 일단 지각한 후, 그중 어떤 것을 물리침으로써 일단 시작된 생각의 흐름을 순순히 따르지 않는다. 또한 지각되기 전에 억눌러 버리는 생각도 있다. 이에 반해 후자는 그런 비판을 억누르려고 노력하는데, 그것이 성공하면 그렇지 않았더라면 파악하지 못했으리라 여겨지는 생각들이 의식에 무수히 떠오르게 된다. 자기지각(自己知覺)에 있어서 새로 획득한 이 재료의 도움을 빌려 병적 관념 및 꿈의 형성물을 해석할 수 있게 되는 것이다.

이때 문제되는 것은 심리적 에너지(활발한 주의력)의 배분에서 잠자기 전의 상태와 어떤 유사성을 가진 심리적 상태를 만들어낸다는 데 있다. 잠을 잘 때 표상의 흐름에 대해 작용하는 어떤 자의적인(그리고 확실히 비판적인) 행위가 뒤에 물러섬으로써 '바람직하지 못한' 표상이 등장한다. 이런 비판적 행위가 중단되는 원인으로서 우리는 흔히 '피로'를 예로 든다. 이렇게 해서 등장하는 바람직하지 못한 표상은 시각적 형상이나 청각적 형상으로 변한다.

꿈이나 병적 관념의 분석에 이용되는 상태에서 사람들은 고의적으로, 또는 자의적으로 위에서 말한 적극성을 단념하고, 그것에 의해 축적된 심리적 에너지를 지금 막 나타난 원하지 않는 생각을 주의깊게 추적하는 데 이용한다. 이렇게 하여 '바람직하지 못한' 표상을 '바람직한' 표상으로 바꾸는 것이다.

자유로이 떠오르는 상념에 대한 비판을 단념하고 한결같이 그 상념들을 표준으로 삼으라고 요구한다는 것은 사람들에게 결코 쉬운 일이 아니다. '바람직하지 못한 상념'은 그것이 떠오르려는 것을 저지하려는 굉장한 저항에 부딪히게 마련이다.

그러나 비판 없이 자기관찰의 상태에 들어간다는 것은 비교적 쉬운 일이다. 내 환자 중 대부분은 그것에 성공했고, 나 자신도 여러 가지 생각을 종이에 쓰면서 보완하면 완벽하게 그런 상태에 이를 수 있다. 비판적 활동을 저하시킨 결과 얻을 수 있는 심리적 에너지의 양, 그리고 자기관찰의 강도를 높이는 데 이용되는 심리적 에너지의 양은 어떤 테마에 주의를 기울이는지 그 성질 여하에 따라 차이가 심하다.

이 방법으로 알게 된 것은, 꿈 전체가 아니라 꿈 내용의 일부만 주의력의 대상으로 삼으면 된다는 점이다. 아직 익숙하지 못한 환자에게 그가 꾼 꿈에 대해 어떻게 생각하느냐고 물으면, 대개는 자신의 정신적 시계(視界) 속에서 아무것도 파악하지 못했다고 대답한다. 그래서 내가 그 꿈을 부분적으로 분석해 보이면, 환자는 그 꿈 부분의 '배후의 생각'이라고도 할 수 있는 일련의 상념을 나에게 말해 주었다. 이것이 두 번째 방법인 예의 '해독법'에 보다 가까워진다. 나의 방법은 이 해독법과 마찬가지로 전체적 해석이 아니라 부분적 해석이다.

　나는 이제껏 노이로제 환자들의 정신분석을 하면서 천여 개의 꿈을 해석했다. 그 꿈들이 목표로 하고 있는 문제는 물론 노이로제의 근거가 된 병력(病歷)이다. 그러므로 어떤 꿈을 들더라도 긴 서론(序論)과 노이로제의 본질과 병리학적 여러 조건의 진상을 밝혀야 한다. 그러나 그런 일들은 그 자체가 새롭고 아주 기이한 문제이므로, 자칫하면 독자의 주의를 꿈에 대한 문제로부터 이탈시킬 우려가 있다. 내가 의도하는 바는, 오히려 꿈의 분석을 통하여 노이로제 심리학의 곤란한 여러 문제를 해명하기 위한 예비적 작업을 만들어내는 데 있다.

　그러나 만약 나의 재료인 노이로제 환자의 꿈을 단념하게 되면, 그 나머지 재료에서는 별로 좋은 것을 취할 수 없다. 노이로제 환자의 꿈을 제외하고 남는 것은 단지 이따금 만나는 건강한 친지로부터 듣는 꿈 이야기라든가, 꿈 생활을 다룬 문헌에 실린 실례들뿐이다. 나의 방법은 주어진 꿈 내용을 정해진 열쇠에 따라 해독해 나가는 통속적인 해독법과는 달리 편리하지가 않다. 오히려 같은 꿈 내용이라도 그 꿈을 꾼 사람이나 그 전후 연결에 따라 또 다른 뜻을 숨기고 있을지도 모른다는 것을 각오하고 있다.

　이런저런 이유로 결국 나는 나의 꿈을 재료로 삼기로 했다. 나의 꿈은 풍부할 뿐만 아니라 손쉽기도 하고, 대체로 정상적이라 해도 좋을 사람이 꾼 꿈인데다가 일상생활의 여러 잡다한 계기와도 관련이 있다. 그러나 이런 '자기분석'의 신뢰성에 의심을 품는 사람이 전혀 없다고는 할 수 없다. 어떤 방법으로든 자유롭고 임의대로 해석하게 되니까, 하고 말할는지도 모른다.

　그러나 나로서는 자기관찰을 하는 편이 타인의 관찰보다 훨씬 유리하다고 생각한다. 어쨌든 꿈 해석에서 어느 정도까지 자기분석을 할 수 있는지 한번 시험해 보는 것도 좋을 듯하다. 그래서 나는 나의 꿈 중 한 가지를 예로 들어 그것을 내 방법대로 분석하려고 한다. 이런 꿈에는 반드시 전제(前提)가 필요하다. 여기서 나는 독자들에게 내 관심사를 자신의 관심사로 삼고 내 생활의 세부까지 들어와 달라고 부탁한다. 왜냐하면 꿈의 숨겨진 뜻을 알기 위해서는 마음이 하나가 되어야 하기 때문이다.

전제(前提)

1895년 여름 나는 한 젊은 부인의 정신분석을 했다. 그녀는 나는 물론이고 우리 가족들과도 절친한 사이였다. 의사의 개인적 관심이 보통 환자의 경우보다 크면 의사의 권위는 떨어지게 되며, 만약 치료에 실패하기라도 하면 환자 가족과의 오랜 친분이 깨질 우려도 있다. 치료는 부분적인 성공으로 끝났다. 환자의 히스테리성 불안은 없어졌으나 그 신체적 증상이 모두 없어진 것은 아니었다.

당시 나는 히스테리성 병력의 완전한 종결을 규정짓는 여러 규준(規準)에 관해 어떤 확신도 없었으며, 환자에게 당사자로서는 받아들이기 힘든 어떤 해결책을 요구했다. 이런 어중간한 상태에서 여름이 되었기 때문에 나는 그녀에 대한 치료를 중단했다.

어느 날 동료 의사가 나를 찾아왔다. 그는 나한테 오기 전에 앞서 말한 그 일마라는 환자와 그 가족들이 있는 시골 피서지를 방문했다. 그녀의 용태에 대해 물었더니, 전보다는 회복되었지만 완쾌되지는 않은 것 같다고 대답했다. 나는 이 오토라는 친구의 대답하는 어조에 불쾌감을 느꼈다. 나는 친구의 말을 나에 대한 비난으로 받아들였다. 오토가 나와 반대되는 입장에 서 있는 듯한 것은 환자 가족의 영향 때문일 것이라고 생각했다. 환자의 가족은 나의 치료를 호의적으로 생각하는 것 같지 않았기 때문이다.

그것은 어찌됐든 나의 당혹감은 사실 나 자신도 잘 몰랐을 뿐더러 또 나는 그것을 밖으로 나타내지도 않았다. 그날 밤 나는 일마의 병력을 썼는데, 그것은 나 자신을 변명하는 뜻에서 오토와 나의 친구이자 지도적인 위치에 있던 M박사에게 보이기 위해서였다.

그날 밤 나는 다음과 같은 꿈을 꾸었다.

1895년 7월 23~24일의 꿈

넓은 홀에서 우리는 많은 손님을 접대하고 있었다. 그중에 일마가 있었다. 나는 그녀를 한쪽으로 데리고 가서 그녀의 편지에 대해 답을 해 주고 그녀가 예의 '해결 방법'을 아직도 받아들이려 하지 않는 점을 비난했다. "아직도 아프다면, 그건 사실 당신 탓이오." 일마가 말했다. "제가 지금 얼마나 아픈지 알기나 하세요? 목과 위와 배가 죄어드는 것 같아요." 나는 깜짝 놀라 그녀를 바라보았다. 그 얼굴이 창백하고 부은 것 같았다. 내가 혹시 내장기관의 장애를 놓치고 있었나? 나는 그녀를 창가로 데리고 가서 목 안을 들여다보았다. 일마는 의치(義齒)를 한 여자들이 곧잘 그러듯이 약간 싫어했다. 싫어할 필요가 없는데, 하고 나는 생각했다. 그리고 입을 크게 벌리게 했다. 오른쪽에 큼직한 흰 반점 하나가 보였다. 또 다른 곳에 주름진 비갑개상(鼻甲介狀)의 이상한 모양에 큰 회백색의 결가(結痂)가 보였다. 나는 급히 M박사를 불렀다. M박사도 진찰을 하고 나서 틀림없다고 했다.

M박사는 보통 때와 전혀 달라 보였다. 창백한 얼굴에 다리를 절고 턱에는 수염이 없었다. 친구 오토도 어느 틈에 일마 옆에 서 있었다. 역시 친구인 레오폴트가 일마의 몸을 이곳저곳 진찰하고 나서 왼쪽 아래에서 탁음이 들린다며, 왼쪽 어깨에 피부의 침윤(浸潤)이 있다고 지적했다.

M이 말했다. "분명히 감염된 거지만, 문제가 될 정도는 아냐. 적리(赤痢) 증상

이 나타나면서 병독이 빠져나갈 거야." 그런데 우리는 어디서 감염이 되었는지 알고 있었다. 일마가 병이 나자 오토가 프로필 제제(製劑) 주사를 놓았던 것이다. ······ 프로필렌······ 프로피온 산(酸)······ 트리메틸아민(이 화학방정식은 고딕체로 인쇄되어 내 앞에 보인다)······ 그런 주사는 경솔하게 놓아서는 안 되는 법인데······ 주사기 소독도 불완전했을 것이다.

이 꿈에는 다른 꿈에 비해 장점이 한 가지 있다. 전날의 어떤 일과 결부되어 있는지, 그리고 주제가 무엇인지 금방 밝혀진다는 점이다. 전제를 보면 그 점을 쉽게 알 수 있다. 내가 일마의 용태에 관해서 오토로부터 들은 말, 밤늦게까지 쓴 병력 등이 잠자는 중에도 나의 정신을 계속 활동하게 한 것이다. 그러나 전제와 이 꿈의 내용을 알고 있는 사람일지라도, 이 꿈이 무엇을 뜻하는지는 전혀 모를 것이다. 나자신도 모르겠다. 그래서 나는 이 꿈을 세밀하게 분석하기로 했다.

분석

'넓은 홀에서 많은 손님들을 접대하고 있다.'
그해 여름 우리는 전에는 오락장이었던 집에서 지냈는데 방마다 모두 천장이 높았다. 이 꿈은 그 집에서 꾼 것이다. 아내의 생일을 며칠 앞둔 날이었다. 그날 아내는 생일날 많은 친구들을 초대하겠다고 말했었다. 그 가운데는 일마도 있었다. 따라서 나의 꿈은 그때의 상황을 미리 나타낸 것이다.
'일마가 예의 해결 방법을 아직도 받아들이려 하지 않는 것을 비난한다. 〈아직도 아프다면, 그건 사실 당신 탓이오.〉'
이 말은 생시에도 그녀에게 할 수 있는 말이고, 어쩌면 실제로 그렇게 말했는지도 모른다. 나는 당시 이런 생각(나중에 이것이 옳지 않다는 것을 알았다)을 가지고 있었다. 즉 나의 임무는 환자의 증세가 갖는 숨겨진 뜻을 말해 줌으로써 끝나는 것이니까, 환자가 그 해결 방법을 받아들이느냐 받아들이지 않느냐에 대해서까지 책임질 필요는 없다고. 어쩔 수 없었다고는 하지만, 치료를 성공시켜야만 했던 그때 나의 생존을 쉽게 만들어준 것은 그 오류 덕택이었다. 나는 꿈속에서 일마에게 한 말에 의해, 아직 그녀가 아픈 데가 있더라도 내 책임이 아니라는 사실을 분명히 한 것이다.

'일마의 호소. 목·배·위의 죄어드는 것 같은 아픔.'

위통(胃痛)은 일마의 증세 중 하나였지만 그다지 심한 것은 아니었다. 그보다 그녀가 괴로워하며 호소하던 것은 가슴이 답답한 것과 구토증이었다. 목과 배의 죄어드는 것 같은 증세는 거의 없었다. 왜 내가 꿈속에서 그런 증상을 택했는지 당장은 그 까닭을 알 수 없었다.

'얼굴이 창백하고 부은 것 같다.'

일마는 늘 혈색이 좋았다. 아무래도 다른 사람이 일마로 바뀐 것 같다.

'혹시 내장기관의 장애를 놓치고 있었나? 이렇게 생각하고 깜짝 놀랐다.'

나의 이 불안이나 두려움은 이해되리라 믿는다. 평소 노이로제 환자만 상대했기 때문에 신체적 장애조차도 히스테리 증세 탓으로 돌리는 데 익숙해진 내게 언제나 따라다니는 불안이다. 나의 치료는 한결같이 히스테리성 통증을 제거하는 데 목적이 있었으므로, 일마의 아픔이 신체에서 발생한 것이라면 낫지 않는 것은 내 책임이 아니다.

'그녀를 창가로 데리고 가서 목 안을 들여다보았다. 의치를 한 여자들이 곧잘 그러듯이 일마는 약간 싫어했다. 싫어할 필요가 없는데, 하고 나는 생각했다.'

내가 일마의 구강을 진찰한 일은 한 번도 없었다. 이 장면은 얼마 전 진찰한 일이 있는 어떤 여자 가정교사를 상기시켰다. 그녀는 처음에는 상당히 젊고 미인이라는 인상을 받았는데, 입을 벌리게 하자 고르지 못한 치열을 감추려고 했다. '싫어할 필요가 없는데' 하는 것은 일마에 대한 위로의 말이지만, 그밖에 또 한 가지 다른 뜻이 있었다고 추측한다. 일마에겐 절친한 여자 친구가 한 명 있는데, 나는 그녀를 매우 존경하고 있었다. 어느 날 저녁, 내가 그녀를 찾아갔더니 꿈에서 본 그대로 창가에 서 있었다. 그녀의 주치의는 M박사였는데, M은 그녀의 입 안에 디프테리아의 위막(僞膜)이 있다고 말했다. 그렇게 해서 M박사와 위막이 나의 꿈속에 나타난 것이다. 그때 문득 지난 몇 달 동안 그녀도 일마와 마찬가지로 히스테리라고 볼 수 있는 이유가 충분하다고 생각했던 일이 떠올랐다. 나는 그녀의 상태에 관해 무엇을 알고 있는가? 꿈속의 일마처럼 목이 죄어드는 것 같은 히스테리성 망상 때문에 괴로워한다는 사실이다. 즉 나는 꿈속에서 일마를 그녀로 대치했던 것이다.

그녀가 히스테리 증상을 벗어나게 해 달라고 내게 청하는 상상을 여러 차례 했다는 생각이 났다. 그러나 나중에는 그런 일이 있을 것 같지 않았다. 그녀는 몹시 부끄러움을 타는 성격이었기 때문이다. 꿈에서처럼 그녀는 '싫어한다'거나 아니면 '그럴 필요가 없다'고 할지도 모른다. 사실 그녀는 그때까지 아주 강해서 별로 의사의 도움을 받을 필요가 없는 상태였다.

그런데 아직 일마의 일도, 일마 친구의 일도 아닌 일이 약간 남아 있다. 그것은 다름 아닌 창백한 혈색, 부어 있는 얼굴, 의치 등이다. 의치는 '고르지 못한 치열'을 가진 예의 가정교사를 생각하면 되겠다고 마음먹었다. 그런데 문득 다른 여자가 머리에 떠올랐다. 그녀도 역시 내 환자가 아니었다. 내 앞에서는 항상 수줍어했기 때문에, 다루기 힘들 것 같아서 내 환자로 받아들이고 싶지도 않았다. 안색은 항상 창백했는데, 한때 특히 행복했을 때는 몹시 부어 있었다. 그래서 나는 내 환자인 일마를 다른 두 여자와 비교하고 있었던 것이다. 그 두 사람은 모두 진찰받기를 싫어하는 여자들이다.

꿈속에서 이 두 사람과 일마를 바꾼 것은 어떤 의미가 있는 것일까? 아마 그 두 사람을 내 환자로 삼고 싶었는지도 모른다. 일마가 아닌 다른 두 여자 쪽이 나에게 보다 강한 공감을 불러일으켰거나, 혹은 두 여자의 지성을 높이 평가했었는지도 모른다. 즉 나는 일마가 나의 해결 방법을 받아들이지 않기 때문에 바보라고 생각하고 있었다. 다른 두 여자 쪽이 더 영리하니까 내 말을 잘 들을 것이고, 그러니까 '입을 크게 벌렸다'. 그들이 일마보다 훨씬 더 많은 것을 말해 줄 것이다.

'목 안에서 내가 본 것은 흰 반점과 비갑개상 결가.'

흰 반점은 디프테리아, 따라서 일마의 친구를 생각나게 하지만, 이밖에도 2년 전 나의 큰딸이 앓았던 중병과 그때의 여러 가지 무서운 일들이 상기되었다. 비갑개상 결가는 나 자신의 건강에 대한 염려를 생각나게 했다. 그때 나는 비점막종창(鼻粘膜腫脹) 때문에 종종 코카인을 사용하고 있었는데, 바로 며칠 전 나와 같은 환자가 비점막에 괴저(壞疽)를 일으켰다는 말을 들었다. 1885년 최초로 코카인 사용을 권장했을 때 나에 대한 비난은 대단했다. 1895년에 세상을 떠난 한 친구는 코카인 남용으로 죽음을 재촉했다.

'나는 급히 M박사를 불렀다. M도 일마를 진찰했다.'

이것은 M이 우리 사이에 점유한 위치를 말해 주고 있을 뿐인지도 모른다. 그러나 '급히'라는 것에 대한 설명이 필요하다. 그것은 의사로서의 나 자신이 겪었던 어떤 가슴 아픈 체험을 생각나게 한다. 언젠가 나는 당시 아직 무해(無害)하다고 믿던 약(설포날)을 계속 투약하다가 한 환자에게 무서운 중독증을 일으키게 하여, 당황한 나머지 경험 있는 동료에게 도움을 청한 일이 있었다. 중독증에 걸려 결국 세상을 떠난 그 여자 환자는 나의 맏딸과 이름이 같았다. 그때까지 나는 그 일을 생각한 적이 한 번도 없었다. 그것이 지금 마치 운명의 보복처럼 닥쳐온 것이다. 아무래도 나는 모든 기회를 총동원하여 나의 의사로서의 양심 부족에 자책감을 표시하고자 하는 것 같다.

'M박사는 창백한 얼굴에 다리를 절며 턱에 수염이 없었다.'

사실 M은 평소에 안색이 좋지 않았다. 그밖의 두 가지는 다른 사람의 경우일 것이다. 문득 외국에 있는 형이 생각났다. 형은 턱에 수염이 없는데, 내 기억이 틀림없다면 꿈속의 M과 흡사할 것이다. 며칠 전 그 형이 관절염에 걸려 다리를 전다는 소식을 들었던 것이다. 이 두 인물을 꿈속에서 한 사람으로 만들어 버린 데는 틀림 없이 이유가 있을 것이다. 사실 나는 최근에 그들에게 어떤 부탁을 했다가 두 사람 모두에게 거절당했던 것이다.

'친구 오토도 어느 틈에 일마의 곁에 서 있었다. 역시 친구인 레오폴트가 일마 를 진찰하고 난 후 왼쪽 아래에서 탁음이 들린다고 했다.'

레오폴트는 오토의 친척이고 역시 의사이다. 이 두 사람은 전공이 같다는 점에 서 항상 세상 사람들에 의해 비교되고 있었으며, 내가 소아과 신경질환의 진료 주 임을 맡고 있는 동안에 쭉 나의 조수로 근무했다. 꿈에서 재현된 장면은 그 무렵에 흔히 있었던 일이다. 내가 오토와 어떤 증세의 진단에 관해 논의하고 있는 동안 레 오폴트가 환자를 한 번 더 진찰해서 병명 결정에 뜻밖의 도움을 주곤 했다. 오토는 재빠르고, 레오폴트는 느리기는 하나 신중하고 철저했다. 내가 꿈속에서 오토와 레오폴트를 대비하고 있는 것은 분명히 레오폴트를 칭찬하기 위함이었다. 이것은 위에서 든, 의사의 말을 듣지 않는 일마와 내가 좀더 영리하다고 생각한 다른 두 여자를 비교한 것과 같다. 이제 나는 꿈속에서 관념 결합(觀念結合)이 미끄러져 가는 경로 중의 하나를 깨달았다. 즉 병든 아이로부터 소아과 병원에 이른 경로이 다. '왼쪽 아래의 탁음'은 천성적으로 철저한 레오폴트가 나를 놀라게 한 어떤 사 건과 세세한 부분과 합치되는 것 같은 인상을 준다.

'왼쪽 어깨 피부의 침윤.'

이것은 나 자신의 어깨에 느끼는 류머티즘이라는 사실을 곧 알았다. '피부의 침 윤'이라는 표현은 좀 이상하다. 일반적인 표현으로는 '좌측 후부 상단 침윤'이라 고 한다. 이것은 폐에 관하여 쓰는 용어이므로 결핵과 관계가 있을 것이다.

'M이 말했다. 〈분명히 감염된 거지만 문제가 될 정도는 아냐. 적리 증상이 나타 나면서 병독이 빠져나갈 거야.〉'

좀 우습게 들리는 말인데, 다른 것들과 같이 신중히 분석할 필요가 있을 것 같아 잘 생각해 보니 역시 어떤 뜻이 있었다. 내가 환자에게서 발견한 것은 국부적(局部

的) 디프테리티스였다. 딸이 병에 걸렸을 때 디프테리티스와 디프테리아에 관해 토론했던 일이 생각난다. 디프테리아는 국부적 디프테리티스에서 오는 전신적 전염병이다. 레오폴트는 탁음에 의해 그런 전신 감염을 입증했는데, 그러고 보면 그 탁음은 전이성(轉移性)의 병 원천을 상기시킨다. 물론 나는 디프테리아에서는 그런 전이가 일어나지 않는다는 것을 믿고 있으며, 그보다는 농혈증(膿血症)을 연상시킨다.

'문제가 될 정도는 아니다.'

이것은 위안의 말인데, 다음과 같은 상황에서 삽입된 것이 아닌가 한다. 즉 이 꿈의 끝부분은 환자의 고통이 어떤 심각한 기관적 질환에서 비롯되었다는 내용을 보여주고 있다. 다시 말하면 어느 것이나 다 책임을 면하려는 나의 마음을 나타내는 것 같다. 디프테리아가 완치되지 않는다 해서 그것을 정신요법의 책임으로 돌릴 수는 없는 일이지만, 자신의 책임을 면하기 위해 일마를 그런 중병에 걸리게 한다는 것 역시 마음 내키지 않는 일이다. 그래서 나에게는 일이 잘 끝날 보증이 필요하게 된다. 나는 M의 입에서 위안의 말이 나오도록 했다. 나는 여기서 잠깐 꿈에 관한 이야기를 중단하고, 이 위안이 왜 무의미한가에 대해 해명하려 한다.

'적리.'

병의 독소가 장을 통해서 빠져나간다는 것은 오랜 옛날의 이론적인 관념이다. 나는 M박사가 덮어놓고 억지 설명을 하거나 기묘한 병리학적 관련을 짓거나 하는 것을 야유하려고 하는 것일까? 적리에 대해서는 또 다른 것이 생각난다. 몇 달 전 변비로 고생하고 있는 한 젊은 남자를 치료한 적이 있다. 다른 의사들이 '영양 부족으로 인한 빈혈증'으로 진단, 치료한 사람이다. 나의 진단으로는 아무래도 히스테리같이 느껴졌으나, 정신요법을 시험해 보지 않고 여행을 떠나도록 권했던 것이다. 그런데 며칠 전 이집트에서 그 사람이 절망적인 편지를 보내왔다. 그곳에서 심한 발작을 일으켜 의사로부터 적리라는 진단을 받았다는 것이다. 나는 아무것도 모르는 의사의 오진에 지나지 않고, 그 의사가 히스테리에 속아넘어갔다고 짐작했으나, 내가 그 환자를 히스테리성 장염에 기관적 질환까지 걸머질 상태로 몰아넣은 사실에는 자책을 느낄 수밖에 없었다. 게다가 적리(디센테리)는 꿈속에 등장하지 않는 디프테리아와 발음이 비슷하다.

그렇다. 나는 적리가 될지도 모른다는 위안의 말을 하게 함으로써 M박사를 야유했던 것이다. 내가 기억하는 바로는, M이 몇 년 전 이와 똑같은 말을 해서 어떤 의사를 비웃었다고 말한 적이 있었기 때문이다.

내가 이 친구를 이렇게 혹독하게 취급한 동기는 아주 간단했다. M박사는 내가 일마에게 요구한 '해결 방법'에 찬성하지 않았던 것이다. 그렇다면 나는 이 꿈에서 이미 두 사람에게 복수를 한 셈이다. 일마에게는 "아직도 아프다면 그건 당신 탓이오."라고 하는 것으로, 또 M박사에게는 아무 뜻도 없는 위안의 말을 하게 함으로써 복수를 한 것이다.

'우리는 어디서 감염되었는지 알고 있었다.'

꿈속에서 알고 있었다는 것은 이상한 일이다. 바로 전까지만 해도 우리는 아직 그것을 몰랐다. 레오폴트에 의해 비로소 감염 사실이 증명되었던 것이다.

'오토는 일마가 병에 걸리자 주사를 놓았다.'

오토는 일마의 가족들과 잠시 함께 머무르는 동안, 근처 호텔에서 급한 환자가 생겨 왕진해 달라는 부탁을 받고 가서 주사를 놓아 주었다는 말을 실제로 했었다. 주사라고 하니 다시 코카인 중독으로 죽은 불행한 친구 일이 생각났다. 나는 그 친구에게 모르핀을 끊고 있는 동안에는 내복약만 복용하라고 충고했는데, 그는 코카인 주사를 맞았던 것이다.

'프로필 제제…… 프로필렌…… 프로피온 산.'

도대체 어떻게 해서 이런 생각을 하게 되었을까? 병력을 쓴 후 이 꿈을 꾼 날 밤 아내가 리큐르 병을 따주었는데, 그 레테르에는 '바나나(일마의 성(姓)인 '아나나스'와 발음이 비슷하다)'라고 씌어 있었다. 그 술은 친구 오토가 보내준 것이었다. 그런데 퓨젤 유(油) 냄새가 나서 마시기가 거북했으므로, 아내는 차라리 하인들에게 주자고 말했다. 그러나 나는 신중하게 하인들도 중독되면 안 된다고 하며 그 일을 말렸다. 퓨젤 유(아밀) 냄새는 나에게 프로필이나 메틸 같은 것들을 상기시켰다. 그것이 꿈속에서 프로필 제제가 된 것이다.

'트리메틸아민.'

나는 이 물질의 화학방정식을 꿈속에서 보았다. 트리메틸아민은 무엇을 의미하는 것일까? 한 친구와의 대화가 머리에 떠올랐다. 그 친구와는 서로 전부터 해오던 연구에 관해 잘 알고 있었다. 그는 당시 나에게 성화학(性化學)에 대한 어떤 생각을 털어놓았는데, 특히 트리메틸아민은 성적 신진대사의 산물이라고 말했다. 이 물질은 성(性)이라는, 내가 치료하려는 신경성 질환의 발생에 최대의 의미가 있다고 생각하는 계기로 나를 인도해 갔다. 일마는 젊은 미망인이었다. 만약 내가 일마의 치료에 대한 실패를 변명하려면, 그녀의 친구들이 빨리 그녀를 미망인 상태에서 벗어나게 해 주었으면 하고 원하던 사실을 이용하면 아마 가장 쉬웠을 것이다. 그런데 이 꿈의 구조는 참으로 기묘했다. 내가 이 꿈속에서 일마 대신 치료하는 다른 여자 역시 젊은 미망인이었다.

나는 트리메틸아민의 방정식이 꿈속에서 그토록 강조된 이유를 조금은 알고 있다. 트리메틸아민은 성적 요소의 우위를 암시할 뿐 아니라, 나의 견해가 세상에 받아들여지지 않더라도 그 사람만 인정한다면 만족할 수 있다고 생각하는 어떤 인물과도 관계된다. 그는 코와 부비강(副鼻腔) 질환의 영향에 특히 뛰어난 전문가이며, 비갑개가 여성 성기에 대해 갖는 주목할 만한 관계를 학문적으로 밝혔다. 나는 그녀의 위통이 어쩌면 코와 관계가 있는 것이 아닐까 생각하여 그에게 진찰받게 했다. 그런데 그 자신도 축농증을 앓고 있었으므로, 꿈의 병독 전이 때 생각난 농혈증은 아마 그 사실을 암시하고 있었을 것이다.

'그런 주사는 그렇게 경솔하게 놓는 법이 아닌데……'

이것은 오토의 경솔함에 대한 비난이다. 그밖에도 이 구절은 문득 코카인 주사를 맞고 죽은 친구를 상기시켰다. 그런 화학물질을 경솔하게 사용하는 오토에 대한 비난은 내가 다시 그 불행한 마틸데의 사건과 접촉하는 것을 의미한다. 여기에는 분명히 내가 야심적이었다는 사실을 입증하는 실례뿐만 아니라 그 반대의 증거도 모여 있다.

'주사기의 소독도 불완전했을 것이다.'

이것 역시 오토에 대한 비난이다. 어제 나는 우연히 82세 된 노부인의 아들을 만났다. 그 노부인에게 나는 하루에 두 번 모르핀 주사를 놓아 주었는데, 지금은 시골에 머무르고 있었다. 아들은 어머니가 정맥염(靜脈炎)에 걸렸다는 소식을 전해 주었다. 나는 그 말을 들으며 주사기의 소독 불완전에 의한 침윤이라고 생각했다. 2년 동안 계속 그녀에게 주사를 놓았지만, 한 번도 침윤을 일으키게 하지 않았던 것이 나는 자랑스러웠었다. 나는 물론 주사기를 완전히 소독하는 데 세심한 주의를 기울였다. 내 생각은 정맥염에서 다시 내 아내의 일로 옮겨갔다. 아내는 임신 중 정맥염에 걸린 적이 있었다. 여기서 비슷한 세 가지 상황이 기억에 떠오른다. 아내와 일마와 죽은 마틸데의 경우인데, 이 세 경우의 동일성 때문에 내가 꿈속에서 그 세 사람을 서로 대체하게 된 것이 틀림없다.

이것으로 나의 꿈 해석은 일단 끝났다. 나는 이 꿈에 의해 실현되고, 또 이 꿈의 동기였을 어떤 의도를 알아냈다. 이 꿈은 그날 밤의 몇 가지 사건(오토의 보고, 병력의 집필)에 의해 내 마음속에 일깨워진 몇 가지 소망을 실현시켰다. 즉 꿈의 결론은, 지금도 남아 있는 일마의 고통은 내가 아니라 오토의 책임이라는 것이다. 그런데 오토는 일마의 불완전한 치료 상황을 이야기해서 나를 불쾌하게 했으므로, 꿈은 비난을 그 자신에게 되돌림으로써 나를 위해 복수를 해 주고 있다.

이 꿈속에는 다른 테마가 몇 가지 더 있다. 그 테마들과 일마의 병에 대한 내 책임 회피의 관계가 그다지 명료하지는 않다. 즉 내 딸의 병, 딸과 이름이 같은 환자의 병, 코카인의 해로움, 이집트를 여행하고 있는 내 환자의 질환, 나 자신의 신체상 질병, 축농증을 앓고 있는 멀리 있는 친구에 대한 걱정 등이 그것이다. 그러나 이것들을 총괄하면 나 자신 및 타인의 건강에 관한 염려, 의사로서의 양심이라는 레테르가 붙여질 하나의 관념군(觀念群)으로 모아진다.

나는 오토가 일마의 용태에 대해 알려주었을 때 막연한 불쾌감을 느꼈던 것을 상기한다. 꿈속에서 함께 작용하고 있던 관념군에 나는 이 순간적인 감정의 표현을 덧붙이고자 한다. 이 표현은 나에게 이렇게 말하는 듯하다. 너는 의사로서의 의무를 진지하게 생각하지 않는다, 너는 양심적이 아니며 약속한 것조차 이행하지 않는다, 하고 말이다. 이런 비난에 대해 나는 내가 얼마나 양심적인가, 나의 가족이나 친구나 환자의 건강을 얼마나 염려하고 있는가를 증명하기 위해 마음만 먹으면 위에서 말한 관념군을 얼마든지 쓸 수 있었을 것이다. 그러나 이 관념의 재료들 중에는 나의 무죄를 증명하기보다는 오히려 친구인 오토에게 떠넘긴 책임을 주장하는 것 같은 불쾌한 기억도 섞여 있다. 다시 말해서, 재료는 공평하지만 꿈의 토대가 된 광범위한 소재와 일마의 병에 대해 책임을 지고 싶지 않다는 소망을 갖게 한 좁은 꿈 테마 사이에는 틀림없이 관련이 있다.

그러나 자기 자신의 꿈을 문제로 삼을 때 고려해야 할 미묘한 점을 생각하면, 나는 이쯤에서 꿈 해석을 중단할 수밖에 없다. 나는 새로 획득한 인식으로 만족하고자 한다. 내가 여기에서 제시한 꿈 해석 방법을 쓴다면, 꿈은 실제로 어떤 뜻을 가지고 있으며, 재래의 연구가들이 생각했던 바와는 달리 결코 단편적인 두뇌활동의 표현이 아니라는 것을 알 수 있다. '꿈 해석의 작업을 끝내고 보면, 꿈은 하나의 소망 충족임을 알게 된다.'

꿈은 소망 충족이다 ③

꿈은 완전한 심리적 현상이며, 또한 어떤 소망의 충족이다. 꿈은 우리가 이해할 수 있는 생시의 정신 활동 속에 넣을 수 있으며, 매우 복잡한 정신 활동에 의해 만들어진다. 만약 꿈 해석이 알려주듯이 꿈이 어떤 충족된 소망을 나타내는 것이라고 가정한다면, 이 소망 충족의 표현 형식이 갖는 기묘함은 어디서 오는 것일까? 눈을 떴을 때 기억하는 현재몽(顯在夢)이 꿈의 사고(思考)로부터 형성되기에 이르기까지 그 사고 속에 어떤 변화가 생기는 것일까? 이 변화는 어떤 과정을 거쳐서 이루어지는 것일까? 꿈으로 만들어진 재료는 어디에서 유래하는 것일까? 우리가 꿈 사고에서 볼 수 있었던 여러 특성들은 어디에서 유래하는 것일까? 예를 들어 왜 그 꿈 사고들은 서로 모순되는 것일까? 꿈은 우리 내면의 심리적 과정에 관해 새로운 것을 말해 줄 수 있을까? 또한 그 내용은 우리가 낮 동안에 믿었던 생각을 수정해 줄 수 있을까?

이런 여러 가지 의문이 생기지만, 지금은 우선 한 가지만 살펴보기로 하자.

꿈이 소망 충족을 나타내는 것은 꿈의 일반적인 성격일까, 아니면 분석의 대상으로 취급한 그 꿈의 우연한 내용(일마의 주사 꿈)에 지나지 않는 것일까? 이 의문이 바로 우리의 다음 관심사가 되어야 한다. 왜냐하면 우리가 모든 꿈에는 뜻이 있고 심리적 가치가 있다는 것을 충분히 납득할지라도, 이 뜻은 꿈에 따라 동일하지 않을 수도 있기 때문이다. 우리가 다룬 첫 꿈은 확실히 소망 충족이었다. 그러나 다른 꿈은 공포의 실현일 수도 있고, 아니면 반성을 내용으로 하는 꿈, 혹은 어떤 기억의 재현일 수도 있다.

꿈은 종종 소망 충족의 성격을 적나라하게 드러낸다. 예를 들어 여기 내가 마음대로 언제든지 실험적으로 만들어낼 수 있는 꿈이 있다고 하자. 저녁 때 짜게 먹으면 밤중에 목이 말라서 잠이 깬다. 그러나 눈을 뜨기 전에 물을 마시는 꿈을 꾼다. 그러다가 눈을 뜨면 실제로 물을 마시지 않을 수 없다. 이 단순한 꿈의 유인은 눈을 떴을 때에도 여전히 느껴지는 갈증이다. 이 갈증에서 물이 먹고 싶다는 소망이 생기고, 또 꿈이 이 소망을 충족시켜 주는 것이다. 그러나 유감스럽게도 꿈에서 물을 마셔도 갈증을 없애고자 하는 물에 대한 욕구는 충족되지 않는다.

최근에 나는 같은 꿈을 약간 형태를 바꾸어서 꾼 적이 있다. 그때는 자기 전에 이미 갈증을 느끼고 침대 옆 탁자에 놓여 있던 컵의 물을 마셨다. 두서너 시간 뒤에 또 갑자기 갈증을 느꼈으나 귀찮은 생각이 들었다. 그런데 나는 아내가 나에게 물을 먹여 주는 매우 기분 좋은 꿈을 꾸었던 것이다. 그때의 물그릇은 오래 전에 남에게 주어 버린 납골(納骨) 단지였고, 그 속에 들어 있는 물이 어찌나 짠지(분명히 뼈 때문에) 그만 잠을 깨고 말았다. 이것은 꿈이 얼마나 편리하게 만들어져 있는지 알 수 있는 예이다.

나는 이런 편리한 꿈을 젊었을 때 자주 꾸었다. 밤늦게까지 일하는 습관이 있었으므로 아침에 일찍 일어난다는 것은 질색이었다. 그럴 때면 나는 언제나 침대에서 일어나 세면대 앞에 서 있는 꿈을 꾸곤 했다. 조금 지나면 나는 내가 아직 자고 있다는 것을 알게 된다. 젊은 친구 중 역시 나와 비슷한 늦잠꾸러기가 있었는데, 그는 하숙집 여주인에게 매일 아침 늦지 않도록 깨워 달라고 부탁을 해 두었다. 그러나 하숙집 여주인이 그 부탁을 실제로 들어 주기는 매우 어려운 일이었다. 어느 날 아침, 유난히 기분 좋게 자고 있는데 여주인이 "페피 씨, 일어나세요, 병원에 갈 시간이에요." 하고 큰소리로 외쳤다. 친구는 그 소리를 듣고 병원의 한 방 침대에 자기가 누워 있고, 그 머리맡에 자기 명찰이 붙어 있는 꿈을 꾸었다. 그는 그렇다면 출근할 필요가 없겠구나 하고 돌아누워 다시 계속 잤다는 것이다. 그는 그런 식으로 꿈을 꾼 동기를 솔직하게 고백했다.

그밖에도 건강한 사람들에게서 수집한 몇 개의 다른 꿈 중 소망의 충족을 발견하기란 어렵지 않은 일이다. 한 친구가 어느 날 나에게 말했다. "집사람이 어젯밤에 월경(月經)하는 꿈을 꾸었다는데, 그게 어떤 뜻인지 자네한테 물어봐 달라는 거야." 젊은 여자가 월경하는 꿈을 꿀 때는 월경은 이미 멎어 있는 상태이다. 그러므로 그 꿈은 어머니가 되는 번거로움이 시작되기 전에 좀더 자유를 누리고 싶다는 뜻이 된다. 그것은 첫 임신을 알리는 교묘한 방법이다. 다른 한 친구는 최근에 자기 부인이 블라우스에 젖이 묻어 얼룩져 있는 꿈을 꾸었다는 편지를 보내왔다. 이것도 역시 임신 통고의 일종이다. 이 경우 초산은 아니지만, 젊은 어머니는 첫 아기 때보다도 둘째 아이에게 더 젖이 많기를 바라게 마련이다.

이상의 사례에서 오직 소망 충족으로만 이해할 수 있으며, 그 내용을 적나라하게 보여주는 꿈이 자주, 그리고 여러 가지 잡다한 조건하에 발견된다는 사실을 알게 되었을 것이다. 또 이런 꿈은 대부분 짧고 단순해서, 꿈을 연구하는 사람들의 주의를 끄는 내용이 풍부한 꿈과는 매우 다르다. 그러나 이런 단순한 꿈은 좀더 음미해 볼 가치가 있다. 가장 단순한 것은 아이들의 꿈인데, 아이들의 심리적 능력은 어른에 비해 단순하기 때문이다.

어린이의 꿈은 꿈의 내적(內的)인 본질이 하나의 소망 충족이라는 것을 뒷받침하는 매우 귀중한 재료이다. 내 아이들의 꿈에서 이와 같은 꿈의 실례를 들어 보기로 한다.

1896년 여름, 나는 아우스제에서 아름다운 할슈타트로 소풍을 간 일이 있다. 그때 8년 6개월 된 딸과 5년 3개월 된 아들이 각각 꿈을 꾸었던 것이다. 미리 말해 두어야 할 것은, 그해 여름 우리는 아우스제의 언덕에서 묵었으므로 청명한 날은 거기서 다흐슈타인 산의 멋진 경치를 바라볼 수 있었다. 소풍을 떠나기 전 나는 아이들에게 할슈타트는 다흐슈타인 산기슭에 있다고 말해 주었다. 두 아이는 그 날을 손꼽아 기다렸다. 우리는 할슈타트에서 에허른 계곡으로 갔는데, 아이들은 변화하는 골짜기의 경치를 보고 무척 좋아했다. 그런데 아들 녀석이 점점 기분이

나빠지는 것 같았다. 녀석은 새로운 산이 보일 때마다 "저게 다흐슈타인이에요?" 하고 물었다. 나는 "아직 멀었어. 저건 그 앞의 산이야." 하고 대답했다. 이런 문답이 두서너 번 되풀이된 뒤, 아들 녀석은 입을 다물어 버렸다. 그러다가 끝내는 가기 싫다고 버텼다. 나는 지쳐서 그러는가 보다 생각했다.

이튿날 아침 아들은 아주 기분 좋게 어젯밤에 지모니 산장에 간 꿈을 꾸었다고 말했다. 그제야 나는 아이의 마음을 알 수 있었다. 아이는 내가 다흐슈타인 이야기를 했을 때, 이번에 할슈타트로 소풍을 가면 다흐슈타인에 올라가 늘 화제에 오르던 지모니 산장을 보려고 생각했던 것이다. 나는 그 꿈에 대해 자세히 알고 싶었으나, 그밖에는 별다른 것이 없었다. "여섯 시간이나 계속 언덕을 올라갔어요." 하고 아들 녀석은 자신이 전에 들은 대로 말할 뿐이었다.

8년 6개월 된 딸도 그 소풍에 여러 가지 소망을 품고 있었던 모양인데, 꿈이 그것을 충족시켜 주었다. 우리는 이웃의 열두 살 난 사내아이도 함께 데리고 갔다. 그 아이는 제법 의젓했는데, 딸은 그에게 호감을 가지고 있는 듯했다. 이튿날 아침 딸은 이런 꿈 이야기를 했다. "아빠, 어젯밤 꿈에 에밀이 우리 식구가 되어서 우리처럼 아빠, 엄마 하면서 함께 큰방에서 잤어요. 그런데 엄마가 방에 들어오더니 파란색과 초록색 종이에 싼 큰 초콜릿을 우리 침대 밑에 잔뜩 넣어 주었어요." 딸은 또 "에밀이 우리 식구가 된 것은 이상하지만, 초콜릿에 대한 것은 이상하지 않았어요." 하고 덧붙였다.

나로서는 초콜릿이 오히려 이상했는데, 아내가 그 부분을 설명해 주었다. 정거장에서 집으로 돌아오는 도중 아이들은 과자 자동판매기 앞에서 걸음을 멈추고 초콜릿을 사 달라고 졸랐다는 것이다. 그러나 아내는, 오늘은 하고 싶은 일을 충분히 했으니 초콜릿은 꿈의 몫으로 남겨두자고 말했다고 한다. 나는 그 작은 소동을 눈치채지 못했다. 그러나 꿈 내용 중 딸이 이상하게 여긴 부분은 곧 이해할 수 있었다. 의젓한 에밀은 집으로 돌아오는 도중 엄마와 아빠가 따라올 때까지 기다리자고 아이들에게 말했다고 한다. 이때 일시적으로 에밀이 마치 한 가족이 된 것 같

있는데, 딸은 그런 느낌을 꿈에서 받아들인 것이다. 딸의 애정은 아직 자기 형제들과 마찬가지로 가족의 일원이 된다는 형식밖에 모르므로 그런 형태의 꿈을 꾼 것이다.

아이들의 잠꼬대 또한 꿈에 속한다는 것이 인정된다면, 내가 최근에 수집한 꿈 하나를 소개하겠다. 생후 19개월 된 막내딸이 아침에 토하는 바람에 그날은 하루 종일 음식을 주지 않았다. 그날 밤 아이는 잠꼬대를 했다. "안나 에프 포이드 엘(드)벨, 혹호벨, 아이엘(스)파이스, 파프."('안나 에프'는 프로이트의 막내딸 이름. '엘드벨'은 딸기, '혹호벨'은 구즈베리, '아이엘스파이스'는 오믈렛, '파프'는 파파라는 뜻.) 그 무렵 아이는 어떤 물건을 자기 것으로 만들고 싶을 때 자기 이름을 사용했다. 이 잠꼬대 속에 나오는 음식은 모두 그애가 먹고 싶었던 것이 분명하다. 딸기가 두 종류나 등장한 것은, 그날 그 애가 딸기를 과식한 것이 구토의 원인이었다고 한 데 대한 시위이다. 아이로서는 꿈속에서 그 고약한 판정에 대해 멋지게 복수를 한 것이다.

우리는 소아기에는 성적(性的) 욕망을 모르기 때문에 행복하다고 하면서도, 두 가지 큰 삶의 욕망 중 하나인 식욕이 많은 환멸과 체념, 그리고 풍부한 꿈 자극의 원천이 될 수 있다는 사실을 부인하지 않는다.

여기서 그것에 대한 두 번째 실례를 들어 보겠다. 생후 22개월 된 조카가 내 생일날 축하의 말을 하며 내게 버찌 한 바구니를 건네주는 일을 맡았다. 그 계절에는 버찌가 아직 일렀다. 어린 조카에게 그 역할은 어려운 것처럼 보였다. 그 아이는 몇 번이나 "버찌가 들어 있다."고 되풀이하면서 바구니를 쉽게 손에서 놓으려 하지 않았던 것이다. 그러나 그 아이는 그것을 보상할 줄 알았다. 그때까지 그 아이는 어머니에게 아침마다 '하얀 병정' 꿈을 꾸었다고 말하는 습관이 있었다. 그것은 언젠가 큰길에서 본 흰 망토 차림의 근위사관을 말하는 것인데, 그 생일날의 일이 있은 다음날 아침에는 기쁜 듯이 이렇게 말했다고 한다. "헤르만이 버찌를 다 먹어 버렸어."

동물이 어떤 꿈을 꾸는지 나는 전혀 모른다. 나의 청중 가운데 한 사람은 이런 속담을 이야기해 주었다. "거위는 어떤 꿈을 꾸는가? 옥수수 꿈을 꾼다." 꿈이 소망 충족이라고 하는 모든 이론이 이 속담 속에 포함되어 있다.

세상의 관용어만 주의해 보아도 꿈의 숨겨진 뜻에 대한 우리의 설(說)에 최단거리로 도달했을 것이다. 학식 있는 언어는 곧잘 꿈을 무시하는 듯한 표현을 하지만 — '꿈은 덧없는 것'이라고 할 경우 그것을 과학적 표현인 줄 알고 있는 것이다— 일반의 관용어에 의하면 꿈은 소망의 충족자이다. 사람들은 현실에서 무엇인가 기대를 뛰어넘은 것을 대하면 기뻐서 이렇게 외친다. "정말 꿈에도 생각지 못한 일이야!"라고.

꿈의 왜곡 **4**

만약 내가 소망 충족이야말로 '모든' 꿈의 의의이므로, 소망 충족의 꿈 이외에 다른 꿈은 없다고 주장한다면, 처음부터 맹렬한 반대에 부딪힐 것이다. 그리고 또한 이런 반론이 있을 것이다. '소망 충족으로 인정되는 꿈이 있다는 것은 새로운 사실이 아니며, 이미 여러 전문가들이 인정한 바이다.' 그러나 소망 충족의 꿈 이외에는 꿈이 없다는 것은 쉽게 반박할 수 있다. 물론 불쾌하기 짝이 없는 내용이어서 소망 충족일 수 없는 꿈도 많다.

염세 철학자인 에두아르트 폰 하르트만은 소망 충족설에 가장 반대하는 사람 중 하나일 것이다. 그는 그의 《무의식의 철학》 제2부에서 이렇게 말하고 있다. "꿈에 관해서 말한다면, 현실의 괴로움은 모두 수면 상태로 연장된다. 그런데 다만 학문과 예술의 즐거움이라는, 교양인들에게 인생을 다소 견디기 쉬운 것으로 만들어주는 두 가지만은 꿈속에 들어오지 않는다."

그런데 그렇게 염세주의자가 아닌 관찰자도 꿈속에는 쾌락보다 고통이나 불쾌한 것이 더 빈번히 나온다는 것을 인정하고 있다. 사라 위드와 플로렌스 핼럼이라는 두 여성은 자신들의 꿈을 조사하여 불쾌한 꿈이 우세하다는 통계를 보여주었다. 즉 그녀들이 수집한 꿈 중 57.2퍼센트가 불쾌한 꿈이고, 28.6퍼센트가 즐거운 꿈이라고 한다. 일상생활의 고통을 잠까지 연장하는 이러한 꿈 외에 지극히 불쾌한 감정이 우리를 잠에서 깨울 정도로 강렬한 불안몽(不安夢)이라는 것도 있다. 아이들은 곧잘 이런 불안몽에 사로잡힌다.

사실 이런 불안몽의 존재는 꿈은 소망 충족이라는 사실의 보편화를 부조리한 것으로 낙인찍고 있는 것처럼 보인다. 그럼에도 불구하고, 반론을 물리치기란 비교적 쉬운 일이다. 우리의 설은 해석 작업을 통하여 꿈의 배후에서 볼 수 있는 사고 내용에 관한 것이다. 그러면 우선 꿈의 '현재적 내용'과 '잠재적 내용'을 비교 검토해 보기로 하자.

지금까지 꿈을 해석하여 그 사고 내용을 밝히려고 했던 사람은 아무도 없다. 왜냐하면 고통스럽거나 불안한 꿈도 해석해 보면 결국 소망 충족의 꿈이었을지도 모르기 때문이다.

그렇다면 꿈에 관한 지금까지의 논의를 기초로 다시 제2의 문제를 제기해 보자. 그것은 '자세히 살펴보면 소망 충족이었다는 것이 판명될, 표면상으로는 대수롭지 않은 내용의 꿈이 왜 처음부터 그 의미를 분명하게 나타내지 않는가?' 하는 문제이다. 왜 꿈은 그 뜻하는 바를 직접 우리에게 말해 주지 않는가? 해명을 필요로 하는 이런 꿈의 설명 방법을 '꿈의 왜곡 현상'이라고 부른다면, 이 꿈 왜곡이라는 것은 어디에서 오는가 하는 제2의 의문이 생긴다.

이 의문에 관해 맨 처음 생각나는 것은 수면중에는 꿈의 사고에 적합한 표현을 할 수 없다는 것이다. 그러나 어떤 꿈의 분석은 우리로 하여금 꿈 왜곡에 어쩔 수 없이 다른 설명을 하게 만든다. 이 점에 대해 나는 나의 다른 꿈을 통해 설명하기로 하겠다.

전제(前提)

1897년 봄, 우리 대학의 교수 두 분이 나를 조교수로 임명할 것을 제의했다. 실력 있고, 더구나 나와 아무런 친분도 없는 학자들이 나를 인정해 주었다는 사실에 나는 대단히 기뻤다. 그러나 나는 곧 너무 기뻐해서는 안 된다고 생각했다. 왜냐하면 당국에서는 몇 년 동안 이런 종류의 제안을 받아들이지 않은 상태였고, 나보다 선배이고 훌륭한 사람들이 애타게 발령을 기다리고 있는 형편이었기 때문이다. 아무튼 막연한 이야기였기에 그다지 기대는 하지 않았다.

어느 날 밤, 전부터 친하게 지내던 한 동료가 찾아왔다. 그도 역시 교수 임명을 기다리고 있었는데, 이 동료의 운명을 나는 스스로의 교훈으로 삼고 있었다. 교수로 임용되기만 하면 환자들이 마치 신(神)처럼 생각하는데다가, 그는 나와는 달리 적극적인 성격이었기 때문에, 이따금 문부성까지 찾아가서 자신의 일이 잘 진척되도록 힘을 써 왔다.

그날도 그는 국장을 찾아가서, 자신의 교수 임명이 늦어지는 까닭이 유대인이기 때문이냐고 단도직입적으로 물어보았다는 것이다. 국장의 대답은, 현재로서는 장관도 어쩔 수 없다고 하더라는 것이다. 그 친구의 말을 듣고 나는 더욱 그 일에 대해 체념하게 되었다. 유대인이라는 종파상(宗派上)의 난점은 나에게도 해당되었기 때문이다.

그날 밤 나는 다음과 같은 꿈을 꾸었다. 이 꿈은 두 관념과 두 형상으로 되어 있어서, 한 관념 한 형상이 서로 교차하였다. 그러나 여기서는 그 꿈의 앞부분만 소개하기로 하겠다.

① 친구 R이 나의 숙부다. 나는 그에 대해 매우 친근감을 가지고 있다.
② R의 얼굴은 여느 때와는 달랐다. 얼굴이 좀 길어진 것 같고, 턱 둘레의 노란 수염이 특히 눈에 띈다.

여기서 다시 한 관념과 한 형상, 즉 내가 생략한 후반부가 이어진다.

이 꿈의 해석은 다음과 같이 이루어졌다.

오전중 이 꿈을 생각했을 땐 웃음을 터뜨리고 말았다. 그런데 왠지 하루 종일 이 꿈이 머리에서 떠나지 않았다.

'R이 나의 숙부다.'

이것은 무슨 뜻일까? 나에게 숙부는 요제프 숙부 한 분뿐이다. 30여 년 전 이야기인데, 숙부는 돈을 벌려다가 법에 저촉되는 일을 하여 벌을 받게 되었다. 아버지는 너무 걱정한 나머지 불과 며칠 사이에 머리가 셀 정도였는데, 입버릇처럼 "너의 숙부는 나쁜 사람은 아닌데, 생각이 조금 모자라서 그랬다."라고 말하곤 했다. 그래서 친구 R이 나의 숙부라면, 나는 이렇게 말하고 싶은 것이다. 'R은 생각이 조금 모자란다.' 그러나 이런 일은 불쾌할 뿐만 아니라 인정할 수 없다.

그런데 꿈속의 얼굴은 R보다 길고 노란 수염을 기르고 있다. 실제로 숙부는 얼굴이 길고 턱 둘레에 보기 좋은 금빛 수염이 나 있었다. 친구 R의 수염은 까만데, 검은 털이 세기 시작하면 우선 적갈색이 되었다가 황갈색으로, 이어서 회색이 된다. 친구 R의 수염은 마침 이 회색의 단계에 있었다. 나의 수염도 그런 빛깔이 되었다.

꿈에서 본 얼굴은 친구 R의 얼굴이기도 하고 또 숙부의 얼굴이기도 했다. 그것은 마치 가족들의 유사점을 찾아내기 위해 몇 사람의 얼굴을 같은 한 장의 건판(乾板) 위에 촬영하는 갈톤의 몽타주 기법과 같았다. 그러고 보면 역시 내가, '친구 R은 숙부처럼 좀 모자란다.'고 생각하고 있었던 것 같다.

나는 내가 스스로 인정하고 싶지 않은 이런 관계를 어째서 만들어냈는지 도무지 알 수 없었다. 그때 문득 며칠 전 다른 동료인 N과 만나 나눈 이야기가 생각났다. 그도 역시 교수 후보자로 추천을 받은 터였다. 그는 내가 추천된 사실에 대해 축하해 주었다. "이런 추천의 가치를 잘 아실 텐데, 무슨 그런 농담을 하십니까?" 내 말에 그는 다음과 같이 대답했다. "그건 모릅니다. 내 경우는 좀 특별하니까요. 어떤 사람이 나를 고소하는 바람에 조사를 받았지 뭡니까. 물론 협박이었지만. 그러나 나는 고소한 상대방 여자가 처벌받지 않도록 하기 위해 얼마나 애를 썼는지 모릅니다. 그런데 당국에서는 이 사건을 교묘하게 역이용하여 나를 교수로 임명하지 않으려고 하는 것 같습니다. 하지만 당신은 아주 결백한 분이니까."

그래서 나는 그가 죄를 범했다는 것을 알았고, 동시에 내 꿈의 흐름을 파악하고 해석할 수 있었다. 꿈속에서 요제프 숙부는 교수 발령이 나지 않은 두 동료를 나타내고 있었던 것이다. 한 사람은 모자라는 사람으로서, 또 한 사람은 죄를 범한 사람으로서. 만약 친구인 R과 N의 교수 발령이 지연되는 이유가 유대인이라는 사실에 있다면, 나의 임명도 물론 의심스럽게 된다. 그러나 두 사람이 교수로 임명되지 못한 이유가 나와 전혀 상관없는 것이라면, 나는 임명될 가능성이 있다.

꿈은 이렇게 진행되었던 것이다. 즉 R은 생각이 모자라는 사람으로, N은 범죄자로 취급했다. 나는 그 어느 쪽도 아니다. 그러므로 교수 임명을 즐거운 기분으로 기다려도 된다. 그래서 R의 보고, 즉 국장이 R에게 한 말을 나 자신에게 적용해야 되는 상황에서 무사히 탈출한 것이다.

아직은 만족스럽지 못하므로 이 꿈의 해석은 계속되어야 한다. 내 앞에 교수 임명의 길을 열기 위해 존경하는 친구를 두 사람이나 얕본 나 자신의 거만한 태도가 아무래도 석연치 못하다. 내가 진심으로 N을 생각이 모자라는 사람으로 여기고 협박 사건에 관한 그의 이야기를 믿지 않는다고 말하는 사람이 있다면, 나는 항의할 것이다. 나는 또 오토가 프로필렌 제제를 주사했기 때문에 일마의 병이 악화되었다고는 생각하지 않는다.

이 두 가지 꿈이 나타내고 있는 것은 '그렇게 되어 주었으면 하는 나의 소망'인 것이다. 소망을 충족시키기 위한 나의 주장이 뒤의 꿈에서는 앞의 꿈만큼 부조리한 인상을 주지 않는다. 두 번째 꿈의 주장은 아닌 척하며 실제 근거를 교묘하게 이용하고 있다. R은 당시 학과 주임교수의 반대 투표를 받았고, N은 악의 없이 위에서 말한 비방의 재료를 스스로 나에게 제공했기 때문이다. 어쨌든 이 꿈은 좀더 해명해야 할 필요가 있다.

나는 이 꿈을 해석하는 동안 지금까지 전혀 고려되지 않았던 부분이 아직 남아 있다는 것을 알게 되었다. R을 숙부로 안 뒤 나는 꿈속에서 R에 대해 친근감을 가졌다. 이 감정은 어떻게 해서 생겼는가? 나는 요제프 숙부에게 한번도 정을 느낀

적이 없다. R은 오랜 친구이다. 그러나 꿈에서 느낀 친애의 정을 표현한다면 R은 깜짝 놀랄 것이다.

나의 꿈이 그 잠재적 내용과 비교할 때 왜곡되어 있다면, 더욱이 정반대로 왜곡되어 있다면, 꿈속에 나타난 친근감은 이 왜곡을 위한 것이다. 다시 말하자면, '왜곡'은 이 경우 고의적이다. 즉 '위장(僞裝)'의 수단인 것이다. 나의 꿈에는 R에 대한 비방이 포함되어 있다. 그래서 이 비방을 나 자신이 깨닫지 못하게 하기 위해 정반대의 친근한 감정이 꿈속에 들어온 것이다.

이런 인식은 언제 어느 경우에나 적용될 수 있을 것이다. 소망 충족이 위장하고 있을 경우, 거기에는 틀림없이 이 소망을 거부하는 마음의 움직임이 존재할 것이다. 이런 방어적인 마음의 움직임에 의해 소망은 분명히 왜곡되어 나타날 것이다. 나는 마음속에 생기는 이 현상에 대비되는 것을 사회생활 속에서 찾아보고자 한다. 여기에 권력을 가진 인물과 그 권력을 고려해야 할 입장의 인물이 있다고 생각해 보자. 이럴 경우 두 번째 인물은 그 심적 행위를 왜곡하고 스스로를 '위장한다'.

정치 평론가는 권력자에게 불쾌한 진실을 직언해야만 하기 때문에 이와 유사한 경우에 처해 있다. 그가 숨김없이 직언하면 권력자는 그의 발언에 압력을 가할 것이며, 나중에 출판물에 의해 공표되는 것이라면 사전에 압력을 가할 것이다. 이 때문에 문필가는 검열을 두려워한 나머지 자신의 견해를 부드럽게 하거나 왜곡하는 것이다. 검열의 지배가 엄격하면 할수록 위장은 그만큼 더 교묘해진다.

검열 현상과 꿈 왜곡의 여러 현상이 세밀한 부분에 이르기까지 일치한다는 사실에서, 우리는 당연히 양자에 대해 비슷한 여러 조건을 전제로 하여 생각할 수 있다. 그러므로 꿈의 형성자로서 개개인의 두 가지 심리적 힘(흐름, 조직)을 가정해도 무방할 것이다. 이 두 가지 힘 중 한쪽은 꿈에 의해 표현되는 소망을 형성하고, 다른 한쪽은 꿈의 소망에 검열을 가하는데, 이 검열을 통해서 표현의 왜곡을 강제한다. 문제는 이 두 번째 검문소의 검열 권한이 어디에 있느냐이다.

잠재적 꿈의 사고는 분석 전에는 알 수 없다. 그러나 이 잠재적 사고에서 나오는 꿈의 현재적 내용이 의식적으로 기억되고 있다는 점을 생각해 볼 때, 두 번째 검문소가 누리는 특권은 사고가 의식되기를 허용하느냐 하지 않느냐에 있는 것이다. 사전에 두 번째 검문소가 통과시키지 않은 것은 첫번째 검문소에서 나와 의식 속으로 들어갈 수 없다. 그리고 두 번째 검문소는 권리를 행사하여, 의식 속으로 들어오려는 것을 자기에게 편리하도록 변경하지 않고는 아무것도 통과시키지 않는다. 그러므로 우리는 의식의 '본질'에 관해 특별한 견해를 가져야 한다. 의식화한다는 것은 표상화하는 과정과는 다른 특수한 심리적 행위이므로, 의식은 다른 장소에서 주어진 내용을 지각하는 한낱 감각기관처럼 여겨진다.

다시 최초의 문제로 돌아가 불쾌한 꿈이 어떻게 소망 충족으로 해석될 수 있는가? 만일 꿈이 왜곡된다면, 그리고 불쾌한 내용은 오로지 소망하는 것을 위장하는 데 도움이 되고 있을 따름이라면, 사실은 불쾌한 꿈이 소망 충족으로 해석된다는 것을 알 수 있다.

앞에서 나온 두 가지 심리적 검문소에 관한 가정을 고려하면, 다음과 같이 말할 수 있다. 불쾌한 꿈은 두 번째 검문소에서는 불쾌하지만, 동시에 첫번째 검문소의 편에서는 소망을 채워 주는 어떤 것을 내포하고 있다. 그러므로 불쾌한 꿈은 물론 어떤 꿈이든 첫번째 검문소에서 유래하는 것이며, 두 번째 검문소가 꿈에 대해 단순히 방어적인 태도를 취할 뿐 결코 창조적으로 움직이지 않는 한 모두 소망 충족의 꿈이다.

꿈이 실제로 감추어진 뜻을 내포하고 있다는 것과, 이 감추어진 뜻이 소망 충족이라는 것은 모든 경우 분석에 의해 입증되어야 한다. 그래서 나는 불쾌한 내용의 꿈 몇 가지를 선택하여 그 분석을 시도하려고 한다.

다음은 한 머리 좋은 여자 환자의 꿈 이야기이다.

"저녁 식사에 손님을 초대할 예정이었는데, 훈제(燻製) 연어가 조금 있을 뿐 그 밖에는 아무것도 없었어요. 그래서 시장에 가려고 했으나, 일요일 오후라서 이미 상점 문이 닫혔을 거라는 생각이 들더군요. 하는 수 없이 배달해 주는 상점 두서너 곳에 전화를 했는데, 마침 전화가 고장나 있었어요. 그래서 그날은 손님 초대를 단념하는 수밖에 없었지요."

분석

이 환자의 남편은 고지식하고 부지런한 정육점 주인이다. 그는 전날 그녀에게, 자꾸 뚱뚱해져 곤란하니 살을 좀 빼야겠다고 말했다. 그래서 아침 일찍 일어나 운동을 하고, 식이요법도 철저히 하고 식사에 초대를 받더라도 참석하지 않을 생각이라고 했다. 그녀는 웃으면서 남편에 관한 이야기를 계속했다. 남편은 단골 술집에서 한 화가를 알게 되었는데, 그만큼 표정이 풍부한 얼굴은 본 적이 없다면서 꼭 모델이 되어 달라는 부탁을 받았다. 그는 뜻은 고마우나 젊고 예쁜 여자의 엉덩이 쪽이 자신의 못생긴 얼굴보다 훨씬 더 마음에 들 것이라고 대답했다. 그런데 그녀는 지금 남편에게 애정을 느끼고 있으므로 어리광을 부린다. "캐비아 같은 걸 사주시면 싫어요." 이것은 무슨 뜻일까?

그녀는 전부터 캐비아를 바른 빵이 먹고 싶었으나 너무 비싸서 사먹지 못했다. 물론 남편에게 부탁했으면 즉시 사다 주었을 것이다. 그러나 가능한 한 오랫동안 남편에게 어리광을 피우고 싶어서 그 반대로 "캐비아 같은 걸 사주시면 싫어요." 라고 했던 것이다.

이런 불충분한 설명의 배후에는 보통 고백하고 싶지 않은 동기가 숨어 있게 마련이다. 그녀는 살아가면서 충족되지 않은 소망을 갖게 되었을 것이다. 그녀의 꿈도 그 소망이 충족되지 않았다는 것을 보여주고 있다. 그런데 그녀는 무엇 때문에 충족되지 않은 소망을 필요로 하는 것일까?

지금까지 떠오른 생각은 이 꿈을 해석하는 데 크게 도움이 되지 않았다. 나는 그녀에게 계속해서 말을 하도록 유도했다. 그녀는 저항을 극복하려는 것처럼 잠시 침묵한 뒤 말했다. 어제 한 친구를 방문했는데, 남편이 항상 그 친구를 칭찬하기 때문에 마음속으로 질투를 하고 있었다. 다행히 그녀의 남편은 뚱뚱한 여자를 좋아하는데 그녀는 몹시 말랐다. 그런데 마른 여자가 한 이야기는 물론 좀더 살이 쪘으면 하는 소원에 대한 것이었다. 그녀가 나의 환자에게 말했다. "언제 또 저녁 식사에 초대해 주시겠어요? 댁의 음식은 언제나 기막히게 맛이 좋으니 말이에요."

이것으로 꿈의 의미가 명확해졌다. 나는 나의 환자에게 이렇게 말할 수 있었다. "당신은 저녁 식사에 초대해 달라는 말을 들었을 때 틀림없이 이렇게 생각했을 겁니다. '내가 당신에게 식사 대접을 하는 것은 당신을 살찌게 해서 내 남편 마음에 쏙 들도록 만드는 일밖에 안 돼요. 그렇다면 식사 초대 같은 건 그만두겠어요.' 꿈은 당신에게 이제 식사 초대 같은 건 할 수 없다고 말해 주는 겁니다. 즉 친구가 살찌는 것을 돕는 일은 하고 싶지 않다는 당신의 소망을 채워주는 거죠."

이제 이 해석을 확증해 줄 무언가 일치하는 사항을 찾아내는 일만 남았다. 그래서 그녀에게 물었다. "왜 하필이면 훈제 연어 꿈을 꾸었을까요?" "그건 그 친구가 제일 좋아하는 음식이에요." 하고 그녀는 대답했다. 우연히 나는 그 친구를 알고 있었다. 그래서 그도 역시 나의 환자가 캐비아를 비싸서 못 사먹었듯 연어를 사먹지 못한다는 사실을 확인할 수 있었다.

이 꿈은 또 다른 해석도 가능하게 한다. 그런 해석은 어떤 부차적인 사정을 고려함으로써 필연적인 것이 된다. 이 두 해석은 서로 포개어져서, 꿈과 일체의 정신병리학적 형성물에서 일반적으로 볼 수 있는 이중의 뜻을 보여주는 훌륭한 한 사례를 제공한다. 그 여자 환자는 소망 거부의 꿈을 꾸는 동시에 그 거부된 소망을 현실에서 만들어내려고 노력했다(캐비아를 바른 빵). 그녀의 친구도 더 살이 찌고 싶다는 소망을 말했었다. 그러니까 나의 환자가 친구의 소망이 실현되지 않는 꿈을 꾸는 것은 당연한 일이다.

즉 이 환자의 소망은 좀더 살이 찌고 싶다는 자기 친구의 소망이 채워지지 않기를 바라는 것이다. 그러나 그녀는 그 소망 대신 자기 자신의 소망이 채워지지 않는 꿈을 꾸었다. 그리고 만일 꿈속의 그녀가 자기가 아니고 그 친구를 뜻한다면, 다시 말해 자기 자신을 그 친구와 '동일화'한 것이라면, 이 꿈은 새로운 해석을 얻게 된다.

사실 이 환자는 동일화를 했다고 생각한다. 그런데 이 히스테리성 동일화에는 어떤 의미가 있는 것일까? 동일화는 히스테리 증세의 메커니즘에서 중대한 한 계기이다. 이 방법에 의해서만 환자들은 자신의 체험뿐 아니라 많은 사람들의 여러 체험을 그들의 히스테리 증세 속에 재현하여 고민하고, 한 연극의 모든 역할을 혼자 자기 수단에 의해 연출해 보일 수가 있다. 여기서 동일화라는 것은 단순한 모방이 아니고 같은 병리적 요구에 의거한 '동화(同化)'인 것이다.

히스테리의 공상이나 꿈에서 동일화가 이루어지는 조건이 되는 것은 환자 또는 꿈꾸는 사람이 성적 관계를 염두에 두고 있다는 사실이다. 따라서 위에서 말한 환자가 자신의 꿈속에서 그 친구 대신 자신을 놓고 어떤 증세(실현할 수 없는 소망)를 만들어냄으로써 자기와 그 친구를 동일화하면서 그에 대한 질투심(이 질투가 이유없는 것임을 환자 자신도 인정하고 있다)을 표현하는 것은 단지 히스테리적 사고 과정의 법칙에 따랐을 뿐이다.

나의 환자 중의 한 부인이 나의 학설에 대해 반박했다. 그러나 이 반대론도 '하나의 소망이 이루어지지 않는다는 것은 다른 소망이 이루어진다는 것을 의미한다.'는 도식에 따라 쉽게 해결되었다.

나는 어느 날 그녀에게 꿈은 소망의 충족이라는 사실을 설명했다. 다음날 그녀는 나를 찾아와서 간밤의 꿈 이야기를 해 주었다. 그녀는 시어머니와 함께 시골로 피서 여행을 떠났다고 했다. 그러나 나는 그녀가 여름을 시어머니와 같이 지내기 싫어서 시어머니의 거처에서 꽤 멀리 떨어진 곳에 피서할 집을 얻었다는 사실을 알고 있었다. 그런데 꿈은 그녀의 소망대로 된 이 해결을 물거품으로 만들었다. 그것은 꿈은 소망의 충족이라는 나의 설을 훌륭하게 부정하고 있지 않은가? 그 꿈에 의하면 나의 주장에 잘못이 있다는 것이다. 즉 '내가 한 말이 틀렸으면' 하는 것이 '그녀의 소망이었으므로, 그 소망을 꿈이 채워 준 것이다.'

그러나 내가 한 말이 틀리기를 바라는 소망과 피서를 하기 위해 시골로 떠났다는 테마를 둘러싸고 충족된 소망이 실제로는 이것과 다른, 더 엄숙한 대상에 관계하고 있었던 것이다. 즉 그녀 일생의 어느 시기에 그 병에 중대한 영향을 미칠 만한 사건이 있었을 것이다. 그러나 그녀는 이를 부인했다. 내가 틀렸으면 하는 그녀의 소망은 그녀가 시어머니와 함께 시골로 떠난다는 꿈으로 변하고, 따라서 그제야 비로소 어렴풋이 알게 된 사실들이 실제로 일어난 것이 아니기를 바라는 이유 있는 소망과 일치했던 것이다.

다른 꿈으로, 앞서와 같이 나의 견해를 반박하는 한 여자 환자로부터 들은 사례가 있다. 젊은 처녀인 그 환자는 이렇게 이야기를 시작했다. "선생님도 잘 아시다시피 제 언니에게는 칼이라는 사내아이 하나가 있을 뿐입니다. 그 아이의 형 오토는 제가 언니 집에 있을 때 죽었어요. 전 오토를 무척 귀여워했습니다. 칼 역시 귀엽긴 하지만 오토만큼은 귀여워할 수 없어요. 그런데 어젯밤 칼이 죽어서 조그만 관 속에 두 손을 포개고 누워 있는 꿈을 꾸었습니다. 형 오토가 죽었을 때와 똑같았어요. 선생님, 이게 무슨 뜻일까요?"

그녀는 어려서 부모를 여의고 언니 집에서 자랐는데, 그 집에 찾아오는 사람들 중 한 남성을 알게 되었다. 한때 그들은 결혼까지 생각했으나 언니의 반대로 깨지고 말았다. 두 사람 사이가 깨지고 난 후, 그녀는 그 동안 애지중지하던 오토가 죽고 얼마 안 되어 언니 집을 나왔다. 자기를 좋아하는 남자가 잇달아 나타났으나, 그녀는 새삼스레 다른 남자에게 마음을 돌릴 수가 없었다. 문인인 그 남자가 어딘가에서 강연한다는 것을 알기만 하면, 그녀는 반드시 그 자리에 참석했다. 그밖에도 그 남자를 볼 수 있는 일이라면 놓치지 않았다.

그 꿈을 꾸기 전날 그녀는 나에게 그 남자가 어떤 음악회에 나간다는데, 자기도 가서 멀리서나마 그 모습을 보고 싶다고 말했었다. 그래서 나는 쉽게 그 꿈을 해석할 수 있었다. 나는 그녀에게 오토가 죽은 뒤에 일어난 사건으로서 생각나는 것이 없느냐고 묻자, 그녀는 "오랫동안 보지 못했던 그 남자가 와서 오토의 관 옆에 서 있었습니다." 하고 말했다. 그래서 나는 그 꿈을 다음과 같이 해석했다.

"만일 지금 또 한 아이가 죽는다면, 오토가 죽었을 때와 똑같은 상황이 되풀이될 겁니다. 당신은 그날 언니 집에서 지내게 될 것이고, 그 남자도 틀림없이 조의를 표하러 오겠죠. 그러니까 당신의 꿈은 그 사람을 다시 만나고 싶다는 소망을 뜻하는 겁니다."

그녀는 분명히 자신의 소망을 감추기 위해 그런 소망이 억제되는 슬픔에 찬 상황을 택했던 것이다. 이처럼 나의 이론에 정면으로 대립되는 꿈, 즉 어떤 소망이 이루어지지 않거나 혹은 무엇인가 바라지 않는 일이 일어나는 것을 그 내용으로 하는 꿈들이 쉽게 눈에 띈다. 이런 꿈들을 '소망에 반대되는 꿈'으로서 총괄한다면, 일반적으로 이 꿈들은 두 가지 원리에 귀착된다는 것을 알 수 있다.

젊은 처녀로서 주위 사람들의 반대를 무릅쓰고 나의 치료를 받으려고 노력한 한 환자는 다음과 같은 꿈을 꾸었다.

집에서는 더 이상 나에게 치료 받으러 다니는 것을 금지했다. 그러자 그녀는 나를 찾아와서 내가 전에 "돈이 없으면 무료로 치료해 주겠다."고 한 약속을 일깨웠다. 나는 그녀에게 돈에 관한 것은 고려할 수 없다고 냉정하게 말했다.

이 꿈에서 소망 충족을 입증한다는 것은 사실 어려운 일이다. 내가 그녀에게 했다는 약속은 과연 어디에서 유래한 것일까? 물론 나는 그녀에게 그런 말을 한 적이 없다. 그런데 그녀의 형제 중 그녀에게 가장 큰 영향력을 가지고 있는 오빠가 실제로 그런 식으로 나에 관한 이야기를 했던 것이다. 그래서 그 꿈은 오빠가 한 그 말이 정말이기를 바라는 소망을 표현하고 있다. 오빠가 한 말은 틀림없다는 것이 그녀의 생활 내용 바로 그 자체였고, 그것이 또 그녀의 노이로제의 동기이기도 했던 것이다.

대체적으로 인간의 성적(性的) 성향 속에는 공격적 · 사디즘적 요소가 정반대로 전화(轉化)함으로써 생기는 마조히즘적 요소가 있다. 굴욕과 정신적 고통 속에서 쾌락을 추구하는 사람을 우리는 '관념적' 마조히스트라고 부른다. 이런 사람들은 소망에 반대되는 꿈이나 불쾌한 꿈을 자주 꾸는데, 어떤 젊은이는 그가 어렸을 때 동성애적(同性愛的) 경향을 느끼고 있던 형을 매우 학대했다. 그 뒤 그의 성격은 완전히 변했는데, 그 무렵 그는 다음 세 가지 종류의 꿈을 꾸었다.

① 형이 자기를 귀찮게 하는 꿈.

② 두 어른이 동성애의 추태를 보이는 꿈.

③ 형이 장차 자신이 물려받기로 한 사업체를 다른 사람에게 팔아 버리는 꿈.

이것을 마조히즘적 소망 꿈으로 해석하면 이렇게 될 것이다. '형이 옛날 그로부터 받은 수많은 고통의 보복으로 그 사업체를 팔아 버린다 해도 무리가 아니다.'

이상의 실례로써 불쾌한 내용의 꿈이라도 소망 충족의 뜻을 갖는 것이 확실함을 충분히 알 수 있을 것이다. 이런 꿈이 불러일으키는 불쾌한 감정은 확실히 우리에게 그런 테마를 취급하거나 고려하지 못하게 하려는 혐오감과 동일하다. 그러나 그런 테마를 다룰 수밖에 없다는 사실을 알게 되는 경우, 그 혐오감을 각자 극복해야만 한다. 그리고 꿈속에 자주 나타나는 불쾌감은 결코 어떤 소망의 존재를 배제하는 것은 아니다.

사람은 누구나 남에게 말하고 싶지 않은 소망, 스스로에게도 알려지기를 바라지 않는 소망을 품는 법이다. 또 한편 이 모든 꿈들의 불쾌한 성격을 꿈 왜곡의 사실과 관련지어서 생각할 때, 이 꿈들이 왜곡되어 꿈속의 소망 충족을 눈에 띄지 않게 은폐하는 것은 그 꿈의 테마에 대한, 또는 그 꿈으로 짐작되는 소망에 대한 혐오나 억압하려는 의도가 있기 때문이다. 따라서 꿈 왜곡은 검열 행위로 증명된다. 그러나 꿈의 본질을 표현하는 공식을 다음과 같이 변경할 때 불쾌한 꿈의 분석이 밝혀낸 모든 것을 고려할 수 있다. 즉 '꿈은 어떤 (억압되고 배척된) 소망의 (위장된) 충족'이라는 것이다.

이제 남은 것은 불쾌한 내용을 가진 꿈의 특수한 하위 부류(下位部類)인 불안한 꿈이다. 불안한 꿈이 우리에게 보여주는 것은 꿈 문제의 새로운 일면이 아니다. 우리가 꿈속에서 느끼는 불안은 외관상(外觀上) 꿈의 내용에 따라 설명되고 있을 따름이다. 꿈의 내용을 해석할 때 불안이 그 공포증의 표면적인 원인이 되는 표상에 의해서는 설명이 되지 않는 것과 같은 이치이다.

꿈의 불안은 노이로제적 불안과 밀접하게 관련되어 있다. 따라서 불안한 꿈은 성적 내용을 가진 꿈이라고 할 수 있는데, 그에 해당되는 리비도(Libido)가 불안으로 바뀐 것이다.

꿈의 재료와 꿈의 원천 **5**

꿈의 해석에서 우리의 독특한 방법을 적용함으로써 현재적 꿈의 내용보다도 중대한 뜻을 갖는 '잠재적' 내용이라는 것을 발견한 뒤, 수수께끼나 모순을 풀기 위해 꿈의 세부적인 문제를 새로 다루어 보고 싶은 생각이 든다. 이미 여러 사람이 지적했지만, 아직 해명되지 않은 꿈 기억의 세 가지 특성을 살펴보자.

① 꿈은 최근의 여러 인상을 즐겨 취급한다.

② 꿈은 부수적인 것이나 간과된 것을 기억하고 있으므로, 재료 선택을 할 때는 깨어 있을 때의 기억과는 다른 여러 원리에 따른다.

③ 꿈은 유아기(幼兒期)의 인상을 마음대로 구사할 수 있으며, 우리가 시시한 일이라고 생각할 뿐 아니라 평소에는 잊어버리고 있던 유년시절의 자질구레한 일까지 끄집어낸다.

꿈속에 나오는 최근의 것과 대수롭지 않은 것

모든 꿈에서는 '전날'의 체험들이 발견된다. 이 사실을 알고 난 후 나는 꿈을 꾸는 계기가 된 전날의 체험을 맨 먼저 찾음으로써 꿈 해석을 시작할 수 있었다. 이 관계가 얼마나 규칙적으로 입증되는가를 나타내기 위해 나의 꿈의 기록 중에서 실례를 들어 보기로 하겠다.

① 나는 어떤 집을 방문했는데, 까다로운 절차를 밟고서야 겨우 안으로 들어갈 수 있었다. 그 동안 한 부인이 나를 '기다리고' 있었다.

원천 : 전날 저녁 한 친척 부인과 이야기를 했는데, 그녀는 좀더 '기다릴' 수밖에 없다고 했다.

② 나는 어떤 (분명치 않은) 식물에 관해 한 권의 '연구서'를 저술했다.

원천 : 그저께 한 서점의 진열장에서 시클라멘 속(屬)에 관한 '연구서'를 보았다.

③ 거리에서 '어머니'와 '딸'을 보았는데, 딸은 나의 환자이다.

원천 : 그 환자가 전날 밤 나에게 계속 치료받는 것을 '어머니'가 반대한다고 불평했다.

④ 나는 S. & R.이라는 책방에서 1년에 '20굴덴'으로 어떤 정기 간행물을 주문했다.

원천 : 아내가 전날 일주일분의 생활비 '20굴덴'을 아직 받지 못했다고 말했다.

⑤ 나는 나를 그 '회원'으로 취급하고 있는 사회민주당 '위원회'로부터 한 통의

'편지'를 받았다.

  원천 : 자유당 선거 '위원회'와 박애협회 본부로부터 동시에 '편지'를 받았다.

  ⑥ '뵈클린의 그림같이' 한 남자가 '바다 한가운데 험한 바위 위에 있다'.

  원천 : '악마섬의 드레퓌스', 동시에 '영국' 친척으로부터의 편지.

  꿈은 바로 전날의 사건과 관련되는 것인가, 혹은 최근이라는 좀더 장기간의 여러 인상과 관련되는 것인가 하는 문제가 생기겠지만, 이 문제는 그다지 원리적인 중요성을 갖지 않는다. 2, 3일 전의 어떤 인상이 꿈의 원천이라고 생각될 때가 가끔 있었는데, 그럴 때마다 자세히 관찰해 보면 역시 꿈을 꾼 바로 전날의 인상을 상기하고 있다는 사실을 확인할 수 있었다. 그래서 나는 어떤 꿈이든 그로부터 하루도 지나지 않은 체험이 그 꿈을 꾸게 하는 동기가 됨을 알 수 있었다.

  꿈꾸기 전날을 제외하고, 가장 가까운 과거의 여러 인상과 꿈에 대한 관계는 더 먼 과거의 다른 여러 인상들과 거의 같다. 만일 최근의 여러 인상에서 어떤 생각의 실마리가 연결되어 있다면, 꿈은 그 재료를 인생의 어떤 시기든 상관없이 선택할 수 있다.

  사소한 체험이 심리적 가치가 풍부한 체험을 대리하게 되는 심리학적 과정이라는 것은 우리에게 아직 의문으로 남아 있다. 그러나 꿈을 분석할 때마다 되풀이되는 무수한 경험에 의해 이러한 과정이 존재함을 인정하지 않을 수 없다. 이 과정은 그 중간항을 거쳐가는 동안에 (심리적 강도의) 이동이 성립되므로, 처음에는 약했던 표상이 처음부터 강한 에너지를 가진 표상의 충전을 받음으로써 강해진다. 그 결과 의식 안으로 들어갈 만한 힘을 가지게 되는 것이다. 일반적으로 신체적 운동 행위가 문제시될 경우에는 이런 에너지의 이동이 일어나도 전혀 이상할 것이 없다. 혼자 사는 처녀가 동물을 좋아한다든지, 사랑하는 사람끼리는 1초라도 더 오래 손을 잡고 있으려 한다든지, 또는 《오셀로》에서 잃어버린 한 장의 손수건이 분노 폭발의 원인이 된다든지 하는 것 등은 모두 심리적 강도의 이동을 보여주는 뚜렷한 예이다.

그러나 무엇이 의식 안으로 들어올 수 있고 무엇이 거절당하는가, 다시 말해 무엇을 생각하는가를 같은 과정을 거쳐 같은 원리에 따라 결정내린다는 것은 병적(病的)이라는 인상을 준다. 그것이 일상생활에 나타날 경우, 우리는 그것을 사고착오(思考錯誤)라 부른다. 우리가 꿈의 이동 속에서 인정한 심리적 과정은 분명히 병적 장애가 있는 것은 아니지만, 정상적인 과정과는 다른 과정, 보다 '원초적(原初的)'인 성질의 과정임을 알 수 있을 것이다. 여기서는 결론만으로 그치고 상세한 고찰은 뒤로 미루겠다.

그러므로 꿈이 부수적인 체험의 잔재를 받아들인다는 사실은 (이동에 의한) '꿈 왜곡'의 표현으로 해석할 수 있다. 여기서 꿈 왜곡이 두 개의 심리적 검문소 사이에 있는 통과 검열의 한 결과였음을 기억할 것이다. 꿈의 분석은 우리에게 낮 동안의 생활에서 심리적으로 의미있는 실제 꿈의 원천을 발견하게 해 줄 것이며, 그때 그 꿈 원천의 기억은 그 강도를 아무래도 좋은 기억 위로 이동시킬 것이다.

낮에 우리가 둘 또는 그 이상의 꿈의 원천이 될 수 있는 체험을 하면, 꿈은 이 체험들을 하나로 결합한다. 다시 말하면, 꿈은 '그 체험들을 하나로 만들려고 하는 강제력'에 복종한다. 꿈의 작업에는 존재하는 모든 꿈의 자극원을 꿈속에서 어떤 통일체로 만들어 가는 일종의 강제력이 있다고 할 수 있다.

분석을 거쳐 밝히려 하는 꿈의 원천은 과연 언제나 최근의, 그리고 중요한 사건이어야만 하는가, 아니면 어떤 내적인 체험, 이를테면 심리적으로 가치있는 사건의 기억, 하나의 사고 과정이 꿈 제작 인자의 역할을 맡을 수 있는가 하는 것이 문제이다. 지금까지의 수많은 분석에서 가장 뚜렷하게 밝혀진 해답은 후자를 옳은 것으로 간주한다. 꿈 제작 인자는 낮의 사고 활동에 의해 최근의 것이 된 내적 과정이라고 할 수 있다. 이제 꿈의 원천을 인식시키는 여러 조건을 하나의 방식으로 정리해 보기로 하자.

꿈의 원천이 될 수 있는 것은 다음과 같다.

① 꿈속에서 직접 대리되고 있는 최근의, 그리고 심리적으로 중요한 체험.

② 꿈에 의해 하나의 통일체로 결합되는 몇 가지 중요한 최근의 체험.

③ 사소하지만 때를 같이하는 하나의 체험을 통해 꿈에서 대리되는 하나 또는 그 이상의 중요한 최근의 체험.

④ 꿈속에서 '반드시' 어떤 최근의, 그러나 사소한 인상에 의해 대리되는 내적인 중요한 체험(기억·사고 과정).

이미 알고 있는 것처럼 꿈의 해석에서는, 꿈 내용의 한 요소가 어떤 최근의 인상을 되풀이한다는 조건이 철저하게 확립된다. 왜냐하면 꿈속에서 어떤 것을 대리할 임무를 맡은 이 부분은 본래의 꿈 제작 인자 자체의 표상권에 속하든가, 아니면 꿈 제작 인자와 결합함으로써 관계되었던 어떤 사소한 인상권 내에서 벗어나 있기 때문이다. 이 경우 조건이 많아 보이는 것은 이동이 있었거나 없었거나 둘 중 하나에 의해 생긴 현상에 불과하다. 따라서 우리는 이동 여부에 대한 이러한 사정은 뇌세포의 부분적 각성으로부터 완전한 각성에 이르는 모든 계열이 꿈의 의학적 이론에 대하여 보여준 것과 마찬가지로, 꿈이 갖는 대조적 관계를 쉽게 설명해 주는 것임을 알게 된다.

이 계열에 관해서는 또 다음과 같은 점도 인정된다. 즉 그때 만일 꿈 내용이 최근의 체험과 어떤 관련성을 유지하고 있다는 것과, 꿈 제작 인자가 심리적으로 가치있는 과정이라는 두 가지 조건만 지켜지면, 심리적으로는 가치가 있으나 최근의 것이 아닌 요소(사고 과정·기억)는 꿈 형성의 목적에서 어떤 최근의, 그러나 심리적으로는 사소한 요소에 의해 대체된다. 꿈에 이용되는 사소하고 똑같은 여러 인상이라 하더라도 그것이 최근의 것인 이상 하루 이틀 지나면 이런 적합성을 잃어버린다는 사실을 고려한다면, 어떤 인상의 신선함이 그만큼 꿈 형성에 심리적 가치를 부여하는 것이 되며, 이 심리적 가치는 감정적으로 강조된 기억 또는 사고 과정에 어떤 형태로든 동등하다는 가정을 세울 수 있게 될 것이다.

여기서 한 가지 덧붙일 것이 있는데, 밤중에 우리의 의식에는 알려지지 않은 채 기억재료나 표상재료에 중대한 변화가 생기는 경우가 있다. 따라서 어떤 일을 최종적으로 결정지으려 할 때 하룻밤 푹 자라고 하는 것은 옳은 이야기다. 여기서 우리는 꿈의 심리학에서 수면의 심리학으로 옮겨가게 되는데, 앞으로도 이런 일이 자주 일어날 것이다.

그런데 여기에 하나의 반론이 있다. 사소한 여러 인상이 최근의 것인 경우에만 꿈 내용 속으로 들어온다면, 체험할 당시에는 꿈 내용에 아무런 심리적 가치를 갖지 못해 오래 전에 잊혀진 여러 요소, 즉 새롭지도 심리적으로 중요하지도 않은 요소가 꿈의 내용에서 발견되는 것은 무엇 때문인가? 노이로제 환자에게 정신분석을 가해 얻어진 여러 결과에 의거하여 말한다면, 심리적으로 중요한 재료를 사소한 재료에 의해 대치시키는 이동 현상은 이 경우 이미 오래 전에 일어난 것이므로 그때부터 기억 속에 정착되어 있는 것이라고 할 수 있다. 본래 사소한 것이었던 그 여러 요소는 이동함으로써 심리적으로 중요한 재료의 가치를 부여받은 후부터는 이미 사소한 것이 아니다. 만일 정말 사소한 것으로 머물러 있다면, 꿈속에 재현될 리 없기 때문이다.

어린이의 꿈과 밤에 느끼는 자극에 대한 짧은 꿈 반응을 제외하면, 이상의 명제는 절대적으로 진실하다. 꿈은 결코 사소한 일과 관계하지 않는다. 겉으로는 단순한 꿈이라도 해석을 해 보면 단순하지 않다는 것을 알게 될 것이다. 다음에 내가 수집한 꿈 중에서 '단순한 꿈' 하나를 끄집어내 보자.

a. 한 총명하고 고상한 젊은 부인이 다음과 같은 꿈을 꾸었다고 말했다. "시장에 너무 늦게 가는 바람에 정육점에서도, 채소가게에서도 아무것도 살 수가 없었어요." 이것은 단순한 꿈임에 틀림없으나 꿈이라는 것이 그렇게 간단한 것이 아니다. 그래서 사소한 것까지 자세하게 이야기하라고 했다. 그녀는 다음과 같은 이야기를 들려 주었다. 요리사와 함께 시장에 갔는데, 요리사는 바구니를 들고 있었다. 정육점에서 자기가 사려는 것을 달라고 했으나 주인은 그것은 없다며, "이건 어떻습니까." 하고 다른 것을 사라고 했다. 그녀는 거절하고 채소가게로 갔다. 채소가게 주인은 이상하고 시커먼 채소 다발을 팔려고 했으므로 그녀는 "그런 건

필요없어요."라고 말했다는 것이다.

이 꿈이 낮의 일과 결부되어 있다는 것은 간단하게 지적할 수 있다. 그녀는 실제로 시장에 너무 늦게 가서 아무것도 못 샀던 것이다. '정육점은 벌써 닫혀 있었다.'는 흔한 말이, 그 체험을 이야기하는 도중 불쑥 머리에 떠오른다. 이 말은— 혹은 그 반대의 '닫혀 있지 않다.'는 말은 남성이 바지 앞단추를 잠그거나 잠그지 않았다는 것을 가리키는 표현이다. 그러나 꿈을 꾼 부인이 그런 말을 썼다는 것은 아니고, 오히려 그와 같은 표현을 피했다.

꿈속의 어떤 일이 이야기의 성격을 가지고 있을 경우, 그것은 현실 생활에서의 실제 회화에서 기인한다. 그리고 이 회화는 물론 꿈속에서 소재로 취급되므로 다소 변화되어, 특히 전체의 연결에서 이탈되어 있다. 그런데 '그것은 이제 없다.'는 것을 분석해 보면, 그 말은 바로 나 자신에게서 비롯된다. 며칠 전 나는 그녀에게 어린 시절의 체험은 그 자체로는 '이제 존재하지 않으며', 분석하는 가운데 '전이(轉移)'와 꿈에 의해 대치되고 있다고 말했던 것이다. 그러니까 정육점 주인은 바로 나인 것이다. 그녀는 낡은 사고방식이나 느낌을 현재로 전이하기를 거부하고 있는 것이다.

또 "그런 건 필요없어요."라고 하는 꿈속의 말은 어디에서 유래되는 것일까? 그녀는 전날 "좀더 몸가짐을 단정히 해요."라고 요리사를 나무랐던 것이다. 음란한 공상을 하느라고 '정육점 닫는 것'을 잊고 있는 사람들에게 해 줄 수 있는 말이다. 우리가 해석의 실마리를 제대로 잡았다는 것은 채소가게 주인과의 대화 속에 내포된 암시가 곧 증명해 준다. 다발로 팔리는 야채(그녀가 나중에 덧붙인 바에 의하면 기다란 모양의), 그리고 시커먼 것이란 꿈이 아스파라거스와 무를 하나로 만든 것이다. 지금 문제는 이 꿈의 뜻을 완전히 해석하는 것이 아니다. 단지 이 꿈이 의미심장하며, 결코 단순하지 않다는 것만은 충분히 밝혀졌으리라 믿는다.

b. 어떤 여자 환자의 또 다른 단순한 꿈을 살펴보자. 그녀의 남편이 물었다. "피아노를 조율하는 게 어떨까?" 그녀는 대답했다. "필요 없어요. 새로 가죽을 씌워

야 하니까요." 이것 또한 전날 실제로 있었던 일의 되풀이다. 그녀의 남편은 그렇게 말했고, 그녀도 역시 그런 식으로 대답했다. 그녀의 꿈은 무엇을 뜻하는 것일까? 그녀는 그 피아노를 '소리가 나쁜, 기분 나쁜' 피아노인데, 남편이 결혼하기 전부터 가지고 있던 것이라고 말한 적이 있다. 역시 꿈의 수수께끼를 푸는 열쇠는 '필요 없어요.'라는 말에 있다. 이 말은 실은 그 전날 그녀가 여자 친구를 방문했을 때 한 말이다. 그녀는 그곳에서 웃옷을 벗으라는 권유를 받았을 때 "바로 가야 하니까 벗을 필요 없어요."라고 대답했던 것이다.

이 이야기를 들으며 어제 그녀가 한참 분석을 하고 있는 도중 단추 하나가 풀린 웃옷을 잔뜩 움켜쥐고 있었던 것이 생각났다. 그래서 싸구려 피아노(Kasten)는 흉곽(Brustkasten)을 의미한다. 그리하여 이 꿈 해석은 그녀가 자신의 자태에 불만을 갖기 시작한 지난날의 신체적 발달기로 들어간다. '기분 나쁜'과 '소리가 나쁜'을 생각하고, 아울러 암시나 꿈에서 얼마나 자주 여성 육체의 작은 반구(半球 : 유방)가 반대물 또는 대용물로서 큰 반구를 대신하는지 생각해 본다면, 이 꿈은 더 먼 과거까지 통하고 있는 것이다.

c. 여기서 그 꿈 분석을 중단하고 어떤 젊은이의 짧고 단순한 꿈 이야기를 삽입해 보자. 젊은이가 꾼 꿈은 '다시 외투를 입는데, 입기 싫어서 견딜 수가 없었다.'는 내용이었다. 얼른 보기에 이 꿈의 동기는 갑자기 추워진 날씨에 있다. 그러나 좀더 깊이 생각하면, 꿈의 두 부분이 서로 맞지 않는 것을 알 수 있다. 날씨가 추워져서 외투를 입는데 왜 '싫어서 견딜 수가 없었다는' 것일까? 꿈이 단순해 보이는 것과는 달리, 분석하면서 처음 떠오른 생각은 어제 어떤 부인으로부터 막내아이가 생긴 것은 콘돔이 찢어졌기 때문이라는 고백담을 들은 기억이었다. 그것을 종합하면 이렇게 해석된다. 콘돔이 얇으면 위험하고 두꺼우면 재미가 없다. 콘돔은 바로 '외투'를 나타낸다. 그 부인이 말해 준 사건은 미혼인 그 젊은이에게는 어쨌든 '싫은' 일이었을 것이다.

이제 다시 단순한 꿈을 꾼 여자 환자의 이야기로 되돌아가자.

d. '그녀는 촛대에 초 한 자루를 꽂았다. 그런데 초가 부러졌기 때문에 잘 서지 않았다. 친구들은 〈네가 서툴러서 그래.〉라고 말했다. 그러나 그녀는 〈내 탓이 아니야.〉라고 대답했다.'

이 꿈에도 현실적인 동기가 있다. 그녀는 어제 실제로 촛대에 초를 꽂았었다. 그러나 그것은 부러지지 않았다. 이 꿈에는 명백한 상징이 사용되고 있다. 초는 여자 성기(性器)를 자극하는 물건이다. 따라서 그것이 부러져서 잘 서지 않았다면, 남성의 음위(陰痿)를 뜻한다. ('그건 내 탓이 아니야.') 이 여성은 엄격한 교육을 받고 음란한 것을 모르고 살아왔는데, 어떻게 초의 이런 상징적 뜻을 알고 있었을까? 그녀가 작은 배로 라인 강을 건널 때 대학생들이 탄 보트가 옆을 스쳐갔다. 학생들은 유쾌하게 노래를 부르고 있었다. '스웨덴 왕비가 창의 덧문을 닫고, 아폴로의 양초로……'

그녀는 끝 구절을 듣지 못했거나 이해하지 못했다. 그래서 남편에게 설명을 해 달라고 했던 것이다. 이윽고 그 노래 구절은 꿈속에서 그녀가 전에 기숙사에서 다른 사람의 부탁을 '서투르게' 처리한 순진한 추억으로 대치되고 있다. 특히 이 노래 구절과 기억은 '창의 덧문을 닫고'라는 공통된 요소를 지니고 있다. 수음(手淫)이라는 테마와 음위의 결합은 설명할 필요도 없을 것이다. 잠재적 꿈의 내용 중 '아폴로'는 이 꿈을 더 먼 시기의 꿈과 연결시킨다. 그전의 꿈에는 처녀신(處女神) 팔라스가 등장했었다. 따라서 단순하고 순진한 꿈이라고 보기는 어렵다.

꿈의 원천으로서 유아적인 것

꿈 내용의 특성 중 세 번째 것으로서 연구가들은 꿈속에서는 평소에 기억하지 못하던 여러 인상, 즉 유아기의 여러 인상이 나타나는 수가 있다고 말했다. 이런 일이 얼마나 빈번하게 일어나는가는 판단하기가 매우 어렵다. 그러므로 유아기의 인상이 문제가 된다는 것을 객관적인 방법으로 증명하는 수밖에 없는데, 여러 조건이 함께 나타나는 일은 극히 드문 경우로 한정되어 있다.

모리가 소개한 어떤 남자의 이야기는 가장 명확한 증거가 될 수 있는 예 중의 하나이다. 이 남자는 어느 날 20년 동안이나 가 보지 못한 고향에 가기로 결심했는데, 떠나기 전날 밤 꿈을 꾸었다. 그는 전혀 낯선 고장의 거리에서 낯선 신사를 만나 이야기를 나누었다. 그런데 고향에 가 보니 꿈에 본 그 고장이 고향 마을 바로 가까운 곳에 실제로 있었고, 꿈속에서 만난 그 낯선 신사도 그곳에 살고 있는, 돌아가신 아버지의 친구였음을 알게 되었다. 그것은 그가 어렸을 때 그 고장도, 그 신사도 보아 알고 있었다는 사실의 명백한 증거일 것이다. 꿈을 꾼 사람이 유독 이 유아기의 인상을 재현하게 된 동기들은 분석을 해 보지 않고는 알아내기 힘들 것이다.

또 다른 경우는 꿈 해석의 도움을 빌리지 않더라도 꿈이 유아기의 요소를 포함하고 있다는 것이 확인된다. 그것은 유아기에 처음 꾼 꿈을 어른이 되어서도 때때로 되풀이해서 꾸는, 이를테면 '계속되는' 꿈이다. 누구나 다 아는 이런 꿈의 실례로서 내가 경험한 것 중 두세 가지를 덧붙여둔다. 30대의 한 의사는 어렸을 때부터 오늘에 이르기까지 가끔 노란 사자를 꿈꾼다면서, 그 사자에 관한 것을 아주 자세하게 이야기해 주었다. 그런데 꿈속에서 낯이 익은 이 사자가 어느 날 실제로 눈앞에 나타났다. 그것은 사기로 만든 장난감 사자였는데, 그의 어머니 말에 의하면 그것은 그가 어렸을 때 가장 좋아한 장난감이었다는 것이다.

이제 현재적 꿈의 내용으로부터 분석에 의해 비로소 밝혀지는 잠재적 사고에 대해 살펴보자. 내용으로 보아 전혀 그런 추측을 할 수 없는 꿈에서도 유아기의 체험이 작용하고 있음을 발견할 수 있다. 나는 '노란 사자'의 꿈 이야기를 들려 준 이 존경하는 동업자로부터 그런 종류의 꿈 중에서도 특히 교훈적인 좋은 실례 한 가지를 들었다. 그는 난센의 《극지 탐험기(極地探險記)》를 읽은 날 밤 이 용감한 탐험가가 극지의 빙원(氷原)에서 고질병인 좌골신경통이 도져서 전기치료를 하고 있는 꿈을 꾸었다. 꿈의 분석을 시작하자 그는 유년시절의 어떤 일을 생각해 냈다. 그는 어느 날 어른들의 탐험 이야기를 열심히 듣고 있다가, 아버지에게 그 것은 중한 병이냐고 물었다. 그는 여행(Reisen)을 아픔(Reiszen)으로 잘못 들어 형제들에게 웃음거리가 되었던 그 부끄러운 체험을 잊을 수 없었던 것이다.

다른 일련의 꿈을 분석함으로써 알게 되는 사실은, 꿈을 일으키고 꿈을 통해 충족되는 소망도 유아기 생활에서 유래된다는 것이다. 따라서 우리는 '꿈속에 옛날 그대로 여러 가지 충동을 가진 아기가 계속 살고 있음을 발견하고' 놀라게 된다.

꿈을 일으키는 소망은 그것이 비록 현재의 소망일지라도 유년시절의 기억으로부터 강력한 도움을 받고 있다는 사실을 나는 다른 경우에서 알 수 있었다. 나는 어느 날 로마에 가 있는 꿈을 꾸었다. 그런데 조금도 대도시다운 광경을 볼 수 없어서 크게 실망했다. '시커먼 물이 흐르는 작은 강, 한쪽 언덕은 검은 바위, 다른 한쪽 언덕은 풀밭으로 커다란 흰 꽃들이 피어 있다. 추커 씨(이 사람과는 안면이 조금 있다.)가 있는 것을 보고 시내로 가는 길을 물어보려 했다.' 현실에서 보지 못한 도시를 꿈에서 보려는 것은 무리한 이야기이다. 꿈속의 풍경을 여러 요소로 분해해 보니, 흰 꽃은 내가 잘 아는 라벤나 시(市)를 가리키고 있다. 라벤나 주변의 늪에서 수련을 본 일이 있었던 것이다. 꿈이 이 꽃을 아우스제의 수선화같이 풀밭에서 피게 한 것은, 라벤나에서 이 꽃을 물 속에서 따 가지고 오느라고 매우 애를 먹었기 때문이다.

검은 바위는 카를스바드 근처 테플 골짜기를 생각나게 한다. 카를스바드는 내가 추커 씨에게 길을 물으려고 하는 기묘한 사건을 설명해 주었다. 이 꿈을 엮은 재료 속에서 유대인에 관한 두 가지 재미있는 이야기를 발견할 수 있다. 그 이야기들은 매우 깊고 오묘한 처세술을 감추고 있어서 우리가 대화나 편지 속에 즐겨 인용하는 것이다. 그 하나는 '몸'에 관한 이야기인데 내용은 다음과 같다. 어떤 가난한 유대인이 차표 없이 카를스바드로 가는 급행열차를 탔다. 그러나 차표 검사를 할 때마다 검표원에게 발각되어 열차 밖으로 내쫓겼는데, 점점 더 혹독한 취급을 받았다. 그러다가 또다시 발각되어 밖으로 내쫓겼을 때 뜻밖에 아는 사람을 만났다. 어디로 가느냐는 친구의 물음에 그 유대인은 "몸만 지탱할 수 있으면 카를스바드까지."라고 대답했다는 것이다. 그와 함께 프랑스어를 못하는 유대인에 관한 또 한 가지 이야기가 기억에 남아 있다. 그 유대인은 파리에 가면 리슐리외 가로 가는 길을 물으라는 말을 듣는다.

길을 묻는다는 것은 직접적으로 로마를 연상하게 했다. 왜냐하면 모든 길은 로마로 통하기 때문이다. 그밖에 추커란 이름도 역시 카를스바드를 지향한다. 의사인 우리는 모두 체질상의(몸의) 질병, 즉 당뇨병 환자에게 카를스바드로 가도록 권하기 때문이다. 이 꿈의 계기는 베를린에 있는 친구가 부활절에 프라하에서 만나자고 제안한 데 있다. 내가 그 친구와 의논하지 않으면 안 되었던 여러 가지 일에서 다시 '추커(설탕이라는 뜻도 있다)'와 '당뇨병'의 관계가 생긴 것이라고 생각한다.

앞서 말한 꿈을 꾼 직후 나는 다시 로마에 가는 네 번째 꿈을 꾸었다. 눈앞에 어떤 길모퉁이가 보이더니 거기에 독일어로 쓴 광고가 붙어 있어서 이상하게 생각했다. 꿈꾸기 전날 나는 베를린의 그 친구에게 프라하는 독일인 관광객에게는 결코 안락한 곳이 못 될 것이라는 내용의 편지를 썼다. 그러므로 그 꿈은 프라하가 아니라 로마에서 만나고 싶다는 소망도 동시에 나타내고 있다.

꿈을 깊이 분석할수록 우리는 잠재적 꿈의 내용 속에 꿈의 원천으로서 한 역할을 맡고 있는 유아기적 체험의 흔적을 발견하게 된다. 우리는 앞에서 꿈이 생략이나 변경을 가하지 않고 그대로 현재적 꿈의 내용을 재현하는 일은 극히 드물다는 것을 알았다. 그러나 그 진기한 두세 가지 실례가 없는 것은 아니다. 그것들은 모두 유아기의 정경(情景)에 관계하고 있다. 나의 환자 한 사람이 어느 날 어떤 성적 사건을 재현한 꿈을 사실 그대로 이야기해 주었다. 그 꿈은 과거에 있었던 일의 충실한 기억이었다. 평소에 그 기억을 아주 잊은 것은 아니었지만, 매우 희미해져 있었다. 그것이 되살아난 것은 이 꿈에 분석을 가한 결과였다.

그는 열두 살 때 친구를 방문한 적이 있는데, 그때 친구는 음경을 드러낸 채 침대에 누워 있었다. 그는 저도 모르게 자신의 음경을 드러내고 친구의 음경을 움켜쥐었다. 그런데 친구가 언짢은 표정을 짓는 바람에 그도 난처해서 얼른 놓아 버렸다. 그로부터 23년이 지난 뒤에 꿈이 이 정경을 그때의 세밀한 감정까지 그대로 재현했다. 다만 조금 변경이 가해져서 꿈을 꾼 본인은 능동적인 역할을 하지 않고 수동적 입장에 섰으며, 상대방 친구는 현재 알고 있는 어떤 사람으로 대치되었다.

유아기의 정경은 현재적 꿈의 내용에서 약간의 암시로 대리되고 있을 따름이므로, 해석을 통해서 그 꿈속으로부터 끌어내야 한다. 이러한 실례가 그다지 신빙성을 갖지 못하는 까닭은, 이런 유아기의 체험에는 대부분의 경우 다른 증명이 결여되어 있기 때문이다. 더구나 그 체험이 아주 어렸을 때의 것이라면, 기억에 의해서는 이미 그 진실성이 인정되지 않는다.

① 나의 환자 가운데 한 여성의 꿈은 모두 '재촉받는' 특징을 가지고 있다. 그녀는 시간에 늦지 않도록 서두르는 것이 강박관념처럼 되었다. 어떤 꿈에서 '그 환자는 여자 친구를 찾아가야 했다. 어머니가 걸어가지 말고 차를 타고 가라고 했으나, 그녀는 뛰어가느라고 몇 번씩이나 넘어졌다.' — 분석에 의하면, 어렸을 때 서로 재촉하며 놀던 기억이 식별되었다. 특히 어떤 꿈에서는 아이들이 좋아하는 장난, 즉 '암소가 넘어질 때까지 달린다'라는 말을 마치 한 단어처럼 빨리 말하는 장난이 그 재료였다. 이 빠르게 입을 놀리는 장난도 '재촉하는' 것의 일종이다.

② 이번에는 다른 여자 환자의 꿈을 살펴보자.

'그녀는 큰 방에 있다. 방안에는 정형외과(整形外科)의 수술실을 연상케 하는 여러 가지 기계가 놓여 있다. 나는 그녀에게 시간이 없기 때문에 다른 다섯 사람과 함께 치료해야겠다고 말한다. 그러나 그녀는 그것이 싫어서 자신을 위해 지정된 침대에 누우려고 하지 않는다. 그녀는 방 한구석에 서서 내가 한 말은 거짓말이라고 할 때까지 기다린다. 다른 환자들은 그러는 그녀를 보고 비웃으며, 〈정말 바보같이 구는군.〉 하고 말한다. 그와 동시에 그녀는 자신이 무엇인지 작은 사각형 같

은 것을 많이 만들고 있는 듯한 기분이 든다.'

이 꿈의 전반부는 치료와 나에 대한 감정 전이에 결부되고 있으며, 후반부는 어렸을 때의 사건에 대한 암시를 내포하고 있다. '정형외과 수술실'은 내가 그녀에게 치료 기간이 길다는 것과, 치료의 성질을 '정형외과'에 비교해서 설명한 사실에 그 원인이 있다. 치료를 시작할 때 나는 "당분간 당신을 위해 많은 시간을 낼수가 없는데, 조금 지나면 매일 한 시간쯤은 할애할 수 있을 겁니다." 하고 말했다. 이 사실이 신경질이 되기 쉬운 아이들의 주요한 성격적 특색인, 그녀 마음속에 있는 옛날의 감수성을 자극한 것이다. 그 환자는 6남매 중 막내였다(그러므로 '다른 다섯 사람과 함께'). 따라서 아버지에게서 많은 사랑을 받았음에도 불구하고 아버지가 자기에게 시간도 내주지 않고 별로 주의를 기울이지도 않는다고 생각하고 있었던 것 같다.

'내가 그것은 거짓말이라고 말할 때까지 기다린다'는 부분은 다음과 같이 생각할 수 있다. 양장점의 사환이 옷 한 벌을 가지고 왔다. 그녀는 그 아이에게 돈을 주었다. 그리고 나서 남편에게 "만일 저 아이가 돈을 잃어버리면 나는 또 돈을 줘야할까요?" 하고 물었다. 남편은 그녀를 놀려줄 셈으로 "물론 그렇지." 하고 대답했다(꿈속의 '비웃음'). 그녀는 같은 질문을 여러 번 되풀이했다. 남편이 결국 그것은 거짓말이라고 말해 주기를 기다렸던 것이다.

'방 한구석에 서서'와 '침대에 누우려고 하지 않는다'는 구절은 침대를 더럽힌 죄로 '구석에 서서' 벌을 받은 어린 시절 사건과 관련이 있다. 어렸을 때 그녀는 오줌을 싼 벌로 '방 한구석에 서 있었다'. 그리고 또 오줌을 싸면 아빠가 더 이상 귀여워하지 않을 것이라든가, 오빠나 언니들의 웃음거리가 될 것이라는 위협을 받았다. '작은 사각형과 같은 것'은 그녀의 어린 조카와 관계가 있다. 조카는 어느쪽으로 더해도 15가 될 수 있도록 9개의 사각형 속에 수를 써넣는 방법을 그녀에게 가르쳐주었던 것이다.

③ 한 중년 부인의 꿈의 배후에는 가까스로 하나의 환상으로 결합된 채 숨어

있는 많은 유아기의 기억이 발견된다.

'그녀는 바삐 물건을 사러 나간다. 그라벤 광장에서 돌부리에 걸려 넘어졌다. 많은 사람들이 주위에 모여들었는데, 특히 마부들이 많았다. 그러나 아무도 부축해 주지 않는다. 몇 번이나 일어나려고 했지만 헛수고였다. 그러다가 겨우 일어서서 마차를 타고 집으로 돌아가게 되었다. 누군지 물건이 잔뜩 들어 있는 큰 바구니(시장 바구니인 듯한)를 창문으로 던져 넣었다.'

이 꿈을 꾼 사람은 어렸을 때 재촉하는 장난을 해 꿈속에서 항상 재촉받던 그 부인이다. 꿈의 첫 정경은, '넘어졌다'는 말이 경마(競馬)를 연상시키듯이 분명히 넘어진 말을 본 데서 유래한다. 그녀는 젊었을 때 말을 탔었고 더 어렸을 때는 '말'이 된 일도 있었다. '넘어지다'와 관계가 있는 것은 문지기의 열일곱 살 난 아들에 관한 아주 어렸을 때의 기억이다. 그는 길에서 간질병 발작을 일으켜 마차에 실려 집에 돌아온 적이 있었다. 그러나 간질병의 발작, '넘어지는 사람'이라는 관념은 그녀의 환상을 강하게 지배해서 훗날 그녀 자신의 히스테리 발작에 영향을 끼치고 있다. 여자가 넘어지는(fallen) 꿈을 꿀 경우, 대개 성적인 뜻이 있다. 즉 자기가 '타락한 여자(Gefallene)'가 되는 셈이다. 그런 식으로 꿈을 해석하면 거의 틀리지 않을 것이다. 그녀는 매춘부가 모이는 곳으로 유명한 빈의 광장 그라벤에서 넘어졌기 때문이다.

시장 바구니는 여러 가지로 해석된다. 보통 바구니는 그녀가 처음으로 접근하는 남자들에게 준 많은 바구니(거절을 한다는 뜻)와, 또 그녀가 말했듯이 나중에 자기도 받았던 바구니(거절을 당했다는 뜻)를 상기시킨다. 그리고 또 '아무도 부축해 주지 않는다'—이것을 그녀 자신은 수치를 당했다고 해석하고 있는데—는 것도 역시 거절을 당했다는 것과 관계가 있다.

그러나 시장 바구니는 남을 섬기는 사람의 상징으로 해석할 수 있을 것이다. 이것과 관련하여 도둑질하다 쫓겨난 '하녀'에 대한 일 등 아이 때의 기억이 떠올랐다. 그 하녀도 역시 그녀처럼 '넘어지듯 무릎을 꿇고' 용서를 빌었던 것이다. 그녀는 당시 열두 살이었다. 그리고 또 집에서 부리는 '마부'와 눈이 맞아서 쫓겨난 하녀에 대한 기억도 있다. 그러므로 그 기억이 꿈속의 '마부'의 원천이었음을 알 수 있다.

남은 것은 나중에 누군가 던져 넣은 바구니인데, 더구나 그것을 '창문으로' 던져 넣었다. 이것은 그녀에게 열차의 화물 '수송', '창문을 사이에 두고 속삭이는 연애', 어떤 남자가 부인 방 '창문으로 은행 열매'를 던져 넣는다든가, 백치(白痴)가 '창문으로' 들여다보자 누이동생이 무서워하던 일 등, 시골에 머무를 때의 사소한 인상을 생각나게 한다. 그러자 그것들의 배후에서 열 살 무렵의 희미한 기억이 떠올랐다. 어린 그녀는 자신의 유모가 피서지에서 하인과 함께 있는 것을 본 적이 있었다. 유모는 애인인 하인과 함께 '운반되고(expediert)' '던져졌다(hinausge-worfen).' 〔꿈에서는 거꾸로 '던져 넣어졌다(hineingeworfen).'〕

환자들의 이러한 꿈을 분석하면 너무 희미해서 거의 기억에서 사라져 버린 어렸을 때의 여러 인상이 검출되는데, 나는 그런 꿈을 많이 수집했다. 그 가운데는 때때로 세 살까지의 유아기에서 그 인상이 비롯되는 경우도 있다. 그러나 그런 꿈에서 일반적으로 꿈 전체에 적합한 결론을 끌어낸다는 것은 바람직하지 못하다. 이 경우 문제가 되는 것은 노이로제 환자, 특히 히스테리 환자이기 때문이다. 이런 꿈들에서 어린 시절의 사건이 맡는 역할은 꿈의 본질이 아니라 노이로제의 성질에 의해 제약될 수도 있다.

꿈의 원천과 소망의 자극 인자를 쉽게 증명할 수 있으므로 당장 해석될 것 같은 꿈—이러한 꿈에서도 유아 시절까지 거슬러 올라가는 중요한 관념의 실마리가 있다는 사실에 꿈의 본질적인 조건이 있는 것이 아닐까 하는 의심이 생기기도 한다. 만일 이 생각을 일반화해도 괜찮다면, 어떤 꿈이나 현재적 내용은 최근에 체험한 것과, 잠재적 내용은 오래 전에 체험한 것과 연관을 지을 수 있을 것이다.

꿈에는 종종 여러 가지 뜻이 포함되어 있다. 사례로써 알 수 있듯이 꿈속에서 여러 소망 충족이 병존하면서 하나로 결합되어 있을 뿐 아니라, 하나의 뜻, 하나의 소망 충족이 다른 뜻, 다른 소망 충족을 은폐하고 있기 때문에 그것을 벗겨 가면 맨 밑에서 유아기 최초의 소망 충족에 부딪히게 될 수도 있다.

신체적 꿈의 원천

　신체적 자극원에는 세 종류가 있다. 첫째는 외부의 여러 대상에서 오는 객관적 감각자극, 둘째는 주관적으로만 증명이 가능한 내적 흥분 상태, 셋째는 신체의 내부에서 생기는 신체자극이다. 꿈 연구가들은 자칫하면 이 신체적 자극원 외에 가능한 심리적인 꿈 원천을 불문에 부치거나, 혹은 아예 제외하는 경향이 있다. 신체적 자극원에 유리한 여러 견해를 보고 알게 된 것은, 객관적 감각기관 흥분의 중요성은 관찰을 통해서 확인되고 또 실험에 의해서 확증되었다는 사실, 그리고 주관적 감각 흥분의 역할은 최면 상태의 상징형상(象徵形象)의 꿈속에서 되풀이됨으로써 확증된 것 같다는 사실이다. 그리고 우리의 꿈 형상이나 꿈 표상이 광범위하게 내적 신체자극에서 비롯된다는 상정은 물론 전면적으로 입증하기 어려우나, 소화기관·비뇨기관·생식기관이 우리의 꿈 내용에 끼치는 잘 알려진 영향에 충분히 의존할 수 있었다. 그러므로 많은 연구가들이 오직 하나의 꿈의 원천이라고 보는 꿈의 신체적 자극원은 '신경자극'과 '신체자극'일 것이다.

　신체적 자극 이론의 대표자들은 모두 이 이론의 실질적인 기초에 관해서는 어떤 불안도 느끼지 않지만, 단순한 외적 신경자극만으로 꿈의 표상을 밝힐 수 없다는 점을 간파하고 있었다. 꿈 연구가들 중에는 '신경자극 꿈'을 이제까지 연구되어 온 꿈의 종류로서 다른 꿈의 형식보다 존중하는 사람도 있었다. 슈피타는 꿈을 '신경자극 꿈'과 '연상 꿈'으로 나누었다. 그러나 신체적 자극원과 꿈의 표상 내용 사이의 연결이 입증되지 않는 한 이 해결은 불충분하다.

분트에 의하면, 꿈의 여러 표상은 대부분 감각자극에서 일어나고 있다는 것이다. 특히 그것들은 일반적 감각자극에서 일어나고 있으므로 환상적 착각이며, 환각에까지 높여지는 순수한 기억표상이라는 것은 소수에 불과하다고 한다. 이 이론에 따라서 생기는 꿈 자극과 꿈 내용의 관계를 슈트륌펠은 다음과 같이 설명하고 있다. "그것은 마치 전혀 음악을 모르는 사람의 열 손가락이 피아노 건반 위를 미끄러져 가는 것과 같다." 이렇게 생각하면 꿈은 생리학적 자극이 낳은 것이라는 말이 된다. 이 생리학적 자극은 자극을 받은 기관이 다른 어떤 표현 방법도 모르기 때문에 심리적 증세를 가지고 나타난다는 것이다.

신체적 꿈 자극설은 일반적인 학설일 뿐만 아니라 아주 그럴듯한 매력을 지니고 있다. 그러나 이 학설의 약점을 지적하기란 쉬운 일이다. 신체적 꿈 자극은 수면중 정신 기관에 환상을 만들어냄으로써 자신을 해석하라고 요구하는데, 그런 시도를 수없이 촉구할 수 있다. 즉 꿈 내용에서 모든 표상들을 그 대리자로 등장시킬 수 있다.

그러나 슈트륌펠과 분트의 학설은 외적 자극과 그 해석을 위해 선택된 꿈 표상의 관계를 규제하는 어떤 동기를 제시할 수 없다. 즉 자극이 '많은 재현 활동을 할 때 행하는 기이한 선택'에 대해 해명할 수 없다. 전체 착각 이론은 정신이 수면중 객관적 감각자극의 실제 성질을 인식할 수 없다는 것을 기본 전제로 하고 있으나, 그밖의 이의들은 이에 대해 반박하고 있다.

생리학자 부르다흐의 입증에 의하면, 비록 자고 있더라도 정신은 자기에게 미치는 감각자극을 올바르게 해석할 수 있고, 또 이 올바른 해석에 적절하게 반응할 수 있다고 한다. 그는 잠자는 동안에도 소홀하게 여기는 것들에서 각 사람에게 중요하게 생각되는 감각인상들을 가려낼 수 있고, 또 대수롭지 않은 청각인상보다는 자기 이름을 들으면 더욱 확실히 잠을 깬다는 사실을 자세하게 논증한다. 이 사실은 수면중에도 정신은 여러 자극을 취사선택한다는 생각을 전제로 한 것이다.

이런 관찰들을 토대로 부르다흐는 수면 상태에 있는 동안 감각자극이 이를 구별하지 못하는 것이 아니라, 그 '자극에 대한 관심의 결여'로 가정할 수 있다는 결론을 내린다.

신체적 꿈 자극설이 꿈을 해명하는 데 불충분하다는 것은 다른 방법으로도 증명된다. 결코 외적 자극 때문에 어쩔 수 없이 꿈을 꾸는 것은 아니다. 설사 그 외적 자극이 우리가 꿈을 꾸기 시작하자마자, 또는 꿈을 꾸는 동안 틀림없이 꿈 내용에 나타난다 할지라도 말이다. 예를 들면 수면중의 피부자극이나 압박자극에 대해 나는 여러 가지로 반응할 수 있다. 나중에 눈을 떠보면 한쪽 발이 이불 밖에 나와 있다든가, 한쪽 팔이 깔려 있다든가 하는 것을 알 수 있다. 병리학(病理學)에서 보는 숱한 실례에 의하면, 여러 종류의 감각자극과 운동자극이 수면중에 아무런 작용도 하지 않는 수가 있다. 나는 또 자극에 의해 잠을 깰 때도 있다. 그러면 그 자극을 제거한다. 생각할 수 있는 반응 방법이 비로소 내가 신경자극에 의해 꿈을 꾸게 만든다. 만약 '꿈을 꾸는 동기가 신체적 자극원 외부에 있지' 않으면 이런 일은 일어날 수 없는 것이다.

나는 지금까지 신체적 꿈 원천에만 구애되어 우리의 꿈 해석에서 끄집어낼 수 있는 이론은 언급하지 않았다. 우리는 다른 연구가들이 그들의 꿈 재료에 적용하지 않았던 어떤 방법에 의해 꿈은 심리적 행위로서 꿈의 독특한 가치를 가지고 있다는 것, 어떤 소망이 꿈 내용의 재료를 준다는 것을 증명할 수 있었다. 그런데 이처럼 중요한 연구 방법을 소홀히 하고, 따라서 꿈을 신체자극에 대한 무익하고 수수께끼 같은 심리적 반응이라고 보는 일체의 다른 이론은 이미 비판이 끝난 것으로 간주해도 무방할 것이다. 따라서 남은 문제는 본래의 신체적 꿈 자극설이 의거하고 있는 여러 사실을 우리의 꿈 이론의 내부로 어떻게 끌어들이느냐 하는 것뿐이다.

그것을 위한 첫걸음은, 꿈의 작업은 동시에 존재하는 모든 꿈 자극을 하나의 통일체로 가공 통합한다는 명제를 세웠을 때 이미 내디뎌졌다. 전날의 인상적인 두 개 내지 그 이상의 체험이 남아 있을 경우 우리는 그 체험에서 생기는 소망이 하나의 꿈속에 통합된다는 사실을 알았고, 또한 전날의 사소한 여러 체험과 심리적으로 가치가 큰 인상이(양자 사이에 기맥을 통하는 표상이 만들어진다고 가정한다면) 서로 합쳐져서 꿈 재료가 된다는 사실도 알았다. 따라서 꿈은 잠자고 있는 정신 속에서 동시에 활동하고 있는 모든 것의 반응으로 표현된다.

그러므로 우리는 지금까지 꿈 재료를 분석하면서 그 재료가 심리적 잔재이고 기억된 흔적의 집합물이라고 인정했다. 이 심리적 잔재에는 우리가(꿈은 최근의 재료와 유아기의 재료를 특히 좋아하므로) 심리학적으로 그 당시는 결정하기 어려웠던 활동성이 있다는 것을 인정해야 할 것이다.

만일 이 기억의 활동성에 새로운 자극 재료가 수면 상태에 첨가되면 무엇이 생기는지 이제는 예측하기 어렵지 않다. 이 자극들은 그것이 활동적이라는 점에서 역시 꿈에 대해 중요성을 가진다. 그것들은 다른 여러 심리적 활동과 함께 꿈 형성에 재료를 제공한다. 다시 말하면 수면중의 여러 자극은 하나의 소망 충족으로 가공되는데, 이 소망 충족의 다른 성분은 우리가 알고 있는 낮 동안의 심리적 잔재들이다.

심리적인 꿈 원천에 신체적인 재료가 첨가된다 하더라도 꿈의 본질은 변화하지 않는다. 소망 충족의 표현이 현재의 활동적 재료에 의해 규정되든 안 되든 꿈은 항상 소망 충족이라는 그 사실에는 변함이 없다.

나는 여기서 외적 자극에 대한 꿈의 의의를 형성할 수 있는 일련의 특성에 관해 언급하고자 한다. 개인적·생리학적, 그리고 우연적인 계기의 상호 작용이 수면 중 강한 객관적 자극을 받은 경우 우리가 어떤 태도를 취할 것인가를 결정한다고 생각한다. 습관적·우연적인 수면의 깊이가 자극의 강도와 어떻게 결합하고 있는가에 따라서 어느 때는 자극이 수면에 방해가 되지 않도록 억압하기도 하고, 또 어느 때는 잠을 깨지 않을 수 없게 하기도 하고, 혹은 꿈속으로 끌어넣음으로써 자극을 이겨내려는 시도에 도움이 될 수 있다. 이러한 배합 관계의 다양함에 대응하여 외적·객관적 자극은 어떤 사람에게는 다른 사람의 경우보다 빈번하게 혹은 드물게 꿈속에 표현된다. 나는 깊이 잠들면 좀처럼 깨지 않는 편이라서 외적인 흥분 원인이 꿈속에 섞여 들어오는 일은 거의 없다. 그 반면 심리적인 계기는 아주 쉽게 꿈을 꾸게 한다. 그런데 이 꿈이야말로 외적 자극이 어떤 꿈을 꾸게 했는가를 아는 데 아주 적당한 재료를 제공하고 있다.

"나는 회색 말을 타고 간다. 처음에는 겁이 나서 마치 말 위에 놓여진 것같이 서투른 모양으로 탔다. 그때 동료 의사 P를 만났다. 그는 털옷을 입고 말 위에 당당하게 앉아서 나에게 무슨 말인가 했다(아마 말 타는 방법이 서투르다고 하는 듯하다.). 그러다가 나는 아주 영리한 말의 등에서 점점 훌륭한 자세로 탈 수 있게 되었다. 말의 등에 있는 것이 대단히 기분 좋은 일임을 알게 된다. 안장 대신 일종의 방석 같은 것이 말을 완전히 덮고 있다. 두 대의 짐마차 사이를 스칠 듯이 지나간다. 말을 타고 조금 가다가 되돌아와서, 길에 면한 문을 열어 놓은 작은 교회 앞에서 내리려 했으나, 실제로는 그 가까이에 있는 다른 교회 앞에서 내렸다. 같은 길에 호텔이 있다. 말을 타고 갈 수도 있었지만, 호텔까지 끌고 가는 편이 좋다고 생각했다. 말을 타고 가는 것이 부끄러웠던 모양이다. 호텔 앞에 서 있던 웨이터가 나에게 종이쪽지를 보여주며 비웃었다. 그것은 전에 내가 발견한 것이다. 종이쪽지에는 '아무것도 먹지 않는다'라고 씌어 있고, 다음에 두 번째 결심(분명치 않다.)인 '아무 일도 하지 않는다'라는 글이 씌어 있는 듯하다. 이에 대해 나는 지금 낯선 도시에 있으므로 아무 일도 하지 않는다는 생각이 떠오른다."

이 꿈이 어떤 고통스런 자극의 영향을 받고, 아니 그것에 강제되어 생겼다는 것을 처음에는 간파하지 못할 것이다. 그런데 나는 그 전날 종기 때문에 조금만 몸을 움직여도 아팠다. 나중에는 음낭 근처까지 사과만큼 부어서 걸을 적마다 몹시 고통스러웠다. 심한 피로와 식욕 부진, 그날 그날 하지 않으면 안 되는 힘든 일, 이런 것들이 고통과 겹쳐서 나의 기분을 어지럽혔다.

이 병의 성질과 환부의 위치로 인해 걸음을 걷지 않고 어떻게 할 수 없을까 하는 생각이 떠올랐는데, 그것이 또 나에게 가장 적합하지 않은 일이었다. 그것은 '말을 탄다'는 것이다. 본래 나는 말을 탈 줄 모를 뿐 아니라 평소에 그런 꿈을 꾼 적도 없다. 꼭 한 번 말을 탄 적이 있는데, 그때는 안장 없이 탔기 때문에 더욱 기분이 나빴다. 그런데 이 꿈에서는 마치 음낭 근처에 종기 같은 것이 나 있지 않은 것처럼, '아니, 종기 같은 것으로 고통받기 싫었기 때문에' 말을 타는 것이다. 꿈이 묘사하는 바에 의하면, 안장은 그로 인해 잠들 수 있었던 습포(濕布)였다. 이 습포 덕분에 처음 두세 시간은 아픔도 잊고 잠들었던 모양인데, 이윽고 다시 통증이 시작되어 잠이 깨려 했다. 이때 꿈이 찾아와 이렇게 말해 주었다. "안심하고 계속 잠을 자요. 종기 같은 것은 없어요. 왜냐하면 당신은 말을 타고 있으니까. 종기가 있다면 어떻게 말을 탈 수 있겠어요?" 이리하여 꿈은 그 의도를 성취했다. 고통을 느끼지 않고 다시 잠을 잤다.

그러나 꿈은 병고와 서로 용납할 수 없는 종기를 '암시에 의해 없앤다'는 관념을 완강하게 주장하는 데 만족하지 않았다. 꿈은 부인된 자극과 그것을 억압하기 위해 사용한 형상의 세세한 부분을 재료로 삼아 평소 정신에 작용하는 것을 꿈의 상황에 결부시켜서 표현하고 있다. 나는 '회색' 말을 타고 있다. 이 말의 털빛은 최근에 시골에서 P를 만났을 때 그가 입고 있던 양복의 색과 일치된다.

P는 내 대신 어떤 여자 환자를 봐주고 있는데, 그후로 나에 대해 '우쭐'해져 있다(의기양양하게 말을 타고 있다.). 그런데 이 환자는 마치 일요일의 승마 이야기처럼 실제로 나를 자기 멋대로 끌고 다녔던 것이다. 그래서 말은 그 여자 환자를 상징적으로 나타낸다(말은 꿈속에서 '아주 영리하다.'). '매우 기분이 좋다'는 것은 내가 P와 교대하기 전에 그 환자 집안에서 차지했던 위치와 연관되어 있다. 얼마 전 빈의 저명한 의사들 중 얼마 안 되는 나의 지지자 한 사람이 이 환자의 일 때문에 나에게 이런 말을 한 적이 있었다. "자넨 안장 위에 매우 편안하게 올라타고 있는 줄 알았는데." 종기로 인한 고통을 참아 가며 매일 8시간에서 10시간에 걸친 정신요법을 한다는 것은 쉽지 않은 일이었다. 말을 타고 싶어하는 소망은, 현재 영국에 있는 조카와 나 사이에 있었음에 틀림없는 유아기 체험 장면과 연결되어 있음을 발견할 수 있었다. 그밖에 이 꿈은 이탈리아 여행의 여러 요소도 끌어들이고

있다. 꿈속의 도시는 베로나와 시에나의 인상을 합성한 것이다. 더 깊이 분석해 보니, 성적(性的)인 꿈 사고가 나타났다. 나는 이탈리아에 가 본 적이 없는 한 여자 환자의 꿈에서 그 아름다운 나라에 대한 암시가 무엇을 뜻하고 있었는지 잘 알고 있다(gen Italien은 '이탈리아를 향하여서.' genitalien은 '생식기'). 또 친구 P가 가기 전에 내가 진료했던 환자 집이나 내 종기의 위치와도 결부되어 있다고 생각한다.

평소에는 아주 잠을 잘 자는 편이었던 나폴레옹 1세의 꿈과 "병원에 출근할 시간이에요." 하고 하숙집 주인 아주머니가 깨우자 자기가 이미 병원 안에 있는 꿈을 꾸고 다시 계속해서 잠을 잔 그 학생의 꿈(만일 내가 이미 병원에 와 있다면 구태여 출근하기 위해 일어날 필요는 없다.)을 생각해 볼 때, 후자는 명백하게 편의(便宜)의 꿈이다. 꿈을 꾼 본인은 자기가 꿈을 꾼 동기를 숨김없이 말하고 있으나, 그에 의해서 꿈을 꾸는 일의 전반적인 한 가지 비밀을 폭로하고 있다.

어떤 의미에서는 모든 꿈이 '편의의 꿈'이다. 꿈은 모두 깨는 대신 계속 자려고 하는 의도에 봉사한다. '꿈은 수면의 파수꾼이지 그 방해자는 아니다.' 잠을 깨게 하려는 여러 심리적 계기에 대해서도 우리는 역시 이 견해의 정당성을 다른 곳에서 입증하게 될 것이다.

정신은 외적 자극의 강도와 그 의미를 충분히 이해하고 조정할 수 있다면, 수면 중 감각의 동기에 전혀 아랑곳하지 않든가, 아니면 이 자극을 부정하기 위해 꿈을 이용하든가 한다. 또 자극을 인정할 수밖에 없을 경우에는 현재 작용하고 있는 그 자극을 어떤 바람직한, 그리고 수면과 잘 조화될 상황의 일부로 내세울 수 있는 해석을 구한다. 현재 작용하고 있는 자극으로부터 '현실성을 빼앗기 위해' 그것을 자기 속으로 끌어들이는 것이다. 나폴레옹은 그 덕분에 계속 잠을 잘 수 있었다.

외적인 신경자극과 내적인 신체자극이 매우 강력해서 그에 대해 무관심할 수 없을 때 그 자극들은 꿈 형성에 대해 확고한 근거, 즉 핵심적인 꿈 재료가 된다. 그리고 소망 충족이 마치 두 가지 심리적 꿈 자극 사이를 매개하는 표상에 대한 것과 똑같은 방법으로 탐구된다. 그런 점에서 어떤 꿈에서는 신체적 요소가 꿈 내용을 결정한다는 주장도 타당하다. 이런 극단적인 경우에는 꿈을 형성하기 위해서 현실적이 아닌 소망도 환기된다. 그러나 꿈은 한 상황에서 한 소망만 충족된 것으로 표현한다. 즉 활성화된 자극을 통해서 어떤 소망을 충족된 것으로 표현할 수 있는지 알아내야 하는 과제에 부닥친다. 현재 주어진 재료가 고통스럽거나 불쾌한 성질의 것이라 해서 꿈 형성에 이용되지 않는 것은 아니다. 심적 생활은 그 충족이 불쾌감을 불러일으키는 소망일지라도 처리한다. 이렇게 말하면 모순처럼 들릴지도 모르나, 두 개의 심리적 검문소가 있다는 것과 그 검문소 사이의 검열을 생각하면 충분히 이해가 될 것이다.

심적 생활 속에는 제1의 조직에 속해 있으면서 그 충족에 대해 제2의 조직이 이론(異論)을 주장하는 억압된 소망이 존재한다. 정신신경증학에서 필수적인 억압 이론이 주장하는 것은 다음과 같다. 이러한 억압된 소망은 계속 존재하지만, 동시에 그런 소망을 내리누르는 억압 또한 존재한다는 것이다. 그런 억눌린 소망을 충족시키는 심리적 수단은 없어진 것이 아니라 언제든지 마음만 먹으면 사용할 수 있다. 그러나 이 억눌린 소망이 충족되는 것은 제2조직의 억제가 극복되는 것이 되고 그것은 불쾌감으로서 나타난다. 다시 말하면, 수면중 신체적 원천에서 나온 불쾌한 성격을 띤 자극이 존재할 때, 평소에 억눌려 있던 소망 충족을 위해 검열의 구속을 받으면서 이 상황을 이용하는 것이다.

이러한 이유로 일련의 불안한 꿈이 생긴다. 그러나 한편 소망 이론에 적당하지 않은 다른 꿈 형성이 있으므로 우리는 또 다른 심리적 메커니즘의 존재를 인식하게 된다. 꿈속의 불안은 신경정신적 불안이므로 심리적 성욕의 항진에서 비롯되는 경우가 있다.

이때 불안은 억압된 리비도와 일치하고, 이 불안과 모든 불안한 꿈은 노이로제적 증상의 의미를 갖는다. 그리고 우리는 여기서 꿈의 소망 충족적인 경향이 좌절되는 경계선에 이르게 된다. 그러나 다른 불안한 꿈에서는 불안 감각은 신체적인 유래를 가지고 있으므로, 그런 경우에는 이 불안 감각은 억눌린 소망을 꿈으로 충족시키는 데 이용된다. 그런 소망의 꿈을 꾸면 심리적인 동기에서 똑같은 불안을 불러일으킨다. 감정 욕구와 표상 내용이라는 밀접하게 관련된 두 심리적 형성물 중 적극적이고 활동적인 쪽이 꿈속에서도 다른 한쪽을 고양시키므로, 어떤 경우에는 신체적으로 주어진 불안이 억압된 표상 내용을, 또 다른 경우에는 억압에서 해방된 성적 흥분과 병행하는 표상 내용이 불안을 환기시킨다.

첫번째 경우는 신체적으로 주어진 감정이 심리적으로 해석된다고 할 수 있고, 두 번째 경우는 모든 것이 심리적으로 주어져 있으나, 억압된 내용은 불안에 적합한 신체적 해석에 의해 쉽게 대리된다고 할 수 있다. 여기에서 우리의 이해에 방해가 되는 난제들은 꿈과는 거의 상관이 없고, 불안의 발생과 억압이라는 문제를 다루는 과정에서 생긴 것이다.

신체적인 모든 기분은 몸 내부에서 생기는 주도적인 꿈 자극에 속한다. 하지만 그것이 꿈 내용을 제공하는 것이 아니라, 꿈 사고에 꿈 내용의 표현에 소용될 만한 재료에서 취사선택할 것을 강요한다. 낮부터 시작된 전체적 기분은 물론 꿈에 중요한 뜻을 갖는 심리적 잔재와 결합되고 있다. 그때 이 기분은 꿈속에서 유지되는 일도 있고 없어지는 일도 있기 때문에, 불쾌한 것일 때는 그 반대물로 전화하기도 한다.

유형적인 꿈

꿈을 꾼 사람이 꿈 내용의 뒤에 있는 무의식적인 생각을 알리려고 하지 않으면, 보통은 그 꿈을 해석할 수 없다. 따라서 우리 식으로 꿈 해석을 하는 방법은 실질적으로 그 효력이 현저하게 떨어진다. 그러나 평소 개개인이 자신의 꿈 세계를 타인이 이해하지 못하게 개인적으로 특이하게 꾸미는 것과는 달리, 거의 모든 사람이 같은 방법으로 꾸는 몇 가지 꿈이 있다. 그런 꿈들에 관해서 우리는 흔히 그것이 누구에게나 동일한 뜻을 가진다고 상정한다. 특별한 기대를 가지고 우리 꿈 해석의 기술을 이 유형적인 꿈에 적용해 보려고 하지만, 유감스럽게도 우리의 기술은 그런 꿈들에 별로 신통한 효력을 발휘하지 못한다. 유형적인 꿈을 해석함에 있어서 대개의 경우 나는 이해의 실마리가 될 만한 것을 생각해 내지 못한다. 설령 생각이 떠올랐다 해도 불분명하고 불충분하다. 그런 방법으로는 도저히 우리의 과제를 풀 수가 없다.

1. 나체로 당황하는 꿈

모르는 사람 앞에서 벗고 있다든가 단정치 못한 복장으로 있는 꿈은, '그래도 조금도 부끄럽게 생각되지 않았다.'는 느낌을 덧붙이게 되는 경우가 있다. 원래 나체 꿈이란 꿈속에서 부끄러움과 난처함을 느끼고 도망치거나 숨으려고 하지만, 기묘한 저지력이 작용하여 그 자리에서 움직일 수도 없고, 달리 어찌할 수도 없음을 느끼는 경우에만 우리의 관심을 끈다. 이런 모순된 것이 결합되어 있을 경우에만 나체 꿈은 유형적 꿈이 된다. 그러한 꿈 내용의 핵심은 그밖의 많은 어떤 것과 관계되어 있거나 개인적으로 다른 내용이 첨가될 수 있다. 대부분의 경우 나체를 (대부분의 경우는 상황을 바꿈으로써) 감추려 한다. 그런데 그것이 뜻대로 되지 않음으로써 느끼는 수치심과 불쾌한 감정, 이것이 본질적인 문제이다.

나체의 상태나 정도는 대개 그다지 분명치 않은 것이 보통이다. 예를 들면 속옷을 입고 있었다는 말을 흔히 하지만, 그것이 뚜렷한 형상인 경우는 드물다. 보통 단정치 못한 복장은 수치심을 느낄 정도로 심한 것은 아니다.

꿈을 꾸는 본인이 부끄러워서 당황해하는 감정과 그것을 보고 있는 사람들의 무관심을 합쳐 보면 꿈속에는 흔한 모순이 생긴다. 꿈꾸는 사람의 기분으로 말하자면 다른 사람이 놀라서 자기를 쳐다보며 비웃든가 성을 내야만 이치에 맞는다. 그러나 이런 불쾌한 면은 소망 충족에 의해 제거된다. 다른 한쪽의 수치스러움은 어떤 힘에 의해 잔존하기 때문에 두 부분이 서로 들어맞지 않는 것이다.

우리가 가족들, 유모나 하녀, 또는 손님들 앞에서 옷을 입지 않고도 태연할 수 있었던 것은 유년시절에 한정되어 있다. 그리고 그 무렵에는 자신의 나체를 조금도 부끄럽게 생각하지 않았다. 옷 벗는 것을 부끄럽게 생각하기는커녕 도리어 기뻐하는 것을 제법 큰 아이들의 경우에도 볼 수 있다. 벌거벗은 아이들은 웃고 뛰놀며 자기 배를 두드리기도 한다. 이처럼 아이들은 종종 노출욕(露出慾)을 나타낸다. 주변 마을을 지나가다 보면, 통행인에게 경의를 표하는 것처럼 두세 살 난 어린아이들이 속옷을 걷어올려 보이는 광경과 만나게 된다.

내 환자 한 사람은 여덟 살 때의 일을 분명하게 기억하고 있었다. 자기 전에 옷을 벗고 속옷 바람으로 옆방의 누이동생에게 가려고 하자 하녀가 말렸던 일이다. 노이로제 환자들의 소년기에는 이성(異性) 앞에서 몸을 노출시키는 것이 큰 역할을 한다. 망상증(妄想症)에서 옷을 입거나 벗거나 할 때 사람들이 보고 있다는 망상을 이런 유아기의 체험에 귀착시킬 수 있다. 유아기의 성적 도착 상태를 벗어나지 못한 환자 중에는 유아적 충동이 증상으로 드러난 부류, 즉 노출증 환자의 부류가 있다.

우리는 과거를 회고할 때 부끄러움을 몰랐던 어린 시절을 낙원과 같다고 생각한다. 그러나 낙원은 개개인의 유아기에 관한 집단적 환상일 따름이다. 낙원에서는 사람들이 벌거벗고도 부끄러워할 줄 모른다. 그러다가 수치와 불안이 눈을 뜨는 순간이 찾아오고, 사람은 낙원에서 쫓겨나 성생활과 문화를 영위하기 시작한 것이다. 그런데 꿈은 밤마다 그런 낙원으로 우리들을 도로 데려다 준다. 우리는 최초의 유아기에 받은 여러 인상(만 3세 끝 무렵까지의 의식 이전의 시기)이 내용과는 상관없이 그 자체로 재현되기를 바라고 있는 듯하다. 따라서 나체의 꿈은 '노출 꿈'이다.

노출 꿈의 핵심을 이루고 있는 것은 자기 자신의 모습과 단정치 못한 복장이다. 자신의 모습은 유년시절이 아니라 현재의 모습이다. 또 단정치 못한 복장 쪽은 유아기 이래의 많은 기억들과 겹쳐져 있거나 혹은 검열 때문에 애매하다.

꿈이란 결코 단순한 기억이 아니다. 유아기에 우리의 성적 관심을 끈 사람이 꿈이나 히스테리, 강박 노이로제의 재현 속에는 전혀 나타나지 않는다는 사실은 주목할 만하다. 망상증만은 구경꾼을 다시 그 자리에 끌어들이고, 그가 눈에 보이지 않는데도 불구하고 거기 있다고 단언한다. 꿈은 그런 사람들 대신 눈앞의 구경거리에는 관심도 없는 많은 낯선 사람들을 끌어들이는데, 그것은 전에 그 앞에서 몸을 노출시켜 보인 잘 아는 사람에 대해 '소망하는 대립물'일 따름이다. '많은 낯선 사람들'은 이밖에도 꿈에서 임의의 다른 관련 중에 나타난다. 그런 사람들은 항상 소망하는 대립물로서 '비밀'을 뜻한다. 이미 혼자가 아니고 누군가에게 관찰되고 있는데, 그들은 '많은 낯선, 이상하게 애매한 사람들'이라는 것이다.

그밖에 또 노출 꿈에서는 억압이 표현된다. 꿈에서의 불쾌한 감정은 노출 장면의 내용이 거부되었는데도 불구하고 표상으로 떠올랐다는 사실에 대한 제2의 심리적 조직의 반응이다. 그런 불쾌감이 일어나지 않게 하려면 그 장면이 꿈속에서 재현되지 말았어야 했다.

억압된 듯한 감정은 꿈속에서 '의지의 갈등', '아니오'를 표현하는 데 훌륭한 역할을 한다. 노출은 무의식적 의도에 따르면 계속되어야 하고, 검열의 요구가 있으면 중단되어야 한다.

2. 근친(近親)이 죽는 꿈

또 한 가지 유형의 꿈은 부모라든가 형제자매라든가 자녀 등이 죽는 내용의 꿈이다. 이런 꿈은 대개 두 가지로 나뉜다. 즉 그런 꿈을 꾸어도 조금도 슬픔을 느끼지 않기 때문에 잠을 깬 뒤 자신의 무정함에 놀라는 경우와, 꿈속의 죽음에 몹시 슬픔을 느끼고 잠을 자면서 뜨거운 눈물을 흘리는 경우이다.

첫번째 부류는 사실상 유형 꿈으로 보기 어렵다. 그런 꿈을 분석해 보면 그 내용과는 다른 뜻을 가지고 있으므로, 어떤 다른 소망을 은폐하는 역할을 지니고 있음을 알 수 있다. 자기 언니의 아들이 관 속에 담겨 있는 광경을 본 그 여자의 꿈이 바로 그런 경우이다.

두 번째 부류인 사랑하는 가족의 죽음 앞에서 비통한 감정을 느끼는 꿈은, 다시 말하면 그 사람이 죽었으면 좋겠다는 소망을 뜻한다. 나의 이런 해석에 대해 이와 비슷한 꿈을 꾼 적이 있는 독자들은 그럴 리가 없다고 반박할 것이 틀림없다. 그러므로 나는 충분한 자료에 의거하여 나의 견해를 증명하고자 한다.

이미 우리는 어떤 꿈 하나를 분석해서, 그 꿈속에 실현된 것으로 묘사된 소망이 반드시 현재 품고 있는 소망은 아니라는 것을 알았다. 그것은 이미 오래 전의 억압된 소망일 수도 있다. 그것이 꿈에 다시 나타났기 때문에 그 소망이 아직 살아 있다는 것을 시인할 수밖에 없는 것이다. 그것은 우리의 개념에 의한 죽은 사람과 같이 죽은 것이 아니라 피를 마시자마자 되살아나는 《오딧세이아》 속의 망령 같은 것이다. 그 상자 속 죽은 아이의 꿈에서는 15년 전만 해도 적극적으로 작용하고 있어서 그때부터 분명히 그 존재가 인정되었던 어떤 소망이 문제였던 것이다.

그 꿈을 꾼 부인은 어린 시절 어머니가 자신을 임신했을 때 몹시 기분이 언짢아서 뱃속의 아이가 죽어 버렸으면 좋겠다는 생각을 한 일이 있었다는 말을 들었다. 그녀 자신도 어른이 되어 임신을 했을 때, 어머니의 선례(先例)를 따른 데 지나지 않는다.

어떤 사람이 부모나 형제자매가 죽는 꿈을 꾸고 비탄에 잠겼을 경우, 그 꿈을 그가 '현재' 가족 중 누가 죽기를 바라고 있는 증거라고 말할 수는 없다. 꿈 이론은 그 사람이 유년시절의 어떤 시기에 그 가족 중 누군가가 죽었으면 좋겠다고 바란 일이 있었다고 추론하는 것으로 만족한다. 나의 의견을 납득하지 못하는 사람들은 여전히 그런 생각은 옛날은 물론 지금도 한 적이 없다고 반박할 것이다. 그러므로 나는 그렇다고 지적할 수 있는 증거를 가지고 오래 전에 소멸된 어린 날의 심리적 생활의 일부를 여기에 복원시키려 한다.

형제자매 사이가 정다운 것이라고만 생각할 수는 없다. 왜냐하면 어른들의 세계를 보면 형제의 불화는 얼마든지 있고, 또 형제자매의 불화의 씨가 유년시절 혹은 상당히 오래 전부터 계속되고 있음을 쉽사리 확인할 수 있기 때문이다. 그리고 지금은 서로 사랑하며 돕고 있지만, 어른들 대부분이 어렸을 때는 끊임없이 싸우며 지냈던 것이다. 부모들은 형제간에 사이가 나쁘다고 걱정을 하지만, 그 원인을 찾아내지 못한다. 착하다고 인정받는 아이들도 그 성격을 관찰하면 어른들이 기대하는 것과는 달리 이기적이다. 아이는 욕구를 강렬하게 느끼며, 특히 그 경쟁 상대인 다른 아이, 즉 맨 먼저 자기 형제자매에 대한 배려 없이 그 욕구를 만족시키려 한다. 하지만 그렇다고 해서 우리는 아이들을 '못된 아이'라고는 하지 않고 '심술쟁이'라고 한다. 아이란 우리의 판단으로 말하더라도, 또 형법의 규정으로 말하더라도 자기의 나쁜 행위에 대해 책임을 지지 못한다.

그러므로 지금은 형제자매를 사랑하고 있어서 그들이 죽으면 깊은 슬픔에 잠길 많은 사람들도 무의식 속에서는 옛날부터 그들에 대해 나쁜 소망을 품고 있으며, 그 나쁜 소망이 꿈속에서 표현될 수 있다. 흥미로운 것은 세 살 또는 세 살 조금 넘는 어린아이가 손아래 동생을 대할 때의 태도이다. 동생이 태어나기 전까지는 자기 혼자였는데, 어느 날 갑자기 황새가 아기를 데리고 왔다는 말을 듣는다. 그러면 아이는 새로 생긴 아기를 보고 이렇게 말한다. "황새가 도로 데리고 가 버렸으면 좋겠어."

　이 아이는 새로 태어난 동생 때문에 어떤 손해를 입게 되는가를 계산하고 있다. 한 부인에게서 들은 이야기인데, 그녀는 지금은 네 살 아래의 여동생과 사이가 좋으나, 여동생이 태어났다는 말을 듣고 "내 빨간 모자는 아기에게 주지 않을 테야." 라고 했다는 것이다. 아이가 동생에 대한 적의를 분명히 의식하게 되는 것은 훨씬 나중의 일이라 할지라도, 벌써 이때부터 그런 감정이 싹트는 것이다.

　그 나이 또래 아이들의 질투심은 참으로 강렬하고도 적나라하다. 실제로 동생이 어디론가 사라져 버려서 자기가 다시 집안의 애정을 독차지하게 되었다. 거기에 황새가 또다시 새로운 아기를 데리고 왔다. 이 아이가 다시 집안의 애정을 독차지하기 위해 새로운 경쟁자가 먼젓번 경쟁자처럼 되기를 바라는 것이 잘못된 일일까? 물론 새로운 경쟁 상대가 먼젓번과는 달리 나이 차이가 많으면, 아이의 마음 속에는 가련한 아기에 대한 모성 본능이 작용한다.

　아이들이 형제자매에게 적대적인 충동을 품는다는 것은 인정하나, 경쟁 상대나 자기보다 힘센 친구의 죽음을 바랄 만큼 사악하기야 하겠느냐고 반박하는 사람도 아마 있을 것이다. 그러나 이런 사람들은 아이들이 죽음에 관해 품고 있는 관념이 우리 어른들의 관념과는 거의 공통되는 것이 없다는 사실을 생각하지 않는다. 아이들은 죽은 후 썩어 없어지는 비참함이나, 영원한 허무의 공포 등에 대해서는 전혀 모른다. 그러나 어른들은 죽은 뒤의 세계에 관한 모든 신화(神話)가 증명하듯이, 이 영원한 허무를 생각만 해도 견디기가 어려운 것이다. 아이들은 죽음에 대한 공포를 모르기 때문에 죽음이라는 무서운 말을 쉽게 입에 담는다. 여덟 살 난 아이가 박물 표본관(博物標本館)을 구경하고 돌아와 어머니에게 이런 말을 한다. "엄마, 나는 엄마가 제일 좋아. 그러니까 엄마가 죽으면 박제로 만들어서 이 방에다 둘 테야. 그러면 난 언제든지 엄마를 볼 수 있거든." 죽는다는 것에 관해 아이와 어른 사이에는 이런 관념상의 차이가 있다.

　죽기 전의 고통을 직접 목격하지 않은 아이들에게는 죽음이란 '가 버렸다', 남아 있는 사람들을 방해하지 않는 정도의 의미를 갖는다. 어떻게 가 버렸는가? 여행·해고·소원(疏遠), 아니면 죽음에 의해서인지, 아이들은 구별하지 못한다. 아이가 어떤 계기로 다른 아이가 없어졌으면 좋겠다고 생각할 경우, 그 소망을 솔직하게 그가 죽었으면 좋겠다고 표현한다. 누군가의 죽음을 바라는 꿈에 대한 심리적 반응을 보면, 내용에 어떤 차이가 있더라도 아이의 소망은 결국 어른의 그것과 같은 것임을 증명하고 있다.

아이가 형제자매의 죽음을 바라는 것은 그들을 경쟁자로 생각하는 이기심 때문이라고 한다면, 자신을 사랑하고 바라는 것을 들어 주는 부모가 죽기를 바라는 마음은 어떻게 설명해야 하는 걸까?

이 난점의 해결에 실마리를 던져 주는 것은 다음과 같은 경험이다. 즉 부모가 죽는 꿈을 꿀 경우 꿈꾸는 아이와 성(性)을 같이하는 쪽에 해당될 경우가 압도적으로 많다. 다시 말해 사내아이라면 아버지, 여자아이라면 대부분 어머니가 죽는 꿈을 꾼다. 성적으로 어느 한쪽을 좋아하는 경향이 일찍부터 나타나 사내아이는 아버지를, 여자아이는 어머니를 각각 사랑의 경쟁 상대로 보고 그들이 없어지면 자기에게 유리하다고 생각하는 것 같다.

나의 이런 생각을 비난하는 사람도 있지만, 그런 사람은 부모와 아이 사이의 현실적인 관계에 주의를 기울이기 바란다. 효도(孝道)라는 문화의 요청이 이 관계에서 요구하는 것과 일상의 관찰에서 드러나는 것과는 아무래도 구별해서 생각하지 않으면 안 된다. 부모와 자식 사이의 관계에는 적의를 품을 계기가 얼마든지 있다. 우선 아버지와 아들의 관계를 살펴보자.

생각건대 모세의 십계명(十誡命)을 신성하게 여겨 온 관계로 현실을 인식하는 우리의 눈이 흐려져 있는 듯하다. 인류의 대부분이 다섯 번째 계명의 준수를 무시할 수는 없지만, 인간사회의 각층에서는 그 귀천을 막론하고 부모에 대한 경애가 다른 이해관계 앞에서는 미미한 것이 보통이다. 원시시대 이래 신화나 전설을 통해 우리에게 전해져 오는 암울한 이야기는, 아버지의 절대적인 권위와 그것이

행사될 때의 냉혹성에 관해 불쾌한 상념을 가지게 한다. 고대의 가족 안에서 아버지가 무제한의 지배력을 휘두르면 휘두를수록 그 세습 후계자인 자식은 적의 위치에 놓이게 되므로, 아버지의 죽음에 의해 스스로 지배자의 자리에 앉으려는 자식의 초조감은 그만큼 더 맹렬해졌을 것이다.

현대의 가정에서도 아버지는 자식에 대하여 자주적으로 갈 길을 결정하는 것을 용납하지 않고 자식의 독립에 필요한 생활 수단을 주기를 거부함으로써, 이미 부자 관계 속에 있는 적의의 자연적인 싹을 조장하는 경우가 많다. 어떤 아버지나 예외 없이 현대사회에서는 낡아서 골동품이 되어 버린 가장권의 잔재에 연연해한다. 입센처럼 아버지와 자식 사이에서 볼 수 있는 예부터의 상극 갈등을 이야기의 전면에 내놓는 시인은 틀림없이 성공할 것이다. 딸과 어머니 사이의 갈등은 딸이 성장하여 어머니를 자기의 감시인처럼 생각하기 시작할 때 생긴다. 딸은 성적 자유를 열망하는데, 어머니는 딸이 성장하는 모습을 보며 자신에게 성적 요구를 단념해야 할 시기가 닥쳤음을 깨닫는다.

우리는 앞에서 논한 바를 통해 부모의 죽음을 바라는 소망의 동기를 어린 시절에서 찾을 수 있다는 사실을 알고 있다.

내가 아는 한 여덟 살짜리 소녀는 어머니가 볼일이 있어서 식탁에서 떠나자 바로 이때라는 듯 자기가 어머니의 후계자임을 선언한다. "이제 내가 엄마가 될 거야. 자, 야채를 좀더 드시겠어요?" 다른 네 살짜리 영리한 소녀는 이런 측면이 더 뚜렷하다. "만약 엄마가 어딘가 가 버리면, 내가 아빠의 부인이 될 거야." 이런 소망이 있다고 해서 아이가 그 어머니를 진심으로 사랑하는 데 방해가 되지는 않는다. 아버지가 여행을 떠나자 그날 밤부터 어머니 옆에서 잠을 잔 어린 소년이 아버지가 돌아온 후 다시 제 방으로 가서 자야 한다면, 아버지만 없으면 자기가 어머니 곁에 있을 수 있을 텐데 하는 소망을 품게 될 것이다. 그리고 이 소망을 달성하기 위한 수단이 아버지가 죽는 경우인 것은 분명하다. 아이는 경험으로 그것을 안다. 예를 들어 할아버지와 같이 '죽은' 사람은 한번 떠나면 두 번 다시 돌아오는 일이 없기 때문이다.

아이들에 대한 이런 관찰이 내가 제안한 판단에 적용된다 하더라도, 아직 충분히 확신할 정도는 아니다. 그런 확신은 어른 노이로제 환자의 정신분석을 할 때 비로소 얻을 수 있다. 그래서 미리 말해 두는데, 그런 꿈은 소망 꿈으로 해석해야 한다. 어느 날 나는 한 부인이 슬피 우는 것을 보았다. 그 부인은 나에게 "난 이제 친척들과 만나고 싶지 않아요. 그들은 나를 보면 몸서리칠 거예요." 하고 말했다. 그리고 갑자기 어떤 꿈이 생각난다고 했다. 그 꿈의 뜻을 물론 그녀는 모르고 있었다. 네 살 때 꾼 것인데, 그 내용은 이런 것이었다. '살쾡인지 여우인지 알 수 없는 것이 지붕 위를 걷고 있었다. 무엇인가 아래로 떨어졌다. 그녀가 떨어졌는지도 모른다. 그후 어머니가 돌아가시고, 시신이 집 밖으로 운반되어 나갔다. 그녀는 슬피 운다.' 나는 그녀에게 그 꿈은 그녀의 유아기의 소망, 즉 어머니가 죽는 것을 보고 싶다는 소망을 의미하고, 친척들이 그녀를 보고 몸서리칠 것이라는 생각은 바로 그 꿈 때문이라고 말해 주었다. 그녀는 내 말이 끝나자마자 그 꿈을 해명할 자료를 주었다. 그녀는 어렸을 때 한 떠돌이로부터 '살쾡이 눈'이란 욕을 들은 적이 있었다. 그리고 그녀가 세 살 때, 지붕에서 기왓장이 떨어져 어머니가 머리를 맞고 피를 많이 흘린 일이 있었다.

또 한번은 젊은 남성의 무의식적인 정신생활을 엿볼 수 있는 기회도 있었다. 그는 자기가 길에서 마주치는 사람을 모조리 죽여 버릴 것 같다는 강박 노이로제 때문에 거의 폐인처럼 되어서 시내에 나오지도 못했다. 그리고 매일 시내에서 살인이 벌어져 자신이 혐의를 받을 때를 대비해 그 알리바이를 꾸미는 것으로 시간을 보냈다. 그는 도덕적인데다가 교양도 있는 사람이었다. 분석에 의해 강박관념의 원인으로서 지나치게 엄격한 아버지를 향한 살인 충동이 드러났다. 이런 충동은 놀랍게도 환자가 일곱 살 때 의식적으로 표현되었다. 아버지가 고통스러운 병에 걸렸다가 세상을 떠나고 난 뒤, 서른한 살이 되었을 때 앞에서 말한 강박비난 증상이 나타났다. 그것은 공포증의 형태로 낯모르는 사람들에게 전이되었다. 친아버지를 산꼭대기에서 골짜기 밑으로 밀어 버리고 싶다는 생각을 한 사람이면, 자기와 아무 관계 없는 다른 사람의 생명 따위는 대수롭지 않게 여길 것이라고 믿을 수 있다. 따라서 그가 자기 방에 틀어박혀 지내는 것은 당연한 일이다.

지금까지의 내 경험에 의하면, 나중에 노이로제 환자가 된 사람들의 유아기의 정신적 생활에서는 부모가 중요한 역할을 한다. 부모 중 어느 한쪽에 대한 애정과 다른 쪽에 대한 증오는 유년시절에 형성되는데, 이는 후년의 노이로제 증세 형성에서 극히 중요한 뜻을 가지는 심리적 흥분 재료의 실체를 이루고 있다. 그러나 나는 노이로제 환자들이 절대적으로 새로운 것, 그리고 그들만의 고유한 것을 만들어낼 수 있다는 점에서 다른 정상적인 사람들과 구별된다고는 생각하지 않는다. 그들의 부모를 향한 적대적 소망이나 애정 어린 소망은 대부분의 아이들 정신 속에서도 일어나는 것이다. 다만 그들은 그것을 지나치게 강조하기 때문에 우리 눈에 드러나 보인다는 편이 현실적일 것이다.

근친의 죽음이라는 유형적인 꿈에 관해 몇 마디 덧붙이려고 한다. 그와 같은 꿈들은 실제로 억압된 소망을 통해 이루어진 꿈 사고가 모든 검열을 피해 원래대로 나타나는 특이한 경우를 보여준다. 그런 과정이 가능하려면 거기에 어떤 특별한 사정이 있어야 할 것이다. 나는 다음의 두 가지 요인이 바로 그런 꿈에 적합한 조건이라고 생각한다. 첫째, 우리는 그 이상 더 거리가 먼 소망은 없다고 믿고 '꿈에서도 생각한 바가 없다.'고 말한다. 둘째, 이 억압된 뜻밖의 소망이 소중한 사람의 생명에 관한 걱정이라는 형식으로 낮 동안의 잔재와 결합한다는 점이다.

나는 앞에서 어린아이의 정신 속에 있는 이기주의에 관해 말했다. 꿈은 모두 극단적으로 이기적이다. 모든 꿈속에는 위장일지라도 사랑스러운 자아가 등장한다. 꿈속에서 충족되는 소망은 언제든 한결같이 이 자아의 소망이다. 타인에 대한 관심이 꿈을 불러일으킨 것같이 보일지라도 그것은 표면상의 일이다. 이 주장에 반박하는 사례를 몇 가지 들어 분석해 보자.

a. 네 살이 채 안 된 사내아이의 꿈. '그는 큰 접시에 구운 고기와 야채가 담긴

것을 보았다. 갑자기 누군가 구운 고기를 자르지도 않고 그대로 먹어 버렸다. 그것을 먹은 사람의 모습은 보지 못했다.'

큰 고깃덩어리를 먹어 버린 이 꿈속의 낯선 사람은 누구일까? 꿈꾸기 전날의 체험이 그것을 밝혀 줄 것이다. 이 아이는 2, 3일 전부터 의사의 지시로 우유만 마시고 있었다. 그런데 그 전날 밤에는 말을 듣지 않아서 그 벌로 저녁 대신의 우유도 먹지 못했다. 전에도 이런 절식 요법을 치른 일이 있었는데, 그때는 의젓하게 견뎠다. 그는 아무것도 얻지 못한다는 것을 잘 알고 있었지만, 그렇다고 배가 고프다는 말도 하지 않았다. 교육이 효력을 나타낸 것이다. 교육은 이미 꿈에서도 표현되고 있으며, 꿈은 꿈 왜곡의 시초를 보여 주고 있다. 물론 그런 풍성한 식사, 특히 구운 고기를 원하는 사람은 바로 그 아이 자신이었다. 그러나 그것이 금지되어 있다는 것을 알고 있었기 때문에 자신이 식탁에 앉으려고 하지 않았다. 구운 고기를 먹은 사람은 밝혀지지 않은 채 남아 있다.

b. 나는 언젠가 이런 꿈을 꾸었다. 서점의 진열장에 내가 늘 사들이는 총서(叢書)의 소장용 신간이 있는 것을 보았다. 새로운 총서의 제목은 《유명 웅변가들(혹은 웅변)》이고, 그 한 권에는 레허 박사의 이름이 있었다.

분석해 보건대, 긴 연설로 독일 의회의 의사 진행 방해파로 이름난 레허 박사의 이름이 꿈속에 나오는 것은 아무래도 이상했으나, 며칠 전 내가 새로운 환자들의 정신요법을 시작한 일이 생각났다. 그 환자들의 치료를 위해 나는 매일 10시간 내지 11시간 동안이나 말을 해야 했다. 그러니까 긴 연설을 하는 사람은 바로 나 자신이다.

c. 또 이런 꿈을 꾼 적이 있다. 내가 아는 우리 대학의 한 교수가 말했다. "근시안인 내 아들이……." 그런 후 짤막한 대화가 오가고, 나와 내 아들들이 나오는 꿈의 셋째 부분이 이어진다. 잠재적 꿈의 내용으로 볼 때 아버지와 아들, 교수 따위는 나와 내 큰아들을 대신하는 인물에 지나지 않는다.

d. 다음 꿈은 상냥한 마음씨 뒤에 숨어 있는 참으로 비열한 이기적 감정을 나타

내는 한 예이다.

'친구 오토는 건강이 좋지 않다. 안색이 흙빛이고 눈이 튀어나와 있다.'

오토는 우리 집 주치의로서 몇 년 전부터 우리 가족들의 건강을 돌보아주고 있다. 아이들이 병이 나더라도 잘 치료해 줄 뿐만 아니라, 기회 있을 때마다 구실을 만들어 선물을 하곤 해서 나는 그에 대해 늘 고마운 마음을 갖고 있다. 그는 꿈을 꾸기 전날도 우리 집에 왔었는데, 아내는 그가 몹시 피곤해 보이더라고 말했다. 그날 밤 나는 꿈을 꾸었는데, 그 꿈속에서 그는 바세도씨병의 몇 가지 증세를 나타냈다. 꿈 해석에서 나의 법칙을 무시하는 사람이면, 내가 친구의 건강을 걱정한 나머지 그 걱정이 꿈에서 나타났다고 할 것이다. 만약 그렇다면, 그것은 꿈은 소망 충족이라는 주장에 어긋날 뿐 아니라 꿈은 이기적 마음의 움직임을 좇는다는 또 하나의 주장에도 어긋날 것이다.

그에 반해 나의 분석은 6년 전에 일어난 어떤 사건에서 다음과 같은 재료를 얻을 수 있었다. 우리 몇 명은 캄캄한 N 숲속을 마차로 지나갔다. 그 일행 중에는 R교수도 있었다. 마차꾼은 약간 취기가 있었는데, 우리를 태운 마차는 그만 언덕 밑으로 굴러떨어지고 말았다. 다행히 모두 무사했던 우리는 그날 밤 근처 여관에서 지내야만 했다. 여관에서는 사고 소식을 듣고 모두 우리를 동정해 주었다. 분명히 바세도씨병의 증세를 보이는 한 신사가 나서서 필요한 것이 있으면 무엇이든지 말하라고 했다. 그러나 R교수가 언제나처럼 털털한 투로 "잠옷을 빌려주시면 좋겠습니다." 하고 대답했다. 그러자 그는 "안됐습니다만, 그것만은 어쩔 수가 없습니다." 하고는 가 버렸다.

바세도는 의사의 이름일 뿐만 아니라 어떤 유명한 교육자의 이름이기도 했다. 생시인 지금 생각하니 아무래도 그것이 좀 불확실한 느낌이 든다. 그런데 오토는 만일 내 신상에 무슨 일이 일어날 경우엔 나 대신 아이들의 신체적인 교육, 특히 사춘기에 대한(잠옷이란 말이 나온 것은 그 때문이다.) 지도를 부탁한 사람이다. 내가 꿈속에서 오토에게 그 친절한 신사의 증세를 부여한 것은, 분명히 이렇게 말하려

하는 것이다. 혹시 내 일신상에 무슨 일이 일어날 경우, L남작이 그 친절한 제의에도 불구하고 결국 아무것도 해주지 못한 것처럼 오토가 내 아이들에게 아무것도 못해 주는 것이 아닐까 하는 것이다.

그렇다면 이 꿈에서는 어디에 소망 충족이 숨어 있는 것일까? 내 꿈에서는 오토가 나쁜 역할을 맡는다. 그러나 소망 충족은 그 오토에 대한 복수가 아니라 다음과 같은 점에 있다. 즉 나는 오토를 L남작으로 표현함으로써 동시에 나 자신을 어떤 다른 인물, 이를테면 R교수와 동일시하고 있다. 내가 6년 전의 사건 때 R교수가 L남작에게 요구했듯이 오토에게 무엇인가를 요구하고 있기 때문이다. 문제는 이 점에 있다. 평소 같으면 내가 자신을 R교수와 비교한다는 것은 생각도 못할 일이다. R교수는 나처럼 학교를 떠나 독립의 길을 걷다가 나이가 든 후에 비로소 교수의 칭호를 얻은 사람이다. 그러니까 나도 또 언젠가는 교수가 되기를 바라고 있는 것이다. 아니, '나이가 든 후'라는 것도 하나의 소망 충족이다. 왜냐하면 그것은 내가 오래 살아서 아이들의 사춘기를 내가 직접 봐줄 수 있다는 것을 암시하고 있기 때문이다.

그밖의 유형적인 꿈으로 기분 좋게 공중을 날거나, 무서워 떨며 높은 데서 떨어지는 꿈들이 있다. 그런 꿈들을 분석하는 과정에서 알게 된 사실은 그 꿈들 역시 유아기의 여러 인상을 되풀이한다는 것이다. 다시 말하면 아이들이 굉장한 매력을 갖는 운동성 놀이와 관계가 있다. 친척 아저씨들은 누구나 예외 없이 아이들을 높이 들어올린 채 온 방안을 뛰어다니거나, 또 무릎 위에 앉혀놓고 흔들다가 갑자기 다리를 뻗어 아이를 땅바닥에 떨어뜨리거나 또 높이 쳐들어 훌쩍 던지는 것처럼 해서 아이를 깜짝 놀라게 하기도 한다. 그러면 아이들은 환성을 지르면서 좋아한다. 그러고는 자꾸 해달라고 조른다. 특히 조금 무섭거나 현기증이 날 정도면 더 좋아한다. 그런 일은 몇 년 후 꿈속에서 되풀이된다. 그런데 꿈에서는 몸을 받쳐주던 손이 없어지고, 공중을 날거나 떨어지거나 하는 것이다. 아이들이 그네타기나 시소놀이를 특히 좋아한다는 것은 새삼스레 말할 필요도 없다.

서커스에서 아슬아슬한 재주를 보면, 틀림없이 옛날의 기억이 되살아난다. 어떤 사내아이들에게는 히스테리 발작이 전적으로 그런 곡예의 재현으로만 이루어진다. 그러면 그들은 참으로 교묘하게 그것을 해낸다. 이 모든 행위를 포괄해 우리가 일반적으로 쓰는 말로 표현하자면, 비행하는 꿈이나 추락하는 꿈이나 현기증 나는 꿈 등이 되풀이하는 것은 유아기의 '재촉하는 놀이'이다. 그때 느꼈던 쾌감이 어른이 된 지금은 불안으로 변해 있는 것이다.

따라서 수면중 우리 피부의 감각 상태, 폐의 운동에서 오는 자극 등등이 비행하는 꿈이나 추락하는 꿈을 꾸게 한다는 설명은 용인할 수가 없다. 이 자극들 자체가 기억에 의해 재생산되며, 따라서 꿈 원천이 아니라 꿈 내용이라고 생각한다.

그러나 솔직히 말해 이런 일련의 유형적인 꿈을 완전히 해명할 수는 없다. 여기서 내게 있는 재료는 그다지 도움이 못 된다. 어떤 심리적 동기가 그것을 필요로 하자마자 이 유형적인 꿈들의 피부자극이나 운동자극이 모두 일깨워지고, 또 그런 필요가 없을 때는 그 자극들이 무시될 수 있다는 일반적인 견해를 고수하지 않을 수 없다. 유아기 체험과의 관계 또한 내가 노이로제 환자의 분석에서 얻은 내용으로 미루어 볼 때 확실한 것 같다. 그러나 인생을 살아가는 동안 그 자극의 기억에 다른 어떤 의미가 결부되는지 알 수 없다. 하늘을 나는 꿈, 떨어지는 꿈, 이를 뽑는 꿈 등은 참으로 빈번하게 꾸는 꿈인데도 내가 재료 부족에 대해 탄식하는 것을 보고 이상하게 생각하는 사람도 있을 것이다. 하지만 그런 사람에게는, 사실 내가 꿈 해석이라는 테마에 주의를 기울이기 시작한 후에 직접 그런 꿈을 꾼 적이 없기 때문이라고 설명하는 수밖에 없다.

그밖에 내가 입수할 수 있는 노이로제 환자의 꿈도 전부 해독하기는 어렵고, 또 그 꿈들의 감추어진 의도를 끝내 찾지 못하는 경우도 많다.

3. 시험 꿈

졸업시험을 치르고 김나지움 과정을 끝낸 사람이면, 누구나 시험에 낙제하여 유급(留級)한다는 식의 불안한 꿈을 꾸게 된다. 박사 학위를 가진 사람이면, 이 유형적인 꿈은 좀 형태를 바꾸어 구술시험에 합격하지 못해서 비난받는 꿈이 된다. 우리는 어렸을 때 금지된 행동을 하고 벌을 받았던 수많은 기억들이 있다. 그것이 우리 수업기의 두 교차점, 다시 말하면 엄격한 시험이라는 '심판의 날'을 계기로 우리 마음속에 다시 활발하게 소생하는 것이다. 노이로제 환자의 시험 공포도 이 유아 불안 속에 결부되어 강화된다. 학교를 졸업한 후 우리에게 벌을 내리는 것은 이미 부모나 학교 선생이 아니다. 이후에 우리의 교육을 맡는 것은 사정없는 인과(因果)의 고리이다. 그래서 우리는 어떤 일을 제대로 하지 않았거나 깨끗이 끝내지 않았거나 했을 때 벌을 받을 것이라고 예상할 경우, 또는 중압감을 느낄 경우 김나지움의 졸업시험이나 박사 과정의 구술시험 꿈을 꾸게 된다.

시험 꿈을 한층 깊이 해명할 수 있는 것은, 실은 정신분석에 통달한 동료의 소견에 힘입은 바가 크다. 그는 언젠가 학문상의 토론을 하다가, 자기가 아는 한 김나지움의 졸업시험 꿈은 그 시험에 합격한 사람에게만 나타나는 것이고 실패한 사람에겐 나타나지 않는다고 말했다. 그후 확인된 일인데, 어떤 책임질 일과 그에 대해 비난을 받을 가능성이 있을 경우 불안한 시험 꿈을 꾸게 된다. 그러므로 시험 꿈은 심한 불안이 부당한 것이었고 일의 경과에 따라 그 불안이 해소되었던 과거의 어떤 사건을 찾는 것이라고 할 수 있다. 이것은 생시의 심리적 장치가 꿈 내용을 오해하는 현저한 실례일 것이다. 그러나 "나는 이미 박사가 되어 있지 않은가." 하며 분개해서 꿈에 하는 항의는 사실 꿈이 주는 위안으로, 그 본뜻은 이럴 것이다. '내일 일을 두려워할 필요 없다. 너는 전에 김나지움 졸업시험에 대해 매우 불안해했지만, 생각보다 쉽지 않았는가. 그리고 지금 너는 이미 훌륭한 박사가 아닌가.' 그러나 우리가 꿈의 탓으로 돌리는 불안은 낮에 체험한 것의 잔재에서 비롯된다.

　이 설명에 관해 나 자신과 다른 사람들을 통해 시험해 본 결과, 수가 별로 많지는 않았지만 모두 일치했다. 예를 들면 나는 박사 학위 구술시험을 칠 때 법의학 과목에서 낙제를 했는데, 그 과목에 관해서는 단 한 번도 꿈을 꾼 적이 없다. 그 반면 식물학·동물학·화학 시험을 치는 꿈은 몇 번을 꾸었는지 모른다. 그것들은 무사히 통과한 과목들이다. 김나지움 재학중 시험 때면 나는 반드시 좋은 성적으로 합격했던 역사 과목 시험을 치는 꿈을 꾸었다. 그러나 그것은 친절한 역사 선생이(다른 꿈에 나왔던 그 애꾸눈의 구원자) 내가 답안지의 세 문제 중 가운데 문제에다 손톱으로 줄을 그어서 '이 문제의 해답만은 너그럽게 보아주십시오.' 하고 암시한 뜻을 놓치지 않았기 때문이다.

　김나지움의 졸업시험을 포기했다가 추가 시험에 합격했지만, 그후 사관(士官) 시험에 떨어져 사관이 못 된 환자가 있었다. 그는 앞의 합격한 시험 꿈은 자주 꾸었으나 낙제한 사관 시험 꿈은 꾼 적이 없다고 말했다.

　시험 꿈도 그 해석에 있어 내가 앞에서 유형적인 꿈의 대부분의 특징이라고 한 난점에 부닥친다. 꿈을 꾼 당사자가 우리에게 제공하는 연상 재료는 꿈의 해석에는 불충분하다. 이런 꿈을 좀더 잘 이해하려면 더 많은 사례를 수집해야 한다. 최근에 나는, "너는 이미 박사가 아닌가."라는 식의 항변은 단순히 위로의 뜻을 포함하고 있을 뿐만 아니라 어떤 비난을 암시한다는 확실한 인상을 받았다. 그 비난은 아마 이런 것이리라. '넌 이제 늙었어. 인생 경험도 쌓을 만큼 쌓았어. 그런데 여전히 그런 어리석고 유치한 짓을 하는 거야?' 이렇게 자기비판과 위안이 섞여 있는 편이 시험 꿈의 잠재적 내용에 적합할 것이다.

　W. 슈테켈은 '김나지움 졸업시험 꿈'을 최초로 분석한 사람인데, 이런 꿈은 반드시 성적 시련이나 성숙과 관계가 있다고 주장한다. 나 역시 그 주장이 옳다는 것을 여러 차례 확인할 수 있었다.

꿈의 작업 **6**

꿈이 일으키는 문제를 해결하려는 이제까지의 시도는 기억 속에 새겨진 현재적 꿈의 내용과 직접 결부시켜 그 내용에 따라 꿈을 풀이하려고 하든가, 혹은 풀이를 포기하는 경우 꿈 내용에 기초하여 그 꿈에 대한 판단을 증명하려고 애썼다. 다시 말해서 우리는 꿈 내용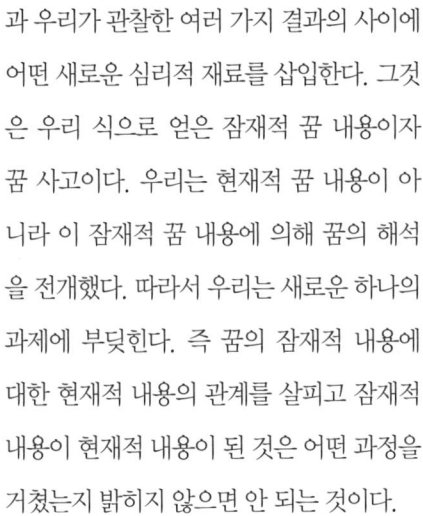과 우리가 관찰한 여러 가지 결과의 사이에 어떤 새로운 심리적 재료를 삽입한다. 그것은 우리 식으로 얻은 잠재적 꿈 내용이자 꿈 사고이다. 우리는 현재적 꿈 내용이 아니라 이 잠재적 꿈 내용에 의해 꿈의 해석을 전개했다. 따라서 우리는 새로운 하나의 과제에 부딪힌다. 즉 꿈의 잠재적 내용에 대한 현재적 내용의 관계를 살피고 잠재적 내용이 현재적 내용이 된 것은 어떤 과정을 거쳤는지 밝히지 않으면 안 되는 것이다.

꿈 사고와 꿈 내용(꿈의 잠재적 사고와 현재적 내용을 뜻함)이란 같은 내용을 두 가지 다른 말로 표현한 것이라 하겠다. 꿈 사고는 우리가 그것을 알면 쉽게 이해할 만한 것이다.

이와 반대로 꿈 내용 쪽은 마치 상형문자로 되어 있는 것 같아서, 그 기호 하나하나를 꿈 사고의 언어로 번역해야만 한다.

한 장의 그림 수수께끼가 있다고 가정해 보자. 집이 그려져 있고 그 지붕에 보트가 한 척 올라앉아 있다. 그리고 알파벳 글자 하나와 달리고 있는 인물이 있는데, 이 인물은 머리가 없고 부호(符號)만 적혀 있다. 이것을 액면 그대로 받아들인다면, 전체적인 구성과 부분들이 무의미하다는 비평을 할 수 있다. 보트가 지붕에 올라앉을 수도, 머리 없는 인간이 달릴 수도 없는 법이다. 게다가 인간이 집보다 더 큰 것 하며, 알파벳 글자도 어울리지 않는다. 이 그림의 전체 및 세부에 대해 이런 식의 흠을 잡지 말고 그려져 있는 형상 하나하나를 표현 가능한 음절이나 낱말로 바꾸어 놓는다면, 그제서야 비로소 이 그림 수수께끼에 대해 올바른 판단이 가능하게 된다. 이렇게 하여 합성된 말은 이미 무의미하지 않고, 가장 아름다우며 가장 뜻깊은 시의 한 구절이 될 수 있다. 꿈은 바로 그런 그림 수수께끼와 같은 것인데, 우리 선인들은 그림 수수께끼를 고지식하게 올바른 그림으로 판단하려는 과오를 범했다. 따라서 그들에게 꿈이 무의미하고 무가치한 것으로 보인 것은 당연한 일이다.

압축 작업

꿈 내용과 꿈 사고를 비교할 때, 대규모적인 압축 작업이 일어난다는 사실을 가장 먼저 깨닫게 된다. 꿈 사고가 거대하고 내용이 풍부한 데 비해 꿈은 엉성하고 빈약하고 짧다. 꿈은 종이에 글로 쓴다면 고작 반 페이지 정도밖에 안 되지만, 꿈 사고를 내포하는 분석은 그 여섯 배 내지 여덟 배, 아니 열두 배를 필요로 한다. 물론 꿈에 따라 다르지만, 내가 조사해 본 한에 있어서는 이 비율의 의미에는 변동이 없다. 흔히 드러난 꿈 사고를 완전한 재료로 간주하고 거기서 이루어지고 있는 압축의 정도를 낮게 평가하기 쉽지만, 분석 작업을 계속하다 보면 꿈의 배후에 감추어진 새로운 많은 사고가 드러나게 되는 것이다. 진작 어떤 꿈을 완전히 해석했다는 확신은 가질 수 없다고 말했지만, 해석이 충분하고 흠이 없어 보이는 경우에조차 꿈의 다른 의미가 얼마든지 드러날 수 있다.

꿈 내용과 꿈 사고 사이의 불균형으로부터 꿈 형성시 심리적 재료의 충분한 압축이 이루어진다는 우리의 주장에 대해 그럴싸한 이론(異論)이 제기된다. 우리는 흔히 밤새도록 많은 꿈을 꾸었지만 그 대부분은 잊어버렸다는 생각을 한다. 그렇다면 우리가 잠에서 깨어 기억하는 꿈은 전체 꿈 작업의 찌꺼기에 불과하지 않느냐는 주장이다.

이 이론에는 일리가 있다. 사실 우리는 잠을 깬 직후 꿈을 기억하려고 애쓸 때 가장 충실하게 재현된다는 것, 그리고 꿈의 기억은 시간이 지남에 따라 점점 희미해져 간다는 것을 잘 알고 있기 때문이다. 그러나 그 반면 재현할 수 있는 것보다 훨씬 많은 꿈을 꾼 것 같은 느낌이 착각에 기인하는 경우도 종종 볼 수 있다. 그뿐 아니라 꿈 작업에서 압축이 일어난다는 가설은 꿈이 잊혀진다는 사실로부터는 아무 영향도 받지 않는다. 이 가설은 꿈의 연관성 없는 잔존 부분에 속하는 표상군(表象群)에 의해 입증되기 때문이다.

꿈의 대부분을 사실상 잊어버렸다면, 우리는 어떤 새로운 계열의 꿈 사고에 도달하는 길을 더듬을 수 없게 된다. 우리의 기억에서 탈락된 꿈의 여러 부분이, 잔존 부분의 분석으로 이미 알려진 꿈 사고에만 관련된 것은 아닐까 하는 기대는 전혀 헛된 것이라고 할 수 있다.

분석 과정에서 꿈 내용의 요소는 실로 잡다한 관념을 불러일으키는데, 그 관념 앞에서 많은 독자들은 다음과 같은 근본적인 의문을 품게 될 것이다. 즉 분석에 즈음하여 나중에 생각나는 일 전부를 꿈 사고로 간주해도 좋은지, 이 일체의 관념들이 과연 수면중에 활동하여 꿈 형성에 협력했는지, 아니면 분석하는 동안 꿈 형성에 관여하지 않았던 새로운 관념의 결합이 생겨난 것은 아닐까 하는 의문이다. 나는 이 의문에 조건부로밖에 찬성할 수가 없다. 하나하나의 관념의 결합이 분석하는 동안 생긴다는 것은 옳다. 그러나 그와 같은 관념의 결합은 이미 꿈 사고 가운데 다른 방법으로 결합된 관념 사이에서만 만들어진다는 것은 의심할 수 없는 사실이다.

이 새로운 관념의 결합은 다른, 이를테면 좀더 심층부에 있는 결합 방법의 존재로 인하여 가능하게 된 샛길과 같은 것이다. 분석에 즈음하여 발견된 대량의 관념 집단에 대해서는 그것들이 이미 꿈 형성시에 작용했다는 것을 인정해야 한다. 꿈 형성과 관련이 없는 듯이 보이는 관념의 사슬을 더듬어가면, 꿈 내용 중에 표현되어 있고 꿈 해석에도 불가결하지만, 관념들의 고리를 통해 단서를 구하지 않으면 도저히 발견될 수 없는 어떤 관념에 부딪히는 것이다.

수면중 꿈꾸기 전의 심리적 상태를 어떻게 생각해야 좋을까? 모든 꿈 사고가 동시에 병존하는 것일까, 아니면 그것이 차례로 나타나는 것일까? 또는 몇 가지 사고 과정이 여러 개의 중심에서 동시에 형성되어 뒤에 합류하는 것일까? 꿈 형성에 즈음해서의 심리적 상태를 밝힐 필요는 없다고 생각한다. 다만 여기서 문제가 되는 것은 무의식적 사고이며, 이 과정은 목적을 가지고 의식의 지배하에 행하는 사색에 즈음하여 우리가 인지하는 사고 과정과는 다르다는 점만 기억하면 된다.

그러나 꿈 형성이 어떤 압축 작업 위에 성립된다는 사실은 확고한 것이다. 압축은 생략이라는 방법으로 이루어진다고 할 수 있다. 즉 꿈이라는 것은 꿈 사고의 몹시 불완전한 결함투성이 재현이기 때문이다. 이 견해가 불충분하다는 것은 곧 알게 되겠지만, 우선 이 견해에 입각하여 이렇게 자문해 보자. 꿈 사고 중 극소 부분만 꿈 내용에 이른다면, 그때 선택을 규정하는 조건은 무엇일까?

그것을 알기 위해서는 꿈 내용의 모든 요소에 주의를 기울이지 않으면 안 된다. 그것이야말로 지금 구하는 여러 조건을 충족시키기 때문이다. 그 가장 알맞은 재료는 형성에 있어서 특히 강한 압축이 이루어진 꿈일 것이다.

1. 식물학 연구서에 관한 꿈

'나는 어떤 식물의 종류에 대한 연구서를 한 권 썼다. 그 책이 지금 내 앞에 있다. 나는 그 책의 원색 도판을 뒤적거린다. 책에는 식물 표본이 하나 첨부되어 있다.'

이 꿈의 가장 두드러진 요소는 '식물학 연구서'이다. 나는 어떤 서점 진열장에서 실제로 '시클라멘 속(屬)에 관한 연구서'를 보았다. 꿈 내용에서는 연구서와 그것이 식물학에 관계가 있다는 것만 나왔을 뿐 시클라멘 속에 대해서는 아무 말이 없다. '식물학 연구서'는 내가 전에 쓴 '코카인에 관한 연구'와의 관계를 제시한다. 코카인에서 시작된 관념 결합의 방향은 한편으로는 축하 논문집이나 대학 실험실 내의 사건 쪽으로 흐르고, 다른 한편으로는 코카인 이용에 공헌한 바 있는 친구인

안과 의사 쾨니히슈타인 박사에게로 흐른다. 이 쾨니히슈타인 박사에게서 얼마 전 저녁때 그와 나눈 대화와 동료 의사에게 진찰을 받았을 경우 보수는 어떻게 해야 할까 하는 등 복잡한 사고와 결부된다. 이 대화가 본래의 현실적인 꿈의 자극원이 다. 시클라멘 연구서도 현실성을 가지고 있지만, 그것은 부차적 성질에 불과하다. 실제로 꿈속에 나오는 '식물학 연구서'는 낮 동안의 두 가지 체험을 '결합하는 공 통 분모'로 증명된다. 사소한 인상에서 비롯되어 바뀌지 않은 채 꿈속에 삽입된 두 가지 체험은 풍부한 연상 결합을 거쳐 심적으로 중요한 체험과 섞인다.

그러나 '식물학 연구서'라는 합성 관념뿐 아니라 그것을 구성하고 있는 '식물 학'과 '연구서'라는 각 요소 또한 각각 여러 차례의 결합에 의해 더 깊숙이 꿈 사 고의 미궁 속으로 빠져 들어간다. '식물학'이란 관념에는 게르트너 교수, 그의 '활짝 핀 꽃 같은' 부인, 플로라(꽃이라는 뜻)라는 이름의 여자 환자, 생일날 남편이 꽃 사주는 것을 잊었다는 이야기를 한 부인 등의 기억이 서로 얽히고 있다. '게르 트너'는 또 실험실이나 쾨니히슈타인과의 대화를 연상하게 한다.

그밖에 '식물학'은 나의 김나지움 시절의 일화나 대학시절의 시험을 상기시키 고, 쾨니히슈타인과의 대화 중에 나온 나의 취미라는 새로운 테마는 내가 좋아하 는 꽃이라고 떠들어대는 엉겅퀴를 매개체로 하여 생일날 선물하는 것을 잊어버린 꽃에서 비롯된 관념에 연결되는 것이다. '엉겅퀴'의 배후에는 한편으로 이탈리아 의 추억이, 다른 한편으로는 내가 책과 친숙해지게 된 계기가 된 유년시절의 한 장 면에 대한 추억이 있다. 따라서 '식물학'이라는 것은 꿈속에서 무수한 사고 과정 이 교차하는 지점인 것이다.

꿈속에서 '연구서'는 나의 연구가 편파적인 것과 나의 취미가 돈 드는 일이라는 두 가지 테마에 관련되고 있다.

최초의 고찰에서 '식물학'과 '연구서'라는 두 요소가 꿈 내용 중에 받아들여진 것은 이 두 요소가 지극히 많은 꿈 사고와 자유로이 접촉할 수 있기 때문이다. 이 요소들이 이를테면 꿈 해석에 관해 '다의적'이기 때문에, 많은 꿈 사고가 서로 만나는 '교차점'을 나타낸다. 이 설명의 바탕이 되는 사실은 다른 방식으로 다음과 같이 설명할 수도 있다. 즉 꿈 내용의 각 요소는 꿈 사고에서 중층적(中層的)·'다면적'인 것으로 대변되고 있다.

내가 펼쳐본 '원색 도판'은 나의 연구에 쏠린 동료들의 비평이라고 하는 새로운 테마나 이미 꿈속에서 표현된 나의 취미라는 테마, 나아가 원색 그림이 있는 책을 찢으며 놀았던 어린 시절의 추억과 결부되고, 식물 표본은 그것에 관한 김나지움 시대의 체험과 결합되어 이 기억을 특히 강조하는 것이다. 그리하여 꿈 내용과 꿈 사고의 관계가 어떤 성질의 것인지 알 수 있다. 즉 꿈의 모든 요소는 꿈 사고에 의해 '여러 면으로' 구속될 뿐만 아니라, 하나하나의 꿈 사고는 또 꿈속에서 각기 여러 요소에 의해 대변된다.

연상(聯想)의 길은 꿈의 한 요소로부터 몇 개의 꿈 사고로 통하며, 하나의 꿈 사고로부터 몇 개의 꿈 요소로 통한다. 따라서 꿈 형성은 각각의 꿈 사고, 혹은 한 무더기의 꿈 사고가 간략화된 꿈 내용을 제공하고, 가공에 의해 가장 많은, 또 최선의 지지를 얻은 요소가 꿈 내용 속에 들어가는 것이다. 이와 같이 분석하면, 어떤 꿈이든 꿈 요소들이 전체 꿈 사고에서 만들어지고, 또한 각각의 꿈 요소들은 꿈 사고와 관련하여 몇 가지로 규제되어 나타난다.

2. 딱정벌레의 꿈

'그녀는 딱정벌레 두 마리를 상자 속에 넣어두었다는 사실을 생각해 낸다. 뚜껑을 열어 보니 딱정벌레는 거의 질식 상태였다. 한 마리는 열려 있는 창문으로 날아갔으나 다른 한 마리는 창문에 치어 뭉개졌다. 누군가의 요구로 그녀가 창문을 닫았기 때문이다(혐오감의 표면화).'

그녀의 남편은 여행중이고, 열네 살 난 딸이 옆 침대에 누워 잤다. 잠들기 전에 딸이 엄마의 컵에 나방이 한 마리 빠져 있다고 했다. 그러나 그녀는 잊어버리고 나방을 꺼내 주지 않았다. 이튿날 아침에 보니 나방이 죽어 있었다. 잠들기 전에 읽은 책에 개구쟁이 아이들이 끓는 물에 넣은 고양이가 뜨거워 버둥대는 이야기가 있었다.

몇 년 전 딸이 피서지에서 동물을 몹시 학대한 일이 있었다. 당시 딸은 나비를 채집하고 있어, 나비를 죽이게 비소(砒素)를 달라고 졸랐다. 어떤 때는 나방이 핀에 꽂힌 채 붕붕거리며 방안을 날아다니는 일이 있었다. 또 어떤 때는 번데기가 되라고 넣어 둔 애벌레가 굶어 죽은 것을 발견하기도 했다. 딸은 더 어렸을 때는 딱정벌레나 나비의 날개를 찢으며 노는 버릇이 있었다. 그런데 지금은 그런 잔인한 짓을 보면 몸서리를 칠 것이다. 그만큼 온순한 사람이 된 것이다. 딸의 이 성격의 모순이 그녀의 마음을 점령했다.

딸이 나비 채집을 했던 그해, 그 지방 일대는 딱정벌레의 대군이 몰려와 많은 피해를 입었다. 그때 그녀는 딱정벌레의 날개를 떼어내고 몸통을 먹는 사나이를 보았다. 그녀는 5월에 태어났으며, 결혼도 5월에 했다. 결혼한 지 사흘째 되는 날, 친정 부모에게 자기는 퍽 행복하다는 편지를 보냈다. 그러나 실제로는 결코 행복하다고는 할 수 없었다.

꿈꾸기 전날 밤 그녀는 해묵은 편지들을 끄집어내어 가족들에게 읽어 주었다. 처녀시절에 호의를 보인 피아노 교사의 대단히 우스꽝스러운 편지도 있었고, 또 그녀의 숭배자였던 어느 귀족의 편지도 있었다.

그녀는 딸아이 하나가 모파상의 바람직하지 않은 책을 은밀히 읽고 있다는 것을 알고 자책감에 사로잡혀 있었다. 딸이 달라고 조르던 비소는 《라 나바브》에서 모라 공작을 회춘시킨 비소 환약을 생각나게 한다.

그녀는 여행중인 남편의 안부를 걱정하며 불안해한다. 얼마 전, 그녀는 분석 중 남편의 '늙음'에 대한 불평이 자신의 무의식 속에 포함되어 있는 것을 발견했다. 그녀는 이 꿈을 꾸기 며칠 전 어떤 일을 하다가 갑자기 남편을 향해 목매어 죽어

버리라고 명령하는 말이 떠올라 깜짝 놀랐다. 후에 안 일이지만, 그 몇 시간 전 어떤 책에서 남자가 목을 매면 음경이 빳빳이 일어난다는 글을 읽었다. 그녀의 꿈은 음경의 발기에 대한 욕망이었던 것이다. '목매어 죽어 버리라'는 것은 무슨 짓을 해서라도 음경을 발기시켜 달라는 의미이다. 《르 나바브》 중 젠킨스 박사의 비소 환약도 역시 같은 목적에 속하는 것이었다. 게다가 이 여자 환자는 가장 강력한 강정제는 딱정벌레를 짓이겨서 만든다는 사실도 알고 있었다. 이 꿈 내용의 주요 부분은 그런 뜻을 내포하고 있다.

이동 작업

우리는 앞에서 꿈 내용에서 본질적 성분으로 특히 전면에 나오는 요소가 꿈 사고에서는 같은 역할을 하지 않는다는 것을 알았다. 그에 대한 보충으로 이 명제를 거꾸로 말할 수도 있다. 꿈 사고 중 뚜렷하게 본질적 내용으로 보이는 것이 반드시 꿈에 표현될 필요는 없다. 꿈의 중심은 꿈 사고와는 다르며, 그 내용 역시 다른 요소들을 중심으로 배열되어 있다.

예컨대 식물학 연구서의 꿈에서 꿈 내용의 중심은 '식물학'이라는 요소지만, 꿈 사고에서는 의사들 사이의 의무적 거래에서 생기는 번거로움과 갈등, 그리고 내가 취미를 위해 지나친 대가를 치른다는 비난이 문제였던 것이다. '식물학'이라는 요소는 만약 대립을 통해 그런 것들과 결부되어 있지 않다면, 꿈 사고의 중심에 자리를 차지하지 못할 것이다. 왜냐하면 나는 식물학을 좋아하여 연구한 일이 없기 때문이다.

'딱정벌레의 꿈'은 잔인성과 성욕의 관계가 테마이다. 그러나 잔인성이라는 계기는 꿈 내용에 나타나지만, 성적인 것에 대해서는 말하지 않은 채 다른 방식으로 결합되어 있다. 따라서 본래의 관계에서 벗어나 무연(無緣)한 것으로 변형된 것이다. 또 '숙부 꿈'에서 중심을 이루는 노란 수염은 우리가 꿈 사고의 핵심으로 인정한 출세의 소망에 대한 의미 관계를 모두 잃고 있다. 그리하여 그런 꿈들은 당연히 '이동되었다'는 인상을 준다.

이런 꿈들과 반대되는 것은 '일마의 주사에 관한 꿈'이다. 이 꿈에서는 꿈 형성에 즈음하여 개개의 요소는 모두 꿈 사고 속에서 차지한 자리를 보전할 수 있는 것처럼 보인다. 꿈 사고와 꿈 내용 사이에 있는 이 새로운, 그 의미에 있어서는 전혀 불안정한 관계를 알면, 우리는 우선 이를 의아하게 생각할 수밖에 없다. 만일 한 관념을 다른 많은 관념 속에서 골라내고, 우리의 의식 속에서 특별한 생동감을 얻게 되는 사실을 정상적인 어떤 심리적 과정에서 발견한다면, 우리는 이 결과를 승리한 관념이 특별히 높은 정도의 심리적 가치(관심의 정도)를 가진다는 사실의 증명으로 간주하기 쉽다.

그리하여 꿈 사고 중 개개의 요소의 이와 같은 가치가 꿈 형성 과정에서 무시된다는 것을 알게 된다. 꿈 사고의 모든 요소 중 어느 것이 가장 가치가 높은 것인가에 대해서는 의심의 여지가 없다. 그런데 꿈 형성에 즈음하여 이들 본질적이고 강한 관심으로 강조된 모든 요소가 마치 그것이 가치 없는 것이기라도 한 것처럼 취급되는 일이 있고, 또 꿈속에서 그것들에 대신하여 꿈 사고 중에서는 가치가 없었던 다른 요소가 나타난다. 이 때문에 우리는 처음에는 개개의 관념의 심리적 강도는 꿈을 선택하는 데 있어서 조금도 고려되지 않고 여러 관념의 다면적인 피규정성(被規定性)만 고려되는 듯한 인상을 받는다. 꿈 사고 중에서 중요한 것이 아니라 그 속에 여러 번 되풀이해서 포함되어 있는 것이 꿈 내용 속에 들어오는 것처럼 생각된다.

그러나 이렇게 가정하는 것만으로는 꿈 형성을 깊이 이해할 수 없다. 왜냐하면 몇 겹으로 규제된 계기와 독자적인 가치를 가진 계기가 꿈 선택에서 동일한 의미로 작용하지 못한다고는 믿을 수 없기 때문이다. 꿈 사고 중 가장 중요한 여러 관념은 그것들이 중심이거나 한 것처럼 거기에서 개개의 사고가 방사되는 것인데, 이것은 꿈 사고 중 가장 자주 나타나는 것임에 틀림없다. 그러나 꿈은 강조되고 다면적으로 지지받는 여러 요소를 거부하고, 오직 다면적으로 지지되는 특성밖에 갖지 못한 다른 요소를 꿈 내용 중에 채택하는 일이 있다.

이 난점을 해결하기 위해 우리는 꿈 내용의 다면적인 피규정성을 음미했을 때 느낀 인상을 이용할 수 있다. 이미 독자 중에는 꿈의 모든 요소의 다면적인 피규정성은 당연한 일이므로 결코 중대한 발견이 아니라고 판단한 사람도 많을 줄 안다. 분석에 즈음해서는 꿈의 모든 요소로부터 출발하여 이들 요소와 맺어지는 모든 착상을 기록하는 것이기 때문이다. 그러므로 이렇게 하여 얻어진 사고 재료 중 이들 요소가 자주 나타나는 것도 어쩌면 당연한 일일지 모른다.

나는 이 이의를 인정할 수 없지만, 이와 비슷하게 들리는 사실을 말하고자 한다. 즉 분석이 밝혀내는 사고 중에는 꿈의 핵심에서 멀리 떨어져 두드러져 보이는 것들이 많다. 이들 사고의 존재 목적은 쉽게 판명된다. 즉 이 사고들이야말로 간혹 그 결부 방식이 부자연스러운 일도 있지만, 꿈 내용과 꿈 사고를 결부시키고 있는 것이다.

만약 이런 요소가 분석에서 하찮게 취급되면, 꿈 내용의 구성 요소에 있어 단순히 다면적 피규정성뿐만 아니라 자주 꿈 사고를 통한 분명한 결정 또한 놓칠 수 있다. 그리하여 우리는 다음과 같은 결론에 이르게 된다. 즉 꿈 선택을 결정하는 다면적 피규정성은 반드시 꿈 형성의 제1차적 계기가 아니라, 간혹 우리에게 알려지지 않은 어떤 심리적 힘의 부차적인 소산이라는 것이다. 그렇다 할지라도 이 다면적 피규정성은 꿈속에 개개의 요소가 들어오는 일에 대해서는 중대한 의의를 갖는다. 왜냐하면 그것이 꿈 재료에서 도움을 받아 이루어지는 경우 어느 정도의 대가를 치른다는 사실을 관찰할 수 있기 때문이다.

꿈 작업에서 어떤 심리적 힘이 드러난다는 생각을 쉽게 할 수 있다. 그 힘은 한편으로는 심리적으로 가치가 높은 요소에서 그 강도를 박탈하고 다른 한편으로는 다면적으로 규제하는 방법으로 가치가 낮은 요소를 가치 있는 요소로 새롭게 변조시킨 뒤, 그 새로운 요소를 꿈 내용 속에 가져가는 작용을 한다. 만약 그렇다면, 꿈 형성에 즈음해서는 개개 요소의 심리적 강도의 전이 및 이동이 이루어지고, 그 결과 꿈 내용의 텍스트와 꿈 사고의 텍스트 간에는 차이점이 나타난다.

꿈의 이동 작업과 압축 작업은 우리가 그 힘으로 인하여 꿈이 형성된다고 한다면, 능력 있는 두 직공과 같다.

꿈 이동의 사실에서 발현하는 심리적인 힘은 이를 인식하기가 어렵지 않다. 꿈 내용이 꿈 사고의 핵심과 서로 비슷하지 않고, 꿈이 다만 무의식계의 꿈 소망의 왜곡만 재현하는 것은 이와 같은 이동의 결과이다. 우리는 꿈 왜곡을 사고 활동 중에 있는 하나의 심리적 검문소에 대하여 행사하는 검열에 귀착시켰다. 꿈의 이동 작업은 이 왜곡을 달성하기 위한 주요 수단의 하나이다. 그로 인해 이익을 얻는 자가 그것을 행한 것이다. 꿈 이동은 내부의 심리적 방어인 검열의 영향에 의하여 생긴다고 가정할 수 있다.

꿈의 여러 가지 표현 방법

이 연구를 진행시키면, 잠재적 사고 재료가 현재적 꿈 내용으로 변화할 때 작용하는 것으로 알려진 꿈 압축과 꿈 이동이라는 두 가지 계기 외에, 꿈속으로 들어오는 재료의 선택에 영향을 미치는 다른 두 개의 조건과 맞부딪치게 된다. 그러나 이 문제에 들어가기 전에 꿈 해석의 여러 과정을 살펴보고자 한다.

꿈 사고에서 꿈을 종합적으로 구성하고자 하는 시도에 의해 알게 되었지만,

꿈 해석에서 드러난 재료의 가치는 다양하다. 본질적인 꿈 사고는 그와 같은 가치의 일부를 형성한다. 만일 꿈에 검열이라는 것이 없으면 본질적인 꿈 사고는 완전히 꿈을 대신하고 또 그것만으로도 꿈의 대용물이 될 수 있었을 것이다. 우리는 자칫 다른 일부의 가치를 경시하기가 쉽다. 그리고 그런 사고들이 모두 꿈 형성에 참여했다는 주장에도 별로 귀를 기울이지 않는다. 오히려 그 가운데는 꿈꾸는 시점과 해석하는 시점 사이에서 겪은 체험과 관련된 사고들이 섞여 있을 수 있다고 생각한다.

우리의 관심 대상이 되는 것은 본질적인 꿈 사고뿐이다. 이 꿈 사고는 보통 우리가 깨어 있을 동안 익숙해져 있는 여러 가지 사고 과정의 특성을 모두 구비한, 지극히 복잡한 구조를 가진 관념이나 기억의 복합체인 것을 알 수 있다. 그것은 한 개 이상의 중심에서 시작하고 있으나, 접촉점을 가지고 있는 관념 계열인 경우도 드물지 않다. 하나의 사고 과정 곁에 대조(對照) 연상에 의해 그것과 결합한 그 정반대물이 존재하고 있는 것이 통례이다.

이 복잡한 구성물의 각 부분은 물론 서로 복잡한 논리적 관계에 있다. 그것들은 전경과 배경을 이루고, 부언과 주석이 되고, 조건과 입증 과정과 항변이 되고 있다. 그리고 이들 꿈 사고의 모든 것이 꿈 작업의 억압을 받아 각 부분이 마치 유빙(流氷)처럼 휘둘리고 부서지고 뒤섞인다. 그것을 생각하면 다음과 같은 의문이 일어난다. 즉 이제껏 이 전체를 한데 묶고 있던 유대는 어떻게 되었는가. 우리가 문장이나 이야기를 이해하기 위해서는 대개의 경우 '만일'이라든가 '……니까', '마치 ……처럼', '……라고 하지만', '……가 아니면 ……' 등등의 말을 전부 무시해 버리고 꿈 사고의 즉물적(卽物的) 내용만 채택하여 가공하려고 한다. 꿈 작업이 파괴해 버린 관계를 복원하는 일이 꿈 해석에 맡겨지는 것이다.

이러한 표현 능력이 꿈에 없다면, 그것은 꿈을 이루는 심리적 재료 때문일 것이다. 회화나 조각 같은 조형예술은 말을 구사하는 문학과 비교하면 이와 마찬가지로 표현 능력에 한계가 있다. 회화나 조각의 능력 부족 원인은 역시 두 예술이 표현을 위해 가공하는 재료에 있는 것이다.

아마도 여기서 꿈이 논리적 관계를 표현 못한다는 법은 없지 않느냐고 반박하는 사람이 있을 것이다. 깨어 있을 때의 사고처럼 복잡한 정신 작업이 이루어져, 증명하고 반박하고 대비되는 꿈도 존재한다. 이 경우 외관에 속아서는 안 된다. 그런 꿈을 분석해 보면, 그것은 꿈에서의 지적 작업의 표현이 아니라 꿈 재료라는 것을 알게 된다. 꿈의 외관상 사고에 의해 재현되는 것은 꿈 사고의 내용일 뿐 꿈 사고 상호간의 관계는 아니다. 가장 쉽게 확인할 수 있는 것은 꿈속에 나오는 대화의 어구이다. 꿈속의 대화는 흔히 꿈 사고 중에 포함된 사건의 암시에 지나지 않는다. 꿈의 의미는 전혀 다른 것이다.

꿈 작업이 꿈 재료의 표현하기 어려운 관계를 암시할 수 있는 것은 어떤 수단을 이용한 것인지 그 예를 들어 보기로 한다.

우선 꿈은 이 재료를 한 상황 또는 과정으로 총괄, 통합함으로써 모든 꿈 사고의 부분 사이에 존재하는 부정하기 어려운 관계를 전체적으로 생각하며, 논리적 관계를 동시성으로 표현한다.

꿈은 이런 표현 방법을 세밀한 부분까지 활용한다. 꿈이 두 개의 요소를 나란히 제시할 때는, 꿈 사고 중 그 대응물간에 특히 긴밀한 관계가 있다는 것을 입증하는 것이다. 그러므로 꿈은 꿈 재료의 완전히 동떨어진 임의의 구성 성분이 아니라 긴밀한 관련성이 있는 여러 성분으로 형성되는 것이다.

꿈은 인과관계를 표현하는 데 두 가지 방법을 쓰지만, 이 두 가지 방법은 본질적으로 같은 것이다. 예컨대 '이것은 이러했으므로 이러한 일이 일어날 수밖에 없었다.'는 꿈 사고가 있을 경우, 보다 자주 쓰이는 표현 방법은 '이것은 이러했으므로'라는 종속 문장을 예비적인 꿈으로 내세운 다음 '이러한 일이 일어날 수밖에 없었다.'라는 주문장을 주요한 꿈으로 여기에 접속시키는 것이다. 내 생각이 틀리지 않는다면, 시간의 흐름이 거꾸로 되는 일도 간혹 있다. 꿈에서 길고 번거롭게 표현되는 부분이 언제나 주문장에 해당된다.

인과관계를 잘 표현한 어느 여자 환자의 꿈을 살펴보자. '그녀는 주방에 가서 두 하녀에게 〈얼마 안 되는 음식을 준비하면서 아직도 꾸물거리고 있느냐.〉고 꾸중한다. 그때 볼썽사납게도 말리기 위해 엎어 놓은 그릇들이 눈에 띈다. 하녀는 둘 다 물을 길러 간다. 물을 길으려면, 강 비슷한 곳까지 가야 한다. 물은 집 앞까지, 혹은 마당 끝까지 흘러와 있다. 그녀는 특이한 구조의 난간을 넘어 높은 곳에서 내려오고, 그럴 때 옷이 어디 걸리지 않은 것을 기뻐한다.'

꿈의 예비적 부분은 부인의 친정집과 관계가 있다. 주방에서 한 말은 전에 그녀가 자주 어머니에게 들은 것이다. 볼썽사납게 쌓인 그릇은 그녀의 집과 같은 건물에 있는 조그만 도기점에서 유래한 것이다. 꿈의 다른 부분은 종종 하녀를 범하고 끝내는 홍수가 났을 때—집은 강과 인접해 있었다—중병을 얻어 세상을 떠난 아버지에 대한 암시이다. 따라서 이 꿈의 예비적 부분의 배후에 있는 생각은 '나는 이런 집, 이런 불유쾌한 환경에서 자랐으니까.'라는 것이다. 꿈의 본론은 이 동일한 관념을 다시 들추어 소망 충족에 의하여 변화된 형태로 그것을 내놓고 있다. 즉 '나는 양가에서 자랐다.'는 것이다. 그러므로 원래의 사고는 '나는 이런 미천한 신분 출신이니까 나의 생애는 이러했다.'는 것이다.

인과관계를 표현하는 다른 방식은 그다지 범위가 크지 않은 재료에 쓰이고, 사람이든 물건이든 꿈속의 어떤 상(像)이 다른 상으로 변화하는 형식을 취한다. 꿈속에서 이와 같은 변형이 일어나는 것을 볼 경우에만 진지하게 인과관계를 주장할 수 있다. 어떤 상 대신 다른 상이 나타났다고 깨닫기만 하는 것으로는 안 된다.

꿈은 '……든가 아니면 ……든가'라는 양자택일을 표현할 수 없다. 꿈은 선택의 각 항을 동등한 것으로서 한 관계 속에 수용하는 것이 보통이다. 그 모범적인 예를 내포하고 있는 것이 '일마의 주사에 관한 꿈'이다. 그 꿈의 잠재적인 사고는 다음과 같은 것이다. 즉 일마의 고통이 여전히 존속하는 것은 나의 책임이 아니다. 그것은 내가 제안한 해결 방법을 그녀가 거부했기 때문이거나, 내 힘으로는 바꿀 수 없는 불리한 조건하에 살고 있기 때문이다. 아니면 그녀의 통증이 히스테리성이 아니라 다른 기관에 의한 것일 수도 있다.

어떤 경우 꿈이 두 개의 크기가 같은 부분으로 나뉠 때 표현하기 어려운 양자택일을 나타낸다. 특히 재미있는 것은 대립과 모순의 범주에 대한 꿈의 태도이다. 이 범주는 꿈에서 완전히 무시된다. 꿈에는 '아니(否)'라는 것은 존재하지 않는 듯이 생각된다. 꿈은 이상하게도 즐겨 대립물을 하나로 통일시키거나 아니면 한 번에 표현한다. 꿈은 주지하는 바 임의의 한 요소를 그 원망 반대물(願望反對物)로 표현하는 자유를 행사한다. 따라서 반대를 표현할 수 있는 요소가 꿈 사고 속에 긍정적으로 포함되어 있는지, 아니면 부정적으로 포함되어 있는지 처음에는 도무지 알 수가 없다.

앞서 인용한 꿈 가운데 양손에 꽃이 핀 나뭇가지를 든 부인이 난간을 넘어 아래로 내려온다. 이 꿈에 대하여 그녀가 생각해 낸 것은 성모 마리아의 수태고지(受胎告知) 그림으로, 그 속에는 천사가 손에 백합꽃 가지를 들고 있는 것과(그녀의 이름도 마리아이다.) 흰 옷을 입은 소녀들이 성체 행렬을 따라 푸른 나뭇가지로 장식한 거리를 걸어가는 모습 등이 그려져 있다. 그렇다면 꿈속의 꽃이 핀 나뭇가지는 성적 순결을 암시하는 것이 분명하다.

그런데 그 나뭇가지에는 동백 비슷한 빨간 꽃이 잔뜩 달려 있다. 길이 거의 끝날 때 꽃은 대부분 떨어졌다. 그 다음에 역력히 월경을 암시하는 것이 나타난다. 소녀들의 손에 들려 있는 백합 비슷한 꽃이 달린 그 가지는, 우리가 다 알다시피 보통 때는 언제나 흰 동백을 가슴에 꽂고 있지만 월경시에는 빨간 동백으로 바꾸는 춘희(椿姬)를 동시에 암시하고 있다. 같은 꽃가지가 성적 순결을 나타내는 동시에 그 반대도 표현하고 있는 것이다.

일생을 순결한 몸으로 지내는 데 성공했다는 기쁨을 표현하는 이 꿈은, 몇 군데(가령 꽃이 떨어지는 대목)에서는 자신이 성적 순결을 벗어나는 여러 가지 죄를 범했다는 반대되는 사고 과정 또한 보여주고 있다. 우리는 꿈의 분석에서 이 두 사고 과정을 구분할 수 있다. 위안하는 편은 표층(表層)에, 비난하는 편은 심층에 위치하고 있다. 또 양자는 정면으로 대립하고 있으며, 균등하지만 정반대되는 모든 요소가 동일한 꿈 요소에 의하여 표현된다.

꿈 형성의 메커니즘이 여러 논리적 관계 중 오직 한 가지 지극히 긍정적으로 대하는 관계가 있다. 꿈 재료 중에 존재하는 일치, 또는 '마치 ……처럼'의 경우는 확실히 꿈 형성의 최초의 계기이고, 꿈 작업의 대부분은 현존하는 일치 관계가 저항 검열 때문에 꿈속에 들어갈 수 없을 때 그와 같은 일치를 새로이 만들어낸다. 꿈 작업의 압축 노력은 유사관계를 표현하는 데 도움이 된다.

유사·일치·공통점은 꿈에 의해 꿈 재료 속에 이미 존재하든가, 아니면 새로 형성되는 통합으로써 표현된다. 꿈 재료 중 이미 존재할 경우를 동일화(同一化)라고 하고, 새로 형성되는 통합으로써 표현될 경우를 혼합화(混合化)라고 한다. 전자가 사용되는 것은 인물이 문제될 때이고 후자가 사용되는 것은 사물이 통합 재료일 때이지만, 인물의 혼합화도 불가능한 것은 아니다. 장소는 곧잘 인물과 같이 취급되기 때문이다.

동일화의 본질은, 공통된 것에 의하여 결합된 인물들 중 오직 한 사람만이 꿈 내용에 표현되고, 제2, 제3의 인물은 꿈에서 억압된 것처럼 보이는 방법이다. 그러나 이 대표 인물은 그 자신 혹은 은폐된 다른 인물들에 유래하는 모든 관계나 상황에 끼어든다. 혼합화가 인물에 미치는 경우, 그 인물들에 고유한 것이지만 공통되지 않는 여러 특성이 이미 꿈 형성 중에 존재한다. 이들 여러 특성의 결합으로 인하여 하나의 새로운 통일체인 혼합 인물이 만들어지는 것이다.

혼합 자체는 여러 방법으로 이루어진다. 꿈의 인물은 관계하고 있는 여러 인물 중 한 사람에게서 이름을 빌려오지만, 시각적 특징은 다른 인물의 것을 지닌다. 또는 꿈 형상 자체가 실제로는 두 사람에게 속하는 시각적 특징들로 짜맞추어지기도 한다. 시각적 특징 대신 제2의 인물의 표정·동작, 그가 쓰는 말, 그가 처한 상황 등으로 표현되는 일도 있다. 후자의 특징 부여에 있어서는 동일화와 혼합 인물 형성 사이의 명확한 차이가 희박해진다. 하지만 이러한 혼합 인물의 형성이 실패하는 수도 있다. 그럴 경우 꿈의 장면은 어느 한쪽 인물에 귀속시켜 다른 인물은 아무런 관계도 없는 방관자로 나타난다.

두 인물의 합일을 정당화하는, 즉 그 유인(誘因)이 되는 공통점은 꿈속에 표현되는 일도 있고 생략되는 일도 있다. 일반적으로 동일화나 혼합 인물 형성은 바로 이 공통점의 표현을 생략하는 데 소용된다. 이를테면 A가 내게 적의를 품고 있는데 B도 또 그렇다고 하는 대신, 나는 꿈속에 A와 B를 섞어 하나의 혼합 인물을 만들어내든가 혹은 A를 B의 특징을 가진 모습으로 그려낸다. 이렇게 하여 얻어진 인물은 꿈속에서 어떤 식으로든 새로운 관련 속에서 나타난다. 나는 그 인물이 A이기도 하고 B이기도 하다는 사정 때문에 꿈 해석의 해당 자리에 두 인물의 공통점, 즉 적대 관계를 끼워넣는 권리를 취하는 것이다.

동일화 혹은 혼합 인물 형성은 첫째 두 인물의 공통점 표현, 둘째 이동된 공통점 표현, 셋째 단순하게 소망하는 공통점의 표현이라는 여러 가지 목적에 봉사한다. 두 인물 사이에 어떤 공통점이 있기를 바라는 소망은 흔히 그 두 인물의 교환과 일치하므로, 꿈속에서는 이러한 관계도 동일화에 의해 표현된다.

어떤 꿈이든 그 꿈을 꾸는 본인을 다룬다는 것은 예외 없는 사실이다. 꿈은 철저하게 이기적이다. 꿈 내용에서 내 자아가 아니라 생소한 타인이 등장할 경우라도 나는 냉정하게 나 자신의 동일화에 의해 그 인물의 배후에 숨어 있다고 생각할 수 있다. 나는 거기서 내 자아를 대체할 수 있는 것이다. 또 내 자아가 꿈속에 나타나는 경우라도 내 자아가 처한 상황은 동일화에 의해서 그 배후에 다른 인물이 숨어 있다는 것을 말해 준다.

그런 때 꿈은 내게 꿈 해석에서 이 인물에 속한 어떤 일, 다시 말해서 베일에 가려진 공통점을 내게 전이시키라고 권하는 것이다. 내 자아가 다른 인물들과 함께 나오지만, 동일화라는 해답으로 그 인물들이 실상은 내 자아라는 것을 나타내는 꿈도 있다. 이 동일화의 방법을 통해 나는 내 자아와 검열이 받아들이기를 거부한 어떤 표상들을 결부시킨다. 즉 나는 하나의 꿈속에 내 자아를 몇 가지로, 어떤 때는 직접, 어떤 때는 다른 인물과의 동일화라는 방법을 통하여 표현할 수 있는 것이다. 이와 같은 여러 차례의 동일화로 인하여 풍부한 관념 재료가 압축된다.

나는 앞에서 꿈이 부정(否定)·대립의 관계, '아니오'를 나타내는 수단을 갖지 못한다고 말했으나, 언제나 그렇다는 것은 아니다. '대립'으로 총괄될 경우의 일부는 만약 교환과 결합할 수 있으면 우리가 지금까지 보아 온 바와 같이 동일화에 의해 쉽게 꿈속에 표현된다. 꿈 사고 중 대립물의 다른 일부, 예컨대 '거꾸로'나 '반대로'라는 범주에 들어가는 것은 다음에 설명하는 것과 같은 기묘한 방식으로 꿈속에 나타난다. '거꾸로'는 꿈 내용 중에 끼이지 못하고 이미 형성되어 있는 꿈 내용 중 어떤 이유 때문에 자명한 부분이 거꾸로 됨으로써 꿈 재료 속에 자신이 있음을 알리는 것이다.

'거꾸로'인 모든 꿈에는 특히 경멸적인 언사와의 관계가 포함되어 있는 듯이 생각된다. 또한 억압된 동성애적 충동에 의하여 일어난 꿈에서 '거꾸로'의 관계가 빈번히 사용되고 있다는 점은 주목할 만한 일이다.

'거꾸로', 즉 반대물로 전화시키는 일은 꿈 작업이 가장 즐기고 가장 다면적으로 이용하는 표현 수단의 하나이다. 그것은 당장 꿈 사고의 특정한 요소에 대항하여 소망 충족을 가능하게 하는 데 영향을 미친다. 이것이 거꾸로라면 얼마나 좋을까 하는 것은, 언제나 어떤 고통스러운 기억에 대한 자아반응 중 최상의 표현이다. 그러나 거꾸로의 관계는 처음에는 꿈의 이해를 불가능하게 만들 정도로, 표현하는 것을 왜곡시킴으로써 검열에 봉사하는 귀중한 존재가 된다. 따라서 어떤 꿈의 의미가 아무래도 잘 이해되지 않을 경우에는, 그 꿈의 현재적 내용의 특정한 여러 부분을 시험삼아 거꾸로 해보는 것이 좋다.

내용이 거꾸로 되어 있는 외에 시간이 거꾸로 되어 있는 일도 있다. 어떤 사건의 결말이나 사고 과정의 결론부를 꿈의 처음 부분에 갖다 놓고 끄트머리에 그 결론의 전제나 사건의 원인을 덧붙이는 것은 꿈 왜곡이 자주 사용하는 수법이다. 꿈 왜곡의 이런 수법에 생각이 미치지 못하면 실제 꿈 해석에 직면하여 당황하게 될 것이다.

실제로 대개의 경우 우리는 여러 관계에 따라 꿈 내용을 몇 번씩 거꾸로 해보고 서야 비로소 그 의미를 이해할 수 있다. 예를 들어 한 젊은 강박 노이로제 환자의 꿈에서는 '밤늦게 귀가했다고 아버지가 몹시 그를 꾸중한다.'는 내용의 배후에 너무나 무서웠던 아버지가 죽기를 바라는 유아기의 소망이 감추어져 있다. 그런데 정신분석적 치료와 이 꿈을 꾼 환자의 연상을 통해 이 꿈을 꾸게 된 원인을 살펴보면, 원래 표현하고자 했던 것은 '그는 아버지에게 화가 나 있다.'와 아버지는 언제나 '너무 일찍'(즉 너무 빨리) 집으로 돌아왔다는 것임을 알 수 있다. 그로서는 아버지가 아예 집에 돌아오지 않는 것이 좋았던 것이다.

꿈 요소들의 강도는 꿈 사고의 강도와는 별도의 규제를 받는다. 그것은 두 개의 서로 독립된 계기에 의해 규제된다. 먼저 소망 충족을 나타내는 요소가 특히 강하게 표현되는 것을 쉽게 볼 수 있다. 그러나 분석은 우리에게 꿈의 가장 선명한 여러 요소에서 대부분의 사고 과정이 발생한다는 것, 가장 선명한 요소는 동시에 가장 잘 규제된 요소라는 것을 알려준다.

우리는 경험에 의해 얻은 이 최후의 명제를 다음과 같은 형식으로 표현하려고 하는데, 그렇다고 해서 의미가 달라지는 것은 아니다. 즉 '그 형성을 위해 가장 많은 압축 작업이 이루어지지 않으면 안 되었던 꿈의 요소가 최대의 강도를 나타낸다.'라고. 이때 우리는 이 조건과 소망 충족의 다른 조건을 하나의 공식으로 표현하는 일이 가능하다고 예상할 수 있다.

지금 내가 논한 문제는 각 꿈 요소에 따라 강도 내지는 명료성에 차이가 있는데 그 원인이 무엇인가 하는 것이다. 이 문제를 꿈 전체나 혹은 꿈의 각 부분의 서로 다른 명료성에 관계하는 다른 문제와 혼동하지 말아야 할 것이다. 전자는 명료성과 애매성의 대립 관계이고 후자는 혼란의 문제이다. 어느 것이든 명백한 사실은, 이 두 계열에서 질의 상승·하강은 서로 비례한다는 것이다. 우리가 명료하다고 생각하는 꿈의 부분은 대개의 경우 강도가 높은 요소를 갖고 있다. 불명료한 꿈은 거꾸로 강도가 낮은 요소로 합성되어 있다. 그런데 외관상 명료한 것에서 불명료하고 혼란한 것에 이르는 단계에서 제기되는 문제는 꿈 요소의 선명도 차이 문제보다 훨씬 복잡하다.

몇 가지 경우 우리가 꿈에서 받는 명료·불명료라는 인상은 원래의 꿈 구조와는 아무런 관련이 없으며, 꿈 재료의 한 구성 요소로 거기에서 연유한 것이라는 사실은 우리를 놀라게 한다. 나는 이런 꿈을 기억하고 있다. 그 꿈은 특히 훌륭하게 조립되어 빈틈이 없고 명료했으므로, 나는 아직도 잠이 덜 깬 상태에서 이런 꿈이 있는 이상 압축이나 이동의 메커니즘에 지배되지 않고 차라리 '수면중의 환상'이라고 해도 좋을 만한 꿈의 새 범주가 수립되는 것이 아닌가 생각했을 정도이다. 그런데 잘 음미한 결과, 명료한 꿈도 다른 모든 꿈과 마찬가지로 그 구성 중에 균열이나 이지러짐이 있다는 것을 알았다. 그래서 나는 꿈의 환상이라는 새 범주를 세울 것을 포기했다.

이 꿈의 내용은, 내가 친구에게 일찍이 추구해 온 난삽한 양성(兩性) 성욕설을 논하는 것이었다. 이 꿈의 소망 충족력은 나로 하여금 그 이론을 명료하고 빈틈없는 것으로 생각하게 했다. 즉 내가 완결된 꿈에 대한 판단으로 간주한 것은 꿈 내용의 본질적 부분이었던 것이다. 이 경우 꿈 작업은 최초의 각성 사고에까지 미치고 있으며, 꿈속에서 정확하게 표현하지 못한 부분을 꿈 전체에 대한 판단으로 내게 전달한다.

이와 정반대되는 예를 한 여자 환자에게서 들었는데, 그녀는 '너무 애매하고 혼란스럽다며' 분석에 필요한 꿈을 처음에는 이야기하지 않으려 했다. 그러다 설득 끝에 내용에 대해서는 자신이 없다며 털어놓았다.

그녀의 꿈에는 그녀 자신, 남편, 아버지가 교대로 나타났다. 그런데 그녀는 남편이 아버지인지, 아니면 누가 자신의 아버지인지 전혀 알 수가 없었다. 이 꿈과 분석중 떠오른 생각을 나란히 놓고 보니, 이 꿈은 실상은 하녀를 에워싼 흔해빠진 사건에 관한 것이라는 사실을 알게 되었다. 하녀가 아기를 가졌는데 '누가 대체

(그 아기의) 아버지인지' 본인도 잘 모르겠다고 고백했던 것이다. 그러므로 이 꿈이 보여준 불명료성은 이 경우에도 꿈을 일으키는 재료의 일부분이었다. 재료 내용의 일부분이 꿈 형식으로 표현되었던 것이다. 꿈의 형식이나 꿈을 꾸는 형식은 실로 놀라울 정도로 자주 은폐된 내용을 표현하는 데 이용된다.

꿈에 대한 주석, 얼른 보아 단순한 소견은 종종 꿈 내용의 일부분을 실로 교묘하게 감춘다. 그런데 그와 같은 소견이 실상 꿈의 내용을 폭로한다. 예를 들어 꿈을 꾼 사람이 "꿈의 이 대목이 지워져(흐려져) 있다."고 해서 분석해 보니, 용변 후 뒤를 닦는 사람의 거동을 엿보았던 유아기의 기억이었다는 것이 판명될 경우가 그렇다.

다시 한 예를 들겠다. 한 청년이 그 소년시절의, 지금도 뚜렷이 의식에 남아 있는 공상을 상기시키는 꿈을 꾸었다. '그는 밤에 피서지의 호텔에서 방의 번호를 잊고 한 나이 든 부인과 그 두 딸이 있는 방으로 들어갔다. 그들은 잠자리에 들려고 옷을 벗고 있었다. 그런데 그 대목에서부터 꿈에 구멍이 뚫려 그 안이 비어 있다. 뒤에 한 사나이가 방에 나타나 그를 밖으로 내몰려고 했으므로 그 사나이와 격투한다.' 청년은 그 꿈이 암시하고 있는 소년시절의 공상의 내용과 의도를 생각해 내려고 했지만 잘 안 되었다. 그러다가 드디어 그 찾는 내용이 이 꿈의 불명료한 부분에 대한 서술에 의해 이미 주어져 있다는 사실을 알았다. 꿈의 '구멍'은 자려고 벌거벗은 여자들에게서 볼 수 있는 성기의 균열을 가리키고, '그 안이 비어 있다.'는 여성 성기의 주요 성격을 묘사한다. 이 청년은 그 무렵 여자의 성기를 보고 싶어했으며, 여자에게도 음경이 있다고 생각하는 유아적 성이론에서 탈피하지 못하고 있었던 것이다.

또 다른 꿈을 꾼 한 청년의 비슷한 기억도 거의 똑같은 형식으로 표현되어 있다. 그가 꾼 꿈은 '나는 K양과 공원 안에 있는 레스토랑에 간다…….' 그 다음 부분은 애매해져 단절된다. '……그후 나는 매춘부의 집에 있었다. 주위에 여자가 두세 명 보이는데, 그중 한 여자는 팬티에 속치마만 걸치고 있었다.'

K양은 전 상사의 딸로 그의 누이의 대용 인물이다. 그는 K양과 말할 기회가 거의 없었다. 그러나 어느 때 둘이서 한가하게 이야기한 적이 있었다. 그때 그는 자신이 성욕을 느끼고 있다는 것을 알았다. 꿈속의 레스토랑에는 꼭 한 번 매형의 누이동생과 같이 간 일이 있다. 또 언젠가는 세 여자를 따라서 레스토랑 입구까지 갔었다. 이 세 여자는 누이동생과 형수, 그리고 앞에서 말한 매형의 누이동생으로 세 사람 모두 그에게 전혀 관심 밖의 존재였지만, 모두 누이라고 할 수 있는 사람들이었다. 매춘부의 집에는 아주 드물게, 평생 두세 번 정도밖에 안 갔다.

해석은 꿈속의 '애매한 곳'과 '단절'을 단서로 하여, 그가 어린 시절 호기심에서 두어 번, 그러니까 어쩌다가 두어 살 아래인 누이동생의 성기를 유심히 바라본 일이 있다고 주장했다. 그리고 2, 3일 뒤 꿈에 의하여 암시된, 즉 누이동생의 성기를 훔쳐본 기억이 실제로 되살아났다.

같은 날 밤에 꾼 꿈은 모두 내용상으로는 하나의 꿈으로 보아야 한다. 그것이 몇 부분으로 나뉘고 또 그룹을 이루는 것은 모두 의미가 있고, 잠재적 꿈 사고의 일부가 보고되고 있는 것이다. 몇몇 주요 부분으로 이루어진 꿈이라든가 하룻밤에 꾼 몇 개의 꿈을 해석하려고 할 때는 이를 전후하여 이어지는 여러 개의 꿈은 같은 것을 의미하며 동일한 마음의 움직임을 갖가지 재료에 의해 표현하고 있다는 것을 잊지 말아야 한다.

융은 그 《소문의 심리학에 대한 기여》 중에서 한 여학생의 은폐된 에로틱한 꿈이 그 친구들에 의해 어떻게 꿈 해석을 거치지 않고 이해되었고, 또 어떻게 꿈 내용을 조금씩 변경시켜 계속 꿈을 꾸었는지 이야기했다. 그리고 그 꿈과 관련하여 다음과 같이 덧붙인다. 즉 "일련의 긴 꿈 형상의 결론적 관념은 이미 첫번째 형상 중에 표현하려고 시도했던 것을 포함한다. 검열은 이 콤플렉스를 되도록 오래 되풀이하여 새로 시도되는 상징적 은폐·전이, 단순한 것으로의 전화 등에 의해 조금씩 미루어진다."

세르너는 꿈 표현의 이런 특성을 잘 알고 있었으며, 그것을 그의 기관 자극설과 관련시켜 특별한 법칙으로서 기술하고 있다. "그러나 결국 환상은 특정한 신경자극에서 비롯된 모든 상징적 꿈 형상에서 다음과 같은 일반적 법칙을 지킨다. 즉 환상은 꿈의 발단에서는 지극히 간접적으로, 또 애매하게 자극 대상을 암시하여 그리지만, 끝에 가서 그와 같은 회화적 표현 방법이 다하면 자극 그 자체 혹은 자극을 받는 기관과 그 기관의 기능을 노골적으로 표시한다. 그리하여 꿈은 그 기질적 동인(動因)을 스스로 표현하면서 끝난다."

오토 랑크는 《스스로 해석하는 꿈》에서 이 셰르너의 법칙을 확증하고 있다. 그가 그 저서에서 보고하는 한 소녀의 꿈은 하룻밤 동안에 꾸었지만 시간적으로 들어맞지 않는 두 개의 꿈으로 합성되어 있는데, 두 번째 꿈은 오르가슴으로 끝난다. 이런 꿈은 꿈꾼 사람으로부터 아무 말도 듣지 못해도 세부에 이르기까지 해석할 수 있다. 두 꿈 내용 사이의 풍부한 여러 관계로 미루어, 첫번째 꿈은 두 번째 꿈과 같은 내용을 소심하게 표현하고 있고, 두 번째의 오르가슴 꿈은 첫번째 꿈을 해명하는 데 크게 도움을 주었다는 것을 깨달을 수 있었다. 랑크는 이 실례에 따라 전반적인 꿈 이론에 대한 오르가슴 꿈의 의의를 자세히 논하고 있다.

꿈속에서 몸이 말을 듣지 않아 불안에 사로잡히는 일이 있는데, 그것은 도대체 어떤 의미가 있는 것일까. 무엇인가 하려고 하는데 끊임없이 방해당한다. 기차는 떠나려고 하는데 도저히 따라갈 수 없다. 모욕에 앙갚음을 하려고 팔을 쳐들려고 하는데 팔이 말을 듣지 않는다는 것 등이다. 수면중에는 위에서 말한 감각에 의해 알게 되는 운동 마비가 있다고 설명하면 편리하지만, 그것만으로는 불충분하다. 만약 그렇다면 왜 우리는 언제나 방해당하는 꿈을 꾸지 않는가 하는 의문이 생긴다. 그것은 이렇게 생각하면 될 것이다. 즉 '수면중 언제고 생길 수 있는 이와 같은 감각은 그 어떤 표현 목적에 봉사하는 것이며, 꿈 재료 중에 있는 이러한 표현 욕구에 의해서만 불러일으켜지는 것이다.' 라고.

'어떤 일을 할 수 없다.'는 것은 꿈속에서 감각으로뿐만 아니라 단순히 꿈 내용의 일부로도 나타난다. 나는 그 사례로 내가 절도 혐의를 받은 꿈을 이야기하려

한다. '장소는 어떤 사설 진료소와 몇 개의 다른 상점이 어울려 있는 곳이다. 하인이 나타나 내게 조사를 받으러 오라고 한다. 무엇인가 분실되었는데, 그 분실물을 내가 착복했다는 혐의로 조사를 받게 된 것이다(분석의 결과, 조사는 두 가지 뜻으로 해석되어야 한다는 것, 거기에는 의학적인 진료도 포함된다는 사실이 판명되었다.). 나는 무죄이고 또 그 집의 상담 의사로서의 역할을 뚜렷이 의식하고 있었으므로 하인을 따라간다. 문 옆에서 다른 하인이 기다리고 있다가 나를 가리키면서 〈이 분을 모시고 왔나? 이 분은 훌륭한 분인데.〉라고 말한다. 나는 혼자 큰 방으로 들어간다. 거기에는 여러 가지 도구가 놓여 있어 인간의 죄업을 다스리는 지옥을 생각하게 한다. 그 도구 중 하나에 다른 때 같으면 나를 걱정해 주어야 할 동료가 묶여 있는 것이 아닌가. 그런데 그는 알은체도 하지 않는다. 얼마 후 나는 이제 가도 좋다는 허락을 받았는데, 모자가 보이지 않아 나오지 못한다.'

내가 결백하다는 것이 인정되어 가도 좋다고 하는 것이 분명히 이 꿈의 소망 충족이다. 그러니까 꿈 사고 중 그에 반대되는 여러 가지 재료가 존재하지 않으면 안 되는 것이다. 그만 가도 좋다는 것은 나의 면죄(免罪)의 증거이다. 그러므로 마지막으로 갈 수 없게 나를 붙잡는 일이 일어난다면, 그것을 통해 억압된 반대의 재료가 자기 주장을 하고 있다고 추론해도 좋을 것이다. 그렇다면 내 모자가 보이지 않는다는 것은, '너는 결백한 인간이 아니다.' 하는 의미이다. 꿈속에서 '어떤 일을 할 수 없다.'는 것은 반대의 표명, 즉 '아니오'라는 것이며, 따라서 꿈은 '아니오'를 표현할 수 없다고 한 앞에서의 주장을 바꾸지 않으면 안 된다.

몸이 움직여지지 않는 것을 단순한 상황이 아니라 감각으로 포함하는 다른 꿈에서는, 반대는 대립 의지에 거스르는 의지로서 움직임을 저지당하는 감각을 통해 더 강하게 표현되고 있다. 그러므로 움직임을 저지당하고 있다는 감각은 의지의 갈등을 나타내는 것이다.

표현 가능성에 관한 고찰

꿈 사고의 재료는 관계의 상당한 부분을 잃고 압축되지만, 동시에 꿈 재료의 여러 요소 사이의 강도 이동으로 말미암아 그 심리적 가치의 전환이 일어나지 않을 수 없다는 것을 알았다. 우리가 고려한 이동은 특정 표상을 연상 속에서 다른 표상을 통해 대치하는 일이라는 것이 판명되었다. 그렇게 하여 두 요소 대신 그 두 요소의 중간적 공통물이 꿈속에 받아들여짐으로써 이동은 압축에 협력하였다. 우리는 또 한 종류의 다른 이동에 대해서는 아직 언급하지 않았다. 그러나 분석에 의해 다른 이동이 있으며, 그것은 문제가 되고 있는 사고의 '언어적 표현의 교환'으로 나타나는 것을 알고 있다.

꿈 형성에 즈음해서 나타나는 이 두 번째 종류의 이동은 단순히 큰 이론적 흥미를 불러일으킬 뿐만 아니라, 꿈이 그 분장에 쓰는 공상적이고 허황한 외관을 해명하는 데 있어서 더없이 좋은 단서이다. 이동은 일반적으로 꿈 사고의 생동감 없는 추상적 표현을 구상적이고 구체적인 표현과 교환하는 방향으로 일어난다. 이 대체의 이점과 의도는 명확하다. 꿈에서 형상은 표현 가능하며, 신문의 정치 논설을 그림으로 나타내기 곤란한 것과 비슷하게 추상적 표현으로는 표현하기 곤란한 상황에 적합하다.

그러나 단순히 표현 가능성뿐만이 아니고, 압축과 검열도 이 교환으로 이익을 얻을 수 있다. 꿈 사고는 추상적으로 표현되어서는 사용 불가능하다. 그러나 꿈 사고가 구상적인 언어로 대체되면, 비로소 새로운 표현 형식과 꿈 재료들의 잔재 사이에 꿈 작업이 필요하고, 그것이 존재하지 않는 곳에서는 만들어내는 접촉점이나 동일성이 먼저보다 용이하게 성립된다. 어떤 언어에서도 구체적인 용어는 그 언어의 발전 경로로 보아 개념적인 용어보다는 다른 것과의 결합 능력이 풍부하기 때문이다. 흩어진 꿈 사고를 꿈속에서 되도록 간결하고 통일적인 표현으로 집약하려고 하는 꿈 형성의 중간 작업 대부분은 그런 방식으로 성립된다고 할 수 있다. 즉 개개의 사고를 적당한 언어적 형태로 변경시키는 일에 의해 진행되는 것이다. 여러 가지 이유로 그 표현이 확정된 사고는 분할하고 선택하면서 다른 사고를 표현할 수 있도록 작용할 것이다.

어떤 경우 표현의 대체는 좀더 가까운 지름길을 택하여 압축에 힘을 가한다. 즉 애매한 꿈 사고를 표현하는 언어의 결합을 발견하는 것이다. 이렇게 하여 낱말 유희의 모든 영역이 꿈의 작업에 쓰인다. 꿈 형성에 즈음하여 말이 담당한 역할을 이상하게 생각해서는 안 된다. 몇 겹 관념의 교차점으로서 말의 그 다의성(多義性)은 처음부터 예정된 것이고, 갖가지 노이로제(강박관념과 공포증)는 말이 그와 같이 압축이나 위장을 위하여 제공하는 이점을 꿈과 마찬가지로 이용한다. 꿈의 왜곡도 표현 이동에서 득을 본다는 사실은 쉽게 알 수 있다. 의미가 명료한 두 말 대신 애매한 의미의 한 말이 놓이면 혼동이 되고, 일상적으로 수수하게 쓰이는 표현 방법이 구상적 표현 방법에 의해 대체되면 우리는 이해하지 못하고 멈칫거린다. 더욱이 꿈이라는 것은 자신이 제시하는 여러 요소를 문자 그대로 풀이해야 할지, 또는 비유적인 의미로 해석해야 할지, 아니면 삽입된 문구를 매개로 하여 관계를 맺어야 할지에 대해 전혀 언급하지 않기 때문이다. 대체로 꿈 요소의 해석에서 다음과 같은 것들이 확실치 않다.

① 적극적 의미로 해석할 것인가, 소극적 의미로 해석할 것인가(대립관계).

② 역사적으로 해석할 것인가(잔존 기억으로서).

③ 상징적으로 해석할 것인가.

④ 아니면 문자 그대로 해석할 것인가.

나는 이제 한 꿈을 보고하려 하는데, 이 꿈의 분석에서는 추상적 사고의 구상화가 상당히 큰 역할을 하고 있다.

어느 친한 부인이 이런 꿈을 꾸었다. '그녀는 오페라 극장에 있다. 아침 8시 15분 전까지 계속되는 바그너의 오페라이다. 앞의 특석에도 보통석에도 테이블이 놓여 있고, 모두 먹고 마시고 한다. 신혼여행에서 돌아온 사촌오빠가 신부와 함께 그 테이블 중의 하나에 앉아 있고, 그 옆에 한 귀족이 있다. 그 귀족은 신혼여행에서 무엇인가를 사 가지고 돌아오듯이, 신부가 공공연히 여행지에서 데리고 온 사람이라는 것이다. 보통석 한복판에는 높은 탑이 있고, 그 탑 위는 펀펀하며 철책이 둘러쳐져 있다. 그 꼭대기에 한스 리히터처럼 생긴 지휘자가 있다. 그는 철책 안쪽을 빙빙 돌며 무섭게 땀을 흘리고 있다. 그 높은 곳에서 탑대 주위에 배치된 오케스트라의 지휘를 하고 있는 것이다. 그녀 자신은 한 여자 친구와 좌석에 앉아 있다. 그녀의 여동생이 앞의 특석에서 그녀에게 커다란 석탄 덩어리를 건네주려고 한다. 장시간의 공연 때는 좌석이 난방이 되어야 한다는 듯이.'

이 꿈은 어떤 상황을 잘 표현하고 있지만, 황당무계하다. 말도 되지 않는 부분이 군데군데 있다. 나는 이 꿈을 꾼 부인의 신상을 어느 정도 알고 있었으므로, 꿈의 어느 부분은 그녀의 설명을 듣지 않아도 해석할 수 있었다. 내가 아는 바로는, 그녀는 어떤 음악가를 사모했는데, 그 음악가는 일찍이 정신병 증세가 나타나 음악가로서 더 이상 활동을 할 수 없게 되었다. 그녀가 한스 리히터처럼 되기를 원했던 그 남자는 오케스트라의 다른 멤버를 아득히 눈 아래로 내려다본다. 탑은 그 토대로써 그 남자의 위대성을 표현하고 있다. 또 그가 죄수처럼, 혹은 우리 안의 짐승처럼〔그 불행한 음악가의 이름과 관계가 있다 : 그의 이름은 후고 울프(이리)〕빙빙 돌고 있는 탑 위의 철책은 말년의 운명을 나타내고 있다. 이 두 사고를 결합시킬 수 있는 말은 아마 '바보의 탑('바보'를 나타내는 독일어 Narr에는 '미치광이'의 뜻이 있고 '바보의 탑', 곧 Narrenturm이란 '정신병원'을 말한다.)'일 것이다.

이와 같이 꿈의 표현 방식이 밝혀진 후에, 우리는 두 번째 황당무계, 즉 여동생이 건네주는 석탄도 같은 열쇠로 풀 수 있다. '석탄'은 '은밀한 사랑'을 의미한다.

그녀와 그녀의 친구는 '좌석에 앉아 있다'. 이제 결혼하려고 하는 여동생은 '그렇게 오랫동안 계속될 줄 몰랐기 때문에' 그녀에게 석탄을 건네주려고 한다. 무엇이 그렇게 오래 계속되는지는 꿈속에 언급되지 않았다. 이것이 보통 이야기라면 오페라 상연이라고 덧붙일 수 있을 것이다. 그러나 꿈의 경우에는 이 말 자체에 주목하여 애매하다고 설명하고 '시집가게 될 때까지'라고 덧붙일 수 있다. 그리고 '은밀한 사랑'이라는 해석은 신부와 함께 앞의 특석에 있는 사촌오빠가 나오는 것과, 그 신부의 '공공연한 정사'에 의해 지지된다. 그녀의 은밀한 사랑과 공공연한 정사, 열정과 냉정함이라는 대립 관계가 이 꿈을 지배하고 있는 것이다. 그리고 두 경우 모두 '높은 데 서 있는 사람'은 귀족과 전도가 촉망되던 음악가 사이의 중간어이다.

우리는 이상에 의해 마침내 꿈 사고가 꿈 내용으로 변화하는 과정에서 그 역할을 무시할 수 없는 세 번째 계기를 발견했다. 그것은 꿈이 이용하는 독특한 심리적 재료의 표현 능력에 대한 고려이다. 기본적 꿈 사고에 부차적으로 결합되는 여러 가지 중 시각적 표현이 가능한 것이 우선적으로 채택된다. 꿈 작업은 비록 그것이 비정상적인 형식일지라도, 그것에 의해 표현이 가능하게 되고 표현하기 힘든 생각에서 기인하는 심리적 압박에서 벗어날 수만 있다면, 기꺼이 심오한 사상을 우선 다른 언어형식으로 뜯어고치는 수고를 할 것이다. 그러나 사고 내용을 이런 모양으로 다른 형식에 옮겨넣는 일은 압축작업에도 이용되어, 동시에 다른 사고와의 관계를 만들어내는 일도 된다. 이 다른 사고도 수입(受入) 태세를 정비하기 위해 자진하여 그 본래의 표현을 변경시켰는지도 모른다.

헤르베르트 질베러는 꿈 형성에 즈음하여 사고가 형상으로 전환하는 것을 직접 관찰하고, 이러한 꿈 작업의 계기를 따로 연구할 수 있는 훌륭한 방법을 제시하고 있다. 그는 피로와 졸음이 엄습한 상태에서 나름대로 생각하려고 했으나, 종종 사고는 쏙 빠져나가고 대신 사고의 대용물이라고 할 수 있는 형상이 나타났다. 그는 이 대용물을 '자동(自動) 상징적'이라고 했으나, 이 용어는 그다지 적절하지 않은 것 같다. 여기서 나는 질베러의 연구 가운데서 몇 가지 실례를 인용하려 한다.

제1예 나는 어떤 논문의 매끄럽지 않은 부분을 수정하려고 한다.

상징 : 나는 자신이 나무를 대패질하고 있는 모습을 본다.

제5예 나는 이제부터 하려고 생각하는 형이상학적 연구의 목적을 머리에 떠올리려고 한다. 그 목적은 여러 존재 근거를 추구하여 점차 고차원의 의식 형태 혹은 존재층(存在層)으로 돌진해 들어가는 일이다.

상징 : 나는 긴 칼을 케이크 밑에 집어넣는다. 그 한 조각을 떼어내려고 하는 것처럼.

해석 : 칼을 든 나의 행동은 문제의 '돌진하다'를 의미한다. 상징적 근거를 설명하자면 다음과 같다. 나는 때때로 식탁에서 케이크를 잘라 나눠주는 역할을 한다. 그것은 길고 잘 휘어지는 칼을 써서 꽤 조심하지 않으면 안 되는 일이다. 특히 자른 케이크를 깨끗이 떼어내는 일은 상당히 어렵다. 칼을 조심스럽게 그 자른 케이크 조각 밑에 집어넣지 않으면 안 된다(맨 밑에 도달하기 위해서는 서서히 '돌진한다.'). 그런데 이 형상에는 그 이상의 상징성이 포함되어 있다. 상징인 케이크는 몇 겹으로 포개진 것이다. 따라서 그것을 자르려면 칼이 몇 겹이나 뚫고 들어가야 하는 것이다(의식과 사고의 여러 층).

제9예 나는 어떤 일을 생각하고 있는 동안 문득 그 가닥을 잃어버린다. 어떻게든 다시 찾아내려고 하지만, 그 단서가 되는 점을 아주 잃어버렸다는 것을 인정하지 않을 수 없다.

상징 : 인쇄된 문장 중 마지막 몇 줄이 빠져 있다.

교양 있는 사람들의 사고 생활 속에서 말의 기교나 격언, 노래 가사, 속담 등의 역할을 염두에 둔다면, 꿈 사고의 표현을 위해 그런 종류의 위장 수단이 빈번하게 이용된다고 해도 전혀 뜻밖의 일은 아닐 것이다. 예컨대 각각 다른 야채를 잔뜩 싣고 있는 짐수레는 꿈에서 무엇을 의미하는가. 그것은 '캐비지와 순무'의 소망 대비, 즉 '혼합'을 의미하고, 따라서 '무질서'를 의미한다. 이 꿈이 단 한 번밖에 보고되지 않은 것은 이상한 일이다. 은유(隱喩)나 단어의 대용에 바탕을 둔, 광범위하게 적용되는 꿈 상징은 몇 가지 재료에서만 만들어진다. 게다가 꿈은 그와 같은 상징성의 대부분을 노이로제나 전설이나 민간 풍습과 공유하고 있는 것이다.

꿈 작업이 이런 종류의 대체에 의해서는 결코 독창적인 일을 하지 않는다는 사실은 조금만 자세히 관찰하면 알 수 있다. 꿈 작업은 검열을 벗어나는 표현 가능성의 경우 그 목적을 달성하기 위해 이미 무의식적 사고 속에 개척된 길을 더듬는다. 또 기지나 은유로 의식될 수 있고 노이로제 환자의 온갖 공상을 충족시키고 있는 억압된 재료의 변경된 형태를 즐겨 이용한다. 자신의 몸을 재료로 삼아 여러 가지 공상을 하는 것은 결코 꿈만의 일은 아니며 꿈의 특색 또한 아니다. 분석에 의하면, 그와 같은 공상벽은 노이로제 환자의 무의식적 사고에 늘 일어나는 일이고, 성적 호기심에서 비롯된 일이라는 것을 알 수 있었다. 성적 호기심의 대상이 되는 것은 소년 소녀에 있어서는 이성 또는 동성의 성기다. 그러나 셰르너와 폴켈트가 지적한 바와 같이 집은 육체의 상징화에 이용되는 유일한 표상권은 아니다. 꿈에서도, 노이로제의 무의식적 공상에 있어서도 그렇지 않다.

내가 아는 환자 중 신체와 성기의 구조적 상징성(성적 관심은 외부 생식기의 영역을 넘어 광범위하게 미치는 것이므로)에만 의거하여, 크고 작은 교각과 기둥을 보면 다리를 생각하고, 문을 보면 신체의 구멍을 생각하고, 물이 흐르는 것을 보면 배뇨 기관을 생각하는 사람이 있다.

그런데 그와 마찬가지로 식물계나 부엌의 표상권도 즐겨 성적 형상의 은폐를 위해 선택된다. 식물계의 표상권에서 선택되는 경우에는 언어 관습, 오래된 시대의 환상적 비교의 침전물에 의해 이미 풍부하게 마련되어 있다. 또한 보기에 단순한 부엌일에 관한 은유에 의해 성생활의 가장 추악한, 가장 내밀한 부분들을 생각하고 꿈꿀 수 있다. 히스테리의 여러 증상은, 일상적이고 눈에 잘 띄지 않는 것의 배후에 최상의 은신처를 마련하여 성적 상징이 몸을 숨긴다는 사실을 잊으면 전혀 풀이가 되지 않는다.

노이로제에 걸린 아이들이 피나 날고기 보기를 꺼리고 계란이나 마카로니를 먹이면 토할 경우, 또 뱀에 대한 인간의 공포심이 노이로제 환자에게 있어서 극도로 과장될 경우, 거기에는 숨길 수 없는 성적 의미가 있는 것이다. 노이로제가 그러한 장막을 이용할 경우에는 지난날 인류가 걸어온 것과 같은 길을 걷는다는 말이 된다. 그런 길은 얼마쯤 묻혀 있긴 하지만, 오늘날에도 여전히 언어 관습이나 미신, 습속에 의해 증명되고 있다.

꿈에서의 상징적 표현

꿈속의 성적 자료의 표현을 위해 상징이 풍부하게 이용되는 사실을 인정하게 되면, 이들 상징의 대부분이 속기의 '기호'처럼 일정한 의미를 가지고 있는 것은 아닐까 하는 의문이 생긴다. 그런데 이와 같은 상징 표현은 꿈의 전유물은 아니라 다른 어떤 것보다도 민족의 무의식적 표상 작용에 속하며, 꿈에 있어서보다는 한 민족의 신화·전설·속담·격언·말장난 등에서 더 많이 찾아볼 수 있는 점에 주의해야 한다.

어떤 경우에는 상징과 상징되는 본래의 것 사이의 공통점이 명백하게 드러나기도 하고, 또 다른 경우에는 숨어 있기도 한다. 후자의 경우에는 왜 그 상징이 선택되었는지 이해하기 어려워진다. 그러나 바로 그런 경우야말로 상징 관계의 궁극적 의미를 명백하게 할 수 있다. 즉 상징 관계가 발생사적 성격을 띠고 있음을 말해 준다. 오늘날 상징적으로 결합된 것은 태고에는 개념적 및 언어적 동일성을 통해 결합되었을 것이다. 상징 관계는 지난날의 동일성의 잔재이고 표지(標識)인 것 같다.

꿈은 이와 같은 상징을 그 잠재적 사고의 위장적 표현에 이용한다. 이렇게 이용된 상징 중에는 언제나 반드시라고 해도 좋을 정도로 동일한 것을 의미하는 상징도 물론 많다. 이런 상징은 때때로 꿈 내용 속에서 상징적인 의미가 아니라 그 본래의 의미로 풀이될 경우가 있다. 또 다른 경우에는 꿈꾸는 사람이 특수한 기억 재료에서 일반적으로 그다지 사용되지 않는 것들을 성적 상징으로 사용하는 권리를 만들어내는 일도 있다. 한 내용을 표현하는 데 몇 개의 상징을 자유로이 선택할 수 있는 경우, 그밖의 사고 재료와 관계있는 상징들, 다시 말해 유형적으로 간주되는 동기 부여 외에 개인적 동기 부여를 허용하는 상징들로 결정할 것이다.

꿈 상징이라는 것은 흔히 다의적이며 지극히 애매하다. 그리하여 마치 한자(漢字)처럼 전후의 연결을 보아 비로소 올바른 의미가 포착되는 것이다. 과잉 해석을 허용하거나 몹시 다양하고 잡다한 사고 형성이나 소망 충동을 하나의 내용 중에 표현하거나 하는 꿈의 노력은 상징의 이와 같은 다의성과 결부되어 있다.

이상의 제한과 이의를 전제로 꿈의 상징에 대해 서술하기로 한다. 왕과 왕비는 실제로 대개의 경우 꿈꾼 사람의 양친을 나타내고, 왕자 또는 공주는 자신이다. 위대한 인물들에게도 황제와 같은 높은 권위가 주어진다. 예를 들면, 괴테는 아버지의 상징으로 사용된다. 지팡이·나무 줄기·파라솔·나이프·창 등은 남자의 성기를 나타낸다. 손톱을 가는 줄도 종종 남자의 성기를 상징하는데, 그 이유는 잘 모르겠다. 상자·장롱·옷궤·난로, 그리고 동굴과 배, 온갖 종류의 그릇류는 여체의 상징이다. 방은 대개 '여자'를 나타내며, 여러 개의 출입구가 등장하면 이 해석은 의심의 여지가 없다. 방이 '열려' 있는지 '닫혀' 있는지 관심을 가지는 것은 이와 관련시키면 이해하기 쉬울 것이다. 그 방문을 여는 것이 어떤 열쇠인지는 굳이 밝힐 필요가 없다.

처음에 하나였던 방이 두 개로 나뉘는 꿈을 꿀 경우, 또는 자기가 잘 알고 있는 집의 한 방이 두 개로 나뉘든가 혹은 그 반대의 꿈을 꿀 경우는 유아기의 성 연구와의 흥미로운 관계가 드러난다. 유아기에는 여자의 엉덩이에 오직 하나의 구멍밖에 없다고 생각하는데, 조금 자라면 비로소 이 신체 부위에 두 개의 골짜기와 구멍이 있다는 사실을 알게 되는 것이다.

'식탁과 침대'는 결혼 생활에 불가결한 것이므로 꿈속에서는 흔히 식탁이 침대 대신 쓰이고, 또 가능한 범위 내에서 성적 표상권은 음식 표상권으로 전치(轉置)된다. 몸에 지니는 것 중에서 부인의 모자는 성기, 특히 남자 성기를 의미한다. 남성의 꿈에서는 자주 넥타이가 음경의 상징으로 쓰이는데, 그것은 넥타이가 길게 늘어지고 남자만 하는 것이라는 이유 이외에 기호에 맞추어 선택할 수 있기 때문이 아닐까 한다. 그런데 이 상징의 근원인 음경의 경우는 그다지 자유롭게 고를 수 있는 것은 아니다. 이 상징을 꿈속에서 사용하는 남성은 실생활에서 넥타이 도락가로, 큰 돈을 들여 여러 종류를 사들이는 일이 흔히 있다.

꿈속에 나오는 어린아이도 종종 성기를 의미한다. 그 증거로 성인 남녀는 자신의 성기를 애무하면서 '나의 작은 아이'라고 부르지 않는가. 슈테켈이 '작은 동생'이 음경을 뜻한다고 한 것도 옳다. 어린아이와 희롱하거나 어린아이를 업거나 하는 것은 흔히 자위행위의 표현이다. 거세의 상징적 표현으로 꿈의 작업이 사용하는 것은 대머리, 머리를 자르는 것, 이가 빠지는 것, 목을 자르는 것 등이다. 꿈속에 잘 쓰이는 음경 상징이 두 번 이상 나오는 경우는 거세에 대한 항의로 보아야 할 것이다. 꿈속에 도마뱀(이것은 꼬리가 잘려도 다시 나온다.)이 등장하는 것도 같은 의미를 가진다.

또한 뱀은 가장 중요한 남근의 상징이다. 작은 동물, 해충은 작은 아이들, 예컨대 없었으면 좋겠다고 생각하는 동생의 상징이다. 벌레가 들끓는 상태는 임신과 동등시해도 좋다. 또한 남성 성기의 지극히 새로운 꿈 상징의 하나로서 비행선을 들 수 있다. 비행선은 나는 것과의 관계뿐 아니라 때로는 그 형태라는 점에서도 남성 성기의 상징에 사용될 충분한 이유가 있다.

이와 같은 암시들은 모자라는 점이 많지만, 이것만으로도 다른 사람들을 자극하여 면밀한 수집 작업을 하도록 하는 데는 충분할 것이다.

여기서 나는 꿈에서 그와 같은 상징을 이용하는 실례를 몇 가지 덧붙이려 한다.

이 실례에 의해 만약 우리가 꿈 상징을 외면한다면 꿈 해석에 도달하는 일이 얼마나 어려워질 것인지, 또 많은 경우 꿈 상징이 얼마나 불가피한 일이 될 것인지 알게 될 것이다. 그러나 나는 꿈 해석에서 상징에 지나친 의미를 부여하지 말라고 경고한다. 꿈 해석을 상징 해석에 한정하고 꿈을 꾼 당사자의 연상을 이용하는 기법을 포기해서는 안 될 것이다. 꿈 해석에서의 이 두 기법은 서로 돕지 않으면 안 된다. 그러나 이론적으로도 실제적으로도 어디까지나 우위에 서야 할 것은 처음에 설명한 방법, 즉 꿈을 꾼 당사자의 자유 연상이야말로 결정적 의미를 부여하는 기법이고, 상징 해석은 그 보조 수단이 되는 것이다.

1. 남성(성기)의 상징으로서의 모자

'유혹에 대한 불안 때문에 광장공포증에 걸린 어느 젊은 여자의 꿈 한 토막.'

'어느 해 여름 나는 산책을 나섰다. 야릇한 모양의 밀짚모자를 쓰고 있는데, 그 모자의 가운데 부분은 위로 솟아 있고 양옆은 아래로 처져 있다. 자세하게 말하면 한쪽이 다른 한쪽보다 더 처져 있다. 기분은 가볍고 차분하다. 한 떼의 젊은 사관들과 마주쳤다. 그러나 그들 중 누구도 내게 손을 대지 못할 것이라고 생각한다.'

그녀는 꿈속의 모자에 대해 아무런 연상도 하지 못했으므로, 나는 이렇게 말했다. "모자는 가운데 부분이 위로 솟아 있고 양옆은 아래로 처진 남성 성기일 수 있습니다." 모자가 남성이라고 하면 이상하게 들릴지 모르지만, 시집가는 것을 '모자 밑으로 들어간다.'고도 하지 않는가. 양옆이 고르지 않게 처져 있는 것과 같은 자질구레한 점이야말로 해석의 결정적 길을 제시하는 것이지만, 나는 일부러 그 부분에 관한 분석은 그만두었다. 그리고 계속 말했다. "당신이 이런 훌륭한 성기를 가진 남자를 남편으로 가졌다면 사관들을 두려워할 것이 없습니다. 다시 말해 그들에게 바랄 것이 없다는 말입니다. 원래 당신은 유혹에 대한 불안 때문에 호위가 없이는 나다닐 수 없으니까요." 그녀의 불안에 대한 이런 식의 설명은 그때까지 몇 번이나 다른 재료를 써서 했던 것이다.

이런 해석 후에 그 꿈을 꾼 부인이 보인 반응은 매우 주목할 만한 것이었다. 그녀는 앞에서 한 모자의 묘사를 철회했다. 그리고 양쪽 부분이 아래로 처졌다고 말한 기억은 없다고 번복했다. 그러나 나는 분명히 그렇게 들었으므로, 앞서의 설명을 취소할 생각은 없었다. 그녀는 한참 있다가 물었다. "남편의 고환 한쪽이 다른 쪽보다 처져 있는데, 그건 무슨 뜻일까요? 남자는 모두 그런가요?" 이것으로 그 모자의 야릇한 모양은 명백해졌으며, 그녀는 이 꿈의 해석 전체를 시인했던 것이다.

이 여자 환자가 나에게 꿈 이야기를 하기 훨씬 전부터 나는 모자 상징에 관한 것을 알고 있었다. 이것과 비교하면 그다지 명료하지는 않지만, 다른 몇 가지 경우를 근거로 모자는 여자 성기도 상징할 수 있다는 결론이 가능하다고 믿게 되었다.

2. 작은 것은 성기

'앞의 광장공포증 여자 환자의 다른 꿈.'

'그녀의 어머니는 혼자 다닐 수 있어야 한다며 그녀의 어린 딸을 밖으로 내보낸다. 그리고 그녀는 어머니와 같이 기차를 타고 가는데, 어린 딸이 철로를 향해 걸어오는 것을 발견한다. 딸은 기차에 치인 것이 틀림없다. 뼈가 으스러지는 소리가 들린다(이때 기분이 좋지 않지만, 실제로 놀라지는 않는다.). 그녀는 기차 창 밖으로 머리를 내밀고 몸뚱이의 일부분이 뒤에서 보이지 않을까 걱정하면서 둘러본다. 그런 다음 그녀는 딸을 혼자 밖에 내보냈다며 어머니를 힐책한다.'

여기서 이 꿈을 완전히 분석하기는 힘든 일이다. 이것은 연속되는 꿈의 계열 중 하나이므로 나머지 꿈들과의 관계 속에서만 완전히 이해될 수 있다. 상징의 존재를 증명하기 위해 필요한 재료를 알맞게 분리하여 꺼낸다는 것 또한 극히 어려운 일이다. 환자는 처음에, 꿈에 기차를 타고 간 일을 과거에 실제로 있었던 기차여행, 즉 신경증 요양소에서 돌아오는 기차 여행을 암시하는 것으로 해석할 수 있다고 생각했다. 그녀는 그 요양소 소장에게 반해서 열을 올리고 있었던 것이다. 어머니가 그녀를 데리러 왔다. 소장은 역까지 나와 작별인사로 꽃다발을 내밀었다. 그녀는 그런 장면을 어머니에게 보이는 것을 유쾌하게 생각하지 않았다. 그러므로 어머니는 이 꿈에서 연애의 방해자로 나타나 있다. 실제로 그녀의 처녀시절 어머니는 늘 이와 같은 엄격한 역할을 했던 것이다.

그 다음의 착상은 몸뚱이 부분이 뒤에서 보이지 않을까 하고 차창 밖을 둘러본다는 장면과 관계가 있다. 꿈의 정면에서 살피자면, 그것은 물론 기차에 치어 으스러진 어린 딸의 몸이어야 할 것이다. 그런데 환자의 착상은 전혀 다른 방향을 가리키고 있다. 그녀는 언젠가 욕실에서 아버지의 알몸을 뒤에서 본 일을 생각해 냈다. 그리고 성의 차이를 말하고, 남자의 경우에는 뒤에서도 성기가 보이는데 여자는 보이지 않는다는 사실을 지적했다. 이로 인해 그녀는 스스로 작은 것은 성기이고 그녀의 어린 딸(사실 그녀에게는 네 살 난 딸이 있었다.)은 그녀 자신의 성기라고 해석하기에 이르렀다.

그녀가 어머니를 힐책하는 것은, 어머니가 자기에게 성기가 없는 것처럼 살기를 요구한 데 대해서이다. 이 비난을 꿈의 처음 부분, 즉 혼자 다닐 수 있어야 한다며 어린 딸을 밖에 내보내는 장면에서 다시 발견했던 것이다. 그녀의 환상 속에서 길을 혼자 거닌다는 것은 남자가 없다, 즉 성적 관계를 갖지 못한다는 것을 의미하고, 그것이 그녀로서는 못마땅한 것이다. 그녀의 말에 의하면, 그녀는 소녀시절 아버지에게 많은 귀여움을 받아 어머니의 질투를 사기도 했다고 한다.

이 꿈을 한층 깊이 분석하는 데는 같은 날 밤에 꾼 다른 꿈이 필요하다. 다른 꿈에서 그녀는 자신을 남동생과 동일화시키고 있다. 실상 그녀는 사내아이 같은 소녀였다. 잘못되어 여자로 태어났다고 하는 말을 자주 들었다. 남동생과의 동일화에 의해 '작은 것'이 성기를 의미한다는 것은 더욱 명확하게 된다. 어머니는 그(그녀)를 거세하겠다고 위협한다. 거세는 음부를 애무한 데 대한 벌임에 틀림없다. 그러고 보면 남동생과의 동일화는 그녀 자신이 어려서 수음에 탐닉했다는 것을 나타내고 있다. 그런데 그때까지 그녀는 남동생만 수음을 한 것으로 기억하고 있었다.

두 번째 꿈이 제시하는 바에 의하면, (그 뒤 물론 다시 잊었지만) 남자 성기에 대한 지식을 일찍이 갖고 있었다고 해야 옳을 것이다. 더욱이 두 번째 꿈은 여자아이는 사내아이가 거세되어 만들어지는 것이라는 유아적 성이론을 가리킨다. 내가 이 유아적인 사고를 이야기하자, 그녀는 곧 다음과 같은 일화를 들려주면서 내 생각이 옳다는 것을 실증했다. 즉 사내아이가 여자아이에게 "잘라 버렸니?"라고 물으면 여자아이는 "아냐, 전부터 이렇게 되어 있었어."라고 대답하는 것이다.

첫번째 꿈에서 작은 것, 즉 성기를 혼자 걸으라고 밖에 내놓는 것은 거세의 위협과도 관계가 있다. 결국 그녀는 어머니가 자기를 사내아이로 낳아 주지 않은 데 대해 분노를 느끼는 것이다.

3. 건물 · 계단 · 갱도에 의한 성기의 표현

'아버지 콤플렉스 때문에 억제받고 있는 한 젊은 남자의 꿈.'
'그는 아버지와 함께 어딘가를 거닐고 있다. 그곳은 빈의 프라터 공원임에 틀림없다. 원형 건물이 보이고, 그 건물 앞에 작은 돌출부가 있어 거기에 고무풍선을 매달아 놓았기 때문이다. 그런데 고무풍선은 축 늘어진 것처럼 보인다. 아버지가 그에게 그것이 무엇에 쓰는 것이냐고 묻는다. 그는 이상하다고 생각하면서도 아버지에게 설명을 한다. 그리고 두 사람은 큰 함석판이 가로놓인 안뜰로 들어간다. 아버지는 그 함석판을 크게 한 조각 떼어내려 했는데, 그 전에 주위를 둘러보고 사람이 있나 없나 확인한다. 그는 아버지에게 〈감시인에게 양해를 얻으면 됩니다. 그러면 그냥 떼어낼 수 있어요.)라고 말한다. 그 안뜰에서 〈계단〉 하나가 갱도로 통하고 있었다. 그 갱도의 벽은 가죽 팔걸이의자처럼 부드러운 것으로 싸여 있다. 갱도 안쪽에는 꽤 길고 편편한 지면이 있고, 거기서 다시 새 갱도가 시작된다……'

이 꿈을 꾼 사람은 치료하기 힘든 타입의 환자에 속한다. 어느 선을 넘으면 분석에 저항하기 시작한다. 이 꿈의 분석은 환자가 거의 혼자서 해냈다. 그의 말에 의하면, 원형 건물은 자신의 성기이고, 그 앞의 고무풍선은 늘어져서 고민하는 자기의 음경이라는 것이었다. 그러므로 더 상세히 설명하면, 원형 건물은 엉덩이(어린아이들이 대개 성기로 알고 있다.)이고 그 앞의 작은 돌출부는 음낭인데, 꿈속에서 아버지가 "이것이 무엇에 쓰는 거냐?"고 묻는 것은 성기의 목적과 기능에 대한 질문이라는 것이다. 이 상황을 거꾸로 뒤집어볼 수 있다. 그러면 젊은이가 아버지에게 묻는 식이 된다. 현실에서는 아버지에게 그런 것을 물을 리 없으므로, 이 꿈 사고는 소망이라고 풀이하거나, 혹은 '만약 내가 아버지에게 성적 설명을 요구했다면' 하는 식의 조건부로 받아들여야 될 것이다. 이 사고가 어떻게 이어지는지는 곧 다른 데서 찾아낼 수 있을 것이다.

함석판이 펼쳐져 있는 안뜰은 아버지의 작업장과 관계된다고 볼 수 있다. 꿈을 꾼 젊은이는 아버지의 일을 돕고 있었는데, 부당한 방법으로 이익을 올리는 데 크게 반발하고 있었다. 그러므로 위의 꿈 사고는 이렇게 계속된다고 할 수 있다. '(만약 내가 아버지에게 물었다면) 아버지는 나를 속였을 것이다. 마치 손님을 속이는 것처럼.'

사업상의 부정함을 표현하기 위한 '떼어내다'라는 말에 대해 그 젊은이는 수음을 의미한다고 설명했다. 이것은 최초의 꿈 장면에서의 질문과 마찬가지로 수음 행위가 아버지에게 떠맡겨진다는 것 역시 예상과 합치되고 있다. 그는 서슴지 않고 갱도를 부드러운 것으로 싸여 있는 벽이라는 점을 들어 질(膣)이라고 해석했다. 나는 다른 곳에서 알게 된 것을 기초로 내려오고 올라가는 것이 질 속에서의 성교를 표현한다고 덧붙인다.

최초의 갱도에 상당히 길고 편편한 지면이 계속되고 거기서 새 갱이 시작된다는 것은 그가 자기 인생에 비추어 설명해 주었다. 그는 얼마 동안 성교가 가능했으나 그 뒤 여러 가지 장애로 단념했고, 현재 치료에 의해 다시 성교하게 되기를 바라고 있는 것이다. 그러나 이 꿈은 끝 부분이 애매하게 되어, 전문가로서 다음과 같은 추정을 내리게 한다. 즉 두 번째 꿈 장면에는 이미 아버지의 사업, 아버지의 기만적인 행동, 갱도로 표현된 첫번째 질 등이 암시하는 다른 테마가 영향을 미치고 있다. 여기서 우리는 어머니와의 관계를 짐작할 수 있다.

4. 남자 성기는 인물로, 여자 성기는 풍경으로 상징된다

'경관을 남편으로 둔 어떤 서민층 여자의 꿈.'

'……그리고 누군가 침입해 그녀는 무서워서 경관을 불렀다. 그런데 경관은 두 명의 부랑자와 사이좋게 교회로 들어갔다. 교회는 여러 개의 계단을 올라간 데 있었다. 교회 위에 산이 있고 울창한 숲이 있었다. 경관은 헬멧을 쓰고 흉보(胸褓)와 외투를 착용하고 있었다. 그리고 갈색 턱수염을 기르고 있었다. 경관과 정답게 어울려 교회에 들어간 두 부랑자는 허리에 자루 같은 앞치마를 두르고 있었다. 교회 앞에는 산으로 통하는 길이 있었다. 이 길 양쪽은 풀과 덤불에 덮여 있다. 위로 올라감에 따라 점점 울창해지는데, 산꼭대기는 진짜 삼림을 이루었다.'

5. 아이들의 거세 꿈

3년 5개월 된 사내아이. 이 아이는 아버지가 들에서 돌아오는 것이 싫은 듯, 어느 날 아침 잠에서 깨자 흥분된 얼굴로 같은 질문을 되풀이한다. "아빠는 머리를 쟁반에 담아 가지고 왔어요? 어제 저녁에 아빠는 자기 머리를 쟁반에 담아서 가져 왔어요."

현재 심한 강박 노이로제에 걸려 있는 학생이 여섯 살 때 몇 번이나 이런 꿈을 꾼 기억이 있다. '그는 이발하러 이발소에 간다. 그러자 무서운 얼굴을 한 몸집 큰 여자가 그에게 성큼성큼 다가와 그의 머리카락을 자른다. 그는 그 여자가 어머니 라는 것을 알았다.'

6. 계단의 꿈

'오토 랑크의 보고와 분석.'
'나는 계단 입구에서 무슨 장난인가 한 어린 소녀를 벌주기 위해 그 뒤를 쫓아 〈계단〉을 내려간다. 계단 밑에서 누군가가 그 아이를 붙잡아 주었다. 거기서 내가 그 아이를 때렸는지 어쩐지는 기억하지 못한다. 돌연 나는 계단 한가운데서 그 아 이와(마치 공중에 뜬 것처럼 되어) 성교하고 있었기 때문이다. 사실 진짜 성교가 아 니라 음경을 그녀의 외음부에 마찰시켰을 뿐으로, 그러면서 그녀의 성기와 그 비 스듬히 뒤로 젖힌 머리가 아주 또렷이 보였다. 성교 중 왼쪽 위에(이 또한 공중에 뜬 것 같았다.) 두 장의 작은 그림이 걸려 있는 것을 보았다. 초원 가운데 있는 한 채의 집을 그린 풍경화다. 작은 쪽 그림에는 보통 화가의 사인이 있는 자리에 마치 나의 생일 선물이기나 한 것처럼 내 이름이 씌어 있었다. 또 그 그림들 앞에 쪽지가 한 장 매달려 있는데, 거기에는 〈더 싼 그림도 있습니다.〉라고 씌어 있었다(그리고 앞 에서와 같이, 뚜렷하지는 않지만 층계참의 침대에 누워 있는 내 모습이 보였다.). 나는 젖 은 것 같은 느낌 때문에 잠에서 깨어난다. 어느 사이엔가 몽정을 하고 있었기 때문 이다.'
꿈을 꾼 사람은 전날 저녁 어떤 서점에서 두서너 장의 그림을 보았는데, 그 그림들은 꿈속에 나온 것과 비슷했다. 그는 특히 마음에 드는 작은 그림 곁으로 다가가 화가의 이름을 보았으나 전혀 모르는 이름이었다.

그날 밤 늦게 그는 어떤 모임에서 보헤미아 출신의 하녀가 사생아인 자신의 아이를 "계단 위에서 만들었다."고 자랑했다는 이야기를 들었다. 즉 그 하녀는 자기를 쫓아다니는 사나이와 양친의 집으로 갔는데, 성교할 기회를 얻지 못해 흥분한 사나이는 계단 위에서 여자와 성교를 했다는 것이다.

이상은 상당히 강하게 꿈 내용 속에 들어가, 꿈을 꾼 사람에 의해 쉽게 기억된 낮의 체험과 결부되어 있다. 층계참은 그가 그 어린 시절의 대부분을 지내고, 더욱이 성의 여러 가지 문제를 최초로 알게 된 곳이다. 그는 층계참에서 놀 때 난간에 걸터앉아 미끄럼을 탔는데, 그때 성적 흥분을 느꼈다. 꿈속에서도 그는 마찬가지로 무서운 속력으로 계단을 달려 내려오고 있다. 그 자신의 말에 의하면, 계단 하나하나에 발을 대는 것이 아니라 '나는 듯이' 내려간다. 이 꿈의 도입부는 유아기의 체험과 관련하여 성적 흥분의 계기를 표현하는 것처럼 보인다.

이 꿈의 원동력은 그 결과인 몽정이 나타내듯이 리비도적 성질을 띤다. 수면 상태에 있을 때 성적 흥분이 자각되고(꿈에서는 계단을 급하게 내려온다, 미끄러져 내린다는 것으로 표현된다.), 이런 성적 흥분의 사디즘적 특질은 붙잡기 놀이에 의지하여 그 여자아이를 쫓아가 쓰러뜨린다는 점으로 암시되고 있다.

여기까지 꿈은 순수한 성적 상징으로, 숙련되지 못한 꿈 분석가라면 완전하게 풀이하기 힘들 것이다. 강한 리비도의 흥분에는 이 상징적 만족만으로는 불충분하다. 충족시켰다면 잠을 깨는 일도 없었을 것이다. 흥분은 사정(射精)을 초래하고, 그 결과 계단 상징 전체가 성교의 대용이었다는 사실이 폭로된다. 꿈에서 계단을 오르내리는 것이 리드미컬한 성행위를 상징한다는 프로이트의 학설('정신분석 치료의 전망'에서)을 알고 있으면, 이 꿈을 잘 이해할 수 있을 것이다. 프로이트가 계단 상징을 성적으로 활용한 까닭이 두 행위의 리드미컬한 특성을 강조한 것이라면, 이 꿈이 그 분명한 증거가 될 것이다. 왜냐하면 이 꿈을 꾼 사람의 진술에 의하면, 그의 성행위의 리듬, 상하로 문지르는 일은 이 꿈 전체에서 가장 뚜렷하게 나타나는 요소이기 때문이다.

그 실제의 의미는 제쳐놓더라도 상징적 의미에서 '여성의 모습'으로 간주되는 두 장의 그림에 대해 한 마디 하겠다. "더 싼 그림도 있습니다."는 매춘 콤플렉스와 통하고, 작은 쪽 그림에 꿈을 꾼 사람의 이름이 씌어져 있어 자기 생일 선물이라고 생각하는 대목은 양친 콤플렉스를 가리킨다.

꿈꾼 사람이 층계참 침대에 드러누운 자신의 모습을 보고 젖은 것같이 느끼는 희미한 끝 장면은 유아기의 수음행위를 지나 더 어린 시절까지 거슬러 올라가서, 자면서 오줌을 쌀 때 쾌감을 느끼는 일을 본보기로 하고 있는 듯하다.

7. 현실감과 반복의 표현

현재 35세의 남성이 네 살 때 꾼 꿈 이야기를 해 주었다. "아버지의 유언장을 맡아 가지고 있던 공증인이 ― 그의 아버지는 세 살 때 죽었다 ― 큰 배를 두 개 갖다 주었다. 나는 그중의 하나를 먹었다. 다른 하나는 거실 창틀 위에 올려놓았다."

잠이 깬 그는 꿈에 본 일이 현실인 줄 알고 어머니에게 나머지 배 하나를 마저 달라고 졸랐다. "거실 창틀에 올려놓았잖아." 하고 말했던 것이다. 어머니는 웃고 말았다.

이 공증인은 명랑한 노인으로 실제로 그에게 배를 갖다 준 일이 있다. 창틀도 그가 꿈에 본 그대로였다. 그러나 그 외의 것은 별로 생각이 나지 않았다. 무리하게 생각해 내자면, 어머니가 최근 그에게 이런 꿈 이야기를 해 준 일이 있었다. 두 마리 새가 어머니의 머리에 날아와 앉았다. 언제 날아갈 것인가 생각하고 있는데, 한 마리가 입 언저리로 날아와 입을 빨았다고 한다.

꿈을 꾼 사람이 별다른 생각이 떠오르지 않는다고 하므로, 우리는 당연히 상징 대용에 의한 해석을 시도할 수 있을 것이다. 두 개의 배는 그가 빨고 자란 어머니의 유방이다. 창틀은 집의 꿈에서 본 발코니나 마찬가지로 가슴의 융기다. 잠깬 뒤에 그가 느낀 현실감이 옳다고 할 수 있는 것은, 어머니는 실제로 그에게 젖을 먹여 키웠으며, 더욱이 이유기가 지나서까지도 먹이고 있었기 때문이다. 그러니까 이 꿈은 풀이하면 이렇게 될 것이다. '어머니, 한 번 더 젖을 주세요(보여주세요, 옛날에 내가 빨았던 그 젖을.).' 이 '옛날'은 한 개의 배를 먹은 일로 그려지고 '한 번 더'는 남은 한 개의 배를 달라고 졸라대는 일로 표현된다. 어떤 행위의 시간적 반복은 꿈속에서는 대개 어떤 물건의 수적 증대로 표현된다.

상징이 네 살 먹은 어린아이의 꿈속에서 중요한 역할을 했다는 것은 물론 주목할 만한 사실이지만, 이것은 예외가 아니라 통칙이다. 인간은 꿈을 꾸면서 애초부터 상징 표현을 쓴다고 해도 좋을 것이다.

인간이 꿈 이외의 세계에 있어서도 얼마나 일찍부터 상징 표현을 쓰고 있는가는, 다음에 소개하는 27세 된 부인의 기억이 가르쳐줄 것이다. '그녀의 나이는 세 살과 네 살 중간이었다. 아기 보는 여자가 그녀와 그녀보다 11개월 어린 남동생, 그리고 이 두 사람의 중간 나이인 사촌 여동생을 화장실에 데리고 가서 산책 전에 소변을 보게 한다. 그녀는 사촌 여동생에게 〈너도 지갑을 갖고 있니? 발터는 소시지를 갖고 있어. 난 지갑을 가지고 있는데.〉라고 말했다. 그러자 사촌동생은 〈응, 나도 지갑이야.〉라고 대답한다. 아기 보는 여자는 웃으면서 그 말을 듣고 있었는데, 나중에 그대로 말했더니 어머니는 엄하게 꾸짖었다.'

8. 비스마르크의 꿈

'한스 작스 박사의 논문에 의함.'
비스마르크는 《사상과 추억》 중에서 1881년 12월 18일 도이칠란트의 빌헬름

황제에게 띄운 편지에 대해 이야기한다. 그 편지에 다음과 같은 구절이 있다.

'폐하의 말씀에 용기를 얻어, 1863년 봄 비상한 난국에 처하여 제가 진퇴유곡에 빠졌을 무렵에 꾼 꿈 이야기를 하겠습니다. 그 꿈을 꾼 다음날 아침 저는 즉시 아내와 여러 사람에게 꿈 이야기를 들려 주었습니다. 저는 말을 타고 오른쪽은 심연, 왼쪽은 절벽을 낀 알프스의 험로를 지나고 있었습니다. 산길은 점점 좁아졌고, 말은 움직이려고 하지 않았습니다. 길이 너무 좁아 되돌아설 수도, 말에서 내릴 수도 없는 형편이었습니다. 저는 왼손에 든 채찍으로 암벽을 때리며 하느님을 찾았습니다. 갑자기 채찍이 무한히 길어지고 암벽이 갈라지더니, 한 줄기 넓은 길이 트였습니다. 그 길을 통해 언덕과 숲이 보이기 시작하고 군기를 받든 프로이센 부대가 보였습니다. 저는 꿈을 꾸면서도 〈어떻게 하면 폐하께 신속하게 보고를 드릴 수 있을까?〉 하고 생각했습니다. 꿈은 그것으로 끝나고, 저는 꿈 덕택에 기력을 회복하여 기쁜 마음으로 잠에서 깼습니다……'

이 꿈은 두 부분으로 나뉜다. 비스마르크는 앞부분에서는 궁지에 빠지고, 뒷부분에서는 불가사의한 방법으로 그 궁지에서 벗어난다. 사람과 말이 봉착한 난국은 이 정치가의 위기적 상황의 꿈 표현이라는 것을 쉽게 인식할 수 있다. 그는 꿈을 꾸기 전날 밤 여러 가지 정치 문제를 생각하면서 마침내 위기에 직면한 것을 통감하였을 것이다. 비스마르크는 비유적인 언사로 당시 그가 처한 절망적 상황을 편지에서 묘사하고 있다. 즉 꿈속의 절망적 상태는 그로서는 실로 익히 아는 것이고 명백한 것이었다.

그밖에 이 꿈은 질베러가 말하는 '기능적 현상'의 훌륭한 일례이기도 하다. 심사숙고해 해결책을 강구해 보지만 뛰어넘지 못할 장애에 봉착하고, 그럼에도 불구하고 문제를 버려둘 수 없는 비스마르크의 심정이 말을 탄 채 진퇴양난에 빠진 모습으로 적절하게 표현되고 있다. 양보나 후퇴를 생각할 수 없는 자존심은 꿈속에서는 '되돌아설 수도, 말에서 내릴 수도 없다.'는 말로 표현되고 있다. 다른 사람의 복지를 위해 고민하고 항상 긴장 상태에 있는 행동가인 비스마르크가 자신을 말에 비유한 것은 당연한 일이다. 그는 평소에도 자주 그런 말을 했다. 그 좋은 예로 '용기있는 말은 마구를 단 채 죽는다.'는 유명한 말이 있다. 이렇게 해석하면 '말이 움직이려 하지 않는다.'는 말은, 극도의 난국에 처한 그가 현재의 고민에서 벗어나고 싶은 욕구를 느낀다는 의미이다. 다시 말하면, 그는 지금 수면과 꿈에 의해 현실성 원리의 질곡에서 벗어나려는 것이다.

뒷부분에 이르러 그토록 강하게 표현되고 있는 소망의 충족은 앞부분에서 이미 '알프스의 험로'라는 말로 전주(前奏)되고 있다. 그때 그는 이미 다음 휴가는 알프스에서 지내게 되리라 생각하고 있었다. 비스마르크를 알프스로 데리고 간 꿈은 그를 단번에 현실에서 해방시켜 주었던 것이다.

뒷부분에서 꿈을 꾼 비스마르크의 소망은 이중으로 충족된 것으로 그려진다. 앞길을 가로막는 암벽이 사라지고 대신 한 줄기 넓은 길이 나타나는 점은 상징적이고, 또 전진하는 프로이센 군대가 보이는 것은 노골적인 표현이다. 이 예언적 환상을 설명하는 데 신비적 관계를 조립할 필요는 없다. 프로이트의 소망 충족론으로 충분한 것이다.

비스마르크는 당시 프로이센의 내분에서 벗어나는 최선의 길은 오스트리아와 싸워 이를 무찌르는 일이라고 말한다. 그가 꿈에 프로이센의 부대가 보헤미아, 즉 적국 가운데 군기를 받들고 행진하는 광경을 보았다는 것은 꿈이 프로이트의 가정대로 이 소망을 충족시켜 준 것으로 그려진 것이다. 중요한 것은, 우리가 여기서 논하는 꿈을 꾼 비스마르크는 꿈에서의 소망 충족에 만족하지 않고 그 소망을 현실에서도 충족시키려 했다는 점이다.

정신분석의 해석 기법을 이해하는 사람이라면 반드시 주목할 것이 '무한히 길어지는 채찍'이다. 채찍·단장·창 등이 음경의 상징이라는 것은 잘 알려져 있다. 그러나 이 채찍이 길게 뻗는 힘, 음경의 가장 두드러진 성질을 가지고 있을 경우 거의 의심할 여지가 없다. '무한히 길게' 뻗는다는 현상의 과장은 유아적 리비도의 과잉집중을 가리키는 듯하다. 채찍을 손에 드는 일은 수음을 암시하는 것이다.

물론 꿈을 꾼 비스마르크가 그때 그렇게 하고 싶어했다는 것은 아니고, 먼 유아기의 쾌락에서 비롯된 것이라고 생각해야 한다. 이 경우 꿈속의 왼쪽은 부정, 금지된 일, 죄악을 의미한다는 슈테켈의 해석은 대단히 귀중한 것이다. 이것은 금기를 어기고 행하는 유아 수음에는 잘 들어맞는다.

이 가장 은밀한 유아적 심층과 정치가의 계획에 몰두하는 표피층 사이에는 또 하나의 중간층이 있다는 사실이 지적된다. 하느님의 도움을 구하면서 암벽을 친 후 기적적으로 궁지에서 벗어나는 과정은, 모세가 갈증에 시달리는 이스라엘 백성들을 위해 암벽을 쳐서 물을 얻은 성서의 한 장면을 상기시킨다. 성서에 대한 신앙이 두터운 신교도 가정에서 성장한 비스마르크는 이 장면을 잘 알고 있었을 것이다. 곤경에 빠진 비스마르크는 쉽게 자기를 민중의 지도자 모세와 견줄 수 있었다. 모세도 자기가 해방시키려고 하는 민중의 반항과 증오와 배신을 겪었으니까 말이다.

한편 또 성서의 이 장면은 수음 공상에 이용하기 적당한 많은 점을 포함하고 있다. 모세는 하느님의 율법을 어기고 지팡이를 들었다. 이에 대한 벌로 하느님은 모세에게 약속의 땅을 밟지 못한 채 죽을 것이라고 예고한다. 금지된 지팡이, 꿈속에서도 뚜렷하게 남근을 의미하는 지팡이를 들었다는 것, 지팡이로 쳐서 액체를 솟게 하는 일과 죽음의 위협, 여기에 유아적 수음의 특징이 모두 모여 있다. 하나는 천재적 정치가의 영혼에서, 다른 하나는 원시적인 유아의 영혼에서 유래된 이 두 이질적 형상을 성서의 한 구절을 매개로 결합시키고, 더욱이 고통스러운 계기는 모두 깨끗이 지워 버린 그 솜씨는 실로 흥미롭다. 지팡이를 잡는 일이 금단의 반역 행위인 것은 그 행위가 이루어지는 왼손에 의해 상징적으로 암시된다. 그러나 겉으로 드러난 꿈 내용에서는 금단이나 비밀에 대한 관념을 명백하게 거부하려는 듯 하느님을 부른다. "모세는 약속의 땅을 볼 것이다. 그러나 그 땅을 밟는 일은 없으리라."는 하느님이 모세에게 준 두 가지 예언 중 하나는 실현된 것으로 그려지고(언덕과 숲이 보이는 일), 나머지 몹시 고통스러운 예언은 아예 묵살된다. 물은 이 장면과 앞의 장면을 적당히 결합시키는 2차적 가공의 희생이 되고, 대신 암벽이 무너진다.

금기의 동기가 되는 유아적 수음의 환상은 아이가 자기 주위의 권위적 인물에게 수음을 한 사실이 숨겨지기를 원하는 것이라고 예상할 수 있다. 꿈에서 이 소망은 그 반대, 즉 이 사건을 황제에게 즉시 보고하고자 하는 소망으로 대체된다.

이와 같은 승리나 정복의 꿈은 에로틱한 정복 욕망의 덮개인 경우가 흔하다. 예컨대 침략자가 저항에 맞닥뜨린다든가, 길게 늘어나는 채찍을 이용한 뒤 한 줄기 넓은 길이 나타난다는 등은 그와 같은 해석을 가능하게 한다. 그러나 그것을 기초로 이 꿈을 가로지르는 특정한 관념이나 소망의 방향을 찾아내기에는 충분하다고 할 수 없다.

불쾌한 것은 교묘히 수정되어 보호하는 피막으로 인해 어디에도 나타나 있지 않다. 그 결과, 불안의 방출을 미리 저지할 수 있었던 것이다. 이것이야말로 검열로 손상되지 않고 소망 충족에 성공한 이상적 케이스이므로, 비스마르크가 꿈의 영향으로 완전히 기력을 되찾아 기쁜 마음으로 잠을 깬 것도 수긍이 가는 일이다.

9. 어느 화학자의 꿈

이 사람은 여성과 교섭함으로써 수음의 습관을 고치려 애쓰고 있었다.

전제(前提) 꿈을 꾼 전날 그는 한 학생에게 그리나르(grignard) 반응에 대해 설명했다. 그것은 마그네슘이 요오드의 촉매 작용에 의해 순수 에테르에 용해하는 것이다. 이틀 전 이 반응을 실험하다가 폭발 사고가 나서 한 인부가 손에 화상을 입었다.

꿈 I 그는 페닐 마그네슘 취화물을 만들어야 했으므로 특별히 정신 차려 그 장치를 주목하고 있었다. 그러다가 자기 자신을 마그네슘으로 대체해 버렸다. 그는 묘하게 동요하는 심리적 상태에 빠진 채 끊임없이 자신에게 말했다. "괜찮아, 잘 될 거야. 내 다리는 벌써 용해하기 시작했어. 이것 봐, 무릎이 부드러워졌네." 그러면서 팔을 뻗어 다리를 어루만진다. 그러는 사이 '어떻게 된 일인지 모르지만' 자기의 두 다리를 플라스크에서 꺼내고 "이거 안 되겠는데. 아니, 됐어, 됐어."라고 말하며 눈을 떴다. 그리고 이 꿈 이야기를 내게 할 생각으로 그 줄거리를 되새겨 보았다. 그는 꿈이 사라지는 것이 두려워서 그 반수 상태(半睡狀態)에서 몹시 흥분하여 줄곧 "페닐, 페닐."이라고 되풀이했다.

꿈 Ⅱ 그는 가족과 빈 교외에 있었다. 11시 반에 어떤 부인과 쇼텐토어에서 밀회하기로 되어 있는데, 눈을 뜨니 벌써 11시 반이었다. "이젠 너무 늦었어. 거기 가면 12시 반은 될 게 아닌가."라고 중얼거렸다. 다음 순간, 가족들이 식탁에 둘러앉아 있는 것이 보인다. 특히 눈에 띄는 것은 어머니와 수프 그릇을 든 하녀의 모습이다. 그는 다시 중얼거린다. "식사를 한다면, 더구나 나갈 수 없지."

분석 첫번째 꿈도 밀회 상대인 부인과 관계 있는 것이 확실하다(이 꿈은 밀회하기로 한 전날 밤에 꾸었다.). 그는 학생에게 "아직 마그네슘과 전혀 접촉되지 않아서 안 돼."라고 말했다. 그러자 그 학생은 별로 대단치도 않다는 듯한 어조로 "이래서야 물론 안 되겠죠."라고 대답했다. 꿈속에서는 이 학생이 바로 그 자신이다. 학생이 합성에 대해 무관심했던 것과 같이 그는 분석에 냉담한 것이다. 꿈속에서 실험을 하는 그는 바로 나다. 나로서는 결과에 냉담한 그가 얼마나 밉살스러웠는지!

그는 또한 분석(종합)의 대상이다. 문제는 치료의 성공 여부이다. 꿈속의 다리는 전날 밤의 어떤 인상을 상기시킨다. 그는 댄스 교습소에서 만난 부인을 자기 것으로 만들었으면 좋겠다고 생각했다. 그가 그녀의 허벅다리를 압박하던 힘을 빼자, 종아리에서 무릎 위까지 세게 밀착해 오는 상대의 힘이 느껴졌다. 꿈속에서 말한 바로 그 부분이다. 즉 이 상황에서 그 여자는 드디어 성공한 플라스크 속의 마그네슘이다. 그는 나에 대해서는 여성적이지만 여자에 대해서는 남성적이다. 부인

쪽이 잘되면 치료도 잘될 것이다. 무릎을 만지는 느낌은 수음을 의미하고, 전날의 피로감과도 대응한다. 밀회는 실제로 11시 반으로 예정되어 있었다. 늦잠을 자는 바람에 밀회의 약속은 어그러지고 어설픈 성적 대상으로(수음으로) 참아두자는 그의 소망은 그의 저항에 부응한다.

"페닐, 페닐." 하고 반복한 데 대해 그는, 쓰기가 아주 편해서 자기는 벤질, 아세틸처럼 항상 '-yl'이라는 어미로 끝나는 원소들을 좋아한다고 말했다. 그러나 그것은 설명에 전혀 도움이 안 되었다. 내가 "그럼 슐레밀(Schlemihl)은 어떤가?" 하고 물었더니, 그는 웃음을 터뜨렸다. "이번 여름에 프레보의 책을 읽었는데, 그중 '사랑에 외면당한 사람들'이란 장에서 '불운한 사람들(Schlemiliés)'이 문제가 되었지. 그것을 읽으면서 나도 역시 마찬가지라고 생각했어."라고 말했다. 그가 밀회의 기회를 놓친 것 역시 불운이라고 말해도 좋을 것이다.

성적인 꿈 상징은 이미 실험을 통해 확인된 듯하다. 철학 박사 K.슈뢰터는 1912년 H. 스보보다로부터 자극을 받아 깊은 최면술에 걸린 사람에게 꿈 내용의 대부분을 규제할 만한 암시를 걸어 꿈을 꾸게 하였다. 정상적 혹은 비정상적인 성교를 꿈꾸라는 암시가 걸리자, 꿈은 성적 재료 대신 정신분석적 꿈 해석으로 알려진 상징들을 이용해 그 과제를 실행했다.

가령 여자 친구와 동성애적으로 성교하는 꿈을 꾸라는 암시를 받은 후, 그 여자 친구가 꿈속에 낡은 여행용 가방을 들고 나타났다. 그런데 그 가방에는 '부인 전용'이라고 인쇄한 종이가 붙어 있었다. 이 꿈을 꾼 부인은 꿈 상징이라든가 꿈 해석에 대해 아무런 지식도 없었다. 이 유익한 연구의 평가는 불행히도 슈뢰터 박사가 그 뒤 자살함으로써 중단되었다.

꿈 상징의 평가가 끝났으니 비로소 앞에서 중단한 유형적인 꿈에 대한 고찰을 계속할 수 있게 되었다. 나는 이런 꿈들을 크게 두 종류로 분류하는 것이 좋다고 생각한다. 하나는 언제나 같은 의미를 갖는 꿈이고, 다른 하나는 내용이 동일하거나 비슷한 것일지라도 전혀 다른 해석을 하지 않으면 안 되는 것이다. 전자의 유형적인 꿈의 사례에 해당되는 것은 이미 자세히 논한 시험 꿈이다.

기차 시간에 늦는 꿈은 그 비슷한 흥분의 인상 때문에 시험 꿈과 동렬에 두고 생각해도 된다. 그것은 수면중에 느낀 불안 충동, 즉 죽을지도 모른다는 불안에 대한 위안의 꿈인 것이다. '여행'은 가장 빈번하고, 또 가장 잘 구명되어 있는 죽음의 상징의 하나이다.

꿈은 이렇게 위로의 말을 한다, "안심하라. 너는 죽지 않을 것이다(여행을 떠나지는 않을 것이다.)." 마치 시험 꿈이 "걱정 마, 너는 이번에도 문제없을 테니까."라고 안심시켜 주는 것과 비슷하다. 이 두 종류의 꿈 이해가 곤란하게 보이는 것은 불안의 감정이 다름 아닌 위안의 표현과 결합되어 있기 때문이다.

환자를 분석하면서 자주 부딪쳤던 '치아 자극의 꿈(이를테면 이를 뽑는다든가 이가 빠진다든가 하는 꿈)'에 대해 나는 오랫동안 그 의미를 알지 못했다. 왜냐하면 그런 꿈을 해석하려고 하면 으레 너무 큰 저항에 부딪혔기 때문이다. 이제야 겨우 확실하게 다음과 같은 사실을 알게 되었다. 즉 남성들의 경우 치아 자극 꿈의 원동력은 사춘기의 수음 욕망이라는 사실이다.

치아 자극 꿈을 수음으로 해석하는 일의 정당성을 나는 조금도 의심하지 않으나, 이 해석이 완전하다고 주장하고 싶지는 않다. 설명할 수 있는 것만 하고 나머지는 미해결로 남겨놓을 수밖에 없다. 그런데 언어 표현 중에 포함되는 또 다른 관계도 여기서 지적해 두어야겠다. 오스트리아에서는 '한 대 뽑는다'든가 '한 대 훑는다' 등 수음행위를 나타내는 천박한 말이 있다. 이 표현이 어디서 왔는지, 그 근저에 어떤 비유가 있는지에 대해서는 자세히 말할 수 없지만, 첫번째 표현은 '치아'와 아주 잘 어울리는 것 같다.

유형적인 꿈의 제2군에 속하는 것은 날고 공중에 뜨고 추락하고 헤엄치는 꿈이다. 이 꿈들은 무엇을 의미하는가? 이 물음에 일반적인 대답을 할 수는 없다. 그 의미는 번번이 다르나 그들 유형적인 꿈에 포함되어 있는 감정자극의 재료만은 언제나 같은 원천에서 유래하고 있다.

정신분석에 의해 결론을 얻을 수 있는 것은 이들 유형적인 꿈 역시 유아기의 인상을 반복한다는 것, 즉 어린아이가 가장 재미있어하는 운동의 놀이와 관계된다는 사실이다. 어른은 어린아이를 안고 방안을 빙빙 돌며 나는 시늉을 하기도 하고, 무릎 위에 앉혀놓고 흔들다가 갑자기 다리를 벌려 아이를 아래로 떨어뜨리거나, 높이 쳐들었다가 갑자기 놓아 버릴 것처럼 하거나 한다. 그럴 때 아이들은 깔깔거리며 좋아하고, 약간의 두려움과 어지러움이 수반될 경우에는 더욱 좋아하며 몇 번이고 집요하게 그 반복을 요구한다. 세월이 흘러 어른이 된 뒤 꿈속에서 어린 시절의 유희를 반복하는데, 꿈에서는 어려서 자기를 떠받치던 어른의 손이 없기 때문에 몸뚱이가 멋대로 공중에 뜨고 추락하고 하는 것이다. 아이들이 그네나 시소놀이를 매우 즐긴다는 것은 잘 알려진 사실이다. 서커스에서 곡예를 보거나 하면 어린 시절의 기억이 되살아난다. 그 자체로는 아무 뜻이 없는 이런 운동의 유희가 성적 감각을 눈뜨게 하는 일은 드물지 않다.

그러므로 수면중에 우리 피부감각의 상태나 폐 등의 운동감각이 날고 추락하는 꿈을 유발한다는 설명을 물리칠 충분한 이유가 있다. 나의 견해로는, 이들 자극 자체가 꿈이 관계하고 있는 기억에서 재현되고, 따라서 그 자극들은 꿈 내용이긴 해도 꿈 원천은 아닌 것이다.

동일 원천에서 유래하는 이 동질적 운동감각의 재료는 실로 다양한 꿈 사고의 표현을 위해 사용된다. 날거나 공중에 뜨는 꿈은 대개 쾌감이 따르는 것으로 각기 다른 해석이 따른다. 내 환자 중 한길 위의 높은 공중에 떠서 결코 땅에 몸이 닿지 않는 꿈을 빈번히 꾸는 여자가 있다. 그녀는 키가 작았으며, 남자와의 성관계로 인해 몸이 불결해지는 것을 싫어했다. 그녀의 부유몽(浮游夢)은 그 발이 땅에서 떨어져 뜨고 머리가 높은 곳에 위치함으로써 두 가지 소망이 동시에 이루어졌다. 다른 여자들에게 비행 꿈은 동경의 의미를 가지고 있다. 즉 '만약 내가 새라면' 하는 것이다. 또 현실생활에서 천사가 되고 싶었던 여자들은 밤마다 꿈속에서 천사가 되었다. 난다는 것이 새라는 관념과 밀접하게 결부됨으로써 남성의 경우 나는 꿈은 대개 야비하고 관능적인 의미를 갖는다. 남자들이 날아다니는 꿈을 꾸고 나서 매우 자랑스럽게 여기는 것은 그다지 이상한 일이 아니다.

추락하는 꿈은 불안을 수반한다. 여성의 경우 추락의 꿈의 해석이 간단한 것은, 그런 꿈은 거의 성적 유혹에 굴복하는 것을 나타낼 때 낙하를 상징적으로 이용하고 있기 때문이다.

불 꿈의 해석은 밤에 오줌을 싸지 않으려면 '불장난을 해서는 안 된다.'는 아이들에 대한 금령의 정당성을 증명한다. 어린 시절 야뇨증에 대한 기억이 불 꿈의 기초를 이루는 것이다. 나는 《도라의 히스테리 분석》 속에서 그 꿈을 꾼 부인의 병력과 관련하여 불 꿈의 완전한 분석과 종합을 꾀하였다.

만일 우리가 동일한 현재적 꿈 내용이 자주 되풀이되는 것을 유형적인 꿈 부류에 넣어 생각한다면, 이른바 유형적인 꿈의 예는 얼마든지 더 들 수 있을 것이다. 예컨대 좁은 골목길을 지나가는 꿈, 성난 짐승(황소나 말)에게 쫓기는 꿈, 나이프나 단검이나 창 등으로 위협당하는 꿈 등이 그런 종류이다.

꿈의 풀이를 하면 할수록 성인의 꿈 대부분이 성적 재료를 취급하고 성애적 소망을 표현하고 있다는 사실을 시인하지 않을 수 없게 된다. 실제로 꿈을 분석하는 사람, 즉 현재적 꿈의 내용에서 잠재적 사고로 파고드는 사람만이 여기에 대해 판단을 내릴 수 있는 것이다. 현재적 꿈의 내용을 기록하는 것만으로 만족하는 사람에게는 그런 권리가 없다. 우리는 이와 같은 사실에 놀라기보다 오히려 우리의 꿈 해명 원칙과 일치하고 있다는 것을 확인할 수 있다. 유아기 이후 그 무수한 성분을 가진 성충동만큼 많은 억압을 받은 충동은 없다. 다른 어떤 충동도 성충동만큼 많고, 또 그렇게 강렬하고 무의식적 소망을 남긴 것은 없다. 이 소망들은 이제 수면 상태에서 꿈을 낳는 일을 한다.

많은 꿈들의 경우 어쩔 수 없이 새로운 해석을 할 수밖에 없는데, 그런 가운데 동성애적 충동, 다시 말해 꿈꾸는 사람의 정상적인 성행위에 반대되는 충동이 현실로 드러난다. 그러므로 자세히 해석하면, 많은 꿈들을 양성적(兩性的)으로 이해할 수 있음을 확인하게 된다.

단순하기 짝이 없는 꿈이 몹시 노골적이고 에로틱한 소망을 감추고 있다는 것은 이미 다른 곳에서 주장했지만, 숱한 사례에 의해 그것을 확증할 수 있다. 그러나 평범하고 특징 없는 많은 꿈들도 분석해 보면 가끔 뜻밖의 숨김 없는 성적 소망 충동에서 비롯된다. 가령 다음과 같은 꿈은, 분석 작업 전에는 성적 소망이 있으리라고는 전혀 추측하지 못한 것이다. "두 개의 웅장한 궁전 사이, 조금 들어간 곳에 작은 집 한 채가 서 있는데, 그 문은 닫혀 있다. 아내가 길을 따라 나를 안내하여 그 집 앞까지 데리고 가더니 문을 열었다. 나는 재빨리 비스듬히 경사진 안마당으로 미끄러져 들어간다."

어느 정도 꿈 해석 경험이 있는 사람이라면, 좁은 장소에 들어가는 일과 닫힌 문을 여는 일이 가장 흔한 성적 상징에 속한다는 것을 알아차렸을 것이다. 또한 이 꿈이 뒤로부터의 성교 시도(여체의 당당한 둔부 사이로)임을 쉽게 찾아낼 것이다. 꿈을 꾼 사람의 아내가 길을 안내했다는 구절은, 현실에서는 아내에 대한 배려로 그런 시도를 단념했다는 것으로 해석하지 않을 수 없다. 그리고 그에게 들어서 안 일이지만, 꿈을 꾸기 전날 젊은 여자가 그의 집에 새로 고용되었다. 그는 그녀가 첫눈에 마음에 들었으며, 그녀라면 앞에서 말한 바와 같은 형태의 성교를 제의해도 그다지 싫어하지 않을 것 같은 인상을 받았다.

내가 환자들에게 자기 어머니와 성적으로 교합하는 오이디푸스 꿈은 빈번히 볼 수 있는 것이라고 강조하면, 으레 자신들은 그런 꿈을 꾼 적이 없다고 말한다. 그러나 그 직후에 어렴풋한, 무슨 내용인지 모르지만 여러 번 되풀이해서 꾼 꿈에 대한 기억이 떠오른다. 분석에 의하면 그것은 동일 내용의 꿈, 즉 오이디푸스 꿈인 것이다. 나는 어머니와 성교하는 것을 위장한 꿈 쪽이 노골적으로 어머니와 성교하는 꿈보다 몇 배나 빈번하다는 것을 단언할 수 있다.

풍경이라든가 장소에 관한 꿈 중에는 언젠가 한 번 온 일이 있다는 점을 강조하는 것이 있다. 그러나 이 한 번 '온 일이 있다'는 꿈속에서 특별한 의미를 갖고 있다. 그런 경우 그 장소는 언제나 어머니의 성기이다. 실제로 '한 번 온 일이 있다'는 것을 그토록 명확하게 주장할 만한 장소는 없을 것이다. 꼭 한 번이지만, 나는 강박 노이로제 환자의 꿈 이야기를 듣고 당황한 일이 있다. 그 꿈은 그 환자가 전에 두 번 간 일이 있는 집을 방문한다는 내용이었다. 그런데 그 환자는 꽤 오래 전 내게 여섯 살 때의 한 사건을 이야기해 준 적이 있다. 어느 날 그는 어머니의 침대에서 함께 잤는데, 그때 잠든 어머니의 음부에 손가락을 집어넣은 일이 있었다는 것이다.

흔히 불안감에 싸인 수많은 꿈, 가령 좁은 장소를 지난다든가 물속에 빠지는 꿈의 근저에는 자궁 안에서의 삶과 출산 등에 관한 공상이 가로놓여 있다. 다음은 양친의 성교를 엿보기 위해 공상 속에서 자궁 안에 있는 기회를 이용하는 젊은이의 꿈이다.

'그는 깊은 굴 속에 있다. 그 굴에는 젬머링 터널처럼 창문이 하나 있다. 그 창문 밖으로 처음엔 아무것도 안 보인다. 다음에 그가 어떤 광경을 그리자 그것은 홀연히 공허한 빈 곳을 채운다. 그 그림에는 경작 도구에 의해 깊이 파헤쳐진 밭, 싱그러운 공기, 그 밭에서 이루어지는 작업에 대한 생각이 드러나 있다. 푸르스름하면서 검은 흙덩이는 아름다운 인상을 불러일으킨다. 앞으로 나아가다 보니 교과서가 있다……. 그는 그 책에 (어린아이의) 성적인 감정에 대해 자세히 기록되어 있는 것을 보고 놀란다. 그러다가 나(프로이트)를 생각한다.'

특별히 치료에 이용된 한 여자 환자의 물의 꿈도 있다.

'어느 호반에서 피서하던 중 그녀는 검푸른 물속에 빠졌다. 물속엔 하얀 달그림자가 비치고 있었다.'

이런 종류의 꿈은 아이를 낳는 꿈이다. 꿈속에서 드러난 사실을 거꾸로 하면 풀이가 가능하다. 물에 빠지는 대신 물에서 나온다, 즉 태어나는 것이다. 프랑스어의 '달'이라는 말이 갖는 속어적인 뜻(엉덩이라는 뜻)을 생각하면 사람이 태어나는 장소라는 것을 알게 된다. 그러므로 하얀 달은 아이가 자신이 거기서 태어났다고 생각하는 흰 엉덩이다. 그런데 환자가 그 피서지에서 '태어나고 싶다'고 소망한 것은 대체 어떤 의미로 풀이해야 할까? 내가 그에 대해 질문하자 그녀는 이렇게 대답했다. "선생님께 치료를 받은 덕택에 전 새로 태어난 거나 마찬가지예요." 따라서 이 꿈은 피서지에서 치료를 계속하고 싶다, 즉 피서지로 자신을 방문해 달라는 초대가 된다. 또한 자신이 어머니가 되고 싶다는 욕망을 매우 수줍게 토로한 것일 수도 있다.

또 다른 출산 꿈과 그 해석을 E. 존스의 연구에서 인용해 보자.

'그녀는 해변에서 자기의 아이인 듯한 어린 사내아이가 혼자 물속으로 걸어 들어가는 것을 바라보고 있었다. 그 아이는 계속 걸어가 완전히 물에 잠겨 이제 머리밖에 보이지 않는다. 그 머리가 물 위에 떠올랐다 잠겼다 한다. 다음에 정경이 일변하여 어느 혼잡한 호텔의 로비다. 남편은 그녀 곁을 떠나고 그녀는 어떤 낯선 사나이와 이야기를 했다.'

분석에서 이 꿈의 뒷부분은 남편 곁을 떠나 제3자와 내밀한 관계를 맺는 것을 표현했다고 판명되었다. 앞부분은 명백히 출산에 대한 환상이다. 신화나 꿈에서 양수(羊水)로부터 나오는 분만은 보통 거꾸로 어린아이가 물속에 들어가는 것으로 표현된다. 아도니스, 오시리스, 모세, 바카스의 출생은 그밖의 무수한 예와 아울러 잘 알려진 사례이다. 수면에 머리가 떠올랐다 잠겼다 하는 것은, 그녀로 하여금 단 한 번의 임신에서 알게 된 태동을 생각하게 했다. 물속으로 들어가는 사내아이란 관념은 어떤 환상을 불러일으켜, 그 속에 그녀 자신이 등장하여 사내아이를 물속에서 끌어내 몸을 닦아 주고 옷을 입히고 마침내 자기 집으로 데리고 갔다.

그러므로 꿈의 뒷부분은 은폐된 꿈 사고의 전반부에 관계하고 있는 '도망친다' 는 관념을 표현하고 있다. 앞에서 말한 일 외에도 이 꿈의 전반부와 후반부의 각 부분에는 몇 가지 일이 거꾸로 되어 있다. 앞부분에서는 어린아이가 물속으로 들어가고 다음에 그 머리가 움직인다. 그 근저에 있는 꿈 사고에서는 먼저 태아가 떠오르고, 이어서 아이가 물에서 떠나는 것이다(이중도착). 뒷부분에서는 남편이 그녀에게서 떠난다. 그런데 사실 꿈 사고에서는 그녀가 남편에게서 떠난다.

오토 랑크는 일련의 꿈 사례에서 출산 꿈이 소변 충동 꿈과 같은 상징을 이용한다는 것을 제시했다. 에로틱한 충동은 이 꿈들에 있어서는 소변 충동으로 표현된다. 그리고 이들 꿈에서 중첩된 의미는 유아기 이래 상징의 의미 변화와 일치하고 있다.

그러면 이제 앞에서 일시 중단한 테마, 즉 수면을 방해하는 기관 자극이 꿈 형성에서 맡은 역할이라는 문제로 되돌아가 보자. 이런 자극의 영향하에 성립된 꿈은 단순히 소망 충족 경향과 편의의 성격을 노골적으로 나타낼 뿐만 아니라, 지나치게 분명한 상징 표현도 아울러 나타낸다. 이것은 몽정 꿈, 또 소변이나 대변의 욕구에 의해 꾸는 꿈에도 적용된다.

몽정 꿈의 특징은 이미 유형적인 것으로 인정되고 있으나, 격렬한 반론이 가해지는 어떤 종류의 성적 상징의 가면을 벗겨내는 일뿐만 아니라 다음과 같은 것을 확신하게 한다. 즉 무의미한 듯한 꿈 상황은 거의 모두 적나라한 성적 장면의 상징적 서곡에 불과하다는 사실이다. 그러나 이 성적 장면은 대부분 상대적으로 드문 몽정 꿈에서만 직접 표현되고, 대개는 불안 꿈으로 변하여 그 때문에 잠이 깬다는 것이다.

소변 자극 꿈의 상징 표현은 특히 명료하여 옛날부터 알려져 왔다. 이미 히포크라테스는 분수나 샘물 꿈을 꿀 경우 그것은 방광의 장애를 의미한다는 견해를 주장했다(H. 엘리스). 셰르너는 소변 자극 상징의 다양성을 연구하고 다음과 같이 주장했다. "어느 정도 강한 소변 자극은 항상 성적인 범위의 자극 및 그 자극의 상징적 형성물로 전화한다……. 소변 자극 꿈은 동시에 종종 성욕 꿈을 대리한다."

오토 랑크는 '소변 자극 꿈'의 대부분은 본래 성적 자극에 의해 일깨워진 것이며, 성적 자극은 과거로 거슬러 올라가 요도 성애(尿道性愛)의 유아적 형태에서 만족을 얻으려고 노력한다는 사실에 주목하게 했다. 그렇게 발생한 소변 자극이 잠을 깨우고 배뇨하게 하는데, 그 뒤에도 꿈이 계속되어 그 욕구가 이번에는 적나라한 성적 형상이 되어 나타나는 경우는 특히 시사적이다.

이와 비슷한 방식으로 장(腸) 자극 꿈은 필요한 상징 표현을 찾아낸다. '예를 들면, 한 부인은 장질환으로 치료받고 있을 때 보물 파는 사람의 꿈을 꾸었다. 그는 시골의 화장실처럼 보이는 오두막집 근처에서 보물을 땅에 묻고 있었다. 꿈의 후반부에서는 그녀가 어린 딸아이의 더러워진 엉덩이를 닦아 주고 있는 내용이다.'

출산 꿈과 연결되는 것으로 '구조'의 꿈이 있다. 구조, 특히 물에서 구조하는 꿈을 여자가 꿀 경우에는 출산과 같은 의미이다. 그러나 꿈을 꾸는 사람이 남성이면 의미가 달라진다(피스터《정신분석적 조언과 마음의 병에 대한 치료 사례》). '구조'의 상징에 대해서는 내 강연 '정신분석 치료의 전망' 및 '연애생활의 심리학에 대한 기여' 중 '남성의 대상 선택의 특수한 형태에 관해서'를 참조하기 바란다.

도둑과 밤의 방문자와 유령은 사람들이 취침 전에 두려워하는 존재들이다. 때로 잠자는 사람을 괴롭히는 이들은 모두 동일한 유아적 잔존 기억에서 유래하는 것이다. 아이가 오줌을 싸지 않도록 깨워서 누게 하고, 잠자는 동안에 아이가 손을 어떻게 하고 있는지 살펴보려고 이불을 가만히 들춰보는 사람들은 밤의 방문자들이다. 이런 유의 불안 꿈 몇 가지를 분석해 본 결과, 나는 이 밤의 방문자가 누구인지 알 수 있었다. 도둑은 언제나 반드시 아버지였고, 유령은 대개 흰 잠옷을 입은 여자였다.

여러 사례 | 꿈에서의 계산과 대화

꿈을 형성하는 지배적 계기 중 네 번째 계기를 그 적합한 자리에 놓고 논하기 이전에, 나는 내가 수집한 꿈 중에서 몇 가지 사례를 인용하고자 한다. 그 사례들은 우리가 아는 세 가지 계기의 공동 작용의 설명이 됨과 동시에 이제껏 입증하지 않은 채 접어 둔 몇몇 주장에 대한 증명을 보충하기도 하고, 그것들에서 부정하기 어려운 추론을 이끌어낼 것이다. 내가 얻은 결론을 사례를 통해 입증한다는 것은 지금까지의 꿈 작업 서술 과정에서는 매우 힘들었다. 개개의 명제에 대한 사례는 하나의 꿈 해석 관계 속에서만 증명력을 갖게 되고, 전후의 관계에서 이탈하면 장점을 잃고 만다. 게다가 꿈 해석이라는 것은 좀 깊이 파헤치려고 하면 쓸데없이 범위만 넓어져 본래 그 설명을 위해 필요한 논의의 실마리를 놓칠 수 있다. 그러므로 나는 앞 장과의 관련을 통해서만 연결되는 것을 여러 가지 덧붙일 텐데, 이것도 앞서 말한 기술적 동기에서 비롯되는 것임을 알아주기 바란다.

나는 먼저 꿈에서 독특한, 혹은 비정상적 표현 방법을 제시하는 사례를 몇 가지 들고자 한다. 다음은 어떤 부인의 꿈이다. '하녀가 창문을 닦으려는 듯 사다리를 올라간다. 그런데 하녀는 침팬지와 고릴라 고양이(나중에 앙골라 고양이로 정정되었다.)를 안고 있다. 하녀는 그 동물들을 그녀에게 던진다. 침팬지가 그녀에게 달라붙었는데, 그것이 몹시 불쾌했다.' 이 꿈은 극히 간단한 수단에 의해 그 목적을 달성하고 있다. 즉 어떤 말을 뜻 그대로 받아들이고 음운을 이용해 표현한다. 동물의 이름이 일반적으로 그렇듯이 '원숭이'도 사람을 욕하는 말로서 이 꿈 상황은 바로 '마구 욕을 퍼붓는다'는 것을 뜻한다.

이와 비슷한 또 다른 꿈이 있다. '머리 모양이 매우 우스꽝스러운 아기를 가진 어느 부인. 그녀는 뱃속에 있을 때의 위치가 좋지 않아서 아기의 머리가 그렇게 된 것으로 알고 있었다. 의사는 압축하면 머리 모양이 좀 나아지겠지만, 그렇게 하면 뇌가 손상될 우려가 있다고 말한다. 그러나 그녀는 아직 작은 아이니까 그다지 해롭지 않을 것이라고 생각한다.' 이 꿈은 꿈꾼 부인이 정신분석 치료에 관한 설명 도중 들은 '유아의 여러 인상'이라는 추상적 개념을 입체적으로 표현한 것이다.

꿈 작업은 다음 예에서는 다소 다른 길을 택한다. 꿈은 그라츠 근교 힐름 연못에 소풍갔던 기억을 포함하고 있다. '바깥 날씨는 대단히 좋지 않다. 초라한 호텔, 벽에 물이 흐르고 침대는 축축하다.'(뒷부분은 내가 표현한 것보다 희미하다.) 이 꿈은 '지나친'이라는 의미를 나타내고 있다. 꿈 사고 속에 있는 이와 같은 추상적 개념은 처음엔 조금 무리하고 애매하게 '물에 잠기다' 또는 '흘러넘치다'라는 말로 대체되었으나, 다시 같은 종류 인상의 중첩으로 표현되었다. 밖에도 빗물, 안의 벽에도 물, 축축한 침대에도 물, 모두가 흐르고 또 '지나치게' 흘러넘치고 있다.

꿈 표현의 목적을 위해 정자법(正字法)이 발음보다 훨씬 덜 중요시된다는 사실에도 우리는 그다지 놀라지 않는다. 예를 들어, 압운(押韻)에 그런 자유가 허용된다. 랑크에 의해 분석된 어떤 소녀의 꿈에서, 그녀는 들을 산책하며 보리나 밀의 아름다운 '이삭(Ähren)'을 벤다. 어린 시절의 남자 친구가 저쪽에서 온다. 그녀는 그를 피하려고 한다. 분석한 결과에 의하면, 문제는 '경의를 표하기(in Ehren)'를 위한 키스에 있음이 판명된다. 뜯기지 않고 베어지는 이삭은 꿈에서는 그 자체로서뿐만 아니라 '경의(Ehren)', '경의를 표하는 일(Ehrungen)'과 결합하여 일련의 다른 관념을 표현하는 데 이용되고 있다.

이와는 달리 말이 꿈 사고의 표현을 매우 쉽게 해주는 경우가 있다. 언어는 원래 명상적이고 구체적인 의미를 가졌지만, 지금은 그 구체성을 잃고 추상적인 의미로 쓰이는 단어가 많기 때문이다.

켈러의 소설《푸른 하인리히》중에는 고삐 풀린 말이 잘 익은 귀리밭을 마구 짓밟는 꿈 장면이 나온다. 그 귀리 한 알 한 알은 '맛있는 편도(扁桃)나 건포도나 새 동전으로서, 붉은 비단에 싸여서 한 가닥의 돼지털로 묶여 있다.' 작가(혹은 꿈을 꾼 사람)는 곧바로 이 꿈 표현을 분석한다. 즉 말은 간지럽고 너무 기분이 좋아서 "귀리가 나를 찌른다."('우쭐해진다'는 뜻)고 외친다.

헨첸에 의하면 고대 북방의 전설에는 특히 성구(成句)나 재담의 꿈이 풍부하게 이용되었는데, 이중의 의미나 언어 유희가 없는 것은 거의 찾아볼 수 없다고 한다.

어떤 표현은 거의 농담이라고 부를 만한 것으로, 만약 꿈꾼 사람 자신이 가르쳐 주지 않으면 절대로 추측할 수 없을 것 같은 인상을 받는다.

(1) 한 남자의 꿈. '꿈에 누군가의 이름을 들었으나 전혀 생각이 나지 않는다.' 그의 설명에 의하면, 그 꿈은 '꿈에도 생각하지 않은 일'을 뜻한다는 것이다.

(2) 한 여자 환자가 이야기한 꿈. '꿈에 나오는 사람들은 모두 유난히 키가 컸다.' 그녀는 아무래도 어렸을 때의 한 사건이 문제라는 뜻일 것이라고 말했다. 왜냐하면 어렸을 때 그녀의 눈에 비친 어른들은 모두 크게 보였기 때문이다. 그녀는 이 꿈 내용에 등장하지 않았다.

유아기로 되돌아가는 일은, 다른 꿈에서는 시간이 공간으로 해석되는 다른 표현을 취하고 있다.

(3) 곧잘 농담을 하지만, 보통은 말투가 추상적이고 애매한 한 남자가 '역에 가는' 꿈을 꾸었다. '마침 열차가 도착했다. 그런데 다음 순간 열차는 서 있고, 플랫폼이 움직여 열차로 다가갔다.' 이것은 실제 상황의 엉뚱한 전도이다. 이 부분은 어떤 일이 꿈 내용에서는 거꾸로 되어 있음을 일깨워 주는 것이다.

(4) 한 남자가 '침대 뒤에서 한 여자를 끌어내는' 꿈을 꾸었다. 그 의미는 그가 그녀를 우대한다는 것이다(독일어 'Vorzug'에는 '우대하다', '끌어내다'라는 뜻이 있다.).

(5) 한 남자가 '사관(士官)으로서 황제와 식탁에 마주앉아 있는' 꿈을 꾸었다. 이것은 그가 아버지와 대립한다는 뜻이다.

(6) 한 남자가 '골절된 사람을 치료하는' 꿈을 꾸었다. 분석 결과, 골절은 이혼의 표현임이 밝혀졌다('골절'은 Knochenbruch이고 '파혼·이혼'은 Ehebruch이다.).

(7) 하루의 시간은 꿈 내용에서는 흔히 유아기를 대신한다. 예컨대 어떤 꿈을 꾼 사나이의 경우 오전 5시 15분은 동생이 탄생한 중대한 시점인 5년 3개월의 나이를 의미한다.

(8) 꿈에서 인생의 시기에 대한 또 다른 표현. '한 부인이 1년 3개월 차이가

나는 어린 두 딸을 데리고 간다.' 이 꿈을 꾼 부인의 친지 중에는 그런 아이들을 둔 사람이 없다. 그녀는 그 두 아이는 자신을 나타낸다고 해석했다. 즉 그 꿈은 그녀가 그 정도 시간 간격을 두고 유년기에 두 번의 외상(外傷)을 당했다는 사실을 상기시킨다(3년 6개월 때와 4년 9개월 때).

(9) 정신분석 치료를 받고 있는 사람들이 종종 정신분석 꿈을 꾸고, 분석이 불러일으키는 관념이나 기대들을 꿈속에서 표현하는 것은 별반 놀라운 일이 아니다. 치료를 나타내기 위해 선택된 형상은 보통 차를 타고 가는 것이다. 그중 대부분은 최신식의 복잡한 교통기관인 자동차를 타고 가는 것으로 나타난다. 그때 '자동차'의 스피드에 대해 환자는 자기의 계산에 조소를 터뜨린다.

깨어 있을 때의 사고 요소로서의 '무의식'이 꿈속에서 표현되려고 할 경우 '지하의' 장소로 바뀌는데, 이것은 실로 합리적인 일이다. 그런데 이 지하의 장소는 정신분석 치료와 관계없는 다른 경우에는 여체나 모태를 의미한다. 꿈속의 '아래'는 빈번히 '성기'와 관계되고 그 반대인 '위'는 얼굴 · 입 · 가슴과 관계된다. 꿈속의 야수(野獸)는 보통 꿈을 꾸는 당사자가 두려워하는 자기 자신 및 타인의 정열적 충동을 상징한다. 또 조금 이동시켜 그런 정열의 소유자인 인물 자신을 상징하는 일도 있다. 이것과 유사한 것은 맹수 · 개 · 성난 말 등에 의한 무서운 아버지의 표현인데, 이것은 토테미즘을 연상시킨다. 노이로제 자체, '병든 사람' 역시 때때로 꿈꾸는 사람에게서 분리되어 독립된 한 인물로 꿈에 나타난다.

(10) (H. 작스에 의함) "우리는 프로이트의 《꿈의 해석》에서 꿈 작업이 어떤 말이나 어법(語法)을 감상적 · 구상적으로 표현하기 위해 여러 방법을 사용하고 있음을 알았다. 예컨대 꿈 작업은 표현한 언어나 어법이 애매하다는 사정을 이용할 수 있고, 그 애매한 의미를 '전철기(轉轍器)'로 이용하면서 꿈 사고 중에 나타나는 첫 번째 의미 대신 두 번째 의미를 현재적 내용 중에 받아들일 수 있다.

다음의 짧은 꿈에서는 그것이 실제로 이루어지고 있으며, 더욱이 그것에 소용되는 최근의 인상을 표현 재료로 이용하고 있다. 이 꿈을 꾸기 전날 나는 감기 기운

이 있어 되도록 숙면을 취하려고 결심하고 있었다. 겉으로 보기에는 내가 낮에 했던 일을 꿈에서도 계속하는 듯했다. 그날 낮 나는 신문에서 오린 기사를 스크랩북에 붙였는데, 그 하나하나의 적당한 장소를 찾기에 무척 애썼다. 꿈은 다음과 같다. '나는 어떤 신문 기사를 스크랩북에 붙이려고 한다. 그런데 그것이 스크랩북에 잘 붙지 않아서 아주 힘이 들었다.'

잠을 깨고 나서도 꿈속의 괴로움이 실제의 복통으로 계속되었기 때문에 숙면하려던 계획을 바꾸지 않을 수 없었다. 이 꿈은 나에게 '잠의 파수병'으로 침대에 계속 있고 싶어하는 나의 소망을 '그것이 잘 붙지 않는다.'는 말을 이용해 충족된 것처럼 속였던 것이다.

꿈 작업은 꿈 사고를 시각적으로 표현하기 위해 가능한 어떤 방법이든 다 이용한다. 그와 같은 방법이 우리가 깨어 있는 동안의 판단에 비추어 가능하든 불가능하든 그런 것은 개의치 않는다. 그런 이유로 꿈 해석이라는 말을 듣긴 했지만 스스로 해 본 일이 없는 사람들의 의혹과 조소를 받게 되는 것이다. 슈테켈의 《꿈의 언어》에는 그런 예가 많다. 그러나 나는 그 책에서 증명 재료를 인용하지 않겠다. 왜냐하면 저자의 태도가 무비판적인데다가 기술상으로 멋대로인 데가 있어 편견에 사로잡히지 않은 사람들조차 불안하게 만들 가능성이 있기 때문이다.

(11) 꿈속의 '대사업'

어떤 남자의 꿈. '그는 임신한 여자가 되어 침대에 드러누워 있다. 그로서는 이런 상태가 여간 역겹지 않다. 그는 〈그렇다면 차라리……〉(분석에서 그는, 한 보모에 대한 기억에 따라 '돌을 깨겠다'라고 외쳤다고 보충한다.) 하고 절규한다. 침대 뒤에 한 장의 지도가 걸려 있는데, 그 아래쪽은 나무틀로 고정시켰다. 그는 이 나무틀 양끝을 붙잡고 아래쪽으로 잡아당겼다. 이때 나무틀은 부러지지 않고 길게 두 조각이 났다. 그후 마음이 가라앉아 아이를 쉽게 낳았다.'

그는 혼자 힘으로 꿈을 해석했다. '나무틀'을 아래쪽으로 잡아당기는 일은 하나의 '대사업'이다. 이 사업을 통해서 여자의 위치에서 자신을 끌어냄으로써 불쾌한 상황(치료에 있어서의)에서 벗어난다……. 나무틀이 가로로 부러지지 않고 세로로 두 조각이 나는 야릇한 부분은 그가 '파괴를 수반하는 배증(倍增)은 거세 암시를 포함한다.'는 사실을 기억하고 있는 것으로 설명이 된다. 꿈은 실로 자주, 반항적인 욕망 반대물 속에 있는 거세를 두 개의 남근 상징의 존재로 표현하는 일이 많다. '나무틀(Leiste)'은 서혜부(鼠蹊部)와 동의어이다. '서혜부'는 성기에 가까운 인체 부위이다. 이상을 종합한 결과, 그는 자신을 여자의 상태에 놓은 거세 위협을 극복했다고 해석했다.

꿈 작업의 본질은 무엇인가. 꿈 작업이 그 재료인 꿈 사고를 어떻게 다루는지 알려면, 꿈속에 나오는 숫자나 계산을 보면 된다. 더욱이 미신에서는 꿈에 나타난 숫자가 예언적인 것으로 간주된다. 내가 수집한 꿈 중에서 이 종류의 실례를 몇 가지 들어 보기로 한다.

① 치료가 끝나기 직전의 어떤 부인의 꿈. '그녀는 무슨 일로 대금을 치르려고 한다. 딸이 그녀의 지갑에서 3플로린 65크로이처를 꺼낸다. 그녀는 딸에게 〈21크로이처면 될 텐데.〉라고 한다.' 이 꿈을 꾼 환자의 처지를 잘 알고 있었으므로, 나는 환자 쪽에서 설명하지 않아도 즉시 이 짧은 꿈을 이해할 수 있었다. 이 부인은 딸을 빈의 어느 학교에 입학시킨 외지인인데, 딸이 빈에 있는 동안 계속 나의 치료를 받을 수 있었다. 3주일 뒤에는 딸이 졸업한다. 따라서 치료도 끝난다. 꿈을 꾸기 전날 그녀는 교장 선생에게서 1년 더 딸을 맡겨 달라는 청을 듣는다. 그녀는 그 말대로 하면 자기도 1년 더 치료할 수 있을 것이라는 생각을 했다. 꿈은 이 점과 관련이 있다. 왜냐하면 1년은 365일, 딸이 졸업하고 따라서 치료가 종료되기까지의 3주일은 날수로 21일이다. 꿈 사고에서 시간과 관련된 숫자는 꿈의 내용 중에서는 금액이 되면서 더욱 깊은 의미를 나타내는 듯하다. '시간은 돈'이기 때문이다. 365크로이처는 3굴덴 65크로이처다. 꿈속에 나오는 금액이 적은 것은 명백한 소망 충족이다. 소망이 치료비 및 학비를 축소시킨 것이다.

② 숫자가 훨씬 더 복잡한 관계를 표현하는 꿈도 있다. 몇 년 전에 결혼한 젊은

부인이 자기와 거의 동년배인 친구 엘리제 L이 얼마 전에 약혼했다는 말을 들었다. 그 뒤 그녀는 이런 꿈을 꾸었다. '그녀는 남편과 같이 극장에 앉아 있다. 아래층 좌석은 한쪽이 텅 비었다. 남편의 말에 의하면, 엘리제 L과 그 약혼자도 오려고 했으나 좌석이 별로 좋지 않았다는 것이다. 1플로린 50크로이처인 좌석 '3'개를 배당받았는데 포기했다는 것이다. 그녀는 그래도 손해보는 일은 아니라고 말했다.'

이 '1플로린 50크로이처'는 어디서 왔는가? 그것은 전날의 실로 사소한 동기에서 비롯된 것이다. 그녀의 시누이가 남편에게서 '150플로린'의 용돈을 얻어 그것으로 서둘러 장신구를 샀다. 150플로린은 1플로린 50크로이처의 백 배이다. 좌석과 관련된 숫자 '3'은 어디서 비롯되었을까? 그것에 대해서는 엘리제 L이 자기보다 '3'개월 늦게 태어났다는 연관밖에 없다. 이 꿈은 아래층 좌석 한쪽이 텅 비었다는 꿈 특징이 무엇을 의미하는지 알면 해명될 수 있다. 그것은 남편이 그녀를 놀리기에 충분한 계기를 준 어떤 사건을 그대로 암시하고 있다. 그녀는 벌써부터 예고된 그 주의 공연을 꼭 보아야겠다고 결심하고 예매권을 사두었다. 예매권은 별도로 수수료를 치르지 않으면 안 된다. 그런데 극장에 와 보니 한쪽이 텅 비어 있었다. 사실 그녀는 '그다지 서두를' 필요가 없었던 것이다.

이제 나는 이 꿈을 꿈 사고에 의해 바꾸어 보겠다. '그렇게 일찍 결혼한 것은 아무래도 〈바보스러운 일〉이었다. 나는 그렇게 서두를 필요가 없었던 것이다. 엘리제 L을 보아도 알 수 있듯이, 나는 지금쯤 시집가도 될 만큼 충분히 젊다. 내가 기다리기만 했다면(시누이가 서두른 것과 반대로) 지금의 남편보다 훌륭한 남자(재산)를 얻을 수 있었다. 내가 갖고 있는 돈(지참금)으로 그런 남자 셋은 충분히 살 수 있었을 거야!'

이 꿈에서는 앞의 꿈에서보다 숫자의 의미와 관계가 훨씬 더 많이 변화했다는 사실에 주의해야 한다. 또 이 꿈에는 두 사람이 세 몫의 좌석을 차지하지 않으면 안 된다는 부조리한 요소가 포함되어 있다는 것도 주의해야 한다. 꿈 내용의 이 부조리한 요소는 꿈 사고 중 가장 강조되는 사고, 즉 일찍 결혼한 것은 바보스러운 짓이었다는 것을 나타내는 것이라고 함으로써 꿈의 부조리를 논의할 수 있을 것이다. 대비된 두 인물의 매우 사소한 관계에 포함된 3이라는 수(3개월의 나이 차)는 이 꿈에 필요한 바보스러운 점을 만들어내는 데 교묘하게 이용된 것이다. 현실의 150플로린이 1플로린 50크로이처로 축소된 것은 꿈을 꾼 부인의 억압된 사고 중 남편(혹은 재산)에 대한 경시와 대응하고 있다.

③ 꿈이란 믿을 수 없다는 속견을 만들어내는 데 크게 기여하는 또 다른 꿈속의 계산을 들어 보자. 한 남자의 꿈이다. '그는 B씨 집에 있다(그의 옛 친구의 집). 그는 이렇게 말한다. 〈당신이 말리 양을 내게 주지 않은 건 바보짓이었어요.〉 그리고 그는 그 아가씨에게 〈당신은 몇 살이죠?〉 하고 묻는다. 〈1882년생이에요.〉 하고 아가씨는 대답했다. 〈아, 그럼 스물여덟 살이군요.〉'

이 꿈은 1898년에 꾸었으니 스물여덟 살이라는 것은 분명히 계산 착오이다. 꿈을 꾼 나의 환자는 어떤 여자를 만나든 금방 반해 버리는 타입의 사나이다. 그와 전후하여 한 부인이 2, 3개월 동안 내 진찰실에 드나들었는데, 그는 그녀에 대해 자주 물으며 친해지고 싶다는 뜻을 밝혔다. 그는 그녀의 나이를 '스물여덟'로 짐작했던 것이다. 28이라는 틀린 계산을 해명할 단서는 이 정도밖에 없다. 그런데 '1882'년은 그가 결혼한 해였다. 그는 내 진찰실에서 만난 다른 두 여인과도 몹시 교제하고 싶어했었다. 그녀들은 그다지 젊지 않는데, 교대로 그에게 문을 열어 주었다. 그는 그 두 여자가 크게 호의를 베풀지 않자 그녀들이 자기를 지긋한 나이의 '아저씨' 정도로 아는 모양이라고 자신을 납득시켰다.

④ B. 다트너가 분석과 함께 보고한 또 다른 숫자 꿈에서는 뚜렷한 제약, 아니 복잡한 제약이 두드러진다.

'나의 하숙집 주인인 시청 근무 보안 경찰관은 거리에서 근무하는 꿈을 꾼다(이것은 그의 소망 충족이다.). 그때 한 감찰관이 그에게 다가왔는데, 그는 휘장에 22, 62, 혹은 26이라는 번호를 달고 있었다. 확실하지는 않지만 2라는 숫자가 몇 개

있었다.'

꿈 이야기를 하면서 '2262'라는 숫자를 분할했다는 것이 이미 그 구성 요소가 각기 별개의 의미를 갖고 있다는 사실을 추측하게 한다. 그는 전날 근무처에서 자기들의 근무 연한을 화제로 삼은 일을 생각해 냈다. 그 계기가 된 것은 62세로 퇴직한 한 감찰관이었다. 꿈을 꾼 경찰관은 이제 재직 22년째이므로 9할의 은급을 받으려면 앞으로 2년 2개월을 더 근무해야 한다. 이 꿈은 또 그에게 다년간 품어 온 소망의 실현, 즉 감찰관이라는 지위를 보여주고 있다. 금장에 2262라는 숫자를 붙인 상관은 사실 그 자신이다. 그는 그 또한 늘 바라던 가두 근무를 하고 있고, 이제 문제의 2년 2개월 근무를 마치고 저 62세의 감찰관처럼 은급을 받고 퇴임할 수 있는 것이다.

이와 비슷한 예를 총괄해 보면 우리는 이렇게 말할 수 있을 것이다. 꿈 작업은 계산 같은 것은 하지 않는다. 꿈 작업은 꿈 사고 중에 나타나 표현해야 할 재료에 대한 암시로 이용될 만한 숫자를 다만 계산이라는 형태로 조립하는 데 지나지 않는다. 그 경우, 꿈은 이름이나 언어 표상으로 인정되는 회화도 포함시켜, 다른 모든 관념과 같은 방식으로 숫자를 자기의 의도 표현의 재료로 취급하는 것이다. 왜냐하면 꿈 작업은 대화의 문구를 창조하지 못하기 때문이다.

그 자체로 뜻이 통하는 것도 있겠고 그렇지 못한 것도 있겠지만, 분석이 늘 우리에게 제시해 주는 바로는 꿈은 실제로 이루어졌거나 들은 대화의 단편을 꿈 사고에서 얻어내어 재료로 쓴다. 이때 꿈은 그 언어가 꿈 사고 속에서 갖고 있던 의미를 버리고 그 대신 전혀 새로운 의미를 얻어내는 일도 있다. 좀더 자세히 관찰하면, 꿈의 언어에는 비교적 명료하고 짜임새 있는 요소와 다만 결합 수단으로 사용되어 마치 우리가 책을 읽을 경우에 탈락한 글자나 철자를 보충하는 것처럼 마땅히 보완되었다고 생각되는 요소를 구별할 수 있다. 그리하여 꿈속의 대화 부분은 마치 각력암(角礫岩)과 같이 여러 가지 잡다한 재료로 이루어진 상당히 큰 덩어리가 단단한 중간 물질에 의해 엉겨붙어 있는 것이다.

이상의 설명은, 엄밀한 의미로 볼 때 꿈속의 대화나 문구가 다소 감각적 성격을 가지고 '언어'로서 기술될 만한 대화나 문구에만 적용되는 것이다. 이를테면 듣고 말하는 것으로 느껴지지 않는, 즉 꿈속에서 청각적 혹은 운동적 악센트를 갖지 못한 대화나 문구는 실상 우리가 깨어 있을 때의 사고 활동 중에 나타나 그대로 여러 꿈속에 끼어드는 것 같은 관념에 지나지 않는다. 대단한 의미도 없다고 생각되는 꿈의 대화 재료의 풍부한 원천으로서는 독서를 들겠지만, 그것은 그 자취를 더듬기가 어렵다. 그러나 꿈속에서 대화나 문구로 뚜렷이 나타나는 것은 모두 자기가 말했거나 또는 남에게서 들은 현실의 이야기에서 그 근거를 찾을 수 있다.

한 가지 예를 들어 보자.

'시체를 태우는 넓은 정원. 그는 말한다. 〈이런 건 보기도 싫어. 떠나야겠어(뚜렷한 문구는 아니다.).〉 그리고 그는 정육점 점원 두 명을 만나 물었다. 〈맛있었니?〉 점원 중 한 명이 대답한다. 〈맛있긴요. 꼭 사람 고기 같던 걸요.〉'

이 꿈의 계기는 다음과 같이 단순한 것이다. 그는 저녁 식사 후 아내와 함께 이웃집을 방문했다. 그 집 사람들은 모두 호인이었으나 결코 '입맛을 돋우는' 사람들은 아니었다. 사람 좋은 노부인은 때마침 저녁 식사 중이었는데, 그에게 함께 먹자고 졸랐다(이 '조르다'는 말 대신 남자들 사이에서는 성적인 의미의 합성어가 농담조로 쓰인다.). 그가 배부르다고 거절하자 "뭘 그래요? 이 정도는 먹을 수 있잖아요." 혹은 이와 비슷한 말을 했다. 그래서 그는 어쩔 수 없이 먹은 후 그 요리를 칭찬했다. 아내와 단둘이 되었을 때, 그는 노부인의 극성스러움과 그 음식 솜씨를 욕하여 "그런 건 보기도 싫어."라고 했다. 이 문구는 꿈속에서도 본래 형태로 나오지는 않았는데, 실상 자기에게 권유한 그 노부인의 육체적 매력에 관계된 관념이다. 즉 자기는 그런 여자를 보는 것도 질색이라는 뜻으로 번역할 수 있다.

황당무계한 꿈 | 꿈에서의 지적(知的)인 활동

우리는 꿈의 황당무계성이 꿈을 경시하는 이론가들에게 꿈이란 정신 활동의 무의미한 산물 이외의 아무것도 아니라는 유력한 논거를 제공한다는 점을 기억하고 있다.

꿈 내용의 황당무계성이 그야말로 외양에 지나지 않고, 꿈의 의미를 깊이 분석하면 금방 사라져 버리는 실례를 몇 가지 들어 보자.

1. 6년 전에 아버지를 잃은 한 환자의 꿈

'아버지의 신상에 불행이 닥쳤다. 아버지는 야간열차를 탔는데 갑자기 탈선하여 좌석이 서로 부딪치는 바람에 머리에 부상을 입었다. 그는 아버지가 침대에 누워 있는 것을 보았다. 왼쪽 눈썹 가장자리 위쪽에 수직으로 찢긴 흉터가 있다. 아버지가 재난을 만난 것이 이상스러워 견딜 수 없다. 아버지의 눈은 몹시 맑았다.'

흔한 해석에 따르면 이 꿈 내용은 이렇게 풀이된다. 즉 이 환자는 아버지의 재난을 묘사하고 있는 동안에는 아버지가 이미 오래 전에 돌아가셨다는 것을 잊고 있었으나, 꿈의 진행에 따라 아버지의 죽음에 대한 기억이 되살아나 자기의 꿈을 의심스럽게 여긴다. 그러나 분석은 이와 같은 설명에 따르는 것은 전혀 헛수고임을 가르쳐준다. 이 꿈을 꾼 환자는 어느 조각가에게 아버지의 흉상을 주문했는데, 이 꿈을 꾸기 이틀 전 기회가 생겨 직접 자세히 훑어보았다. 그는 흉상이 어딘가 잘못되었다는 생각이 들었다.

조각가는 그의 아버지를 본 일이 없었으므로, 사진을 보고 제작을 하고 있었다. 꿈을 꾸기 전날 그는 옛날부터 집에 있던 하녀를 조각가의 아틀리에에 보냈다.

그 하녀도 아버지의 흉상에 대해 자기와 같은 생각인지 어떤지 알기 위해서였다. 즉 흉상의 양 관자놀이 사이가 좀 좁은 것 같았기 때문이다. 그리고 또 한 가지, 꿈 구조에 크게 기여한 기억 재료가 있다. 아버지는 생전에 사업상 또는 집안일로 고민거리가 생기면 으레 두 손으로 관자놀이를 누르는 버릇이 있었다. 마치 커지는 머리를 억눌러 죄기라도 하는 것처럼.

또 환자는 네 살 때 장전된 피스톨이 발사되면서 아버지의 눈이 검게 변하는 사건을 목격했다(눈은 몹시 맑았다.). 꿈속에서 아버지가 부상을 입은 부위는 생전에 걱정이 있거나 슬픔에 잠기거나 하면 세로로 깊은 주름이 잡히던 자리다. 그 주름이 꿈에서 상처로 대체된 것은 제2의 계기를 암시하고 있다. 환자는 언젠가 어린 딸의 사진을 찍은 일이 있었다. 건판이 손에서 미끄러져 떨어졌다. 주워들고 보니 금이 가 있었다. 그 금은 마치 세로로 잡힌 주름처럼 딸의 이마 위에서 눈썹에 이르고 있었다. 그는 어쩐지 불길한 예감이 들어 견딜 수가 없었다. 왜냐하면 어머니가 죽기 전날에도 어머니의 사진 건판이 쪼개진 일이 있었기 때문이다. 그러므로 이 꿈의 황당무계성은 단순히 언어 표현의 부정확성의 결과인 것이다. 즉 흉상이나 사진이 사람과 구별되지 않은 것이다.

우리는 누구나 흔히 "아버지를 꼭 닮았군." 하는 말을 듣는다. 물론 이 꿈의 경우 황당무계하게 보이는 외관을 쉽게 피할 수도 있었으리라. 단 한 번의 경험으로 판단을 내려도 무관하다면, 이 황당무계한 외관은 그 자신이 허용하거나 혹은 원해서 이루어졌다고 말해도 상관없을 것이다.

2. 앞의 것과 매우 비슷한 나의 꿈(나의 아버지는 1896년에 세상을 떠났다.)

'아버지는 세상을 떠난 뒤 마자르인들 사이에서 정치적 역할을 하여 그들을 통일시켰다.' 이와 관련하여 나는 분명하지 못한 한 정경을 목격한다. '마치 국회라도 열린 것처럼 사람이 많이 모여 있다. 한 인물이 하나 또는 두 개의 의자 위에 서고 다른 사람들은 그를 에워싸고 있다. 나는 임종시의 아버지가 가리발디와 매우 닮았었다는 사실을 생각해 내고 기뻐한다.'

이 꿈은 의회의 '의사 진행 방해' 때문에 헝가리가 무법 상태에 빠졌다가 콜로만 셀에 의해 겨우 위기를 모면한 시대에 꾼 것이다.

꿈에 본 정경이 몇 개의 작은 장면으로 구성되었다는 것은, 사소한 일이기는 하지만 이 요소의 해명을 위해 전혀 의미가 없는 것은 아니다. 우리가 보통 꿈에서 관념을 시각적으로 표현할 경우 그 형상들은 실물대의 인상을 준다. 그런데 내 꿈의 화면은 오스트리아 역사의 본문 중에 삽입된 목판화의 재현, 즉 프레스부르크의 제국 의회에 참석한 마리아 테레지아를 그린 목판화 〈우리의 왕을 위해 죽으리〉의 유명한 장면이다. 이 그림의 마리아 테레지아와 같이 아버지는 꿈속에서 군중에 에워싸여 있다.

아버지는 하나 혹은 두 개의 의자 위에 서 있다. 다시 말해서 '의자 위에 앉은 재판장'이 되었던 것이다(그는 그들을 통일시켰다—여기서 중개 역할을 하고 있는 것은 '우리에게는 재판장이 필요없을 것이다'는 어구이다.). 아버지가 임종시에 가리발디와 비슷하게 보였다는 것은 주위 사람이 실제로 인정한 사실이다. 아버지는 사후에 체온 상승 때문에 그 뺨이 차차 붉어졌다……. 무심코 우리는 이렇게 말한다. '그리하여 그의 배후에는 실체 없는 빛 속에 우리 모두를 붙들어매는 공통의 것이 드러누워 있었다.'

이와 같은 상념의 흐름은 이 '공통의 것'을 어떻게 대할 것인가 하는 문제로 우리를 이끈다. 사후의 체온 상승에서 '사후'는 꿈 내용의 '아버지가 세상을 떠난 뒤'라는 말과 같다. 아버지의 생명을 앗아간 원흉은 죽기 전 몇 주 동안의 극심한 장폐색(腸閉塞)이었다.

그런데 여기에는 여러 가지 좋지 못한 관념이 결부되고 있다. 나와 동년배로 김나지움 재학 중에 아버지를 잃은 사람이 있었는데, 그때 나는 그를 깊이 동정했다.

그가 내게 자기 친척 여인의 슬픔을 비웃으면서 이야기해 준 일이 있다. 그 여자의 아버지는 노상에서 죽어 집으로 옮겨졌는데, 시체의 옷을 벗겨 보니 절명의 순간엔지 사후엔지 대변을 배설한 사실이 발견되었다. 딸은 이 때문에 몹시 충격을 받았고, 이 일로 인해 아버지에 대한 추억이 더럽혀진 것 같았다.

여기까지 더듬어 온 결과, 우리는 거의 앞에 든 꿈속에 구현되고 있는 소망의 정체를 알게 된 셈이다. 어느 자식이 아버지의 사후가 깨끗하고 또 위대한 모습으로 보이기를 바라지 않을까? 그렇다면 이 꿈의 황당무계성은 어디에서 오는 것일까? 이 꿈의 외관이 황당무계하게 된 것은, 우리가 그 구성 요소 사이에 존재하는 것으로 생각하는 황당무계성을 습관적으로 무시하고 대수롭지 않은 말을 꿈속에 충실하게 표현했기 때문이다.

3. 죽은 아버지에 관한 또 다른 황당무계한 꿈

'1851년 발작으로 불가피하게 입원해야만 했던 입원료에 관한 통지서 한 통이 동회(洞會)에서 내 앞으로 발송되어 왔다. 나는 그것을 읽고 크게 웃었다. 왜냐하면 첫째 나는 1851년에는 태어나지 않았으며, 둘째 이 일과 관계가 있을 듯싶은 나의 아버지는 이미 세상을 떠났기 때문이다. 나는 옆방에 있는 아버지에게 가서 그 일을 이야기했다. 그러자 놀랍게도 아버지는 1851년에 한 번 술에 취해 보호 검속을 받은 일이 있다는 것을 생각해 냈다. 그것은 아버지가 T가(家)를 위해 일하고 있을 때의 일이었다. 나는 〈그럼 아버지도 술에 취했었군요. 그 뒤 바로 결혼하셨나요?〉라고 물었다. 계산해 보니 나는 1856년에 태어났다. 그런데도 연달아 일어난 일인 것처럼 생각되었다.'

이 꿈은 노골적으로 그 황당무계성을 드러내고 있는데, 이와 같은 황당무계성은 이제까지의 논의로 미루어 꿈 사고 중에 있는 격하고 열렬한 반감의 표시라고 풀이할 수 있다. 그러나 이 꿈에서 반감이 적나라하게 드러나고 아버지를 조소의 대상으로 표현한 사실을 확인하면 더욱더 놀라게 된다. 이와 같은 노골성은 꿈 작업시의 우리의 꿈 검열에 관한 전제 조건에 모순되는 듯하다. 그러나 이 꿈에서 아버지는 다만 방편으로 쓰이는 인물에 지나지 않고 실제적인 싸움의 상대는 단 하나의 암시로 존재를 나타내고 있는 다른 인물이라는 사실이 꿈을 해석하는 데 도움이 된다.

꿈이 어떤 사람에 대한 반항을 다루는 경우 그 배후에 아버지의 존재가 감춰져 있는 것이 보통인데, 이 꿈에서는 그것이 거꾸로 되어 있다. 즉 아버지는 다른 사람을 감추기 위한 대용물로, 여기서 실제로는 아버지가 아니라는 암묵의 양해가 적용되고 있다. 그렇기 때문에 이 꿈은 일반적으로 신성시되는 아버지라는 인물을 노골적으로 우롱하고 있는 것이다.

이런 사정은 꿈의 동기를 생각함으로써 설명할 수 있다. 즉 이 꿈을 꾼 것은, 그 판단이 절대시되는 어느 선배가 내 환자 중 한 사람이 5년이나 정신분석 치료를 받고 있는데 아직도 결말이 나지 않는 것은 이상한 일이라고 나를 비난한다는 말을 들은 뒤였다.

이 꿈의 첫 부분은, 비록 은폐되어 있지만, 나의 아버지가 다하지 못한 의무(비용의 지불, 입원)를 그 선배가 한동안 떠맡았던 일을 가리키고 있다. 그리고 우리 사이의 우정이 깨지기 시작했을 무렵, 나는 아버지와 아들 사이가 원만하지 못할 경우 흔히 보이는 것처럼 지난날의 행위로 인해 발생하는 그런 감정상의 갈등에 빠졌던 것이다. 그리하여 꿈 사고는 문제의 환자 치료에서 발단이 되어 다른 일에까지 미치는 비난, 즉 나의 치료 방식이 틀렸다는 비난에 대해 분개하고 반항하는 것이다.

이 꿈이 황당무계해 보이는 것은, 꿈 사고의 온갖 영역에서 나온 명제가 나란히 줄지어 있는 데서 연유한 것이다. 예컨대 '나는 옆방에 있는 아버지에게 간다.'는 구절은 그 앞의 명제가 다루던 테마를 버리고, 내가 멋대로 정한 약혼을 아버지에게 보고했을 때의 상황을 재현하고 있다. 그렇다면 그 구절은 그때 아버지가 보여준 기품 있고 공정한 태도를 상기시켜, 다른 새로운 인물의 태도와 대비시키려고 한다. 아버지가 꿈 사고 속에서 남들로부터 모범적 인물로 찬양되기 때문에 꿈이 감히 아버지를 비웃을 수 있었던 것이다. 입 밖에 내서는 안 될 일에 대해서는, 진실보다는 진실이 아닌 것을 말하는 데 모든 검열의 본질이 있다.

아버지가 '지난날 술에 취해 보호 검속을 받은 일이 있는 것을 생각해 냈다.'는 다음 문장은 현실적으로 아버지와 관계있는 것은 아니다. 아버지가 대용물이 되고 있는 그 인물은 여기서는 바로 저 위대한 마이네르트이다. 나는 존경심을 가지고 그가 걸은 길을 답습하려고 했다. 그런데 나에 대한 그의 태도는 얼마 동안은 호의적이었으나, 곧 노골적인 적대감으로 변했다. 이 꿈은 나로 하여금 그가 한 말을 상기시킨다. 그는 젊어서 습관적으로 클로로포름을 흡입하다가 그것 때문에 한동안 치료를 받았다고 한다.

그리고 또 하나, 이 꿈은 마이네르트가 죽기 전 그와의 사이에 일어난 한 사건을 생각나게 했다. 나는 남성 히스테리라는 것을 부정한 그와 심한 논쟁을 벌였다. 그리고 임종이 가까운 그를 찾아가 용태를 물으니 그는 자신의 병세를 자세히 이야기하고 이런 말로 끝을 맺었다. "이봐, 자네도 알다시피 실은 나야말로 남성 히스테리의 좋은 케이스였네." 그가 오랫동안 그렇게 고집해 오던 것을 그런 식으로 시인한 것은 나로서는 놀랍기도 하고 동시에 만족스럽기도 했다. 그러나 내가 꿈의 이 장면에서 아버지를 마이네르트의 대용물로 삼을 수 있었던 것은, 이 두 사람 사이의 유사점 때문이 아니라 꿈 사고 중 한 조건문의 간결하지만 적절한 표현에 의한 것이다. 그 문장의 내용을 자세히 말하면 이렇다. "그렇지, 내가 만약 대학 교수나 궁중 고문관의 자식이었다면, 물론 좀더 빨리 출세했겠지." 이렇게 하여 나는 꿈속에서 나의 아버지를 궁중 고문관이나 대학 교수로 만드는 것이다.

이 꿈에서 가장 두드러지게 눈에 거슬리는 황당무계성은 1851년이라는 연도 문제이다. 나는 1851년과 1856년을 구분하지 않고, 마치 '5년 차이 정도는 전혀 의미가 없는 듯' 생각하고 있다. 그런데 이것이야말로 바로 꿈 사고 중에서 표현하려고 한 것이다.

4년에서 5년의 기간은 처음 말한 선배 마이네르트에게서 후원을 받았던 기간이고, 내가 약혼녀에게 결혼을 기다리게 한 기간이고, 또한 꿈 사고에 즐겨 이용된 우연의 일치에 의해 지금 나를 믿고 따르는 환자를 완전히 치료하기에 필요하다고 생각하는 기간이기도 하다. "5년이 어떻다는 거야?" 하고 꿈 사고는 반문한다. "그건 내게 있어서는 결코 긴 시간이 아니다. 그런 건 문제가 안 된다. 나에겐 시간이 충분하다. 당신이 믿으려 하지 않았던 것이 결국 이루어진 것같이, 나는 이 일도 꼭 성취시킬 것이다."

4. 숫자를 다룬 황당무계한 꿈

'나와 친한 M씨가 다른 사람이 아닌 괴테의 맹렬한 공격을 받았다(어떤 논문 중에서). M씨는 물론 이 공격으로 완전히 녹초가 되었다. 그는 어떤 회의석상에서 그 일에 대해 탄식했다. 그러나 괴테에 대한 그의 존경심은 이와 같은 개인적인 사건으로 손상되지 않았다. 나로서는 시간적 관계가 조금 이상하게 생각되었으므로 그 점을 밝히려고 했다. 즉 괴테의 공격은 그가 죽은 1832년 이전의 일이어야 하므로, M은 그 당시 아주 젊었을 것이다. 아마 18세 정도가 아니었을까. 그런데 나는 지금이 몇 년인지 확실하게 모른다. 따라서 계산 전체가 희미했다. 그런데 괴테가 그를 공격한 것은 〈자연에 대하여〉라는 저명한 논문 속에서였다.'

이 꿈의 황당무계성은 곧 증명할 수 있다. M씨와는 어떤 회의석상에서 알게 되었는데, 바로 얼마 전 '진행성 뇌마비에 의한 정신장애' 징후가 보이는 동생을 좀 보아 달라고 내게 부탁했다. 진찰 결과 M씨의 예측이 옳았다. 이 진찰에 즈음하여 뜻밖의 난처한 일이 생겼다. 아닌 밤중에 홍두깨 격으로 환자가 '형의 젊었을 때의 실수'를 암시하는 듯한 말을 하여 형을 당황하게 만들었던 것이다. 나는 환자에게 생년월일을 물었다. 또 기억력 감퇴를 납득시키기 위해 몇 가지 간단한 계산을 시켜 보았다. 그는 이 시험을 그런대로 넘겼다. 여기까지 생각하니, 나는 내가 그 꿈에서 진행성 뇌마비 환자처럼 행동하는 것을 깨달았다(나는 현재가 몇 년인지 확실하게 모른다.).

또 하나의 꿈 재료는 최근의 다른 원천에서 유래한 것이다. 나와 친분이 있는 어느 의학 잡지 편집자가 베를린의 내 친구 F1의 근저(近著)에 대해 '혹독할 정도로 부정적인' 비평을 한 것을 그 잡지에 실었다. 그런데 그 비평은 아직 매우 젊고 능력이 부족한 비평가의 것이었다. 나는 그 사건에 개입할 권리가 있다고 믿고 편집인에게 해명을 요구했다. 편집인은 그에 대해 크게 유감의 뜻을 표하기는 했으나, 정정을 약속하지는 않았다. 그래서 나는 그 잡지와 관계를 끊겠다는 뜻을 밝힌 편지를 보냈는데, 그 편지에서 '우리의 개인적 관계가 이번 일로 인해 손상되지 않기'를 바란다고 강조했다.

이 꿈의 제3원천은, 바로 그 무렵 어느 여자 환자에게서 들은 그 남동생의 정신병에 관한 생생한 기억이다. 이 남동생은 "자연, 자연."이라고 고함치면서 발작을 일으켰다. 의사들은 이 절규가 아름다운 괴테의 에세이를 읽은 데 원인이 있으며, 환자의 지나친 자연철학 연구에 연유한다고 생각했다. 나는 성적 의미를 생각하는 것이 좋으리라고 생각했다. 교육을 그다지 많이 받지 못한 사람들도 '자연'에 대해 이야기할 때 거기에 성적 의미를 포함시킨다. 그리고 그 불행한 환자가 나중에 자기의 음경을 끊어 버린 사실은 적어도 내 생각이 틀리지 않았음을 입증하는 것이라고 생각했다. 그 환자가 미친 것은 18세 때였다.

그토록 혹평을 받은 내 친구의 저서가 '생명의 시간적 관계'를 논하고 괴테의 수명을 생물학적으로 중대한 의미를 갖는 어떤 수의 몇 배나 된다고 한 사실을 덧붙인다면, 내가 그 꿈속에서 나를 친구의 위치에 두고 있는 사실이 쉽게 이해가 된다('나로서는 시간적 관계가 조금 이상하게 생각되었으므로 그것을 밝히려고 했다.'). 그러나 나는 진행성 뇌마비 환자처럼 행동하고, 꿈은 황당무계해졌다. 즉 꿈 사고는 비꼬듯 이렇게 말한다. "물론 그는 천치나 미치광이다. 그리고 당신들은 사물을 잘 분별하는 천재이다. 아니, 어쩌면 그 반대일까?" 그리고 이 전이(轉移)는 꿈 내용 속에서 충분히 표현된다. 다시 말해서, 괴테가 그 젊은이를 공격한다는 것은 그야말로 황당무계한 것이다. 오히려 거꾸로 오늘날에도 새파란 젊은이가 불멸의 괴테를 공격하려 할지 모른다. 그리고 나는 꿈에서 괴테가 죽은 해로부터 계산해 올라갔으나, 진행성 뇌마비 환자에게는 그 생년을 기준으로 계산하게 했던 것이다.

나는 꿈의 황당무계성이라는 문제를 이렇게 해결했다. 즉 꿈 사고는 결코 황당무계하지 않다(적어도 정신이 건전한 인간의 꿈에 대해서는 그렇게 단언할 수 있다.). 그리고 만일 꿈 사고 중에 존재하는 비평이나 비웃음이나 욕설을 표현하려고 할 경우 꿈 작업은 전체가 황당무계한 꿈이나, 개개의 요소가 황당무계한 꿈을 만들어 내는 것이다.

여기서 중요한 과제는, 꿈 작업은 규정된 조건을 고려하며 꿈 사고를 해석하는 이외의 일은 하지 않는다는 사실을 보여주고, 또 인간의 영혼이 가진 정신적인 능력을 꿈속에서 모두 활용하느냐 그렇지 않으면 그 일부만 이용하느냐의 문제는 잘못 제기된 것이며, 실제 상황과는 거리가 멀다는 사실 역시 증명해야 한다. 꿈의 내용이 판단되고, 비판되고, 인정되고, 아니면 세부적인 꿈 요소에 놀라고, 설명이 시도되고, 논의가 펼쳐지는 꿈들은 얼마든지 있으므로, 그런 경우 제기되는 이의를 나는 몇 가지 사례에 따라 마무리지으려 한다.

꿈속에서 비판 기능의 활동으로 보이는 것은 모두 꿈 사고의 재료에 속하며, 꿈 사고로부터 완성된 형태로 현재적 꿈의 내용에 이르는 것으로 간주되어야 한다. 이와 같은 명제는 좀더 폭을 넓혀 우선 이렇게 표현할 수도 있다. 즉 잠을 깬 뒤에 기억하고 있는 꿈에 대해서 내리는 여러 가지 판단, 그 꿈의 재현이 우리 안에 불러일으키는 갖가지 감정의 대부분은 잠재적 꿈의 내용에 속하는 것이며, 따라서 꿈 해석의 한 부분에 포함시켜 생각하지 않으면 안 된다는 것이다.

① 나는 이에 대한 뚜렷한 예 하나를 이미 들었다. '그다지 또렷하지 않다며' 꿈을 이야기하려고 하지 않은 여자 환자가 있었다. 그녀는 꿈에서 어떤 사람을 보았는데, 그것이 '남편인지 아버지인지' 알 수 없었다. 그 다음 이어지는 두 번째 꿈 부분에서 '비료 운반차'가 나타났는데, 이에 대해서는 다음과 같은 기억이 결부되고 있다. 그녀가 시집 와서 얼마 되지 않은 어느 날, 자주 집에 드나드는 친척 젊은 이에게 현재 자기의 관심사는 새 비료 운반차를 입수하는 일이라고 농담조로 이야기한 일이 있었다. 그러자 이튿날 아침 새 비료 운반차가 한 대 배달되었다. 꿈의 이 부분은 "나 자신의 비료로 양육된 것은 아니다."('자기가 생각해 낸 일이 아니다'라는 뜻)라는 말을 표현하기 위한 것이다.

분석을 해 보니, 꿈 사고의 중심 문제는 그녀가 젊어서 들은 이야기, 즉 한 아가씨가 아이를 낳는데 "대체 아버지가 누구인지 분명하지 않았다."라는 이야기에 근거를 두고 있음을 알았다. 이 경우 꿈 표현은 각성시의 사고에까지 힘을 미치고 있어, 꿈 사고의 한 요소를 그 꿈 전체에 내려진 각성시의 판단으로 대신하게 한다.

② 나 자신이 꾼 꿈. 'P와 같이 집과 마당이 보이는 곳을 지나 병원으로 간다. 그때 그 일대를 몇 번인가 꿈에서 본 적이 있는 것 같은 생각이 든다. 그러나 나는 그곳을 잘 모른다. P가 어떤 길을 가리켰는데, 그 길은 모퉁이를 돌아서 어느 레스토랑으로 통하고 있다(홀은 있는데 마당은 보이지 않는다.). 거기서 내가 도니 부인에 관해서 물었더니, 세 아이와 함께 뒤쪽 작은 방에 있다는 것이었다. 그리로 가다가 나의 어린 두 딸을 데리고 오는, 누군지 분명하지 않은 인물과 마주쳤다. 나는 딸들과 잠시 거기 서 있다가 그들을 데리고 왔다. 아내가 딸들을 그런 곳에 버려 둔 일에 대해 비난하는 것 같은 마음.'

그리고 잠을 깨어 깊은 만족감을 느꼈다. 그것은 지금 이 꿈을 분석해 보면 틀림없이 '몇 번인가 꿈에서 본 적이 있다'는 구절이 무엇을 의미하는지 알 수 있으리라는 생각에서였다. 그런데 분석 결과, 나는 아무것도 알아내지 못했다. 다만 만족감이 꿈에 대한 판단이 아니라 잠재적 꿈의 내용에 속한다는 것을 알았을 뿐이다. 즉 그것은 내가 결혼해서 아이들을 얻었다는 데 대한 만족이다. P는 얼마 동안 나와 같은 인생 행로를 걸었으나, 이윽고 사회적으로나 물질적으로나 나를 훨씬 능가하게 된 인물이다. 하지만 그에게는 아이가 없었다.

이 꿈의 두 가지 동기는 완전한 분석에 의한 증명을 대신할 수 있다. 그 전날 나는 신문에서 도나(여기에서 나는 도나라는 이름을 만들었다.)라는 부인이 산욕열로 죽었다는 기사를 읽었다. 나는 이 죽은 부인을 돌본 산파가 우리가 끝의 두 아이를 낳을 때 도와준 산파와 동일인임을 아내에게 듣고 알았다. 도나라는 이름이 나의 주의를 끌었던 것은, 얼마 전 영국 소설에서 처음으로 그런 이름을 발견했기 때문이다. 꿈의 다른 하나의 동기는 이 꿈을 꾼 날에서 비롯된다. 그날은 시적 재능을 가진 듯싶은 맏아들의 생일 전날이었다.

③ 이와 비슷한 만족감은 아버지가 사후에 마자르인들 사이에서 정치적 역할을 했다는 황당무계한 꿈에서 깬 뒤에도 느꼈다. 그것은 꿈의 마지막 부분, 즉 '나는 임종시의 아버지가 가리발디와 매우 닮았던 것을 생각해 내고, 그것이 사실이 된 것을 기쁘게 생각했다.'에서 느낀 감정의 계속에 의한 것이다. 분석 결과, 나는 그 꿈의 공간을 메울 수 있었다. 그것은 내가 소년시절, 특히 영국에 갔다온 뒤로 흠모하게 된 위대한 역사적 인물의 이름을 붙여 준 내 둘째 아들과 관련이 있는 일이다(그 애의 이름은 올리버. 이것은 크롬웰의 이름이다.). 나는 아들을 낳으면 그 이름을 붙여 주리라 생각하며 기대에 찬 1년을 보냈다. 마침내 바라던 사내아이가 태어나자 크게 '만족하여' 그 이름을 지어 주었다. 아버지의 억압된 출세욕이 관념 속에서 어떻게 자식들에게 옮겨지는지 쉽게 알 수 있다.

④ 이번에는 꿈 안에 머물러 있거나 깰 때까지의 상황으로 이어지는 일 없이 꿈 자체에 속하는 판단의 언사를 찾아보려고 하는데, 이미 다른 의도에서 보고한 꿈들을 이용할 수 있어서 매우 다행스럽게 생각한다. M씨를 공격한 괴테의 꿈은 이와 같은 판단을 풍부하게 내포하고 있는 듯이 생각된다. '나로서는 시간적 관계가 조금 이상하게 생각되었으므로 그 점을 밝히려고 했다.' 이 부분은 괴테가 나의

친구인 젊은이에게 공격을 가했다는 따위의 황당무계성에 대한 비판적인 마음의 움직임이라고 할 수 있지 않을까. '그는 아마 18세 정도가 아니었을까.' 이 부분은 잘못된 계산의 결과같이 생각된다. 그리고 '지금이 몇 년인지 확실하게 모른다.'는 꿈속의 불확실성이나 의심의 한 예가 될 수 있다.

그런데 나는 이 꿈의 분석에서 비로소 이루어진 듯이 보이는 판단 행위는 그 말대로 받아들이면 별도 해석이 가능하다고 생각된다. 이 별도 해석에 의해서 이들 판단 행위는 꿈 해석에 불가결한 것이고 동시에 다른 모든 황당무계성을 피할 수 있는 수단이기도 하다.

⑤ 이미 소개한 꿈 중에서 판단 작업을 하고 있는 다른 예를 찾아보자. 동회에서 서신이 발송되어 온 저 황당무계한 꿈에서 나는 이렇게 묻는다. '그리고 그 뒤 바로 결혼했나요? 나는 내가 1856년에 태어났다고 계산한다. 그런데도 연이어 일어난 일인 것처럼 생각된다.' 이것은 완전히 추론 형식을 취하고 있다. 아버지는 그 발작이 있은 직후인 1851년에 결혼했다. 나는 장남으로 1856년에 태어났으니까 계산은 맞는다. 그런데 이 결론은 소망 충족에 의해 위조되었고 꿈 사고를 지배하는 명제가 '4, 5년 정도의 시간이야, 뭐. 그런 건 문제가 아냐.'라는 것을 우리는 알고 있다.

그러나 이 추론의 각 부분은 내용이나 형식으로 보아 꿈 사고에서 다른 내용으로 규제할 수 있다. 즉 그것은 동료 의사가 인내심이 없다고 불평한 사람으로, 치료가 끝나면 즉시 결혼할 계획으로 있는 환자인 것이다. 꿈속에서 내가 아버지와 대하는 것은 심문 또는 시험을 생각나게 하며, 또 어떤 대학 교수를 생각나게 했다. 그 교수는 수강 신청을 할 때 학생의 인적 사항을 철저히 캐묻는 버릇이 있었다. 학생들은 이 궁중 고문관인 교수가 수강 학생의 이름에서 알아낼 수 없는 것을 아버지 이름에서 추론(그 학생이 유대인인가 아닌가의 추론이겠지만)하려 하는 것이라고 생각했다.

그러므로 꿈의 추론은 꿈 사고에 재료의 한 부분으로 나타나는 '추론을 끌어내는’ 일의 반복에 지나지 않는다고 할 수 있겠다. 여기서 우리는 새로운 사실을 알게 된다. 꿈 내용 중 어떤 추론이 나타날 경우, 그것은 반드시 꿈 사고에서 오는 것이다. 그런데 이 추론은 꿈 사고 중에 기억된 재료의 일부분으로 포함되어 있거나, 아니면 논리적 접착제로서 일련의 꿈 사고를 서로 이어 주고 있다. 어쨌든 꿈속의 추론은 꿈 사고로부터의 추론을 나타낸다.

⑥ 지금까지 간단하게 언급한 꿈의 첫머리에서, 뜻밖에 드러나는 테마에 대한 감탄이 명백하게 표현된다.

‘브뤼케 교수가 내게 어떤 과제를 내준 것이 틀림없다. 〈정말 기묘한 일이지만〉 그 문제는 나의 하반신, 골반과 두 다리의 표본 제작과 관계가 있다. 마치 해부실처럼 나 자신의 하반신이 눈앞에 놓여 있다. 그런데도 나는 하반신이 없어진 것 같은 느낌도 들지 않고 기분 나쁘지도 않다. 루이제 N이 내 곁에서 함께 일한다. 우리는 골반의 내부를 꺼낸다. 골반 위가 보이기도 하고 아래가 보이기도 하면서 뒤죽박죽이 된다. 두꺼운 살색의 덩어리(나는 꿈에서 그것을 보며 치질을 생각한다.)가 보인다. 그 위에 마구 구겨진 은종이 비슷한 것이 있는데, 그것은 조심스럽게 제거하지 않으면 안 된다.

다음에 다시 다리가 내 몸뚱이에 붙어 거리를 걸었는데, 피곤해서 마차를 불렀다. 그 마차는 놀랍게도 문이 열려 있는 어떤 저택 안으로 들어갔다. 마차는 복도를 달려가다가, 이윽고 복도가 끊어지자 확 트인 들판으로 나간다. 이윽고 나는 등에 짐을 진 알프스의 안내자와 함께 순간순간 변하는 경치 속을 걸어갔다. 어느 지점에서 안내자는 피곤한 내 다리를 염려하여 나를 업어 주었다. 사람들이 땅바닥에 앉아 있었는데, 그 속에는 인디언이나 집시로 보이는 아가씨들도 있었다. 나는 앞서서 미끄러운 길을 성큼성큼 걸었다. 골반과 다리를 절단했는데도 이렇게 걸을 수 있다는 데 대해 감탄했다. 이윽고 오막살이에 도착했다.

그 집 끝은 열어젖힌 창문으로 되어 있었다. 안내자는 나를 거기에 내려놓고 미리 준비했던 나무 판자 두 장을 문지방에 놓았다. 창문에서 건너가지 않으면 안 될 깊은 골짜기에 놓기 위해서이다. 그때 다리의 일이 걱정되었다. 그런데 기대했던 대로 골짜기를 건너가지 않고, 그 대신 나무 벤치에 두 사나이가 드러누워 있는 것이 눈에 띄었다. 벤치는 오막살이의 벽 옆에 있고 또한 그들 곁에 두 아이가 잠들어 있다. 판자가 아니라 아이들을 딛고 골짜기를 건너가야 할 것 같았다. 나는 깜짝 놀라 잠이 깨었다.'

꿈의 압축 작용의 변화에 대해 올바로 알고 있는 사람이라면, 이 꿈을 상세히 분석하는 데 얼마나 많은 시간이 필요한지 쉽게 상상할 수 있으리라. 그런 점에서 내가 꿈속에서의 감탄을 설명하기 위한 하나의 예로 '정말 기묘한 일이지만'이라는 삽입구만 인용하는 것은 다행이라 할 수 있다. 이 꿈의 동기는 꿈속에서 내 일을 도와주는 부인 루이제 N의 내방이다.

"읽을 만한 걸 좀 빌려 주세요."라고 해서 나는 라이더 해거드의 《그 여인》이라는 소설을 주었다. "'기묘한' 책이지만 의미심장하죠. 영원한 여성상, 우리 정열의 불멸성……"이라고 설명하기 시작하자 그녀는 나의 말을 가로막았다. "어머, 이 책은 읽었어요. 뭐 다른 것, 선생님이 쓰신 책은 없나요?" "아니, 저는 아직 불멸의 저서는 쓰지 못했습니다……." "그럼, 선생님이 약속하신, 소위 최후의 해설은 대체 언제쯤 나오는 거죠? 우리도 읽을 만한 것이라고 말씀하신……" 하고 그녀는 약간 비꼬는 투로 물었다.

그때 나는 다른 사람이 그녀의 입을 빌려 독촉한다는 것을 알고 입을 다물어 버렸다. 나는 참으로 많은 개인적인 비밀을 폭로하지 않을 수 없는 꿈에 관한 연구를 세상에 공표하기 위해 이겨내야 하는 것들을 생각했다. '네가 알고 있는 최상의 것을 아녀자에게 말하지 말라.' 이 꿈에서 내게 부과된, 자신의 몸뚱이를 박제 표본으로 만드는 일은 꿈의 보고에는 불가피한 자기분석이다.

브뤼케 교수가 등장하는 데는 그럴 만한 이유가 있다. 학문 연구 초기에 나는 발견한 것을 방치해 두었다가 교수가 일침을 가한 후에야 겨우 세상에 발표한 일이 있다. 그러나 루이제 N과의 이야기에 연결되는 그밖의 관념은 너무 깊은 곳까지 미치고 있기 때문에 그것을 모두 의식으로 끌어올릴 수는 없었다. 그 관념들은 라이더 해거드의 소설 《그 여인》에 대한 언급을 통해 내 심중에 불러일으켜진 재료에 의해 옆으로 밀려났다. '정말 기묘한 일이다.'라는 판단은 이 책과, 그리고 같은 저자의 다른 책 《세계의 심장》에 관계하고 있는 점으로 미루어보아 이 꿈의 무수한 요소는 공상적인 이 두 소설에서 유래한다. 내가 업혀서 건너간 늪지, 가지고 온 판자로 건너려는 깊은 골짜기 등은 소설 《그 여인》에서, 인디언과 아가씨들과 오막살이는 《세계의 심장》에서 유래된 것이다.

두 소설 다 한 여자가 주인공인데, 모두 위험한 도보 여행에 얽힌 이야기다. 《그 여인》에서는 미개지에 대한 모험이 테마이다. 지친 다리는 이 꿈을 꾸었을 당시의 메모에 의하면 그때의 실제적인 느낌이었다. 아마도 피로한 기분과, 내가 아직 얼마나 걸을 수 있을까 하는 의문을 나타내고 있는 모양이다. 소설 《그 여인》에서는 여주인공이 자기와 다른 사람에게 불로불사(不老不死)를 가져다 주는 대신 신비스러운 지하의 불꽃에 타서 죽는 것으로 모험이 끝난다.

'오막살이'는 틀림없이 관, 즉 무덤이다. 그러나 꿈의 작업은 모든 사고 중 가장 바람직하지 못한 이 죽음의 관념을 소망 충족에 의해 표현하는 어려운 재주를 부렸던 것이다.

⑦ 꿈속에서의 체험을 의아하게 생각하는 감정의 표현을 볼 수 있는 또 다른 꿈이 있다. 그러나 이번에는 눈에 띄게 억지스럽고, 기발하다고 할 정도의 설명이 시도되고 있다. 이 꿈에서는 우리의 흥미를 끄는 다른 두 가지가 더 있다.

'7월 18일과 19일 사이의 밤에 나는 남부선 열차를 타고 여행을 했다. 잠결에 〈10분 후 홀트후른에 정차합니다.〉라고 외치는 소리를 들었다. 나는 즉시 홀로투리엔(해삼) — 자연사 박물관의 — 을 생각했다. 또 홀트후른은 용감한 사나이들이 영국의 우세한 병력과 싸워서 패한 땅이라는 것도 생각해 냈다 — 그렇지, 오스트리아의 반종교 개혁운동! — 작은 박물관이 희미하게 보인다. 그 박물관 안에는 저 용감한 사나이들의 유품과 전리품이 보존되어 있다. 나는 열차에서 내리려고 하다가 주저한다. 플랫폼에는 과일을 든 여자들이 있다. 여자들은 땅바닥에 쪼그리고 앉아 〈자, 사세요.〉 하며 바구니를 내밀었으나, 나는 시간이 충분한지 몰라 망설였다.

어느 결에 내가 차에 올라가 있다. 좌석이 아주 좁아 등이 등받이에 바로 닿는다. 아무래도 '잠든 채 차를 바꿔 탄' 모양이라고 생각한다. 사람들이 여러 명 보이는데, 그 속에 영국인 남매도 있다. 벽 선반에 책이 꽂힌 것이 또렷이 보인다.《국부론》,《물질과 운동》(맥스웰)도 있다. 두꺼운 책으로 장정은 갈색이다. 남자 쪽이 누이동생인 듯한 여자에게 실러의 책에 대해 물으며 〈너 그거 잊지 않았니?〉 한다. 그것들은 내 책인 것 같기도 하고 남매의 책인 것 같기도 했다. 나는 남매의 대화에 끼어들어 그것을 확인하거나 증명했으면 좋겠다고 생각했다.' 잠을 깨니 전신이 땀에 젖어 있었다. 창문이 모두 닫혀 있었다. 기차는 마르부르크에 정차해 있었다.

이 꿈을 기록하고 있는 동안 나의 기억이 생략하고자 했던 꿈의 한 부분이 떠올랐다. '나는 남매에게 어떤 종류의 저서에 대해 영어로 〈그것은 ……에서 나온 것입니다.〉 하지만 곧 〈그것은 ……가 쓴 것입니다.〉라고 말을 바꾸었다. 오빠는 누이동생에게 〈저분이 말한 대로다.〉라고 말했다.'

이 꿈은 나를 완전하게 깨우지 못한 역의 이름으로 시작된다. 마르부르크라는 역의 이름은 홀트후른으로 대체되고 있다. 역원이 외치는 마르부르크라는 소리를 처음, 아니면 나중에 들었다는 것은 꿈속에 실러가 나오는 것으로 증명된다. 실러는 분명히 슈타이어의 마르부르크는 아니지만, 마르부르크에서 태어났다. 그런데 이번에 나는 1등칸에 탔는데도 몹시 불편한 상황에서 여행을 하고 있다. 기차는 만원이고 차 안에서 어떤 신사와 숙녀를 만났다. 그들은 신분은 퍽 높은 듯한데 '나'라는 침입자를 불쾌하게 생각하는 기색이 역력했다. 그들은 에티켓이 없는지 혹은 굳이 그렇게 할 필요도 없다고 생각하는지, 이쪽에서 정중하게 눈인사를 했는데도 모른 체하고 있었다. 그 남녀는 나란히(열차의 진행 방향으로) 앉아 있었는데, 내가 들어서는 것을 보자 급히 파라솔을 자기네 맞은편 좌석에 놓았다. 문은 곧 닫혔다. 그들은 창문을 열면 큰일이라는 말을 들으라는 듯이 주고받았다.

무더운 밤이었다. 사방에 열린 데라곤 없으니 차 안의 공기는 질식할 것만 같았다. 나의 여행 경험에 비추어 보건대, 그와 같이 오만불손하게 구는 자들은 필경 무료 승차권이 아니면 반액표 소지자임에 틀림없다. 차장이 왔으므로 나는 비싼 요금을 치르고 산 승차권을 보였다. 여자는 거의 위협적으로 "내 남편은 무료 패스를 가지고 있어요."라고 소리쳤다. 언짢은 표정을 짓는 그녀의 모습은 당당했다. 여자로서의 아름다움이 쇠퇴하기 시작한 그런 나이로 짐작되었다. 남편 쪽은 거의 말도 하지 않고 움직이지도 않았다.

나는 잠을 청했다. 그리고 꿈속에서 이 비위에 거슬리는 동승자들에게 따끔한 복수를 해 준 것이다. 꿈의 전반부 군데군데 끊긴 부분 뒤에 얼마나 많은 욕설과 비방이 감춰져 있는지 잘 모를 것이다. 이 욕설, 비방의 욕구가 충족된 다음, 차칸을 바꾸고 싶은 제2의 욕구가 얼굴을 내밀었다.

그런데 장면의 변화에 항의하고 그 이유에 대한 설명이 필요하다고 생각한 듯한 사건이 일어났다. 어떻게 갑자기 다른 차칸으로 갔는지, 나는 바꿔 탄 기억이 전혀 없었다. 따라서 설명은 꼭 한 가지밖에 없다. 즉 '나는 잠든 상태에서 그 기차에서 나온 것이다.' 정말 드문 일이지만, 신경병리학자라면 그런 예를 알고 있다. 몽롱한 상태로 기차 여행을 하면서도, 그 비정상적인 상태를 남에게 알리지 않고 도중 어딘가의 역에서 완전히 제 정신으로 되돌아와 자기의 기억에 구멍이 났다는 사실에 새삼스럽게 놀라는 사람들이 있다. 따라서 나는 꿈에서의 나와 같은 상태를 '몽유증'의 경우라고 설명한다.

분석은 다른 해석을 허용한다. 위 설명의 시도를 꿈 작업 탓으로 돌려야 한다면 나로서는 놀랄 수밖에 없지만, 그것은 독창적인 것이 아니라 내 환자 중 한 사람의 노이로제를 본딴 것이다.

여기서 우리는 반드시 꿈 해석에 영향을 미치는 것 같지는 않지만, 그것이 영향을 미칠 경우에는 그 유래를 달리하는 여러 꿈 요소를 모순 없이 함축적으로 융합시키는 그런 심리적 활동에 관심을 돌릴 수 있을 것이다. 그러나 그보다 앞서 꿈속에 나타나는 감정의 발현에 대해 주목하고, 그것을 분석하여 꿈 사고에서 발견되는 감정과 비교하는 일이 급선무가 아닐까 한다.

꿈속의 감정

"만일 내가 꿈속에서 강도를 무서워한다면, 그 강도는 물론 공상적으로 존재하지만 그 공포감은 현실이다."라고 슈트리커는 말했다. 그런데 꿈속에서 기쁨을 느낄 경우도 그 사정은 마찬가지다. 우리의 감각이 증언하는 바에 따르면, 꿈속에서 체험한 감정은 깨어 있을 때 체험한 같은 강도의 감정과 비교하여 가치가 떨어지는 것이 아니며, 꿈은 그 표상 내용보다 그 감정 내용에 의해 더 강하게 우리 마음의 현실적 체험 속에 흡수되기를 요구한다.

꿈은 언제나 불가사의한 것으로 생각되어 왔다. 꿈의 표상 내용은 우리의 각성 시의 사고 속에 필연적인 것으로 기대되는 감정 활동을 수반하지 않기 때문이다. 슈트륌펠은 꿈의 표상은 그 심리적 가치가 결여되어 있다고 말했다. 반면 꿈에서는 감정 환기의 계기를 제공하지 않는 듯이 보이는 내용에서 강한 감정의 발현이 일어나는 반대 현상이 없는 것도 아니다. 나는 꿈속에서 끔찍하고 소름끼치는 상태에 있으면서도 공포감이나 혐오감을 전혀 느끼지 않는 일도 있고, 또 거꾸로 대단치도 않은 일에 놀라기도 하고 하찮은 일에 기뻐하기도 한다.

꿈의 이런 수수께끼는 만일 우리가 현재적 내용에서 잠재적 내용으로 옮길 경우에는, 다른 어떤 꿈의 수수께끼보다도 돌연히 또 완전히 사라져 버린다. 그것이 더 이상 존재하지 않으므로 우리는 이 수수께끼의 해명에 참여할 필요가 없어진다.

분석은 우리에게 다음과 같이 가르쳐준다. 즉 '감정은 언제나 본래 그대로이나 표상 내용 쪽은 이동과 대체를 겪게 된다.' 꿈 왜곡 때문에 변화된 표상 내용이 변하지 않은 감정에 이미 적합하지 않다는 것은 조금도 이상한 일이 아니다. 그러나 분석이 올바른 내용을 본래의 위치에 배치했다 해도 이 또한 이상할 것이 없다.

저항하는 검열의 심리적 콤플렉스에서 감정이야말로 그에 항거하는 성분이며 이것만이 우리에게 올바른 보충의 계기를 준다. 이 관계는 꿈에서보다는 노이로제에서 좀더 명료하게 나타난다. 노이로제의 경우 감정의 강도는 적어도 그 질(質)에 관한 한 언제나 옳다. 그 강도는 노이로제적 주의력의 이동으로 높아지기 때문이다. 히스테리 환자는 자기가 하찮은 것에 무서움을 느낀다는 것을 이상하게 생각하고, 또 강박관념에 쫓기는 사람은 자기가 사소한 일을 자기비난의 계기로 삼는 점을 의아하게 여기지만, 양자가 다 표상 내용을 본질적인 것으로 간주하고 있는 점에서 오류를 범하고 있다. 그리고 그런 오류를 범하지 않으려고 해도 불가능하다. 왜냐하면 그들은 그러한 표상 내용을 그들의 사고 작업의 출발점으로 삼기 때문이다. 이런 때 정신분석은 그와 반대로 감정을 정당한 것으로 인정하고, 대용물에 의해 억압된 원래의 표상을 찾아 그들에게 올바른 길을 제시한다. 그럴 경우 전제가 되는 것은, 감정의 환기와 표상 내용과는 불가분의 유기적 통합체를 형성하는 것이 아니라 분석에 의해 서로 떼어놓을 수 없이 접합되어 있다는 사실이다. 꿈 해석은 이것이 실제의 경우임을 제시하고 있다.

우선 나는 한 사례를 들어, 감정을 환기시킬 만한 표상 내용에서 외관상 감정이 나타나지 않는 까닭을 해명하려 한다.

'그녀는 사막에서 사자 세 마리를 보았다. 그중 한 마리는 웃고 있었다. 그녀는 사자가 조금도 무섭지 않았다. 그러나 나중에는 사자들에게서 도망친 것이 분명하다. 왜냐하면 주위의 나무 위에 오르려고 애썼기 때문이다. 나무 위에는 프랑스어 선생인 그녀의 사촌 동생이 먼저 올라가 있었다.'

분석은 다음과 같은 재료를 제공한다. 이 꿈의 계기는 '갈기는 사자의 장식이다.'라는 영어 문장이었다. 그녀의 아버지는 수염을 기르고 있었는데, 그것이 마치 갈기처럼 얼굴을 감싸고 있었다. 그녀의 영어 선생 이름은 라이온스(Lyons)이다. 그리고 잘 아는 어떤 남자가 그녀에게 뢰베(Loewe는 인명이지만, 같은 발음의 Löwe는 '사자'란 뜻)의 시를 보내왔다. 이것들이 바로 세 마리의 사자였다. 왜 그녀는 그 사자들이 무서워서 도망치지 않으면 안 되었을까? 그녀가 읽은 어떤 이야기에, 다른 사람들을 선동하여 폭동을 일으킨 한 흑인이 사냥개에 쫓겨 나무에 올라가서 살아났다는 내용이 있다. 그 뒤를 이어 대단히 들뜬 분위기에서 다음과 같은 기억의 단편이 떠올랐다. 그 하나는 〈플리겐데 블레터〉지에 실린 '사자 생포법'이라는 이야기로, 우선 사막을 퍼서 체에 친다. 그러면 체 안에 사자만 남는다는 것이다.

또 하나는 어떤 관리에 얽힌 그다지 고상하지 못한 삽화이다. 그 관리는 왜 상사에 아부하여 좀 높은 자리에 올라가지 않느냐고 묻자, 자기도 어떻게든 기어올라가려고 했지만 자기보다 '몇 수 위인' 동료가 이미 위에 올라앉아 있었다고 대답했던 것이다. 이 꿈을 꾼 부인이 그날 남편 상사의 방문을 받았다는 것을 알게 되면 재료의 의미를 이해할 수 있다. 이 상사는 지극히 정중하게 그녀의 손등에 입을 맞추었다. 그 상사는 대단한 '거물(커다란 동물과 같은 뜻)'로 그 나라의 수도에서는 '사교계의 사자'로 통하고 있었는데, '그녀는 그 사람이 조금도 무섭지 않았던 것'이다. 그러므로 이 사자는 목수 슈노크로 정체를 나타내는 《한여름 밤의 꿈》 중의 사자에 비교할 수 있다. 이런 식으로 이 꿈의 사자는 세 마리 모두 무섭지 않은 것이다.

두 번째 예로 나는 언니의 어린 아들이 죽어 관 속에 누워 있는 것을 본 아가씨의 꿈을 인용하고자 한다. 그것을 보면서도 그녀는 고통이나 슬픔을 느끼지 않았다. 그 이유는 분석을 통해 알 수 있었다. 즉 이 꿈은 좋아하는 사나이를 또 만나고 싶다는 그녀의 소망을 은폐하고 있다. 감정은 그 소망의 은폐가 아니라 소망과 일치한다. 그러니까 슬퍼할 까닭이 전혀 없었던 것이다.

어떤 꿈들에서 감정은 적합한 표상 내용을 대신하는 다른 표상 내용과 결합하는 경우가 있다. 또 다른 꿈에서는 콤플렉스의 이완이 진행된다. 감정은 그것이 본래 속해 있던 표상에서 완전히 이탈한 것처럼 보이고, 꿈속의 어딘가 다른 곳에서 꿈 요소들의 새로운 질서에 적응한다. 그것은 우리가 꿈의 판단 행위에서 알았던 것과 비슷한 경우이다. 꿈 사고 중에서 중요한 추론이 발견되면, 꿈 자체도 그와 같은 추론을 하게 된다. 그러나 꿈속의 추론은 전혀 다른 재료로 이동될 수 있다. 게다가 이 이동은 대립성 원칙에 따라 이루어지는 경우가 적지 않다.

다음에 짧은 예를 하나 들겠는데, 이 꿈에서는 꿈 내용의 냉담한 감정 상태가 꿈 사고 속의 대립성에 의해 설명될 수 있을 것이다.

'언덕 위의 야외용 화장실 같은 곳. 대단히 긴 벤치 저쪽 끝에 커다란 배변구(排便口)가 입을 벌리고 있다. 뒤쪽 구석에는 오물 덩어리가 가득 찼다. 큰 것, 작은 것, 오래 된 것, 방금 눈 것 등. 벤치 뒤는 덤불이다. 나는 벤치 위에서 소변을 본다. 소변의 긴 줄기가 모든 것을 깨끗하게 씻어내린다. 말라붙은 대변 덩어리들도 쉽게 밀려서 밑으로 떨어진다. 그래도 아직 뭔가 남아 있는 듯하다.'

이와 같은 꿈을 꾸고도 혐오감이 일지 않았던 까닭은 무엇일까? 분석에 의하면, 이 꿈을 꿀 때 아주 쾌적하고 만족스러운 사고가 관여하고 있었기 때문이다. 분석 중에 문득 생각난 것은 헤라클레스가 청소한 아우게이아스의 마구간이었다. 나는 바로 그 헤라클레스였으며, 언덕과 덤불은 우리 아이들이 지금 머물고 있는 아우스제의 일부이다. 나는 노이로제 환자의 유아기 병인(病因)을 발견한 덕택에 내 아이들은 그 병에 걸리지 않게 했다. 벤치는 나를 굳게 믿고 따르는 어느 여자 환자가 선물한 가구를 묘사한 것이다. 그것은 내 환자들이 얼마나 나를 경애하고 있는지 생각나게 한다.

그뿐만 아니라, 그 오물 덩어리들조차 내 마음을 기쁘게 만든다는 해석이 가능하다. 실제로는 심한 구토증을 느낄 텐데 꿈속의 그것은 아름다운 나라 이탈리아에 대한 추억이었다. 알다시피 이탈리아의 작은 도시에 있는 화장실은 이 꿈에 나오는 것과 조금도 다르지 않다.

모든 것을 깨끗이 씻어내리는 소변 줄기는 위대성의 암시이다. 그런 식으로 걸리버는 소인국에서 대화재를 진화했다. 거장 라블레가 그린 거인 가르강튀아도 노트르담 성당 위에서 말 등을 타고 앉아 파리 거리에 소변을 끼얹어 줌으로써 파리 사람들에게 복수한다. 나는 전날 잠들기 전 가르니에가 그린 라블레에 대한 삽화를 보았다. 그러므로 이것은 내가 거인임을 증명하고 있다. 노트르담 성당의 난간은 파리에 있을 때 내가 즐겨 찾던 곳이다. 소변 줄기로 인하여 대변이 일시에 없어져 버리는 것은, 내가 언젠가 '히스테리의 치료'라는 장(章)의 첫머리에 써넣으려고 하는 구절 '바람이 그것들을 휩쓸어 버렸다.'에 해당한다.

그런데 이 꿈을 불러일으킨 계기는 무엇일까? 더운 여름날 오후였다. 나는 저녁 강의에서 히스테리와 성도착증의 관계에 대해 이야기했는데, 생각만큼 말이 잘되지 않아 하고자 하는 말의 반도 못하고 말았다. 나는 어려운 연구에 조금도 만족을 느끼지 못하고 지쳐서, 인간의 오점을 휘젓는 일을 그만두고 아이들이 있는 곳으로, 아니면 아름다운 이탈리아로 가고 싶었다.

그런 기분으로 강의실에서 나온 나는, 신선한 공기를 마시며 가볍게 무엇을 좀 먹을까 해서 카페에 갔다. 그 무렵엔 식욕이 통 없었다. 한 수강생이 따라와서 굳이 함께 있게 해 달라고 말했다. 내가 커피를 마시고 빵을 몇 조각 먹는 동안, 그는 속이 들여다보이는 아첨의 말을 늘어놓았다. 선생님은 실로 여러 가지를 가르쳐 주셨다, 지금은 덕택에 모든 것을 다른 눈으로 보게 되었다, 선생님은 노이로제 이론의 오류와 편견인 아우게이아스의 마구간을 청소하셨다는 등, 요컨대 내가 위대하다는 이야기였다. 내 기분은 도저히 그런 따위 아첨에 동조할 수 없었다. 나는 혐오감을 애써 누르고 그에게서 벗어나 집으로 돌아갔다. 그리고 잠자리에 들기 전 라블레의 저서를 뒤적이고 또 C. F. 마이어의 단편 소설 《소년의 괴로움》을 읽었다.

이런 것이 재료가 되어 그 꿈을 꾸었던 것이다. 마이어의 단편은 여기에 다시 유아기의 추억을 보탰다. 혐오와 권태감이라는 낮의 기분은 꿈 내용에 대한 재료를 갖춘 범위 안에서 그대로 꿈속에 들어와 있다. 그런데 밤이 되자 그와는 반대의 강하고 도가 지나칠 정도의 자기 주장의 기분이 활동하기 시작하여 낮의 기분을 잊게 했다. 그 결과 꿈 내용은 동일한 재료를 놓고 열등감과 자기 과대평가라는 상반된 것을 표현하도록 형성되었다. 이 타협의 결과로 애매한 꿈 내용이 되어버렸지만, 반면 또 상반되는 것의 상호 저지로 인해 담담하고 무관심한 감정 상태도 생겨났다.

소망 충족 이론에 의하면, 이 꿈은 만일 과대망상이라는, 억제되고 있으나 기꺼이 강조된 정반대의 특질이 혐오스러운 사고의 특질에 덧붙여지지 않았더라면 형성되지 않았을 것이다. 왜냐하면 고통스러운 것은 꿈속에서 표현되지 않기 때문이다. 낮의 사고 활동에서 유래한 고통스러운 것은 동시에 어떤 소망 충족의 가면이 될 수 있는 경우 외에는 꿈속에 들어오지 못한다.

꿈 작업은 꿈 사고의 감정을 그대로 허용하든가 완전히 변형시켜 버리든가 하지 않고 다른 처리 방법을 취하기도 한다. 즉 꿈 작업은 감정을 '그 반대물로 전화시키는' 일도 있는 것이다. 모든 꿈 요소는 액면 그대로 해석하는 규칙뿐만 아니라 그 반대로도 해석할 수 있는 규칙이 있음을 우리는 이미 알고 있다. 그러나 그중 어느 쪽을 택해야 할지 미리 작정할 수는 없다. 전후의 연결에 따라 비로소 그것이 결정되는 것이다.

반대물로의 전화는 우리 사고 속에서 어떤 사물의 표상을 그 반대물의 표상과 붙들어매는 내적인 연상 고리에 의해 가능하다. 그것은 그 이외의 모든 이동처럼 검열의 목적에 봉사하지만, 또 소망 충족의 행위인 일도 많다. 소망 충족의 본질은 어떤 바람직하지 않은 것을 그 반대물로 대체한다는 점에 있기 때문이다. 그러므로 사물의 표상과 똑같이 꿈 사고의 감정도 꿈속에서 그 반대물로 바뀌어 나타나는 것이고, 이 감정 전화는 대개의 경우 검열에 의해 성취된다. '감정 억제'와 '감정 전화'도 일반적으로 꿈의 검열과 흡사한 사회생활에서 특히 위장(눈속임)의 수단으로 쓰이는 것이다. 이를테면 내가 어떤 사람과 이야기할 경우, 상대를 공격하는 말을 하고 싶지만 신중하게 대해야 한다면, 생각을 부드럽게 표현하기보다는 감정을 감추는 편이 보다 중요하다. 그 말투는 무례하지 않다 해도 증오나 경멸의 눈길이나 태도를 보인다면, 그 결과는 정면으로 경멸의 말을 한 경우와 같을 것이다. 그러므로 검열은 무엇보다도 나에게 감정을 억제하라고 명령한다.

예의 '숙부 수염'의 꿈 사고는 친구 R이 머리가 나쁘다고 흉을 보는데, 아니 그렇기 때문에 나는 현재 내용 중에서는 그에게 대단히 친애감을 느끼고 있는 것이다. 여기서 그런 반대 감정이 꿈 작업에 의해 완전히 새로 만들어진다고 생각할 필요는 없을 것 같다. 꿈 작업은 보통 꿈 사고 재료 중 그 반대 감정이 이미 만들어져 있는 것을 발견하며, 다만 꿈 형성에 대해 유력한 것이 될 때까지 방위(防衛) 동기의 심리적 힘으로 이를 높일 뿐이다. 숙부 꿈에서는 반대 감정인 친애감은 짐작컨대 유아적 원천에서 유래하고 있는 듯하다(꿈의 계속이 이것을 명시하고 있지만). 왜냐하면 숙부와 조카의 관계는 내가 매우 일찍 겪은 유아적 체험의 특수한 성질 때문에 마음속에서 모든 우애와 모든 증오의 원천이 되기 때문이다.

'위선적'이라고 해도 좋을 소망 충족 이론을 그 토대부터 뒤흔들리게 하는 그런 종류의 꿈이 있다. M. 힐퍼딩 박사가 '빈 정신분석학협회'에서 다음과 같은 로제거의 꿈 보고문을 토론용으로 제출한 것을 보고 나는 그런 종류의 꿈에 주목하게 되었다. 로제거는 '인연을 끊다'라는 이야기 중에서 이렇게 말한다.

"나는 대개는 잠을 깊이 자는 편이다. 그런데 때로 안면(安眠)할 수 없는 밤이 계속되는 일이 있었다. 학생과 문인으로서의 생활 외에 다년간 해온 재단사 생활의 그림자를 질질 끌고 왔던 것이다.

내가 하루 종일 일만 생각했다는 것은 사실이 아니다. 속세를 벗어나 세계와 우주로 뛰어든 개혁자에게는 달리 할 일이 있는 법이다. 젊은 시절에는 밤마다 꾸는 꿈 같은 것은 거의 개의치 않았다. 후년에 이르러 비로소 여러 가지 일을 돌이켜보는 습관이 생기고, 또 내 안의 속된 사람이 다시 움직이기 시작했을 때, 대체 왜 꿈만 꾸면 으레 옷가게의 견습생으로 돌아가 있는 것일까 하는 의문이 떠올랐다. 내가 그런 모양으로 오랫동안 무보수로 일해 왔다는 것을 깨달았던 것이다. 주인 곁에 앉아서 옷을 꿰매고 다리미질을 하면서도, 나는 본래 이런 세계의 인간이 아니다, 도시에 나가 다른 일을 하지 않으면 안 된다고 실로 뚜렷이 의식하고 있었다. 휴가는 자주 있었고 피서도 곧잘 갔는데, 꿈에선 역시 주인의 일을 거드는 장면 밖에 나타나지 않았다. 그것이 때로는 몹시 불유쾌하고, 좀더 어엿하고 유익한 일을 할 수 있는데도 시간을 낭비하고 있는 것이 애석하여 견딜 수 없었다. 물론 간혹 옷본대로, 혹은 치수대로 되지 않아 주인에게 꾸지람을 들었다. 그런데 급료에 관해서는 전혀 언급하지 않았다. 나는 어두운 작업장에서 등을 구부리고 일을 하다가도 차라리 이런 일을 집어치우고 나가 버릴까 하는 마음이 종종 일어났다. 한번은 정말 그런 말을 해 보았으나, 주인은 마이동풍으로 흘려들었다. 나는 다시 주인 곁에서 옷을 꿰맸다.

이런 지루한 꿈 뒤에 잠을 깨면 얼마나 홀가분한지! 거기서 나는 결심한다. 만약 앞으로 또다시 이런 불쾌한 꿈을 꾸게 되면 마음먹고 그것을 뿌리치고 큰소리로 외치리라. '이런 사기가 어디 있어! 나는 침대에 누워 잠이나 자야겠다!' 라고. 그러나 다음날 밤에 나는 다시 옷가게 작업장에 앉아 있는 꿈을 꾸는 것이다.

이렇게 불쾌한 꿈을 꾸면서 몇 년인가 지났다. 어떤 때는 이런 꿈을 꾼 일도 있었다. 주인과 나는 내가 맨 처음 견습생 노릇을 한 일이 있는 알펠호퍼의 집에서 일하고 있다. 주인은 내가 일하는 꼴이 마음에 들지 않는 모양이었다. '너 대체 뭘 생각하는 거냐?' 하며 나를 흘겨보았다. 나는 벌떡 일어나서 '나는 다만 당신에 대한 호의로 지금까지 남아 있는 겁니다.' 하고 내뱉고 뛰어나가면 될 텐데라고 생각만 할 뿐, 실제로는 그렇게 하지 않았다. 주인이 견습생을 새로 고용하고 그에게 자리를 비켜 주라고 하자 나는 그 말에 따랐다. 그리고 한쪽 구석에 쪼그리고 앉아 바느질을 계속했다. 같은 날 또 다른 견습생이 들어왔는데, 그는 19년 전 거기서 일하다가 술집에서 돌아오는 길에 개울에 떨어진 일이 있는, 그 빔 출신의 녀석이었다. 그가 앉으려고 했으나 자리가 없었다. 내가 묻는 듯한 눈길로 쳐다보자 주인은 이렇게 말했다. '너는 재단사가 될 재주가 없는 놈이야. 썩 나가. 그만 인연을 끊자.' 이 말을 듣고 나는 놀란 나머지 잠을 깨었다.

새벽녘의 엷은 빛이 창문을 통해 내 방으로 스며들었다. 우아한 서가에서는 영원한 호메로스, 위대한 단테, 비할 바 없는 셰익스피어, 영광에 찬 괴테 등 불후의 위인들이 나를 기다리고 있다. 옆방에서는 잠이 깨어 엄마와 함께 떠들고 있는 아이들의 목소리가 들려왔다. 나는 이 소박하고 감미로운 생활, 평온하고 시적이며 맑은 정신적 삶을 새삼스럽게 발견한 것 같은 기분이 들었다. 그러나 내 쪽에서 먼저 나가겠다고 선수를 치지 못하고 주인에게 해고당하다니……. 나는 화가 나서 견딜 수가 없었다.

그런데 이상한 것은 주인이 '인연을 끊자.'고 선언한 그날 밤 이래로 나는 계속 안면하게 되었고, 그 먼 옛날 재단사 시절의 꿈을 꾸는 일도 없어졌던 것이다. 사실 그 재단사 시절은 소박한 마음으로 즐겁게 보냈는데, 어째서 내 후년의 생애에 그토록 오랫동안 그림자를 던지고 있었던 것일까?"

젊은 시절 재단사 견습생이었던 시인 로제거의 이 일련의 꿈에서 소망 충족의 지배를 인정하기는 매우 곤란하다. 쾌적한 것은 모두 낮의 생활 속에 있고, 그에 반해 꿈은 겨우 극복해 낸 불쾌한 생활의 망령과도 같은 그림자를 끌고 있는 것같이 보인다.

나는 내가 꾼 이와 비슷한 꿈에 의해 이런 종류의 꿈들을 해명할 수 있었다. 나는 아직 젊고 막 박사가 되었을 무렵 꽤 오랫동안 화학 연구소에서 일했는데, 거기에 필요한 기술을 제대로 익히지 못했다. 따라서 깨어 있을 때는 이 소용도 없고 사실 수치스러운 연구 생활의 한 시기를 결코 즐겁게 회상한 일이 없다. 그런데 꿈에서는 그 실험실에서 일하고 분석도 하며 갖가지 체험을 되풀이했다. 이 꿈은 시험 꿈과 마찬가지로 불유쾌하고 또 결코 뚜렷하지 않은 것이었다. 이 꿈들을 해석하다가 나는 마침내 '분석'이라는 말에 주의가 끌렸다. 이 말이야말로 내게 이해의 열쇠를 갖다 주었던 것이다. 그후 나는 '분석가'가 되었다. 물론 '정신분석'인데, 어떻든 세상 사람들로부터 좋은 평판을 받는 분석을 하고 있다. 여기서 나는 이런 것을 알았다. 즉 내가 깨어 있을 때 그런 분석을 자랑스럽게 생각하고 스스로 오만한 마음이 되어 있다면, 밤 동안에 꿈은 도저히 자랑할 만한 것이 못 되는, 다른 실패한 분석을 내 앞에 내놓았다. 그것은 나중에 유명한 시인이 된 재단사 견습생의 꿈과 마찬가지로 벼락출세한 사람을 벌하는 꿈이다.

그러나 벼락출세자의 자부심과 자기비판 사이의 갈등에서 꿈은 왜 자기비판에 봉사하고, 허용되지 않은 소망 충족 대신 이성적인 경고를 내용으로 선택했을까? 이 물음에 대답하기가 어렵다는 것은 이미 말해 두었다. 처음에는 지나친 명예욕의 환상이 꿈의 토대를 형성한다고 추론할 수 있다. 그러나 그 꿈 내용에는 환상을 지우고 그것을 부끄럽게 여기는 생각이 자리잡고 있다.

인간의 정신생활에는 이런 전화(轉化)의 원인으로 볼 수 있는 마조히즘적 경향이 있다는 것을 상기할 필요가 있다. 이런 종류의 꿈을 '형벌 꿈'이라 하여 '소망 충족 꿈'과 구별한다 하더라도 나는 이의를 제기할 생각이 없다. 그것으로 말미암아 이제까지 말해 온 꿈 이론의 타당성이 제한되지는 않을 것이다. 실상은 반대물이 합치하는 현상을 기이하게 생각하는 견해에 언어적으로 대처한 데 지나지 않는다.

그러나 이런 꿈 하나하나를 좀더 자세히 관찰하면 또 다른 것을 깨달을 수 있다. 나의 화학 실험실 꿈 중 하나에는 희미하게 의사로서 가장 암울한, 가장 참담한 시절로 돌아간 내가 나온다. 이렇다할 지위도 없고 어떻게 생활을 꾸려 가야 할지 계획도 서지 않는데, 갑자기 몇 명의 여자 중에서 결혼 상대를 고르는 꿈을 꾼 일도 있다. 즉 나는 다시 젊은 시절로 돌아가 있고, 또 무엇보다도 고생스러운 세월을 나와 함께해 온 아내도 아직 젊다. 이리하여 다가오는 늙음을 탄식하는 남자의 마음을 끊임없이 괴롭히는 소망 중 하나가 무의식적인 꿈을 불러일으킨 원흉이라는 것을 알았다.

확실히 꿈 내용을 규정한 것은 허영심과 자기비판 사이의 싸움으로서, 이것은 다른 심층(心層) 속에서 벌어지는 것이지만, 좀더 뿌리가 깊은 청년시대의 소망이 꿈을 만들어냈던 것이다. 우리는 깨어 있을 때도 종종 이렇게 말한다. "지금은 만사가 지극히 순조롭지만 옛날에는 어려웠지. 하지만 그 시절은 멋이 있었어. 어쨌든 젊었으니까."

내가 자주 꾸는 꿈 중 '위선적'이라고 규정지은 다른 한 그룹의 꿈은, 이미 우정이 깨진 사람들과의 화해를 내용으로 하고 있다. 분석은 으레 하나의 계기, 즉 이전 친구들을 배려하는 마음의 잔재를 깨끗이 버리고 그들을 다른 사람이나 적과 같이 취급하라고 요구하는 계기를 폭로한다. 그러나 꿈은 즐겨 그 반대의 관계를 그린다.

시인이 보고하는 꿈을 판단함에 있어서는 그 자신이 방해가 된다고 느끼거나 본질적이 아니라고 생각하는 꿈의 세부 사항들은 제쳐놓았다고 생각해도 괜찮다. 따라서 시인이 그리는 꿈은 만약 꿈 내용이 정확하게 재현되었더라면 해결되었으리라 생각되는 수수께끼를 우리에게 부여하는 것이다.

오토 랑크는 그림의 동화 《용감한 작은 재단사》나 《단번에 일곱》 중 벼락출세한 사람의 매우 비슷한 꿈 이야기가 있다고 나에게 말해 주었다. 영웅이 되고 마침내 임금님의 사위가 된 그 재단사는 어느 날 밤 부인인 공주 곁에서 옛날 재단사 때의 일을 꿈꾼다. 이에 의심을 품은 부인은 남편의 과거를 알아내기 위해 다음날 밤에는 무장한 부하들에게 남편의 꿈 내용을 엿듣게 한다. 그러나 재단사는 그것을 눈치채고 미리 꿈 내용을 고친다.

꿈 사고의 감정에서 꿈의 감정이 생기는 과정의 해체·축소·전화 등은 완전히 분석된 꿈을 적당히 종합하면 반드시 확인할 수 있다. 여기서 몇 가지 더 꿈속 감정의 움직임에 관한 예를 들어 보겠는데, 이것들은 앞에서 논한 사례들을 구체적으로 증명한다.

브뤼케 교수가 내 골반의 표본을 만들라는 기묘한 과제를 준 꿈에서 '나는 당연히 느껴야 할 공포를 느끼지 않는다.' 그런데 그것은 여러 가지 의미에서 소망 충족이다. 표본 제작은 자기분석을 의미한다. 이 자기분석을 나는 꿈 연구서를 출간하는 일에 의해 행하는 것인데, 나로서는 몹시 어려운 일이어서 원고가 완성된 후에도 인쇄에 부치는 것을 1년 이상이나 보류했을 정도이다. 그런데 나의 심중에는 이와 같은 억제적 기분을 극복하고자 하는 소망이 움직였다. 그래서 이 꿈속에서도 전혀 '공포'를 느끼지 않는 것이다. 다른 의미의 Grauen('공포', '전율'이란 뜻 이외에 '머리가 희어진다'는 뜻도 있다.)도 일어나지 않았으면 더 좋겠으나, 실제로 벌써 흰 머리카락이 꽤 많이 보이기 시작하고, 또 이 머리의 '잿빛(Grau)'이 더 이상 미루지 말라고 경고하고 있다. 그런 이유로 이 꿈의 끝 부분에서 어려운 여행을 하여 목적지에 도달하는 일은 아이들에게 맡겨야겠다는 생각이 표현되었던 것이다.

만족의 표현을 잠이 깬 직후의 순간으로 옮기는 꿈에서, 그것은 두 가지 방식으로 동기가 부여되고 있다. 즉 만족의 첫 동기는 '벌써 그런 꿈을 꾸었다.'라는 말이 의미하는 것을 내가 알게 되리라는 기대이다. 사실 이 만족은 첫 아이의 출생과 관계가 있다. 두 번째 동기는 '전조(前兆)에 의해 알려진 것'이 이제야말로 현실이 되리라는 확신이다. 그리고 이 만족은 차남이 태어났을 때 느꼈던 그 만족감과 관계가 있다.

좀더 깊이 분석하면, 검열에 승복하지 않는 이 만족은 검열을 두려워하지 않으면 안 될 어떤 원천에서 지원을 받고 있다는 것을 알 수 있다. 이 원천에서 나온 감정은 그것이 검열 통과를 허락받은 원천에서 오는 같은 종류의 만족 정서에 의해 은폐되는, 말하자면 그 배후에 몰래 끼어들지 않을 경우 반드시 검열과 충돌을 일으킬 것이다. 이것을 꿈의 실례로 입증하지 못하는 것이 안타깝지만, 그런대로 꿈이 아닌 다른 영역의 한 예가 나의 소견의 정당성을 보여줄 것이다. 즉 다음과 같은 경우를 생각해 보자. 나는 주변에 있는 어떤 인물을 미워하고 있으므로, 그에게 어떤 불행이 일어났으면 좋겠다는 마음이 생긴다. 그러나 나의 본질 안에 있는 도덕성은 그와 같은 마음의 움직임을 용납하지 않는다. 그러므로 나는 그 불행을 바라는 마음을 밖으로 드러내지 못하다가, 그 사람의 신상에 우연히 무슨 일이 일어나면 그에 대한 만족감을 억제하고 억지로 안됐다고 위로의 말도 하고 스스로도 그렇게 생각하려고 한다. 누구든 이런 경험은 있을 것이다.

그러나 내가 미워하는 사람이 실수를 저질러 그에 응하는 벌을 받는 일이 일어날 수 있다. 그렇게 되면 나는 당연히 벌을 받는 데 대해 드러내어 만족감을 표할 수 있으며, 다른 많은 사람들과 같은 의견을 내놓는다. 하지만 나의 만족감이 다른 사람들의 그것보다 한결 강한 것임을 잘 안다. 나의 만족감은 증오의 원천에서 지원을 얻었던 것이다. 이 증오는 그때까지 마음속의 검열에 의해 감정을 발산하지 못하도록 훼방당하고 있었으나, 사정이 일변하여 이미 그와 같은 방해가 없어진 것이다.

이러한 사례는 흔한 것으로, 남의 호감을 사지 못하는 인물이라든가, 세상에서 싫어하는 소수파에 속하는 사람이 어떤 죄를 범하는 경우가 그렇다. 이런 때 그들이 받는 형벌은 그들이 범한 죄에 상응하지 않는 것이 보통인데, 본래의 죄에 밖으로 드러나지 않았던 악의의 몫만큼 가중된다. 이때 벌을 주는 사람들은 어김없이 불의를 저지르지만, 오랫동안 억눌렀던 것에서 자유로워진 만족감 때문에 그것을 깨닫지 못한다. 이와 같은 경우 그 감정은 질로 보면 정당한 것이지만 그 강도에서는 정당하다고 할 수 없다.

흥분시키는 계기가 질로 보아서는 정당하지만 양으로 보아 지나친 결과를 낳는 것은 노이로제의 현저한 특징인데, 거기에 심리학적 설명을 가하려고 하는 이상 위와 같은 방법으로 해명할 수 있다. 그런데 이와 같은 양적인 과잉현상은 이제껏 무의식 상태였던 감정 원천에서 비롯된 것이다. 이들 감정의 원천은 현실적 동인과 연상적 결합 관계를 만들어낼 수 있으며, 또 감정의 발산에 있어서는 반격을 가할 여지가 없는, 검열에서도 허용된 감정 원천이 바라는 대로 길을 열어 주기도 한다. 이때 억제를 받은 심리적 검문소와 억제를 가하는 심리적 검문소 사이에서 상호 저지하는 관계만 주목해서는 안 된다. 이 두 검문소가 협동하여 병적 결과를 낳는 경우들도 또한 주목할 일이다.

꿈의 유인에 대해서는 아직 보고하지 않았지만, 그것은 실로 본질적인 유인이며 꿈을 깊이 이해할 수 있는 단서를 제공한다. 나는 베를린에 사는 친구에게서(꿈속에서 F1이라고 말했다.) 수술을 받게 될 것 같은데, 자기 용태에 관해서는 빈에 있는 친척들이 알려줄 것이라는 연락을 받았다. 수술 직후의 경과 보고는 별로 좋지 않아 걱정이 되었다. 직접 친구에게 가 보고 싶었으나, 공교롭게도 마침 그 무렵 나도 어떤 병에 걸려 약간만 몸을 움직여도 몹시 고통스러웠다.

꿈 사고에서 내가 친구의 생명을 걱정하고 있다는 것을 알 수 있다. 친구의 하나밖에 없는 누이동생은(만나보지는 못했으나) 젊은 나이에 갑작스러운 병으로 죽었다(꿈속에서 'F1은 누이동생이 45분 만에 죽었다고 말했다.'고 되어 있다.). 나는 아마 '그도 누이동생보다 튼튼한 체질은 아닐 것이다.'라고 생각하고 있었던 것 같다. 그리고 가망이 없다는 소식을 듣고서야 베를린을 향해 떠났는데, 이미 때가 늦어 한평생 양심의 가책을 받게 되는 상상을 했던 것 같다. 이 자각으로 인한 가책이 꿈의 중심점이 되어 있는데, 그것은 내가 연구생 시절에 존경하던 브뤼케 교수가 그 푸른 눈을 흘기며 힐책하는 장면에 표현되어 있다. 이런 식으로 장면을 다른 방향으로 돌리는 원인이 무엇이었던가는 곧 판명된다.

어쨌든 꿈은 장면 그 자체를 내가 실제 체험한 대로 재현하는 일은 결코 없다. 꿈은 푸른 눈을 브뤼케 교수에게 그대로 남겨둔다. 그러나 나에게는 무찌르는 역할, 즉 확실히 소망 충족의 결과가 되는 하나의 역전(逆轉)을 부여한다. 친구의 생명에 대한 걱정, 문병하지 않은 일에 대한 자책, 나의 수치심(그는 '가만히' 빈의 '내게' 찾아왔다.), 병을 구실로 변명하려는 속셈 등, 모든 것이 한데 어우러져 감정의 소용돌이를 만들고, 잠자면서도 또렷이 느껴지는 이 소용돌이는 꿈 사고의 영역에서 미친 듯 날뛰고 있는 것이다.

그러나 이밖에도 꿈의 유인으로 생각되는 것이 있다. 그것은 내게 정반대의 영향을 미쳤다. 친구의 수술 직후 좋지 않은 소식과 함께 그 일에 대해 아무에게도 말하지 말라는 당부가 있었다. 그와 같은 당부는 내가 입이 가벼운 사나이로 취급 당하는 것 같은 느낌이 들어 몹시 언짢았다. 물론 나로서는 그런 당부를 친구 자신이 한 것이 아니라 사이에 들어 용태를 알려준 사람의 기우에서 비롯되었다는 것쯤은 짐작하고 있었으나, 사실 그것은 전적으로 부당한 말은 아니었으므로 그 속에 감추어진 비난을 괴롭게 느꼈다. '다소 그럴듯한 점이 있는' 비난이 아니면 결코 마음에 걸리지 않고 자극적인 힘을 갖지 못한다. 이 친구와는 관계없지만, 내가 훨씬 젊었을 때 사귄 두 친구가 있었다. 나로서는 그들과 친구가 된 것을 명예롭게 생각했는데, 어쩌다 한 친구가 다른 친구에 대해 비난한 말을 경솔하게도 일러바 친 일이 있었다. 그때 들은 비난을 나는 지금도 잊지 못한다. 당시 내가 사이를 갈 라놓는 역할을 한 두 사람 중 한 사람은 플라이슐 교수이고 다른 한 사람은 요제프 라는 세례명을 가진 사람이다. 꿈속에 친구이자 적으로 나오는 P도 요제프라는 세례명을 가졌다.

내가 마음속에 비밀을 간직하지 못한다는 비난을 꿈속에서 입증하고 있는 것은 '가만히'라는 요소와 "자네는 도대체 내 말을 P에게 어느 정도로 털어놓았는가." 라는 F1의 질문이다. 그것은 기억의 혼성물이다. 이 혼성물은 지각한 데 대한 비 난을 현재로부터 내가 브뤼케 실험실에 있었던 당시로 옮겨놓았다. 그리고 꿈의 깨져 버린 장면에서 제2의 인물을 요제프라는 사람에 의해 대체함으로써, 지각했 다는 비난뿐 아니라 비밀을 지키지 못한다는, 즉 가장 강하게 억압된 비난도 표현 한 것이다. 꿈의 압축과 이동 작업, 또한 그 작업의 동기가 여기서 누구의 눈에나 명백하게 드러난다.

아무에게도 말하지 말아 달라는 당부에 느끼는 언짢은 기분은, 마음속 깊은 곳 에서 강화되어 현실에서는 사랑하는 사람을 향한 적개심으로까지 확대되어 간다. 강화의 에너지를 보급하는 원천은 유아기로 거슬러 올라간다. 이미 말한 바 있지 만, 동년배의 인물에 대한 나의 우정이나 적의는 나보다 한 살 위인 조카와 지낸 어린 시절에서 비롯된다. 이 교제에서 조카 쪽이 항상 우월했으므로 나는 일찍부터 방어하는 기술을 배우지 않으면 안 되었다. 우리는 언제나 함께 있고 서로 사랑하고, 또 때로는 어른들의 이야기에 의하면 가끔 싸우고 서로 상대방을 '비방했던 것'이다. 나의 친구는 모두 어떤 의미에서 이 최초의 인물인 조카의 화신이며 망령이다. 조카는 이를테면 일찍이 '희미하게 떠오른 일이 있는' 인물이다. 조카 또한 우리가 함께 케사르와 브루투스의 역할을 했던 젊은 시절로 돌아가 있다. 친한 친구와 미워하는 적은 내 감정 생활에서 언제나 필연적으로 요구되는 것이었다. 나는 항상 이 둘을 새로 만들었다. 그리고 한 사람 속에 친구와 적이 함께 있는 어린 시절의 이상이 재현되었다. 하지만 어린 시절의 경우와 같이 동시에 병존하거나 그 역할이 몇 번이나 뒤바뀌지는 않았다.

그와 같은 상황에서 감정을 환기하는 최근의 어떤 계기가 유아기적 상황으로까지 거슬러 올라가고, 또 그것으로 대체되어 감정을 나타내는가 하는 문제는 지금 여기서 다루고 싶지 않다. 그것은 무의식적 사고의 심리학에 속하는 문제이고, 노이로제의 심리학적 해명 중에 취급되어야 할 일이다.

우리의 당면한 목적은 꿈 해석이므로, 다음과 같은 내용을 갖는 어린 시절의 기억이 떠오르거나 혹은 그런 기억이 공상에 의해 형성되었다고 가정하자. 즉 두 아이가 어떤 물건을 서로 뺏으려고 싸움을 벌인다. "'내가 먼저 왔으니까' 그것을 가질 우선권이 있다."고 서로 주장한다. 그리하여 주먹다짐이 되고, 권리는 힘에 의해 얻어진다. 꿈의 암시에 따르면, 나는 자신이 옳지 않다(꿈에서는 '잘못을 스스로 인정하면서'라고 되었다.)는 것을 알고 있었던 모양이다. 그러나 이번에는 내가 강자로서 승리를 얻는다. 패자는 아버지나 할아버지에게 달려가 나에 대해 일러바치지만, 나는 아버지의 이야기로 잘 알고 있는 "이 아이가 나를 때렸기 때문에 나도 때렸어요."라는 말로 스스로를 변호한다.

그리하여 꿈의 분석 중에 나의 뇌리에 떠오른 이 기억, 혹은 공상으로 생각되는 것이 꿈 사고의 중심 부분을 이루고, 꿈 사고를 지배하는 감정의 움직임을 마치

분수의 수반(水盤)에 흘러드는 물을 받듯이 모으는 것이다. 여기서부터 꿈 사고
는 다음과 같은 길을 통하여 흘러나간다. "너는 당연히 내게 자리를 내주어야 하
는데, 왜 나를 여기에서 쫓아내려고 하지? 네까짓 건 필요 없어. 나는 다른 친구
하고 놀 거야." 그리고 이 꿈 사고가 다시 꿈 표현 중에 흘러들어갈 길이 열린다.
이와 같이 "내가 앉을 거니까, 너는 비켜." 하고 나는 죽은 친구 요제프를 비난하
지 않을 수 없었다. 그는 브뤼케 연구실 조수로 내 뒤에 들어왔다. 그런데 그곳에
서의 승진은 실로 황소걸음이었다. 두 사람 다 마찬가지였다. 젊은 사람들로서는
참기 힘들 정도였다.

친구 요제프는 상사의 생명이 한정되어 있다는 것을 알고 있었고 또 그와 특별
히 친한 사이도 아니었으므로, 가끔 그와 같은 초조감을 폭발시켰다. 그 상사는 중
병에 걸렸기 때문에, 그가 그만두어 주었으면 하는 소망은 자기가 승진할 수 있다
는 것 외에 부도덕한 어떤 부차적 의미를 갖고 있었다.

나도 역시 그 2, 3년 전 공석을 메웠으면 좋겠다는 소망을 요제프보다 더 절실
하게 품은 적이 있었다. 위계나 승진이라는 것이 있는 이상 억제를 필요로 하는 소
망에 대한 길은 이 세상에 어디에나 열려 있는 것이다. 셰익스피어의 작품에 나오
는 왕자 할은 병든 부왕의 침상 곁에서 자기에게 왕관이 어울리는지 어쩐지 써 보
고 싶은 유혹에서 벗어나지 못한다. 그러나 꿈은 당연하다는 듯 이 불량한 소망 때
문에 내가 아니라 그를 벌한다.

'그는 건방지기 때문에 내가 그를 죽였다.' 남이 자기에게 자리를 양보하리라고
기대할 수 없었으므로 그 스스로 물러났다. 나도 대학에서 어떤 사람을 위해 세워
진 기념비의 제막식에 출석한 직후 그와 같은 생각을 품었다. 그러므로 꿈속에서
느낀 나의 만족감의 일부는 이렇게 해석된다. 즉 이것은 정당한 벌이다, '네가 그
렇게 된 것은 당연하다.'

그 친구의 장례 때 한 청년이 그 자리에 어울리지 않는 말을 했다. "조사를 읽
은 사람은 마치 그 친구가 없어져서 세상이 끝장이라도 난 것처럼 말하더군요."

그 청년의 심중에서는 고인에 대한 애석의 정을 너무 과장함으로써 착잡해진 성실한 인간의 반항이 움직이고 있었던 것이다. 그런데 꿈 사고는 이 조사와 관련이 있다. 즉 '실제로 대체할 수 없는 인간이란 없다. 나는 이제까지 얼마나 많은 사람을 죽음에 빼앗겼던가. 그런데 나는 아직도 살아 있다. 그들 모두가 죽었어도 나는 살아남았다. 나는 내 자리를 고수하고 있다.' 이와 같은 생각은 내가 설령 친구의 병상으로 달려갔어도 살아서는 이미 그를 만나지 못했을 것 아닌가 하는 의혹을 품은 순간 한층 발전하여, 나는 이번에도 죽은 사람보다 오래 살게 되어 기쁘다는 생각으로 변한다. 즉 '죽은 것은 내가 아니라 그다. 나는 먼 옛날 공상 속 어린 시절의 장면과 똑같이 이 자리를 고수하고 있는 것이다.'

내가 내 자리를 언제까지나 지켜 나가겠다는 유아시절에서 유래하는 이 만족감은 꿈속에 채택된 감정의 대부분을 차지하고 있다. 나는 자신이 살아남은 일이 기뻐서 어느 남자들의 일화에서 볼 수 있는 소박한 에고이즘을 가지고 "우리 중 누구 하나가 죽으면 나는 파리로 이주한다."라는 말로 표현한다. 이 말의 '우리 중 누구'가 나 자신이 아니라고 생각하는 것은 물론이다.

자신의 꿈을 분석하여 남에게 이야기하기 위해서는 어려운 자기극복이 필요하다. 자기와 더불어 생활하는 사람들은 모두 고결한데 그중 자기만 악한이라는 것을 폭로하지 않으면 안 되기 때문이다. 그러므로 '망령'들은 있어 주었으면 좋겠다고 생각하는 동안에만 존재하고 없어졌으면 좋겠다고 생각하면 이 세상에서 사라지는 것이 실로 당연하다고 생각한다. 내 친구 요제프가 벌을 받은 것은 필경 그런 이유 때문일 것이다. 그러나 망령들은 내 유년시절의 친구(조카)가 차례로 나타난 것이다. 그래서 나는 조카의 대용품적 인물을 몇 번이나 꿈에 등장시킨 일에 만족하며, 지금 잃게 될지 모르는 사람에 대해서도 이미 대체할 준비가 되어 있다. 대용품이 없는 인간이란 없으니까.

꿈의 이차 가공

꿈 해석을 하면서 나는 가능한 한 무의식적 공상이 현저한 역할을 한 경우의 꿈을 실례로 드는 것을 피했다. 이러한 심리적 요소를 소개하려면 무의식적 사고의 심리를 광범위하게 논해야만 되기 때문이다. 그런데 나의 소위 '공상'은 그대로의 형태로 모두 꿈에 얼굴을 내밀며 더욱 빈번하게 꿈을 통해서 명료하게 그 전모를 보여주기 때문에, 그러한 맥락에서도 '공상'을 완전히 회피할 수는 없다. 여기서 나는 두 가지의 서로 다른, 그리고 각각의 장소에서는 서로 일치하는 공상으로 합성된 것처럼 보이는 꿈을 소개하려 한다. 그중 한 공상은 표면적인 것이고 다른 하나는 표면적인 것의 해석으로 되어 있다.

이 꿈의 내용은 대강 다음과 같다. 미혼의 젊은 남자가 실제와 똑같이 보이는 단골 음식점에 앉아 있다. 거기에 그를 맞으러 몇 사람이 모습을 나타낸다. 그중 한 사람이 그를 체포하려고 한다. 그는 같은 식탁에 있는 사람들에게 "셈은 나중에 치를 테야. 곧 다시 올 거니까."라고 말한다. 그러나 그들은 "그런 수에 넘어가지 않아. 누구나 그렇게 말하니까."라며 비웃는다. 손님 중 하나가 그의 등 뒤에서 "저봐, 또 하나 없어지는데."라고 외친다. 그리고 그는 어떤 비좁은 목로주점으로 끌려 들어갔는데, 거기에는 아이를 안은 여자가 있다. 그를 끌고 간 사람 중의 하나가 "이분은 뮐러 씨야."라고 말한다. 경감 아니면 관리인 듯한 사나이가 서류 꾸러미를 헤치면서 "뮐러, 뮐러, 뮐러." 하고 끊임없이 되풀이한다. 이윽고 그 사나이가 그에게 무엇인가 묻자, 그는 "그렇다."고 대답한다. 그리고 그는 여자 쪽을 돌아다보았는데, 그녀가 수염을 길게 기른 것을 발견했다.

이 꿈은 쉽게 두 부분으로 나뉜다. 표면은 '체포되는 공상'인데, 짐작컨대 꿈 작업이 새로 만들어낸 것인 듯하다. 그러나 그 배후에서 꿈 작업에 의해 다소 변경된 재료로서 '결혼 공상'이 나타난다. 두 가지 공상에 공통된 것으로 보이는 여러 특징이 갈톤의 몽타주와 같이 또렷하게 부각된다. 단골 음식점에 다시 돌아온다는 독신자의 약속, 이제까지 몇 번이나 말했으므로 제법 신랄한 술친구들의 불신, "저봐, 또 하나 없어지는데(결혼하는데)."라는 외침 등은 별도로 해석하려고 생각하면 손쉽게 이해되는 특징이다. 관리인 듯한 사나이에게 "그렇다."고 하는 말도 같은 뜻이다. 뮐러, 뮐러 하고 같은 이름을 되풀이하면서 서류 다발을 헤친다는 것은, 결혼식에서 으레 보게 되는 보수적이지만 명료한 특색, 즉 차례로 읽는 축하 전보와 일치한다. 그런 전보는 수취인이 같기 때문이다. 뿐만 아니라 이 꿈에는 신부가 실제로 등장하여 결혼 공상이 숨기려 하는 체포 공상에 승리를 얻는다. 마지막으로 신부가 수염을 길렀다는 것은, 분석은 하지 않았으나, 어떤 이야기를 듣고 뚜렷해졌다. 즉 이 꿈을 꾼 사나이는 전날 그와 마찬가지로 결혼 기피증이 있는 친구와 거리를 걷다가 마주 오는 금발의 미인을 가리키며 한 마디 했다. 그때 친구는 이런 말을 했다. "그렇지, 저런 여자들도 나이를 먹고 그 아버지처럼 수염을 기르지만 않는다면."

물론 이 꿈에도 꿈 왜곡이 깊이 작용한 것 같은 요소가 없는 바는 아니다. 가령 "셈은 나중에 치르지."라는 말은 지참금 건으로 신부의 아버지가 취할 우려가 있는 태도를 가리킨다. 분명히 이 사나이는 여러 가지 걱정으로 기분 좋게 결혼 공상에 잠길 수 없는 것이다. 결혼으로 자유를 잃는 것이나 아닐까 하는 우려가 체포 장면의 형태로 바꾸어 나타난 것이다.

여기서 다시 꿈 작업이 꿈 사고의 재료에 의해 비로소 새로운 공상을 이용한다는 사실로 되돌아가려고 한다. 이 사실을 잘 규명하면 꿈이 갖는 가장 흥미로운 수수께끼의 하나가 풀릴 것으로 기대하기 때문이다. 나는 앞에서 모리가 나무 판자에 목을 얻어맞고 프랑스 대혁명 시대의 이야기 전체에 해당하는 정도로 긴 꿈을 꾸고 깬 이야기를 했다. 그 꿈은 시종일관 잠자는 사람으로서는 설마 그런 일이 일어나리라고는 예상도 못했던 각성자극을 설명하려는 의도를 가지고 있었으므로, 다음과 같이 가정할 수 있다. 즉 이 내용이 풍부한 꿈 전체는 나무 판자가 모리의 목뼈에 떨어진 다음 그 자극에 의해 잠에서 깨어나기까지의 짧은 시간 내에 만들어지고 꿈꾸어졌을 것이다. 각성시의 사고 활동에 이런 신속성이 있다고는 도저히 생각할 수 없다. 그러므로 꿈 작업 진행의 주목할 만한 신속성이야말로 꿈 작업의 특권이라는 결론을 얻게 된 것이다.

　우리는 여기서 꿈 작업의 여러 요인과 꿈 내용의 이차 가공의 관계를 살펴보지 않을 수 없다. 그것은 꿈을 형성하는 여러 요인, 즉 압축 노력, 검열에 대한 양보의 강제, 꿈의 모든 심리적 수단의 표현 가능성에 대한 고려 등이 우선 첫째로 재료에서 잠정적 꿈 내용을 형성하고, 이 내용이 나중에 개조되고, 그것이 제2검문소의 여러 요구를 최대한 만족시킨다는 식으로 이루어지는 것일까? 그렇게 생각되지는 않는다. 그보다는 이렇게 상상할 수 있을 것이다. 검문소의 요구는 당초부터 꿈이 충족시킬 조건의 하나로서, 이 조건은 압축이나 저항 검열이나 표현 가능성의 조건처럼 꿈 사고의 큰 재료에 대해 동시에 선택적으로 작용하는 것이라고 생각해야 할 것이다. 그러나 꿈 형성의 네 가지 조건 중 맨 마지막인 이차 가공 작업은 어떻든 꿈에 가장 적은 강제력을 행사하는 것처럼 보인다.

　꿈 내용의 이차 가공을 기획하는 심리적 기능을 우리의 각성사고의 작업과 동일시하는 것은, 다음과 같은 점을 고려한다면 지극히 당연한 일이라고 하겠다. 즉 우리의 각성사고(전의식적 사고)는 임의의 지각 대상을 향해서 지금 문제되고 있는 기능이 꿈 내용에 대한 것과 마찬가지로 행동한다. 이와 같은 재료에 질서를 부여하고 관계를 설정하고 이해할 수 있게 관련짓는 것은 각성사고로서는 당연한 일이다. 마술사의 속임수는 이와 같은 우리의 지적 습관을 방패로 삼아 우리를 놀라게 하는 것이다. 주어진 감각인상을 합리적으로 조합하려고 노력하면서, 우리는 때때로 큰 과오를 범하거나 우리 앞에 있는 재료의 진실조차 왜곡시킨다.

　우리는 올바른 말이라는 착각에 빠져 뜻을 희미하게 만드는 오식(誤植)을 놓치게 된다. 프랑스의 어떤 일류 신문 편집자가 긴 논문의 각 구절마다 '앞으로'라든가 '뒤로'라는 말을 삽입하고, 독자가 그것을 느끼지 못하게 하는 데 내기를 걸었다고 한다. 그는 내기에서 이겼다. 나도 몇 년 전 신문을 읽다가 잘못 연관된 재미있는 사례를 발견한 일이 있다. 프랑스 국회 개회 중에 한 무정부주의자가 회의장에 폭탄을 던져 소동이 벌어졌을 때 뒤프이는 대담하게도 "회의 계속!"이라고 외쳐 그 자리의 정숙을 지켰다. 회의가 끝난 뒤 방청객들을 증인으로 이 돌발 사건에 대한 인상을 취재하게 되었다. 방청객 중에는 시골 사람이 두 명 있었다. 그중 한 사람은 연설이 끝난 직후에 분명히 폭발음을 들었지만, 국회에서 연설이 끝날 때마다 한 방 쾅 터뜨리는 것이 관례려니 생각했다고 말했다. 이미 몇 사람의 연설을 들었던 다른 한 사람 역시 비슷한 말을 했는데, 다만 그는 연설이 특별히 성공적이었을 때 칭찬의 의미로 폭탄을 터뜨리는 모양이라고 생각한 점이 조금 달랐다.

그러므로 꿈 내용이라는 것은 이론 정연해야 한다고 요구하고, 우선 해석을 가함으로써 오히려 그것을 정반대로 오해하게 만드는 것은 우리의 정상적 사고 활동이다. 꿈속에 나타난 외관상의 관계는 그 유래가 의심스럽다고 하여 무시하고, 명백한 것이나 혼란스러운 것이나 상관 없이 언제나 같은 길을 더듬어 꿈 재료로 거슬러 올라가는 것이 우리 꿈 해석의 정석이 되어 있다.

정상적인 사고의 협동 작업 아래 생기는 꿈의 최종적 구성에 대비할 만한 것을 찾으라고 한다면, 〈플리겐데 블레터〉지의 수수께끼 같은 비문만큼 적당한 것은 없으리라. 돋보이는 대비를 위해 방언을 쓰고 지극히 오묘한 의미를 지닌 문장 앞에서 독자들은 라틴어 비명(碑銘)이 아닐까 생각하게 된다. 그래서 단어의 철자들을 원래의 구절에서 떼내어 다시 배열한다. 그러면 순수한 라틴어가 생겨나고, 또 라틴어의 약자 같은 것도 있는 듯이 생각된다. 그리고 비문의 다른 곳에서는 비바람을 맞아 판독하기 힘들게 된 것 같은 부분이나 빠진 듯한 부분이 생겨, 의미도 없이 늘어놓은 문자에 무슨 의미가 있는 것 같은 느낌이 든다. 우리가 그런 유희에 속지 않으려면 비문의 나머지 구성 성분들은 일체 무시하고 문자에만 주의하여, 제시된 순서와 관계 없이 그 문자들을 독일어 문장으로 구성해야 한다.

이차 가공은 많은 연구가에 의해 주목되고 그 의의가 평가되어 온 꿈 작업의 한 요인이다. H. 엘리스는 그 기능을 재미있게 설명하고 있다. "우리는 이 사태를 다음과 같이 생각해 볼 수 있다. 즉 수면시의 의식은 자신을 향해 이렇게 말하고 있다. '저기 우리 주인이 온다. 이성이니 논리니 하는 것을 신주처럼 모시는 각성시의 의식이 온다. 빨리 해, 빨리 해. 주인이 오기 전에 물건을 되는 대로 정리해 버리라구. 어떤 배열이라도 상관없으니까. 주인이 들어와서 무대를 독점하기 전에.' 라고."

이 작업 방식과 각성시의 사고방식의 일치는 들라크루아에 의하여 특히 명확해진다.

"그런 해석 기능은 꿈 고유의 것이 아니다. 같은 논리적 정리라는 작업을 우리는 각성시의 자극에 대해서도 베푸는 것이다."

몇몇 연구가는 이와 같이 정리하고 해석하는 활동이 꿈을 꾸고 있는 동안에 시작되어 잠에서 깬 뒤에도 계속된다고 한다. 르루아와 토보볼스카는 다음과 같이 말했다.

"꿈속에서 해석이나 정리는 다만 꿈이 주는 재료뿐만 아니라 각성시의 생활에 이용되는 재료의 도움을 받아서도 이루어진다⋯⋯."

꿈 형성 중 유일하게 인정된 요인의 의의가 과대평가된 결과, 꿈은 이 한 요인의 활동에 의해서만 만들어졌다고 하는 견해도 있다. 고블로, 그리고 푸코에 의하면, 꿈은 잠이 깨는 순간 형성된다고 한다.

르루아와 토보볼스카는 이러한 견해를 다음과 같이 비평하고 있다. "꿈이 각성의 순간 형성된다고 생각하는 사람들이 있다. 그들은 수면중의 사고 활동에서 떠오르는 형상을 가지고 꿈을 만들어내는 기능을 각성시 사고에 속하는 것으로 보았다."

그리고 보니 꿈 작업에 관한 논증도 제법 범위가 넓어진 경향이 있으므로 이쯤에서 요약하기로 한다. 정신이 가진 모든 능력을 꿈 형성에 사용하는가, 아니면 그 억제된 기능의 일부분만 사용하는가 하는 문제가 제기되었다. 우리의 탐구 결과는 그와 같은 문제 제기 방식이 제반 사정에 적합하지 않다는 것이었다. 그러나 그와 같은 문제 제기의 바탕에서 답을 구하려고 하면, 서로 대립하고 배제하는 듯한 두 가지 문제를 모두 수긍해야 한다. 꿈 형성에서의 심적 작업은 두 기능, 즉 꿈 사고의 형성과 그 꿈 사고를 꿈 내용으로 변경시키는 것으로 나뉜다. 꿈 사고는 우리가 사용할 수 있는 심적 능력의 전부를 이용하여 매우 정확하게 형성된다. 그것은 의식되지 않은 우리의 사고에 속하며, 그런 무의식적인 사고에서 어떤 변환 작용에 의해 의식적 사고도 나오는 것이다.

꿈 사고에서 여러 가지가 흥미롭고 수수께끼 같지만, 이런 수수께끼는 꿈에 대해 특수한 관계를 갖고 있지 않으며 꿈 문제에 넣어 논할 가치가 없는 것이다. 이와 반대로 무의식적 사고를 꿈 내용으로 변환시키는 꿈 작업의 다른 부분은 꿈 생활의 특색을 유감없이 보여준다.

그런데 이 본래의 꿈 작업은 꿈 형성에서의 심적 활동을 형편없이 깎아내리는 강경론자들이 생각하는 것보다는 각성시 사고의 본보기와는 거리가 멀다. 꿈 작업은 각성시 사고와 비교하여 더 부정확하거나, 잊어버리기 쉽거나, 불완전한 것은 결코 아니다. 두 가지는 질적으로 다른 것이다. 따라서 서로 비교하는 일은 허용되지 않는다. 꿈 작업은 생각하고 계산하고 판단하는 등의 일은 전혀 하지 않고 오로지 변조하는 일만 한다. 꿈 작업이 만들어낸 꿈이 채우지 않으면 안 될 여러 조건을 주목하면 그것을 충분히 표현할 수 있다.

이 소산, 즉 꿈은 무엇보다 검열에서 벗어나야 한다. 이 목적을 위해 꿈 작업은 심리적 강도의 전위를 이용해 모든 심리적 가치를 뒤집어 버리기에 이른다. 모든 사고는 시각 및 청각의 기억 흔적의 재료를 써서 재현되지 않으면 안 되며, 이 요구가 있기 때문에 꿈 작업은 표현의 가능성이라는 것을 십분 고려해야 하고, 새로운 이동에 의해 거기에 대응한다. 밤에 꿈 사고에서 이용할 수 있는 것보다 더 큰 강도가 만들어져야 할 것이다. 이와 같은 목적을 위해 봉사하는 것이 꿈 사고의 여러 성분에 가해지는 압축이다.

사고 재료의 논리적인 모든 관계는 그다지 심각하게 고려되지 않는다. 그와 같은 관계는 결국 꿈의 형식적 여러 특성 중에 감춰진 채 표현된다. 꿈 사고의 감정은 표상 내용에 비하면 변경이 가해지는 일이 적은 대신 억제당하는 것이 보통이다. 감정이 억제되지 않고 본래대로 존재할 경우에는 표상에서 벗어나 그 동질성에 따라 다른 감정과 결합된다. 부분적으로 자각되는 각성사고에 의한 가공의 정도는 꿈마다 다르다. 이와 같은 꿈 작업의 극히 일부분만 학자들이 꿈 형성의 모든 활동에 적용하려고 노력했던 견해에 들어맞는다.

꿈 과정의 심리학 7

내가 다른 사람의 보고에 의해 알게 된 꿈 가운데서, 지금 여기서 꼭 말해 두고 싶은 것이 한 가지 있다. 어느 여자 환자에게서 들은 이야기인데, 그녀는 그것을 꿈에 관한 어떤 강연에서 듣고 안 것이라고 했다. 따라서 그 꿈의 본래의  출처를 나는 잘 모른다. 그 꿈 내용은 그녀에게 강한 인상을 준 것 같다. 왜냐하면 그녀는 나중에 직접 그 꿈을 '흉내내어 꾸었기' 때문이다. 즉 그 꿈의 여러 요소를 자기 꿈속에서 되풀이하고, 그런 전이를 통해 어떤 특정한 부분에서 일치를 표현하려고 했기 때문이다.

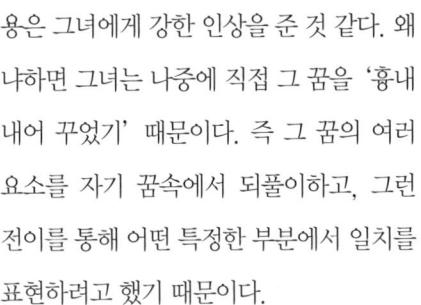

이 본보기가 된 꿈의 전제 조건은 이렇다. 한 아버지가 병든 아이를 정성껏 간호했다. 아이가 죽은 뒤 옆방에 가서 쉬며, 그는 커다란 촛불에 둘러싸인 아이의 유해가 안치된 방이 보이도록 문을 활짝 열어놓는다. 유해는 한 노인이 지키고 있었는데, 유해 옆에서 무언가 기도문을 외우고 있다. 아버지는 두세 시간 동안 잠을 잔 후 이런 꿈을 꾼다. '아이가 자기 침대 옆에 서서, 팔을 잡고 원망하듯 속삭인다. 〈아빠, 내가 불에 타고 있는 것을 모르세요?〉' 아버지는 잠에서 깨어났다. 유해가

있는 방에서 밝은 빛이 비쳐 나왔다. 급히 그 방으로 가보니, 유해를 지키던 노인은 잠들고, 불붙은 초가 관 위에 넘어져서 아이의 수의와 한쪽 팔이 타고 있었다.

이 감동적인 꿈은 쉽게 설명이 되고, 또 내 환자의 말을 들어 보면 강연한 연사도 옳게 해석하고 있었다. 밝은 빛줄기가 열어놓은 문으로 잠든 아버지의 눈에 비쳐서, 그가 깨어 있을 경우 내렸을 추론을 끌어냈다. 즉 초가 넘어져서 유해 옆에 불이 붙었다는 추론을 내리게 한 것이다. 아마 아버지는 유해를 지키는 노인이 그 책임을 다할지 걱정스럽다는 생각을 하면서 잠이 들었을 것이다.

우리도 이 해석이 전적으로 옳다고 생각하지만, 다음과 같은 주장을 덧붙이고 싶다. 즉 이 꿈의 내용은 복잡한 규제를 받고 있으며, 아이가 아버지에게 한 말은 그 아이가 생전에 한 말, 그리고 아버지의 마음에 중대한 사건을 상기시키는 문구로 구성되어 있을 것이라는 점이다. 예를 들어, 불에 타고 있다는 호소는 그 아이를 죽게 한 열병과 결부되며, "아빠, 모르세요?"라는 말은, 우리는 모르지만, 강한 감정을 수반한 다른 사건과 결부되어 있는 것 같다.

그러나 우리는 꿈을 심리적 사건의 관련 속에 끼워넣을 수 있는 뜻깊은 한 과정임을 인정한 뒤에도, 될수록 신속하게 눈을 뜰 필요가 있는 그와 같은 상황에 꿈을 꾸었다는 사실에 놀랄 것이다. 그러면 이 꿈도 실은 하나의 소망 충족을 나타내고 있었다는 것을 깨닫게 된다. 꿈속에서 죽은 아이는 마치 살아 있는 것처럼 행동한다. 아버지에게 말을 건네고 아버지의 침대 곁에 와서 팔을 잡아당기는데, 아마 아이는 꿈에서 한 말의 뒷부분이 유래하는 그 기억에 남는 사건에서 실제로 그렇게 했을 것이다. 이 소망 충족을 위해서 아버지는 잠을 더 연장했을 것이다. 꿈은 살아 있는 아이 모습을 다시 한 번 보여줄 수 있었으므로, 눈을 뜨기보다는 조금이라도 더 계속하고자 한 것이다. 만일 아버지가 먼저 눈을 뜨고 유해가 있는 방으로 달려가게 하는 추론을 내렸다면, 아이의 산 모습을 볼 수 있는 시간은 그만큼 더 짧아졌을 것이다.

이 짧은 꿈이 어떤 특징으로 우리의 흥미를 끄는지는 말하지 않아도 알 수 있을 것이다. 우리가 지금까지 보아온 것은 꿈의 은밀한 뜻이 어디에 있는가, 꿈의 참된 뜻은 어떤 방법으로 발견되는가, 꿈의 작업은 이 참뜻을 은폐하는 데 어떤 수단을 쓰는가 하는 것이었다. 지금 우리는 그 뜻이 분명히 드러난 꿈에 부딪힌 것이다. 그런데 우리는 이 꿈이라는 것이 각성시의 사고와 뚜렷이 구별되고, 해명의 필요를 느끼게 하는 본질적 성격을 간직하고 있다는 점을 깨닫게 되었다. 분석 작업에 관계되는 모든 것을 제외한 지금 비로소 우리는 꿈에 대한 우리의 심리학이 얼마나 불완전한 것이었는지 알 수 있다.

그러나 그 새로운 길로 나아가기 전에, 지금까지 과연 우리는 편력의 도상에서 중요한 것을 빠뜨리지는 않았는지 잠시 살펴보기로 하자. 우리가 지금까지 걸어온 길이 평탄하고 쉬운 길이었다는 것을 명백하게 해두어야 하기 때문이다. 만일 나에게 큰 잘못이 없었다면, 우리가 더듬어 온 모든 길은 해명으로, 완전한 이해로 통하는 밝은 길이었다.

우리는 꿈을 심리적 사건으로 해명할 수가 없다. 왜냐하면 해명한다는 것은 미지의 것을 기지(旣知)의 것으로 환원하는 일인데, 꿈의 심리학적 연구에 해명의 근거로 추론되는 것을 귀속시킬 만한 심리학적 지식은 아직 존재하지 않기 때문이다. 반대로 우리는 새로운 가설, 즉 정신기관의 구성과 그 속에서 작용하는 여러 힘의 활동을 추측하게 하고, 또 처음에 논리적으로 늘어놓은 내용에서 벗어나 멀리 우회하지 않는 가설 몇 가지를 세워야 한다. 그렇지 않으면 그 가치를 규정하기 어려운 것이 되어 버리기 때문이다.

우리가 추론할 때 어떤 과오도 범하지 않고 논리적으로 드러나는 일체의 가능성을 모두 계산에 넣더라도, 여러 요소의 설정에서 완전치 못할 경우 계산이 전혀 틀릴 우려가 있다. 정신이라는 도구의 구조와 작용에 관해서는, 꿈이나 그밖의 개별적인 기능을 아무리 면밀히 연구해도 해명할 수 없을 것이다. 그와 같은 목적을 위해서는 그보다 많은 심리적 기능들을 비교 연구하여 언제나 필요하다고 판명된 것들을 한데 모아야 한다. 그러므로 우리가 꿈의 여러 과정을 분석할 때 발생하는 꿈의 심리학적 여러 가정은, 다른 각도에서 문제의 핵심에 다가가려 하는 그밖의 다른 연구 성과들과 결합될 때까지 기다려야 할 것이다.

꿈의 망각

여기서 지금껏 별로 주의하지 않았던 주제, 즉 꿈 해석에 관해 우리가 기울인 수고를 기초부터 무너뜨릴 반론이 유래하는 주제에 관심을 가질 필요가 있을 것 같다.

첫째, 우리가 꿈에 관해서 기억하고 있는 것, 그리고 우리의 해석 기법이 행사되는 대상은 꿈을 보존하는 데 특히 무력해 보이는 우리 기억력의 모호함 때문에 일그러져 있고, 따라서 꿈 내용의 가장 중요한 부분을 오히려 잃고 있는 것 같다. 우리가 꿈에 주의를 돌려 보면, 사실 더 많은 것을 보았는데도 그 가운데 일부밖에 기억하지 못하며, 더욱이 그 기억마저도 기묘하게 불확실한 것으로 여겨진다는 탄식을 하게 된다.

둘째, 우리의 기억은 꿈을 단편적으로 재현할 뿐 아니라 일그러지게 위조하여 재현하는 것 같다. 한편 꿈꾼 내용이 실제로 우리가 기억하고 있는 것처럼 서로 연관성이 없는 모호한 것인지 어떤지 매우 의심스럽듯이, 꿈이 우리가 나중에 이야기하는 것처럼 앞뒤가 맞는 것인지 어떤지, 즉 우리가 그것을 재현하려고 시도할 때 본래 거기에 있었거나 망각 때문에 생긴 틈을 제멋대로 고른 새 재료로 보충하고 장식하고 손질하고 다시 정리하여 우리가 꾼 꿈의 본래의 내용이 무엇이었는지 규명할 수 없게 된 것은 아닌가 하는 의문도 생긴다.

물론 어떤 학자들은 무릇 꿈의 질서나 관성 같은 것은 모두 우리가 그 꿈을 재현하려고 시도할 때 비로소 드러난다고 주장했다. 그러므로 우리는, 우리가 그 가치를 규정하려고 한 대상 자체를 빼앗길 위험에 직면하고 있는 것이다.

우리는 지금까지 꿈 해석을 할 때 이런 소리에 주의를 기울이지 않았다. 그뿐 아니라 오히려 미세하고 눈에 띄지 않는 불확실한 꿈 내용의 구성 성분을 명료하고 확실한 것 못지않게 꿈 해석의 주요한 재료로 보았다. '일마의 주사에 관한 꿈' 속에 '서둘러' 의사 M박사를 부르는 대목이 있었다. 우리는 이 부가어가 무언가 특별한 원천에서 나온 것이 아니면 꿈속에 들어가지 않았을 것이라고 생각했다. 그리하여 우리는 내가 '서둘러' 나이 많은 동료를 그 침대 옆에 부른 계기가 된 저 불행한 여자 환자의 이야기에 이르렀던 것이다.

꿈의 지극히 사소한 특징이야말로 해석에 얼마나 불가결한 것이며, 그와 같은 사소한 특징에 뒤늦게 주의를 기울임으로써 얼마나 해석 작업이 늦어지는가는 모든 분석 사례로써 입증할 수 있을 것이다. 우리는 꿈 해석 과정에서 꿈을 묘사하는 언어 표현의 모든 뉘앙스에 같은 평가를 해 왔다. 무의미하거나 혹은 불충분한 문구, 마치 아무리 노력해도 꿈을 올바른 형태로 묘사할 수 없다고 말하는 듯한 언어 표현에 직면하더라도 그와 같은 표현의 결점까지도 신중하게 생각했다. 즉 다른 연구가들이 당황해 급히 날조한, 제멋대로 된 즉흥 문구라고 생각해도 될 만한 것을 우리는 마치 성서의 문구처럼 신성시한 것이다.

이 모순의 해명은 우리에게 유리한 것이지만, 그렇다고 다른 연구가들이 틀렸다고 비난하는 것은 아니다. 꿈의 발생에 관해서 우리가 새로 얻은 관점에 입각하면, 모순이라는 모순은 모두 통합된다. 우리가 재현을 시도할 때 꿈이 왜곡되는 것은 사실이다. 이것은 정상적인 사고의 검문소에 의해 꿈이 흔히 오인되는 이차 가공이라고 부르는 것이다. 그러나 이 왜곡 자체는 바로 꿈의 사고가 꿈 검열의 결과로 늘 겪는 가공의 한 부분이다. 연구가들은 여기서 꿈 왜곡이 현재적으로 작용하는 부분을 예상하거나 인정했다. 그러나 우리는 그 정체를 파악하기 어려운 훨씬 자유분방한 왜곡 작업이 감추어진 꿈 사고를 통해 이미 그 꿈을 대상으로 골랐다는 것을 알고 있었으므로, 그런 말을 그다지 중요하게 생각하지 않는다. 연구가들의 잘못은, 꿈을 되새기거나 말로 표현되는 과정에서의 수정을 자의적인 것으로,

따라서 그 이상은 풀 수 없는 것으로 보고 거기서 우리로 하여금 꿈에 대한 인식을 그릇되게 하는 원인이 나온다고 생각하는 점에 있다. 그들은 심리적인 것의 결정을 지나치게 낮게 평가한다. 심리적인 것에서 자의적인 것은 전혀 없다. 보통 제2사고의 과정이 제1사고의 과정에 의해 규제되지 않고 버려진 요소의 여러 규정 작업을 즉각 받아들인다고 할 수 있다. 이를테면 내가 멋대로 어떤 수를 생각하려고 해도 그것은 불가능하다. 내가 생각하는 수는 나의 순간적인 의도와는 별로 관계가 없는 듯이 여겨지는, 내 마음속의 여러 사고에 의해 필연적으로 뚜렷하게 규제되어 있기 때문이다.

이와 같이 깨고 나서 꿈을 재현할 때 일어나는 여러 변화도 역시 자의적인 것은 아니다. 그러한 변화는 어디까지나 자신들이 대신하는 내용과의 연상에 의해 결합되어 있는 것이고, 그 내용에 이르는 길을 우리에게 보여주는 일을 한다. 그 내용 자체는 이 또한 다른 내용의 대용물인지도 모른다.

나는 환자를 상대로 꿈을 분석할 때 언제나 이러한 주장을 다음과 같이 시험해 보았는데, 반드시 성공을 거두었다. 환자가 보고하는 꿈은 처음에는 매우 이해하기 어려운 듯이 여겨지지만, 그런 경우 나는 다시 한 번 이야기해 달라고 부탁한다. 그러면 두 번째 보고가 첫번째 보고와 같은 말로 되풀이되는 일은 좀처럼 없다. 두 번째 보고에서 표현이 바뀐 부분이야말로 꿈을 위장하는 데 성공하지 못한 대목이다.

그런 대목에서 해석을 시작하면 된다. 상대방은 다시 한 번 말해 달라는 요구에 내가 그 꿈의 해석에 특별히 애쓰고 있다는 것을 알고 경계하게 된다. 강한 저항 욕구에 사로잡힌 그는, 꿈 위장의 약한 대목을 급히 방어하여 금방 탄로날 표현을 그만두고 더 거리가 먼 표현으로 대체한다. 그러면 나는 상대방이 삭제한 표현에 더욱 주의를 기울인다. 꿈 해석을 저지하려고 안간힘을 쓰는 것을 보면, 나는 그가 얼마나 신중하게 그 꿈을 감추려 하고 있나 짐작하게 되는 것이다.

우리가 꿈에 관해서 품는 의심에 다른 꿈 연구가들이 큰 관심을 기울이는 것은 아무래도 잘못된 것 같다. 왜냐하면 그런 의심은 지적인 뒷받침이 결여되어 있기 때문이다. 사실 우리의 기억이라는 것은 그 정확성을 보장할 수 없다. 그런데도 우리는 객관적으로 정당하다고 여겨지는 것보다는 훨씬 자주 기억이 제시하는 것을 믿는다. 꿈이나 세부적인 꿈 재료가 과연 정확하게 재현되는 것인지 의심스럽다는 생각은, 이 또한 꿈의 검열, 이를테면 꿈의 사고가 의식 속에 침입해 들어오는 데 대한 저항의 파생물에 불과하다. 이 저항은 언제나 이동이나 대체로 끝나지 않고, 일단 검열을 통과한 것에 의혹의 형태로 남아 있다. 이 의혹은 강도 높은 꿈 요소가 아니라 오직 약하고 모호한 요소만 공략하는 조심성을 보이므로, 우리는 종종 잘못 생각하게 되는 것이다.

그러나 우리는 꿈 사고와 꿈 사이에 모든 심리적 가치 전환이 일어나고 있다는 것을 이미 알고 있다. 왜곡은 다만 가치 박탈에 의해서만 가능하고, 언제나 가치 박탈이라는 형태로 나타나고, 때로는 그것으로 만족한다. 꿈 내용의 모호한 요소에 다시 의혹이 부가되면, 그 암시에 따라 우리는 그것이 추방된 꿈 사고의 보다 직접적인 파생물임을 인정할 수 있다.

꿈을 분석할 때는 아주 희미한 가능성까지도 완전히 확실성 있는 것처럼 다룰 필요가 있다. 어떤 꿈 요소를 추구할 때 그런 확실성에 대한 생각을 버리고 달려들지 않는 한 분석은 여기서 정체해 버린다. 해당 요소가 경시되면, 분석을 받는 사람은 심리적 영향을 받아 그런 요소의 배후에 있는 원치 않는 표상은 아무것도 떠올리지 못하게 된다.

꿈의 망각 현상도 이를 설명하기 위해서는 심리적 검열의 힘을 참고로 하지 않는 한 그 정체를 규명하기 어렵다. 하룻밤 동안에 무척 많은 꿈을 꾸었으나, 그중 조금밖에 기억이 없다는 느낌은 많은 경우 어떤 다른 뜻을 갖는지도 모른다. 예를 들어, 꿈의 작업이 밤새도록 분명히 진행되고도 뒤에는 짤막한 꿈 하나밖에 남기지 않는 경우도 있다. 그밖에 눈을 뜬 뒤 그 꿈을 차츰 잊어 간다는 사실을 믿어야 한다. 우리는 꿈을 잊어버리지 않으려고 애를 쓰지만 쉽게 잊어버린다.

그러나 일반적으로 이 망각의 범위를 지나치게 넓게 예상하는 것과 마찬가지로 꿈의 탈루(脫漏)와 결부되어 일어나는 내용의 소실도 너무 지나치게 평가한다. 꿈 내용의 잊어버린 모든 부분을 분석으로 되찾는 경우가 흔히 있다. 적어도 일련의 경우, 단편적인 조각을 통해 꿈 그 자체는 아니라도 꿈 사고는 모두 찾아낼 수 있다. 그러려면 분석을 할 때 상당한 주의력과 자기 극복이 필요하다.

꿈의 망각은 대부분 저항 활동이라는 것을 나는 실제적인 증거를 통해 증명할 수 있다. 어떤 환자가 꿈을 꾸었는데 완전히 잊어버렸다고 이야기한다. 그렇다면 꿈꾸지 않은 것과 마찬가지다. 나와 환자는 분석 작업을 계속한다. 나는 어떤 저항에 부딪힌다. 환자를 납득시킨다. 그리고 환자를 도와 어떤 불쾌한 생각과 화해하도록 설득하거나 재촉한다. 가까스로 잘되었다고 생각하는 순간 환자는 "이제 내가 무슨 꿈을 꾸었는지도 생각났어요."라고 소리친다. 이날 분석 작업 중에 그를 방해했던 저항이 꿈까지도 잊게 했던 것이다. 이 저항을 극복하게 함으로써 나는 꿈을 생각나게 한 것이다.

이와 마찬가지로 환자는 분석 치료의 어느 대목에서 사흘이나 나흘, 또는 그 훨씬 전에 꾸고 그때까지 까맣게 잊었던 꿈을 갑자기 생각해 낼 수 있다. 어떤 꿈 때문에 잠을 깨면, 그 직후 모든 사고 활동을 회복하여 그 꿈을 해석하기 시작하는 경우가 흔히 있다. 나나 다른 정신분석가들이나 정신분석 치료를 받고 있는 환자들에게 종종 일어나는 일이다. 그런 경우 나는 그 꿈을 완전히 해석할 때까지 중지하지 않는다. 그런데 어찌 된 일인지, 눈을 뜬 후 내가 꿈을 꾸었다는 것, 그리고 해석했다는 것을 알고 있는데도 불구하고 해석 작업과 꿈의 내용을 까맣게 잊어버리는 일이 있었다.

정신 활동이 꿈을 기억에 간직하는 데 성공하기보다 훨씬 자주, 해석 작업의 결과까지도 함께 망각 속으로 끌고 들어가는 경우가 많았다. 그러나 이 해석 작업과 깨어 있을 때의 사고 사이에는 꿈 연구가들이 꿈 망각의 오직 한 가지 원인으로 설명하려고 하는 저 심리적인 차이는 존재하지 않는다.

모튼 프린스는 꿈의 망각에 대한 나의 설명에 반대하여, "그것은 다만 분열된 심적 상태에서 일어나는 망각의 특수한 경우에 불과하다. 그리고 그 특수한 망각에 대한 프로이트의 설명을 다른 형태의 망각에 적용하기는 불가능하므로, 나머지 의도에도 무가치한 것이다."라고 말했다. 그러나 그런 그 자신이 그와 같은 분열 상태의 서술에서 단 한 번도 그 현상에 대한 적극적인 해명을 시도하지 하지 않았다는 점을 상기하지 않을 수 없다.

만일 그가 그런 시도를 했다면, 억압(혹은 억압 때문에 만들어진 저항)이야말로 분열의 원인이기도 하고, 또 그 심리적 내용에 대한 망각의 원인이기도 하다는 사실을 발견하지 않을 수 없었을 것이다.

나는 여기서 꿈의 해석에서 주의해야 할 점 몇 가지를 순서 없이 적어 보고자 한다. 이것은 나중에 독자들이 자신의 꿈을 통해 내 주장을 검토할 때 길잡이가 될 수 있을 것이다.

누구든 자신의 꿈을 아무 노력 없이 해석할 수 있으리라고 기대해서는 안 될 것이다. 내적인 여러 현상이나 보통은 주의하지 않는 다른 여러 감각을 지각하는 데는, 그와 같은 지각에 저항하는 심리적 동기가 없더라도 연습이 필요하다. 소위 '원치 않는 표상'을 포착하는 것은 그보다 훨씬 어렵다. 그것을 붙잡으려고 하는 사람은 이 책을 읽음으로써 북돋워지는 기대를 품고 덤비지 않으면 안 될 것이다. 여기서 제시한 법칙을 지켜 일체의 비판이나 선입견, 혹은 감정적이거나 지적인 편견을 억누르기 위해 애써야 한다.

이 충고를 지키는 사람은 과제가 어렵다는 생각을 하지 않을 것이다. 꿈의 해석은 단숨에 할 수 있는 것은 아니다. 연상의 고리를 더듬어 가다 보면, 더 이상 어쩔 수가 없다고 느끼는 일이 드물지 않다. 그런 때는 작업을 중지하고 이튿날 다시 시작하는 편이 낫다. 그러면 꿈 내용의 다른 부분이 주의를 끌면서 꿈 사고의 새로운 층으로 통하는 길이 발견된다. 이것을 '분할적' 꿈 해석이라고 이름지을 수 있다.

가장 어려운 것은, 꿈 해석의 초보자로 하여금 뜻이 통하며, 서로 연관성이 있고,

꿈 내용의 모든 요소를 밝혀 내는 완전한 꿈 해석을 했다 해도 그것으로 임무를 다한 것이 아니라는 사실을 납득시키는 일이다. 그밖에도 자기가 간과한, 같은 꿈을 다르게 해석할 가능성, 더 심오한 해석을 할 가능성도 있는 것이다.

아무리 훌륭하게 해석된 꿈에서도 어떤 대목은 해결하지 못한 채 남겨두지 않으면 안 되는 경우가 종종 있다. 왜냐하면 아무리 해도 풀리지 않고 꿈 내용에 대해서도 그 이상 기여하는 바가 없는 그런 꿈 사고의 매듭이 있다는 것이 분석 과정에서 판명되기 때문이다. 그런 경우 그 대목은 꿈이 미지의 것과 결합된 곳, 다시 말해 꿈의 탯줄과 같은 곳이다. 꿈을 해석할 때 우리가 부딪치는 꿈의 사고는 일반적으로 완결되지 않는 것이며, 그물코 같은 우리의 관념 세계와 사방으로 연결되어 있다.

다시 꿈 망각으로 돌아가 보자. 밤에 형성된 꿈을 잠이 깬 뒤 바로 아주 잊어버리거나, 낮 동안에 서서히 잊어버린다는 명백한 의도가 있다면, 또 이와 같이 꿈을 잊게 하는 주된 원인이 이미 밤 동안 꿈에 대해서 의무를 다한 심리적 저항이라는 것을 인정한다면, 대체 이런 저항을 누르고 꿈의 형성을 가능하게 만드는 것은 무엇인가 하는 의문이 생기게 된다.

각성시의 삶이 꿈을 아예 지우고 꿈 따위는 전혀 꾸지 않은 것처럼 해 버리는 가장 극단적인 경우를 생각해 보자. 그 경우 여러 심리적 힘의 작용을 고려하면 이렇게 말하지 않을 수 없다. 만일 저항이 밤에도 낮과 똑같이 지배하고 있다면, 꿈은 결국 성립되지 않을 것이라고. 우리는 저항이 밤 동안 침묵을 지키고 있지 않았다는 사실을 알고 있다. 왜냐하면 저항이 꿈 형성에 참여하고 있다는 것을 꿈 왜곡 현상으로 입증했기 때문이다. 그러나 저항력이 밤에는 약해지고, 이 저항력의 감소로 꿈 형성이 가능해진다는 사실은 인정하지 않을 수 없다. 눈을 뜨는 것과 동시에 힘을 되찾은 저항은, 자기 힘이 약했을 동안 허용할 수밖에 없었던 것을 즉시 쫓아 버린다는 것도 어렵지 않게 이해할 수 있다. 기술적 심리학은 꿈 형성의 주요 조건이 정신의 수면 상태임을 우리에게 가르쳐준다. 이제 우리는 다음과 같은 설명을 덧붙일 수 있다. '수면 상태는 내적인 검열의 힘을 감퇴시킴으로써 꿈을 형성하게 한다.'

꿈의 심리학 속으로 조금 깊이 들어가면, 꿈 형성을 가능하게 하는 것을 다르게 생각해 볼 수 있다는 것을 알게 된다. 꿈 사고의 의식화에 대한 저항은 그 자체의 힘이 약해지지 않더라도 피할 수 있다.

꿈 해석에 대한 우리의 방식에 또 다른 몇 가지 이론(異論)이 있다. 우리는 보통 우리의 관념을 지배하고 있는 목적 표상을 모두 버리고 세부적인 꿈 요소에 주의를 기울여서 머리에 떠오르는 원치 않는 관념을 기록해 나가는 방식을 쓴다. 그런 다음 꿈 내용의 다른 구성 성분을 끌어내어 같은 작업을 되풀이하면서, 사고가 움직여 가는 방향과는 상관 없이 그러한 사고를 계속 추구해 간다. 물론 그때 우리는 차츰 본래의 주제에서 멀어지지만, 우리가 특히 손을 대지 않더라도 꿈을 낳는 꿈 사고에 이를 것이라는 안도감 비슷한 기대를 품게 된다.

이에 대해 비판하는 사람들은 다음과 같은 형태로 반론을 제기할 것이다. '꿈의 세부적 요소에서 출발하여 어딘가에 도착한다는 것은 그다지 놀랄 일이 아니다. 어떤 표상이나 반드시 연상에 의해 다른 것과 결부될 수 있다. 그런 목표도 없이 자의적인 관념의 흐름을 더듬어 가서 꿈 사고에 이른다는 사실이 더 이상한 것이다.' 아마 이것은 자기기만일 것이다. 한 요소에서 연상의 사슬을 더듬어 가면, 문득 그 연상의 사슬이 끊어지는 것을 깨닫게 된다. 그런 다음 제2의 요소를 뒤쫓으면, 본래 무제한인 연상의 범위가 제한을 받는 것은 당연한 이치이다. 첫번째 관념의 고리가 아직도 기억 속에 있으므로, 두 번째 꿈 표상의 분석 때는 먼저의 경우보다 쉽게 여러 가지 착상과 부딪치며, 이런 착상들은 첫번째 연상의 착상과 어떤 공통점을 가진다.

그러면 정신분석가들은 두 꿈 요소 사이를 연결시키는 관념을 발견했다고 생각해 버린다. 그들은 보통 관념 결합을 자유로이 하면서 정상 사고 때 작용하는 한 표상에서 다른 표상으로의 이동은 사실상 제외하므로, 결국 일련의 '중간 사고'

에서 그들이 꿈 사고라 부르는 것을 조합해 내는 것은 그리 어려운 일도 아닐 것이다. 그들은 그렇게 만들어낸 것을 일반적으로 알려져 있지 않은 것을 기화로 아무런 보증도 없는데 멋대로 꿈의 심리적 대용물이라고 떠벌린다. 이런 쓸모없는 짓을 하는 사람은 어떤 꿈에 대해서나 이런 방법으로 제멋대로의 해석을 끌어낼 수 있다.

실제로 이와 같은 이론에 당면할 경우, 우리는 이에 대한 방어로서 꿈 해석의 인상, 즉 세부적인 표상을 추구하는 동안 생기는 다른 꿈 요소의 생각지 않던 결합이나, 또는 우리의 해석처럼 꿈을 남김없이 밝히고 해명하는 일은 이미 형성된 심리적 결합의 자취를 더듬지 않고는 불가능하다는 것을 근거로 내세울 수 있다. 우리는 또 우리의 주장을 변호하기 위해서, 꿈 해석의 방법이 히스테리 증세의 원인을 더듬어 가는 방법과 같다는 사실도 지적할 수 있을 것이다.

히스테리 증세의 원인을 더듬어 가는 경우, 증세의 출현 및 소멸에 의해 우리 방법의 정당성이 쉽게 증명된다. 그러나 우리는 목적도 없이 제멋대로 이어지는 관념의 고리를 추적함으로써 어떻게 본래의 목표에 도달할 수 있는가 하는 문제를 피해야 할 까닭이 없다. 왜냐하면 우리는 이 문제를 해결할 수는 없지만 완전히 제거할 수는 있기 때문이다.

우리가 꿈 해석 과정에서 깊이 탐구하는 자세를 버리고 원치 않는 표상을 떠오르게 할 때, 목적 없는 표상의 흐름에 몸을 맡기는 것이 아닌가 하는 비난은 결코 옳지 않다. 우리는 언제나 우리가 이미 아는 목적 표상만을 단념할 수 있으며, 그러한 단념과 동시에 미지의 목적 표상들이 중심이 되어 원치 않는 표상들의 흐름을 결정한다. 무릇 목적 표상이 없는 사고는 우리의 정신생활이 직접 영향을 미치므로 전혀 가능하지 않다.

나는 목적 표상이 없는 무절제한 관념의 흐름이 히스테리나 편집증의 테두리 안에서도 꿈의 형성이나 해명 때와 마찬가지로 나타나지 않는다는 것을 알고 있다. 그런 관념의 흐름은 아마 내인성(內因性) 정신 질환의 경우에는 전혀 나타나는 일이 없을 것이다. 뢰레의 날카로운 추측에 의하면 정신착란자의 섬망조차도 의미가 있으며, 다만 거기에 생략된 부분이 있기 때문에 우리가 이해할 수 없을 뿐이다.

그런 경우를 관찰할 기회가 주어졌을 때 나는 같은 확신을 얻었다. 섬망은 자기의 지배를 감추려 하지 않고, 부당한 점이 없도록 개조하기 위해서 협력하는 대신 자기 마음에 안 드는 것은 깨끗이 삭제해 버리는 검열 작업의 결과이다. 그로 인해 남아 있는 것들이 서로 관련이 없어지는 것이다. 그것은 러시아 국경에서의 신문 검열과 아주 비슷하다. 러시아인들은 그곳에서 외국 신문을 군데군데 까맣게 칠해서 독자의 손에 전해 준다.

제멋대로의 연상 고리에 따르는 표상이 자유롭게 작용하는 것은, 아마 대뇌가 악성 질환에 걸린 경우일 것 같다. 노이로제 환자에게 이런 현상이 일어난다고 생각되는 것은, 늘 숨겨져 있는 목적 표상에 의해 전경(前景)으로 밀려나는 일련의 관념에 미치는 검열의 영향에 의해 해명된다. 목적 표상의 제약을 받지 않는 자유로운 연상의 틀림없는 표지로 간주되는 것은, 떠오르는 표상이 서로 표면적 연상의 유대에 의해서 결합되어 있는 것처럼 보이는 경우, 즉 익살이나 끝말잇기 등에서 흔히 쓰는 모든 연상에 의해서 결합되어 있는 경우다. 이런 특징은 우리를 꿈 내용의 여러 요소에서 중간 사고로, 또한 중간 사고에서 본래의 꿈 사고로 인도해 가는 관념 결합에서도 볼 수 있다.

우리는 많은 꿈을 분석하는 과정에 고개를 갸우뚱거리지 않을 수 없는 이와 같은 실례를 발견했다. 느슨한 결합도, 비난할 만한 기지(機智)도 하나의 관념에서 다른 관념으로 건너가는 교량 역할을 할 수 있다. 그러나 이와 같은 관용을 올바르게 이해한다는 것은 그렇게 간단한 일이 아니다. '하나의 심리적 요소가 다른 심리적 요소와 만족스럽지 않은 표면적 연상에 의해 결합되어 있는 경우, 언제나 검열의 저항에 복종하는 이들 두 요소 사이에 정확하고 깊은 결합이 존재한다.'

표면적 연상의 우위는 목적 표상의 포기 때문이 아니라 검열의 압력이 그 이유이다. 표면적 연상은 표현 과정에서 검열이 정상적인 결합의 길을 지나지 못하게 할 경우 심부(深部)의 연상을 대리하는 것이다.

여기서 우리는 두 가지 경우를 구분할 수 있는데, 그것들은 본래 하나이다. 검열은 두 관념 사이의 관계에만 힘을 보이므로, 따로따로 있으면 검열의 항의를 피할 수 있다. 그때 두 관념은 시간적으로 앞서거니 뒤서거니 의식 속에 들어온다. 두 관념 사이의 관계는 숨겨져 있지만, 대신 우리 머릿속에 그 표면적인 결합이 떠오른다. 보통은 생각하지 못했을 이와 같은 결합은 대개 표상 복합체의 한구석에 자리하고 있으며, 여기에서 억제되어 있지만 본질적인 결합이 출발점을 이룬다.

또 한 가지 경우는 두 관념이 저마다 그 자신의 내용 때문에 검열에 걸리는 것이다. 그럴 때 두 관념은 정당한 형태가 아니라 고쳐지고 대체된 형식으로 나타난다. 이 두 대체된 관념은 표면적 연상에 의해 본래의 관념의 본질적인 결합을 재현할 수 있도록 선택된다. '이 경우 모두 검열의 압력 아래 정상적이고 성실한 연상에서 표면적이고 부조리하게 보이는 연상으로의 이동이 생긴다.'

우리는 그러한 이동 현상에 대해 알고 있으므로, 꿈을 해석할 때 표면적인 연상까지도 주저하지 않고 믿어 버린다.

표상의 흐름을 지배하는 힘이 의식적인 목적 표상을 포기하는 동시에 표상의 흐름을 지배하는 힘이 숨겨진 목적 표상으로 옮겨간다는 명제와, 표면적 연상은 억제된 더 깊은 연상의 이동 대체물에 불과하다는 두 명제는 노이로제 환자의 정신분석 치료에서 널리 활용된다. 정신분석은 이 두 명제를 분석 기법의 근본적인 초석으로 간주하기까지 한다. 환자에게 모든 반성 사고를 버리고 무엇이든 마음에 떠오르는 것을 말하라고 주문할 때, 나는 환자가 치료라는 목적 표상을 버리지 못한다는 전제를 굳게 견지한다. 그리고 환자가 말하는 유치하고 제멋대로인 듯한 일들도 실은 그 질환과 관련이 있다고 추론하는 것이 옳다고 생각한다. 환자가 생각도 못하는 또 다른 목적 표상은, 의사인 나라는 목적 표상이다. 따라서 이 두 가지 논제를 충분히 평가하여 철저하게 실증하는 일이야말로 정신분석 기법을 치료 방법으로서 표명하는 일이 된다.

여러 반론 중에서 유일하게 옳은 것이 있다. 그것은 우리가 해석 작업에서 떠오르는 착상을 반드시 모두 다 밤의 꿈 작업 속으로 옮겨넣을 필요가 없다는 것이다. 우리는 확실히 깨어 있는 상태에서 해석할 때는, 꿈 요소로부터 꿈 사고로 역행하는 길을 더듬는다. 그런데 꿈 작업은 이와는 정반대의 길을 걷는다. 이 길들이 반대 방향으로 나가는 일은 없을 것 같다. 오히려 우리는 낮에 새로운 관념 결합에 의해, 어느 때는 여기, 어느 때는 저기서 중간 사고나 꿈 사고에 부딪히는 수직 갱(坑)을 파내려가는 것이다.

우리는 낮의 생생한 관념 재료가 어떻게 해석 계열 속에 끼어드는지, 그리고 밤사이에 증대되어 나타나는 저항을 억제하여 새로운 우회의 길을 걷게 만드는지 알 수 있다. 그러나 우리가 그와 같이 낮에 엮어내는 부차적인 것의 수나 종류가 우리가 구하는 꿈 사고에 이르는 길만 인도한다면 심리학적으로 전혀 무의미한 것이다.

퇴행(退行)

꿈은 매우 중요한 심리적 소산물이다. 그 원동력은 언제나 충족되어야 할 어떤 소망이다. 꿈의 소망이 뚜렷하지 않거나 기괴한 일이나 황당무계한 점이 많은 것은, 꿈이 형성될 때 거치는 심리적 검열의 영향에 기인한다. 꿈 형성에 영향을 미치는 것으로는 이 검열을 피하기 위한 요구 이외에 심리적 재료의 압축에 관한 요구, 감각적 형상에 의한 표현 가능성의 고려, 그리고 언제나 반드시 그렇다고는 할 수 없지만, 꿈 형성물의 합리적이고 지적인 외관에 대한 고려 등이 있다. 이러한 모든 명제에서 길은 다시 심리학적 가정과 추론으로 통한다.

우리는 아직 해결되지 않은 몇 가지 수수께끼를 상기하기 위해 이 장의 첫머리에서 꿈의 사례 한 가지를 들었다. 불에 타고 있는 아이에 관한 꿈의 해석은, 결코 완전하다고 할 수는 없어도 별로 어렵지는 않았다. 우리는 이 경우 왜 눈을 뜨는 대신 꿈을 꾸었는가 하는 질문을 내놓고, 아이의 살아 있는 모습을 보고 싶은 소망이 그 꿈을 꾼 한 동기였다는 것을 인정했다. 그 외의 소망도 한 역할을 하고 있음은 나중에 판명될 것이다. 그러므로 우선은 잠잘 때의 사고 과정을 꿈으로 변화시킨 동기는 자식의 살아 있는 모습을 보고 싶다는 소망의 충족이었다고 할 수 있다.

이 소망 충족을 제거하면, 뒤에는 심리적 사건의 두 종류를 나누는 하나의 성격만 남는다. 그때 꿈 사고는 이런 내용이었으리라. '유해가 놓여 있는 방에서 밝은 빛이 새어나온다. 어쩌면 초가 넘어져 아이가 타고 있을지도 모른다.' 꿈은 이 인식의 결과를 조금도 변경하지 않고 재현한다. 그러나 그 상황을 깨어 있을 때의 체험처럼 감각에 의해 깨달을 수 있는 현재의 것으로 표현한다. 이것이야말로 꿈이 갖는 가장 보편적이고 뚜렷한 심리학적인 특성이다. 즉 어떤 사상이나 관념, 일반적으로 무엇인가를 바라는 사상이나 관념은 꿈속에서 객관화되어 한 장면으로 표현된다. 그렇지 않으면 우리가 생각하는 것처럼 체험된다.

꿈 작업의 그런 특징적 속성을 어떻게 설명할 것인가. 좀더 자세히 관찰하면 알 수 있는데, 이 꿈의 외관에 서로 거의 관계없는 두 가지 성격이 현저하게 드러나 있다. 하나는 어떤 일을 '아마도 ……일 것이다.'라는 것을 생략하고 현재의 상황으로 표현하는 것이며, 또 하나는 관념을 눈으로 볼 수 있는 현상과 언어로 바꾸는 것이다.

꿈 사고가 그 속에 표현된 기대를 현재화(現在化)함으로써 생기는 변화는 별로 뚜렷하지 않다. 이것은 이 꿈에서의 소망 충족이 지닌 본래는 특수한 이차적인 역할과 관련되어 있다.

나는 꿈의 이 첫번째 특성에 오래 관여하지 않기로 한다. 의식적인 공상이라 할 수 있는 백일몽(白日夢)을 지적하면서 끝내기로 한다. 도데의 작품에 나오는 주아이외즈는 딸들이 아버지가 당당한 직업을 가지고 사무소에서 일하고 있는 것으로 믿는 동안 직업도 없이 파리의 거리를 헤매고 다닌다. 그리고 언젠가 자기에게 의식주의 길을 열어 줄 계기가 될 사건을 현재형으로 꿈꾼다. 꿈은 이런 백일몽과 같은 방법으로 현재형을 사용한다. 현재형이야말로 소망이 충족된 것으로 표현되는 시제이다.

그러나 표상 내용을 생각하지 않고 거꾸로 감각적 형상으로 바꾸는 두 번째 특성은 백일몽에는 없는 꿈만의 것이다. 우리는 그 감각적 형상이 실제라고 믿고 그것을 체험하고 있는 것처럼 생각한다. 모든 꿈이 반드시 관념을 감각 형상으로 변화시킨다고는 할 수 없다. 오직 관념으로만 성립되어 있는, 그렇다고 꿈의 본질을 부정할 수 없는 꿈도 존재한다. 비교적 긴 꿈에서는 감각적인 것으로 변화하지 않고, 깨어 있는 동안 습관처럼 단순히 생각하거나 알고 있는 요소들이 등장한다. 우리가 잊으면 안 될 것은, 표상이 감각 형상으로 바뀌는 것은 꿈에서만 일어나는 현상이 아니고, 건강할 때 독자적으로 나타나거나, 또는 노이로제의 증세로서 나타나는 환각이나 환상에서도 볼 수 있는 현상이라는 점이다. 말하자면 우리가 여기서 고찰하고 있는 관계는 어떤 방향으로든 전일적(專一的)인 것은 아니지만, 이러한 꿈의 특성이 나타날 경우 가장 주목해야 하므로 이 성격을 꿈 생활에서 제거하고 생각할 수 없다는 점만은 명백하다.

환각적인 꿈속에서 일어나는 일을 표현하려면, 감정이 '퇴행적(退行的)'인 길을 걷는다고 할 수밖에 없다. 감정은 심리적 장치의 운동 말단 대신 지각 말단으로 이동해 가서, 마침내 지각조직에 도달한다. 깨어 있는 동안 무의식에서 시작된 심리적 과정이 나아가는 방향을 '전진적'이라고 한다면, 꿈은 '퇴행적' 성격을 갖는다고 말할 수 있을 것이다.

퇴행은 꿈 과정의 심리학적 특성의 하나가 분명하다. 그러나 우리가 기억해야 될 것은 퇴행은 꿈에만 있는 것이 아니라는 점이다. 의식적인 회상이나 우리의 정상적인 사고의 다른 부분적 과정 또한 심리적 장치 속에서, 어떤 복잡한 표상 행위로부터 그 밑바닥에 존재하는 기억 흔적 소재로 퇴행하는 과정에 대응하고 있다. 그러나 깨어 있는 동안 이러한 퇴행은 결코 지각 형상을 넘어서 나아가는 일이 없다. 또 지각 형상을 환각적으로 부활시키지도 못한다. 그런데 꿈에서는 왜 사정이 달라지는 것일까? 꿈의 압축 과정에 대해서 설명했을 때, 우리는 꿈 작업에 의해 표상에 결부된 강도가 한 표상에서 다른 표상으로 옮겨진다는 가설을 피할 수 없었다.

낮에는 불가능한 퇴행이 어떤 변화를 겪음으로써 가능해지는 것인가? 이 점에 대해서 우리는 추측을 내리는 것만으로 만족해야 할 것 같다. 문제는 개개의 조직에서 자극의 흐름이 통과할 수 있게 하거나 없게 하는 조직 내 에너지 리비도 집중의 변화에 있는 것이 분명하다. 그러나 그와 같은 모든 기관에서 자극의 통과 여부는 한 종류 이상의 변화에 의해서 좌우될 것이다. 우리는 물론 수면 상태와, 수면 상태가 심리적 장치의 감각 말단에서 불러일으키는 에너지 리비도 집중의 변화를 생각한다. 낮에는 지각 말단의 심리적 조직에서 운동성을 향해 지속적으로 흐르는 조류가 있다. 이것이 밤에는 정지되어 자극의 역류에 아무런 방해도 하지 못한다. 이것이 몇몇 꿈 연구가들이 꿈의 심리학적 성격이라고 설명하는 '외부 세계로부터의 격절(隔絕)'이다.

꿈의 퇴행을 설명하려면, 병적인 각성 상태에서 일어나는 다른 퇴행들 또한 생각하지 않을 수 없다. 이러한 경우 물론 지금 우리가 한 설명은 그다지 도움이 되지 않는다. 전진적 방향으로 끊임없는 감각적 조류가 있음에도 불구하고 퇴행 현상이 일어나는 것이다.

히스테리나 편집증의 환각, 정상적인 정신을 가진 사람이 보는 환영 같은 것은 사실상 퇴행 현상이라고 할 수 있다. 다시 말하면, 그것은 형상으로 바뀐 관념이며, 억압되었거나 아니면 무의식인 채로 머물러 있는 기억과 밀접한 관련이 있는 관념만이 이런 변화를 겪는다고 해석할 수 있다. 예를 들어, 나의 히스테리 환자 중 가장 나이가 어린 12세 소년은 '빨간 눈의 초록색 얼굴'을 가진 환각이 무서워서 편히 잠잘 수가 없다고 했다.

이 현상의 원천은 이 소년이 4년 전에 자주 만난 한 소년에 대한, 억제되어 있으나 전에는 의식되었던 기억이다. 그 소년은 갖가지 못된 버릇의 무서운 표본을 보여주었다. 그중에는 히스테리 소년을 뒤늦게 자책하게 한 수음도 포함되어 있었다. 당시 이 소년의 어머니는 그 불량한 소년이 '초록색' 얼굴에 '빨간(가장자리가 빨간)' 눈을 가지고 있다고 말했다. 거기서 위의 유령 같은 형상이 생겼는데, 그것은 그런 나쁜 아이는 바보가 되고 학교 공부도 못하고 일찍 죽는다는 어머니의 또 하나의 예언을 상기시키는 역할을 했다. 내 소년 환자는 학교에서 낙제를 하여 어머니의 예언의 일부를 적중시켰다. 그리고 분석 과정에서 드러난 바라지 않는 생각들이 명시하듯 예언의 나머지 부분도 실현되지 않을까 걱정하고 있었다. 그러나 치료는 단기간에 성과를 거두어 소년은 정상을 되찾을 수 있었다.

앞의 사례는 수면 상태와 관계가 있는 것으로, 내가 지금 증명하고자 하는 것에는 적당치 않을지도 모른다. 그러므로 환각을 수반하는 편집증 환자의 분석 및 노이로제 심리학에 관한 나의 미발표 연구를 참조한다면, 퇴행적 관념 변화의 이러한 사례들에서 억제되었거나 무의식으로 머물러 있는 유아기 기억의 영향을 간과해서는 안 된다는 사실을 알 수 있을 것이다. 그런 기억은 자신과 결합되어 있고 검열 때문에 그 표현에 방해를 받는 관념들을, 기억 자체가 심리적으로 존재하는 표현 형식으로 퇴행 작용에 끌어넣는다. 나는 여기서 히스테리 연구의 결론으로서, 유아기의 사건(기억이든 공상적인 것이든)을 의식화하는 데 성공하면 환각으로 보이고, 그것을 보고하는 과정에서 비로소 그 환각적 성격이 지워진다는 말을 인용한다. 또한 보통은 시각적으로 기억하지 못하는 사람들도 유아기의 일들만은 후년에 이르기까지 감각적으로 뚜렷하게 기억한다고 알려져 있다.

꿈 사고에서 유아기의 여러 체험, 혹은 그 체험에 입각한 공상이 어떤 역할을 하고 있는가, 그러한 체험 또는 공상의 일부가 꿈 내용 속에서 얼마나 자주 다시 고개를 쳐드는가, 그것들에서 꿈 소망이 어떻게 발생하는지 상기한다면, 관념의 시각적 형상으로의 변화는 부활을 위해 애쓰고, 시각적으로 표현된 기억이 의식에서 단절되어 표현될 길을 찾는 관념에 미치는 '견인 작용(牽引作用)'의 결과라는 추정을 꿈에 대해서도 부인할 수 없을 것이다. 이런 견해에 의하면, 꿈은 또 '유아기의 사건이 최근의 것으로 변화된 대용물'이라고 말할 수 있다. 유아기의 체험은 현재에 그대로 부활되지 않는다. 그것은 꿈으로 재현되는 것에 만족해야 한다.

유아기의 사건이 꿈 내용에 대해 모범적 의미가 있다는 사실을 지적한다면, 셰르너와 그 지지자들의 내부 자극원에 관한 가설의 하나는 무용지물이 된다. 셰르너는 꿈에서 그 시각적 요소가 특히 풍부할 경우, 시각기관의 내적 흥분 상태인 '시각자극' 상태라고 가정한다. 따라서 우리는 그와 같은 흥분 상태를 단지 시각기관의 심리적 지각 조직에 대해서만 확인하는 것으로 만족하면 된다. 그러나 이 흥분 상태는 기억으로 만들어진 상태, 즉 당시는 현실의 것이었던 시각 흥분의 부활이라는 점을 분명하게 해야 한다.

표상 내용을 감각적 형상으로 다시 만들어내는 꿈의 특성에 대해 우리가 아는 바대로 요약해 보자. 우리는 결코 꿈 작업의 이와 같은 성격을 설명하거나 심리학의 이미 아는 법칙에 꿰어 맞춘 것이 아니며, 그것을 미지의 여러 관계를 암시하는 것으로서 끌어내어, '퇴행적' 성격이라는 명칭으로 특징지은 것이다. 그리고 이러한 퇴행은 그것이 어디에서 나타나든 관념이 정상적인 과정을 통해 의식에 침입하는 것을 막으려는 저항의 결과이며, 또한 감각성이 강한 여러 기억들이 관념에 미치는 견인 작용의 결과라고 생각했다.

또 꿈에서는 퇴행을 보다 용이하게 하기 위해 여러 감각기관에서 흘러나오는 낮의 전진적 조류의 정지가 일어난다. 이와 같은 보조 요인은 다른 형식의 퇴행에 있어서는 다른 퇴행 동기를 강화함으로써 상쇄된다. 그리고 우리는 병적인 퇴행의 경우에는 꿈과 마찬가지로 에너지 전이의 과정이 정상적인 정신생활의 퇴행과 다르다는 점을 명심해야 할 것이다.

퇴행에 관해 거듭 말해 두고 싶은 것은, 이것은 노이로제 증세 발생 이론에서 꿈 이론의 경우 못지않게 중요한 역할을 한다는 점이다. 그리고 우리는 퇴행을 다음과 같이 세 종류로 구분한다.

첫째, 여기서 전개시킨 심리적 조직의 도식이 갖는 의미에서의 '장소적' 퇴행, 둘째, 과거의 심리적 형성물로 되돌아가는 것이 문제가 되는 한도 안에서의 '시간적' 퇴행, 셋째, 원시적인 표현이나 묘사 방법이 보통의 방법으로 대체되는 경우의 '형식적' 퇴행. 그러나 이 세 종류의 퇴행은 결국 하나이며, 많은 경우 한꺼번에 일어난다. 왜냐하면 시간적으로 오래된 것은 형식적으로 원시적인 것이며, 심리적 위치에서는 지각 말단에 보다 가깝기 때문이다.

꿈에서의 퇴행이라는 테마를 결론지으면서, 이미 몇 번인가 되풀이하여 떠올랐고 노이로제 증상을 깊이 연구할수록 새삼 강하게 되살아나는 인상에 대해 몇 마디 언급해 두기로 한다. 꿈을 꾼다는 것은 대체로 그 꿈을 꾸는 사람의 오래된 지난날의 상황으로 돌아가는 일종의 퇴행이며, 그의 유아기와 그 시절을 지배했던 충동이나 그 시기에 사용했던 표현 방법의 재생이다.

개인의 발전이란 우연한 생활 환경의 영향으로 축약된 인류 발전이 되풀이되는 것이라고 할 수 있다. 꿈에서 "사람이 직접적으로는 도달하기 어려운 원시적 인간성이 작용하고 있다."는 니체의 말이 얼마나 적절한 표현인지 알 수 있을 것이다.

꿈과 노이로제는 우리가 추측하는 것보다 훨씬 더 고대의 정신적인 요소를 많이 지니고 있는 것으로 생각된다. 그러므로 정신분석은 인류 초기의 가장 멀고 아득한 옛날의 상황을 어둠 속에서 재구성하려고 노력하는 학문 중 높은 위치를 요구해도 될 것이다.

심리학적으로 꿈을 평가하고 주석을 붙이려는 시도의 이 첫 부분이 별로 만족스럽지 않을 수도 있다. 그러나 미지의 세계에 길을 닦았다는 것으로 스스로를 위로

하자. 우리가 아예 길을 잘못 든 것이 아니라면, 공격점을 다른 곳에서 찾더라도 대체로 같은 영역에 들어갈 것이 틀림없다. 그때는 아마 더 쉽게 길을 발견할 수 있을 것이다.

소망 충족에 관해서

앞서의 불에 타는 아이 꿈은 소망 충족설이 부딪치는 곤란을 평가하기에 적절한 계기를 제공한다. 꿈은 다름 아닌 소망 충족이라는 의견에 우리는 의아심을 품었지만, 그것은 결코 불안한 꿈이 제기하는 모순 탓만은 아니다. 분석에 의해 꿈의 배후에 어떤 의미와 심리적 가치가 숨어 있다는 것을 알아냈다고 해서, 그 의미가 명백히 규정될 것으로 기대해서는 안 된다. 아리스토텔레스의 정확하지만 불충분한 정의에 의하면, 꿈이란 수면 상태에서—잠자고 있는 한—계속되는 생각이다. 우리의 사고는 낮에는 판단 · 추론 · 반박 · 기대 · 의도 등과 같은 잡다한 심리적 행위를 만들어내면서, 왜 밤에는 소망을 만들어내는 데 한정되는 것일까? 오히려 다른 종류의 심리적 행위, 이를테면 걱정 같은 것을 꿈이라는 형태로 보여주는 꿈도 많이 있지 않을까?

앞에서 인용한 아버지의 대단히 의미가 선명한 꿈(불에 타는 아이의 꿈)이야말로 그런 꿈이 아닐까? 잠자면서도 눈에 들어오는 밝은 빛으로, 아버지는 촛대가 넘어져서 아이의 유해가 타고 있을지도 모른다는 걱정의 추론을 끌어낸다. 그는 이 추론을 명백한 상황과 현재형으로 감쌈으로써 그것을 꿈으로 바꾸고 있다. 그때 소망 충족이 하는 역할은 어떤 것일까? 각성시부터 계속되었거나 아니면 새로운 감각 인상에 의해 생겨난 관념의 우위를 어떤 식으로든 우리가 잘못 생각하고 있는 것은 아닐까? 다 맞는 말이다. 따라서 꿈에서의 소망 충족의 역할과 수면 상태에서 계속되는 각성 사고의 의의를 더 깊이 파고들어 고찰할 필요가 있다.

소망 충족은 우리로 하여금 이미 꿈을 두 가지 종류로 나누게 했다. 분명히 소망 충족이라는 것을 알 수 있는 꿈도 있었고, 발견하기 어렵도록 모든 수단을 다해 소망 충족을 은폐하고 있는 꿈도 있었다. 후자 쪽의 꿈에는 꿈 검열이 작용하고 있는 것을 알 수 있었다. 왜곡이 없는 소망의 꿈은 주로 어린아이의 꿈에 많았지만, 어른들 역시 '짧고 솔직한 소망의 꿈을 꾸는 것 같았다.'

이제 우리는, 꿈에서 실현되는 소망이 번번이 어디에서 유래하는가 하는 문제를 제기할 수 있다. 그런데 우리는 이 경우 어떤 대립이나 대안들과 관련지어 생각해야 할까? 여기서 말한 대립이란 의식화된 낮 생활과 무의식인 채로 머물러 있다가 밤이 되어 비로소 알 수 있게 되는 심리적 활동과의 대립을 뜻한다.

나는 대체로 소망의 유래로 다음의 세 가지 가능성을 발견한다. ① 낮 동안에 생겼으나 여러 가지 외적 사정으로 충족되지 않을 경우. 그런 때는 알고 있으면서도 처리되지 않고 남은 소망은 밤으로 넘어간다. ② 낮에 이미 떠올랐으나 우리의 의식에 비난을 받았을 경우. 이런 때는 억제된 소망이 처리되지 않은 채 뒤에 남는다. ③ 낮의 생활과는 관계 없이 밤이 되어 비로소 억제된 것으로부터 자유로워져 움직이기 시작한 소망의 경우.

첫번째 종류의 소망은 전의식 조직 속에 국한한다. 두 번째 종류의 소망은 전의식 조직에서 무의식 조직으로 다시 밀려가 될수록 그 속에 계속 머무르는 것으로 추정된다. 세 번째 종류의 소망은 무의식 조직 밖으로 결코 나갈 수 없는 것이라고 생각한다.

그런데 이렇게 다른 원천을 가진 세 가지 소망은 꿈에 대해 동등한 가치, 그리고 꿈을 자극하는 동등한 힘을 가지고 있는 것일까?

이 문제에 대답하기 위해서 우리가 이용할 수 있는 꿈의 여러 사례를 살펴보면, 먼저 꿈 소망의 제4원천으로서 밤에 일어나는 현실적인 소망 충동을 부가하지 않으면 안 된다는 것이다. 그러면 꿈 소망의 유래는 꿈을 일으키는 소망의 능력을 바꾸는 것은 아니라는 생각이 들기 시작한다.

나는 낮에 더 타고 싶은 배를 못 타 꿈속에서 그 일을 계속한 어린 딸의 꿈이나 그와 비슷한 아이들의 꿈을 상기한다. 그런 꿈은 충족되지 않았으나 억제되지도 않은 낮의 소망으로 설명된다. 낮에 억제된 소망이 꿈속에서 날개를 펴는 것을 보여주는 실례는 얼마든지 있다.

다소 말이 많은 한 부인의 젊은 여자 친구가 약혼을 했다. 그녀는 그날 온종일 아는 사람들로부터 그 약혼한 남자를 아느냐, 그 남자를 어떻게 생각하느냐는 등의 질문 공세를 받았다. 그녀는 입으로는 칭찬의 말을 하며 본심은 내보이지 않았다. 사실 그녀는 이렇게 말하고 싶었던 것이다. ‘그는 아주 평범한 사람입니다(‘평범한 사람’이라는 뜻의 Dutzendmensch 중 Dutzend 는 ‘12, 즉 한 다스’의 뜻이므로, ‘한 다스는 되는 사람’이라는 뜻이 된다.).” 그녀는 밤에 같은 질문을 받는 꿈을 꾸고, 이러한 상용 문구(商用文句)로 대답했다. “추가 주문을 하시려면, 번호만 말씀해 주시면 됩니다.” 왜곡되는 모든 꿈에서 소망은 무의식에 유래하고, 낮에는 그것을 알 수 없다는 것을 우리는 많은 분석의 결과로 알게 되었다. 그러므로 모든 소망은 꿈 형성에서 동등한 가치와 동등한 힘을 갖는 것처럼 보이는 것이다.

나는 여기서 꿈 소망이 더 강한 제약을 받고 있다고 상정하고 싶다. 어린아이의 꿈은 확실히 낮에 충족되지 못한 소망이 꿈 자극 요인인 듯하다. 그러나 그것은 어린아이의 소망, 즉 유아기 특유의 강도를 가진 소망 충족임을 잊어서는 안 된다. 성인에게도 낮에 충족되지 않은 소망이 밤의 꿈을 만들어내는 데 충분한 것인지 어떤지는 단언할 수 없다. 오히려 나는 우리가 사고 활동으로 충동적인 삶을 차츰 제어함에 따라, 어린아이들에게서 볼 수 있는 강렬한 소망의 형성이나 보유를 무익한 것으로 차츰 단념하게 된 것이 아닌가 하는 생각이 든다. 거기에는 물론 개인차가 있어서, 어떤 사람은 다른 사람보다 심리적 사건의 유아적 성격을 보다 더 오래 보유할 수 있을 것이다. 본래 명백했던 시각적 표상의 약화되는 정도에 개인차가 있는 것과 마찬가지다.

그러나 나는 일반적으로 성인에게 있어서는 낮에 충족되지 않은 채 남은 소망이 꿈을 만들어내는 데 충분한 힘이 없다고 믿고 있다. 의식에서 유래하는 소망 충동이 꿈 탄생의 한 역할을 하리라는 것은 인정하지만, 그저 그런 정도일 뿐 그 이상은 아닐 것이다. 만일 전의식적 소망이 어떤 다른 곳에서 강화되지 않는다면 꿈은 성립되지 않을 것이다.

다른 곳이란 곧 무의식이다. '의식적인 소망은 그것이 같은 내용의 무의식적 소망으로 자기를 강화하는 데 성공할 경우에만 꿈의 자극 요인이 된다고 나는 추측한다.' 나는 이 무의식적 소망을 노이로제의 정신분석에서 얻은 암시에 따라 다음과 같이 생각한다. 즉 의식으로부터 유래한 어떤 움직임과 결합하여 자기보다 강도가 약한 것에 자기의 높은 강도를 옮길 기회만 있으면 언제라도 스스로를 표출시킬 수 있는 활성화된 소망이다. 그렇다면 마치 의식적인 소망만 꿈에서 실현되는 것처럼 보일 것이다. 그러나 이 꿈의 구성 속에 눈에 띄는 하찮은 특색이 무의식으로부터 비롯된 강력한 보조자를 추적하는 실마리가 될 것이다.

여기서 나는 꿈 소망의 유래가 하찮은 것이라는 앞서의 명제 대신 '꿈에서 표현되는 소망은 유아적인 것이 틀림없다.'는 명제를 세우려 한다. 따라서 꿈 소망은 성인에게 있어서는 무의식에서 유래하고, 전의식과 무의식 사이의 분리나 검열이 아직 존재하지 않거나 혹은 서서히 형성되고 있는 어린아이의 경우에는 깨어 있는 동안의 생활에서 충족되지 않았지만 억압되지도 않은 소망이 문제가 된다. 이 견해가 반드시 일괄적으로 증명되지 않는다는 것은 나도 알고 있다. 그러나 나는 예기치 않은 경우에 자주 그것이 입증되고, 따라서 아예 부정할 수는 없다고 주장한다.

그러므로 나는 의식적인 각성시의 생활로부터 남겨진 소망 충동을 꿈 형성에 대해 후퇴시키려 한다. 그들 소망 충동이 갖는 역할은 꿈 내용에 대한 수면중의 현실적인 감각 재료의 그것과 똑같을 것이다. 나는 이제 그런 생각을 기초로 낮의 생활에서 남겨진 것이지만 소망은 아닌 다른 심리적 자극들을 살펴보려 한다. 우리는 잠을 자려고 할 때는, 언제나 깨어 있을 때의 사고의 에너지 리비도 집중을 일시적으로 정지할 수 있다. 이것을 잘하는 사람은 언제든 자고 싶을 때 푹 잘 수 있다. 이런 유형의 대표라고 할 수 있는 사람이 나폴레옹 1세이다. 그러나 늘 완벽하게 그렇게 잘된다고는 할 수 없다. 미해결의 여러 가지 문제, 근심거리, 압도적인 인상 같은 것은 잠자는 동안에도 사고 활동을 계속하게 하고, 심리적 여러 과정을 우리가 전의식이라고 부르는 조직 속에서 유지하게 한다. 잠자는 동안에도 계속되는 이들 사고의 움직임을 분류하면 다음과 같다.

① 낮 동안의 우연한 방해 때문에 도중에 중단된 것. ② 우리의 사고력 이완 때문에 처리되지 않거나 미해결로 남은 것. ③ 낮 동안에 거부되고 억제된 것. 이들 세 그룹에 강력한 제4의 그룹이 가담한다. 즉 낮에 전의식의 자극으로 줄곧 우리의 무의식 속에서 활동하고 있는 것. 마지막 제5의 그룹으로서 사소하기 때문에 처리되지 않은 채 남아 있는 낮 동안의 여러 인상이 있다.

이들 낮 생활의 잔존물에 의해서, 특히 제2의 미해결 그룹으로부터 수면 상태 속에 도입되는 심리적 강도를 소홀히 평가해서는 안 된다. 이런 흥분은 확실히 밤에도 표현되기를 바라고 있다. 더욱이 수면 상태가 전의식에서의 흥분 과정의 통상적인 계속과 의식화에 의한 이 과정의 종결을 불가능하게 한다고 생각할 수도 있다. 우리의 사고 과정을 밤에도 정상적인 흐름으로 의식화할 수 있는 이상 우리는 자고 있는 것이 아니다. 수면 상태가 전의식 조직 안에서 어떤 변화를 불러일으키는지 알 수 없다.

그러나 수면의 심리학적 성격의 특징은 본질적으로 바로 이 전의식 조직의 리비도 집중의 변화 속에서 찾아야 한다. 이 전의식 조직은 수면중에는 마비되는 운동성에 이르는 길까지도 지배하고 있는 것이다. 이와 반대로 수면은 무의식 조직의 여러 상황 아래서는 이차적인 변화만 산출한다는 가정을 보증할 만한 것이 꿈의 심리학 속에는 없는 것 같다. 그러므로 밤에 전의식에 있어서의 흥분은 무의식에서 유래한 소망 충족이 걷는 길에 불과하다. 그것은 무의식의 도움을 받아 무의식적 흥분이 더듬는 우회로를 함께 갈 수밖에 없다.

그렇다면 전의식적 낮의 잔존물은 꿈과 어떤 관계가 있는 것일까? 전의식적인 낮의 잔존물이 왕창 꿈속에 침입한다는 것은 바로 꿈 내용을 이용하여 밤에도 의식으로 밀고 들어오려 한다는 것이다. 그것들은 소망과 마찬가지로 각기 서로 다른 성격을 가질 수 있다는 것도 확실하다. 그러나 그때 그것들이 꿈속에 들어오기 위해서 어떤 조건을 갖추어야 하는지 관찰하는 일은 대단히 중요하고, 또 소망 충족론에도 그야말로 결정적인 일이다.

꿈 사고 속에서 소망 충족과는 모순되는 재료, 이를테면 근거 있는 걱정, 비통한 생각, 불쾌한 견해 같은 것이 제공될 때, 꿈이 어떤 태도를 보이는지 살펴보는 형식으로 앞서의 문제를 논하는 것은 아마 의미있는 일일 것이다. 그런 경우 대략 다음과 같이 분류할 수 있다.

① 꿈 작업이 모든 고통스러운 관념은 반대의 관념으로 바꾸고, 거기에 수반되는 불쾌한 감정을 억누르는 일에 성공하는 경우. 그때는 매우 만족스러운 꿈, 그 이상 논의할 것이 없는 것처럼 여겨지는 명백한 '소망 충족'이 결과로 나온다.

② 고통스러운 표상들이 충분히 알아볼 수 있도록 약간의 변형을 거쳐 꿈 내용에 등장한다.

이것은 꿈의 소망 이론에 대한 의심이 환기되는 경우인데, 더욱 깊은 연구가 필요하다. 고통스러운 내용의 이런 꿈은 아무것도 아닌 것으로 느껴지거나, 아니면 그 표상 내용에 의해서 정당한 것으로 보이는 몹시 고통스러운 감정을 고스란히 지니고 나타나거나, 혹은 불안감을 조성하여 눈을 뜨게 할 수도 있다.

분석에 의해 이 불쾌한 꿈도 역시 소망의 충족임이 증명된다. 무의식적이고 억압된 소망의 충족은 꿈을 꾼 본인의 자아에 의해 고통으로 느껴지는 것이지만, 그런 소망은 고통스러운 낮의 잔존물이 제공하는 기회를 이용하고, 그 잔존물을 도와 꿈속에 들어갈 수 있도록 한다. 그러나 ①의 경우에는 무의식적 소망이 의식적 소망과 일치하는 데 반해, ②의 경우에는 무의식적인 것과 의식적인 것 사이의 분열이 나타난다.

억압된 소망 충족에 대한 만족감이 낮의 잔존물과 관계된 고통스러운 감정과 균형을 유지할 정도로 클 수도 있다. 그런 경우, 꿈은 일면 소망 충족이고 일면 두려움의 충족인데, 감정의 기조로서는 무관심한 것이 된다. 또는 잠자는 동안 자아가 꿈 형성에 여전히 간섭하여, 억압된 소망의 충족이 성립되는 데 대한 반항으로 나머지 꿈을 불안감 속에서 마치게 한 경우도 있다. 그러므로 불쾌한 꿈이나 불안한 꿈 역시 이론적으로는 원만한 충족의 꿈과 마찬가지로 소망의 실현이라는 것을 인식하기는 어렵지 않다.

'형벌 꿈' 역시 불쾌한 꿈의 일종이다. 형벌 꿈을 인정하면 어떤 의미에서 꿈의 이론에 새로운 것을 덧붙이는 일이 된다. 형벌 꿈으로 충족되는 것은 이 또한 무의식적 소망, 즉 허용되지 못하고 억압된 어떤 소망 충동의 표출에 의해 꿈꾸는 사람을 벌하고자 하는 소망이다. 따라서 형벌 꿈도 꿈 형성의 원동력은 무의식에 속하는 소망에 의해 주어지지 않으면 안 된다는 나의 견해를 따르고 있다. 그러나 심리학적으로 더 세밀히 분석해 보면, 이런 종류의 형벌 꿈과 다른 소망 꿈의 차이를 알 수 있다.

②의 그룹의 경우 꿈을 형성하는 무의식적 소망은 억압된 것에 속하고, 형벌의 꿈에서는 그것 역시 무의식적 소망이기는 하지만, 우리는 이 소망을 억압된 것이 아니라 '자아'에 속하는 것으로 보아야 한다. 그러므로 형벌 꿈은 '의식'과 '무의식' 사이의 대립 대신 '자아' 대 '억압'의 대립으로 바꿔놓는다면, 꿈 형성의 메커니즘이 훨씬 더 명확해진다. 이것은 노이로제의 여러 과정을 생각하지 않고는 가능하지 않으므로, 이 책에서는 다루지 않았다.

내가 말해 두고 싶은 것은, 형벌 꿈은 일반적으로 고통스러운 낮의 잔존물이라는 조건에 결부되어 있다고는 할 수 없다는 점이다. 오히려 낮의 잔존물이 만족스러운 성격의 관념이기는 하지만 허용되지 않은 만족을 표현하고 있다는 정반대의 조건 아래서 가장 쉽게 생긴다. 그런 경우, 이들 여러 관념 중에서 현재몽에 도달하는 것은 그 관념들의 직접적인 반대물 이외에는 불가능하다. 이것은 앞에서 말한 ①의 그룹의 경우와 아주 흡사하다. 그러므로 형벌 꿈의 근본적 성격은 억압된 것에서 비롯된 의식적 소망이 꿈 형성자가 되는 것이 아니라, 무의식적 소망에 반발하고 의식되진 않지만 자아에 속하는 형벌 소망이 꿈을 형성한다는 점에 있다고 할 수 있다.

우리는 낮의 잔존물이 꿈에 대해서 갖는 의의를 앞서와 같이 한정하기는 했지만, 이 잔존물에 좀더 주의를 기울이는 것은 뜻있는 일이다. 참으로 사소할 경우도 많은 최근의 낮에 받은 인상과의 관련을 놀랍게도 모든 꿈 내용에서 찾을 수 있다면, 낮의 잔존물은 꿈 형성의 필연적인 한 성분임에 틀림없다. 우리는 아직 낮의 잔존물이 꿈 형성에 끼어들 수밖에 없는 필연성에 대해 깨닫지 못했다. 이러한 필연성이 뚜렷해지는 것은 우리가 무의식적 소망의 역할을 굳게 믿고 노이로제의 심리학에 설명을 구할 때뿐이다.

노이로제 심리학에서는, 무의식적 표상은 그 자체로는 전의식 속에 들어갈 힘이 없으며, 이미 전의식에 속해 있는 무해무득한 표상과 결합함으로써 그 표상에 자기의 심리적 강도를 옮김으로써 자신을 숨기는 경우에만 영향을 미친다고 가르쳐 준다. 이와 같은 '전이'는 노이로제 환자들의 정신생활에서 발생하는 참으로 많고 두드러진, 갑작스러운 사고들을 해명해 준다. 전이는 부당하리만큼 높은 강도를 갖게 된 전의식 표상을 불변인 채로 두거나, 혹은 전이하는 표상 내용에 의한 변경을 강요하는 수가 있다.

내가 종종 일상생활에서 비유를 찾는 경향이 있다는 데 대해서는 미안하게 생각하지만, 억압된 표상의 이와 같은 상황은 오스트리아에 있는 미국인 치과 의사와 비슷한 데가 있다. 미국인 치과 의사는 정규 면허를 가진 오스트리아인 의사의 명의를 빌려 법의 눈을 피하지 않으면 개업을 할 수가 없다. 그들과 그런 거래를 하는 사람들이 별로 훌륭한 의사들이 아닌 것처럼, 인간의 심리적 생활에 있어서도 억압된 어떤 표상을 감추기 위해 선택되는 것은 전의식 중에서 작용하고 있는, 충분히 주의를 끌지 못했던 전의식 또는 무의식적 표상에 한정된다.

무의식은 주로 사소한 것으로서 주의를 끌지 못했거나, 아니면 일단 주의를 끌더라도 비난을 받고 다시 후퇴해 버린 전의식 인상 또는 전의식 표상과 관계를 맺는다. 한쪽과 대단히 긴밀한 결합 관계를 맺은 표상이 새로운 결합 관계의 모든 그룹에 대해서 거부하는 듯한 태도를 갖는 것은 경험에 의해 뚜렷이 입증된 연상 이론의 잘 알려진 명제이다. 나는 일찍이 히스테리성 마비에 관한 이론을 이 명제를 기초로 증명하려고 시도한 적이 있다.

억압된 표상에 전이에 대한 욕구가 생긴다는 것은 노이로제의 분석에 의해 판명된 일이지만, 그와 동일한 욕구가 꿈속에서도 작용한다고 가정한다면 꿈의 두 가지 수수께끼가 쉽게 풀린다. 그 하나는 모든 꿈 분석이 어떤 최근의 인상을 뚜렷이 증명하고 있다는 것이며, 다른 하나는 이 최근의 요소가 가장 변변치 못하고 무의미한 종류라는 것이다.

우리는 이제 사소한 요소를 낮의 잔존물에 귀속시켜서 생각해 볼 수 있다. 이 낮의 잔존물은 꿈 형성에 참가할 경우 단지 무의식에서 어떤 것, 즉 억압된 소망이 자유로이 쓸 수 있는 원동력을 빌려올 뿐 아니라 무의식에 대해 어떤 불가결한 것, 즉 전이에 필연적인 부착물을 제공하는 것이다.

여기서 심리적 여러 과정을 더 깊이 알고 싶으면 전의식과 무의식 사이의 흥분의 움직임을 더 명백히 해야 될 것이다. 노이로제 연구는 어차피 거기까지 나아가야 하는데, 꿈은 그 계기를 주지 않는다.

낮 동안의 잔존물에 대해 또 한 가지 언급해 둘 것이 있다. 잠을 방해하는 것은 꿈이 아니라 바로 낮의 잔존물이다. 꿈은 오히려 잠을 지키려고 노력한다.

우리는 지금까지 꿈의 소망을 뒤쫓으며 그 원천이 무의식에 있다고 생각하고 낮의 잔존물에 대한 관계를 분석해 왔다. 낮의 잔존물은 소망일 수도 있고 충동일 수도 있으며, 혹은 최근의 인상일 수도 있다. 이렇게 하여 우리는 깨어 있을 때의 사고 활동이 갖는 꿈 형성적 의의를 위해서 다양한 형태로 제기할 수 있는 요구를 받아들인 것이다. 우리가 전개해 온 일련의 사고에 입각하여, 꿈이 낮의 작업을 인계하여 깨어 있을 때 풀리지 않았던 과제를 쉽게 풀어낼 수 있는 극단적인 경우에 대한 해명도 결코 불가능하다고 할 수 없을 것이다. 다만 우리에게 그런 종류의 극단적인 경우를 보여주는 실례가 없으므로, 그것을 분석해서 유아적 또는 억압된 소망 원천을 발견할 수 없을 뿐이다.

그러나 우리는 어째서 무의식이 잠자는 중에 소망 충족을 위한 원동력 말고는 전혀 도움을 줄 수 없는가 하는 문제 해결에 손을 대지 못했다. 이 문제를 풀면 틀림없이 소망의 심리적 성격을 밝힐 수 있을 것이다.

우리는 심적 장치 또한 긴 발전의 길을 거쳐서 비로소 오늘의 완전함에 도달했다는 사실을 의심하지 않는다. 심적 장치가 아직 초기의 작업 능력밖에 갖고 있지 않았던 단계로 거슬러 올라가서 생각해 보자. 논거를 다른 곳에 두고 생각해 보면, 심적 장치는 처음엔 될 수 있는 대로 자극 없는 상태에 있기 위해 애썼다. 그래서 초기의 심적 장치는 밖에서 전해지는 감각적 흥분을 바로 운동성 경로로 내보내는 반사장치의 도식을 지녔다. 그러나 이 단순한 기능은 삶의 필요로 인해 제동이 걸린다. 그후 삶의 필요는 심적 장치가 계속 그 기능을 개선할 수 있도록 자극을 준다. 삶의 필요는 처음에는 심적 장치에 큰 육체적 욕구의 형태로 다가온다. 내적 욕구에 의해서 일어난 흥분은 '내적 변화' 혹은 '정서 운동의 표출'이라고 불리는 운동성으로 배출구를 찾는다.

굶주린 어린아이는 어쩔 줄 모르고 울기도 하고 팔다리를 버둥거리기도 할 것이다. 상황은 조금도 변하지 않는다. 왜냐하면 내적 욕구에서 일어난 흥분은 순간적인 폭발력이 아니라 지속적으로 작용하는 힘에 대응하기 때문이다. 어떤 방법으로—어린아이의 경우라면 다른 사람이 도와줌으로써—내적 자극을 해소시키는 '충족 체험'의 경험이 이루어질 때 비로소 어떤 변화가 생길 수 있다. 이와 같은 충족 체험의 본질적인 구성 요소는 어떤 종류의 지각(이를테면 먹을 것)의 출현이며, 이 지각의 기억상(記憶像)이 그때부터 욕구 충동의 기억 흔적과 연상적으로 결합하여 남게 된다.

이 욕구가 다음에 나타나면 먼저 만들어진 연상적 결합 덕분에 곧 어떤 심리적 충동이 생기고, 이 에너지가 그 지각의 기억상을 다시 충당하여 지각 자체를 다시 불러일으키는, 다시 말하면 최초의 충족 상황을 재현시키려고 한다. 우리가 소망이라고 부르는 것은 바로 이런 심리적 충동이다. 그리고 이 지각의 재출현이 소망 충족이며, 지각이 욕구 충동에서 오는 에너지로 충당되는 것이 소망 충족의 지름 길이다.

이 길은 실제로 그와 같은 순서를 더듬는 것이므로, 심적 장치의 원시적 상태 속에서는 소망하는 것이 일종의 환각 작용으로 끝난다고 가정해도 무방하다. 다시 말해서 이 최초의 심리적 활동은 '지각 동일성(知覺同一性)', 다시 말하면 욕구의 충족과 결합되어 있는 지각의 반복을 지향하고 있는 것이다.

어떤 가혹한 생활 경험이 이 원시적인 사고 활동을 보다 목적에 맞는, 제2의 사고 활동으로 변형시킨 것이 틀림없다. 이 지각 동일성을 심적 장치 내부의 퇴행적인 지름길을 통해서 만들어낸다 하더라도, 꿈이 아닌 다른 곳에서는 외부로부터 같은 지각을 에너지로 충당하는 일과 결합되어 있는 그런 결과는 생기지 않는다. 만족은 오지 않고, 욕구는 그대로 지속된다. 내적인 지각 충당과 외적인 지각 충당을 같은 것으로 만들기 위해서는, 환각성 정신병이나 기아 공상(飢餓空想)에서 실제로 일어나듯이 내적인 지각 충당은 계속해서 유지되지 않으면 안 된다. 환각성 정신병이나 기아 공상은 소망의 대상을 '고집하는 데' 그 심리적 능력을 다 소비한다. 심리적인 힘을 보다 목적에 맞도록 사용하기 위해서는 퇴행이 기억상을 벗어나지 않도록 하고, 또 이 기억 상태에서 출발하여 결국은 외부 세계에서 소망하는 지각 동일성을 만들어내는 다른 길을 찾아야 한다.

이와 같은 충동의 저지나 그 방향 전환은 제멋대로의 운동성을 지배하고, 미리 기억된 여러 목적을 위한 운동성의 이용이 처음으로 그 작업과 결합되는 제2조직의 과제가 되는 것이다. 그러나 모든 복잡한 사고 활동, 즉 기억상에서 출발하여 외부 세계를 통해서 지각 동일성을 만들기까지 계속 작용하는 사고 활동은 결국 경험에 의해 필요해진 '소망 충족의 우회로'를 표현하는 데 불과하다.

사고란 환각적 소망의 대용물에 지나지 않는다. 소망 이외의 어떤 것도 우리의 심적 장치를 작동시킬 수 없으므로, 꿈이 소망 충족이라는 것은 참으로 분명한 사실이다. 그러므로 지름길로 퇴행하여 그 소망을 충족시키는 꿈은 목적에 맞지 않는 것으로 버려진, 심적 장치의 제1차적인 활동 방식의 표본을 보존해 놓은 것이다. 그 옛날 인간의 정신생활이 유치하고 무능했던 시기에 우리의 각성시 삶을 지배했던 것이, 현대에는 밤의 생활 속으로 추방되어 모습을 나타내는 것이다. 이를테면 우리가 어린아이들의 방에서, 지금은 폐기된 원시 무기인 활을 다시 발견하는 것과 같다. '꿈을 꾼다는 것은 극복된 유년기 정신생활의 일부이다.' 정신병에서는 평소 깨어 있을 때는 억압된 심적 장치의 이 활동 방식이 어떻게든 다시 주권을 회복하려 하고, 그 결과 외부 세계로 향한 우리의 소망 충족에 대한 무능력을 폭로하게 된다.

무의식적인 소망 충동은 물론 낮에도 활동하려고 노력한다. 전이의 사실과 노이로제가 우리에게 가르치는 바에 의하면, 무의식적 소망 충동은 전의식 조직을 거쳐 의식에 도달해 운동성을 지배하려 한다. 우리는 꿈에 의해서 무의식과 전의식 사이에 검열이 있다는 것을 추정할 수 있는데, 그것이야말로 우리의 정신적 건강의 감시자라는 사실을 인정하고 존경하지 않으면 안 된다. 그런데 이 감시자가 밤에 그 활동을 축소하여 무의식의 억제된 여러 충동을 드러내고 환각적 퇴행을 다시 가능하게 만든다면, 근무 태만이 아닌가 하고 말할지도 모른다. 그러나 나는 그렇게 생각하지 않는다. 왜냐하면 이 비판적 감시자는 휴식할 때 그 운동성의 문까지 닫아 버리기 때문이다.

평소에는 억제된 무의식 속에서 어떤 충동이 무대 위로 뛰어나오더라도 그냥 내버려두면 된다. 그런 것은 아무런 해도 없다. 왜냐하면 그것들은 외부 세계에 영향을 끼쳐 변화시킬 수 있는 운동 장치를 움직일 능력이 없기 때문이다. 수면 상태는 지켜야 할 요새의 안전을 보장해 준다. 밤에 비판적 검열의 기능이 느슨해 져서가 아니라 그 기능이 병적으로 약화되거나 무의식적 충동이 병적으로 강화 됨으로써 힘의 이동이 일어나는 경우, 전의식에 에너지가 충당되어 있고 운동성 을 향한 문이 열려 있으면 난처한 상황이 벌어진다. 그럴 때 감시자는 압도되고, 무의식적 충동은 전의식을 굴복시킨다. 그리고 전의식으로부터 우리의 언동을 지배하거나 환각적 퇴행을 강요하고, 지각이 우리의 심리적 에너지의 배분에 미 치는 견인 작용에 의해 자신들과 관계없는 장치를 움직인다. 이런 상태를 정신병 이라고 부른다.

어떤 꿈이나 소망 충족일지는 모르지만, 꿈과는 다른 형태의 비정상적인 소망 충족의 여러 형식도 역시 존재한다. 또한 실제로 노이로제의 증세에 관한 이론은 '이 증세들 역시 무의식의 소망 충족으로 파악하지 않으면 안 된다.'는 명제로 귀 착된다. 우리의 해명에 의하면, 꿈은 정신과 의사에게는 정신의학 과제 가운데 심 리학적 부분의 해결을 위해 반드시 이해해야 하는 매우 중요한 소망 충족의 한 계 열의 첫 항(項)에 불과하다.

그러나 소망 충족의 이 계열의 다른 항, 즉 히스테리 증세 같은 것은 꿈에서는 아직 발견하지 못한 본질적 특성이 있다. 다시 말해, 나는 지금까지 논술을 진행시 키는 동안 몇 번이나 인용한 연구를 통해, 히스테리 증세는 우리의 정신생활 속에 있는 두 흐름이 서로 만나 발생한다는 사실을 알게 되었다.

나는 아주 일반화시켜 이렇게 말할 수 있다. '히스테리 증세는 저마다 별개의 심리적 조직을 원천으로 한 두 개의 대립적인 소망 충족이 하나의 표현에서 만날 경우에만 성립된다.'

여기에 하나의 예를 드는 것은, 내 주장을 증명하기 위해서가 아니라 좀더 이해 하기 쉽게 설명하기 위해서이다. 어느 여자 환자의 히스테리성 구토는 파과기(破 瓜期)의 무의식적 공상의 충족이라는 것, 즉 계속 임신하여 많은 아이를 갖고 싶다는—이것이 나중에는 '될 수 있는 한 많은 남자들의 아이를 낳고 싶다'는 소망으로 확대되었다—소망 충족임이 판명되었다. 그러나 한편으로는 이 어처구니없는 소망에 대해 심한 방위 충동이 일어났다. 이 환자는 구토로 차츰 건강과 아름다움을 잃어 어떤 남자 마음에도 들지 않게 되었으므로, 이 증세는 자신을 징벌하는 생각의 흐름을 받아들여 두 방향으로 현실화될 수 있었던 것이다. 파르티아의 여왕이 로마의 집정관 크라수스에게 사용한 것도 이와 같은 소망 충족의 방법이다. 여왕은 크라수스가 황금에 눈이 멀어 군사행동을 일으킨 것으로 알고, 죽은 그의 입 속에 녹인 황금을 부어넣게 했다. "자, 그대가 바라던 것이다."

우리가 지금까지 꿈에 대해 알고 있는 것은, 그것이 무의식의 소망 충족을 나타낸다는 것뿐이다. 주도권을 가진 전의식 조직은 소망 충족을 왜곡시킨 다음 허용하는 것처럼 보인다. 또한 꿈 소망에 대립하여 꿈에서 마치 반대자처럼 실현되는 관념의 흐름을 입증한다는 것은 불가능한 일이다. 다만 이따금 꿈 분석 속에서 반동 형성물 비슷한 것과 마주칠 뿐이다. 이를테면 '숙부의 꿈'에서의 친구 R에 대한 친애감 같은 것이 그것이다. 그러나 우리는 여기서 잃었던 전의식의 부가물을 다른 곳에서 발견할 수 있다. 지배적인 조직(전의식)은 '잠자고자 하는 소망'으로 물러가 버리고 심적 장치 내부에서 가능한 에너지 충당의 변화를 만들어냄으로써 소망을 실현하며, 결국 잠이 계속되는 한 그 소망을 고집하는 데 대해, 꿈은 무의식으로부터의 소망을 온갖 왜곡 후에 표현한다.

전의식에 굳게 간직된 잠자려는 소망은 꿈 형성을 쉽게 만드는 작용을 한다. 죽은 아이가 있는 방에서 비치는 밝은 빛으로 시신이 타고 있을지도 모른다는 추론을 불러일으킨 그 아버지의 꿈을 생각해 보자. 우리는 아버지가 눈을 뜨는 대신 꿈속에서 이런 추론을 내리도록 한 심리적인 힘의 하나로 꿈속에 표상된 아이의 살아 있는 모습을 하다못해 한 순간이라도 더 보고 싶다는 소망을 들었다. 억압된 것에서 유래하는 다른 소망들이 우리 눈에 잡히지 않는 것은, 아마 우리가 꿈의 분석을 할 수 없기 때문일 것이다. 그러나 이 꿈의 제2의 원동력으로서 아버지의 수면 욕구를 추가해도 좋을 것이다. 꿈에 의해 아이의 생명이 한순간 연장되는 것처럼 아버지의 잠도 한순간 연장되는 셈이다. 이 동기는 "그대로 꿈을 꾸자. 그렇지 않으면 나는 잠을 깨어야 한다."고 말하고 있다. 이 꿈에서와 마찬가지로, 다른 모든 꿈에서도 잠들려는 소망은 무의식적 소망을 지지한다.

꿈에 의한 각성, 꿈의 기능, 불안 꿈

전의식이 잠자려고 하는 소망에 응한다는 사실을 알았으므로, 앞으로는 꿈 과정의 이해와 추구가 좀더 쉬워질 것이다. 그러나 우선은 지금까지의 꿈 과정에서 알게 된 사실을 총괄해 보자. 즉 깨어 있을 때의 사고 활동이 완수하지 못했던 것이 낮 동안의 잔존물로서 남아 있고 그 잔존물에는 또 에너지가 다소 덧붙어 있는 경우, 혹은 낮 동안 깨어 있을 때의 활동을 통해서 무의식적 소망 중 한 가지가 계속 작용하고 있었던 경우, 혹은 이들 두 경우가 하나가 된 경우가 있다. 이런 여러 가능성에 대해서는 이미 자세히 논한 바 있다. 무의식적 소망은 낮 동안, 혹은 수면 상태의 성립을 기다려 비로소 낮 동안의 잔존물에 이르는 길을 개척하고, 자신의 에너지를 그것으로 다 옮겨놓는다. 이렇게 되면 최근의 재료에 전이된 어떤 소망이 생기거나 혹은 억제된 최근의 소망이 무의식으로부터 에너지를 공급받아 세력을 되찾는다.

그런데 이 소망은 그 일부가 원래 속해 있는 전의식을 통하는 사고 과정의 올바른 길을 통해 의식 속으로 침입하려고 한다. 그러나 이 소망은 아직도 작용하고 있는 검열에 저지당해 그 영향에 굴복한다. 여기서 소망은 이미 전이에 의해 최근의 것을 향해 일어나고 있는 왜곡을 받아들인다. 여기까지 보면 소망은 강박관념,

또는 망상 등과 유사한 어떤 것, 즉 전이에 의해서 강화되고 검열에 의해서 표현이 왜곡된 관념이 되는 도상에 있다. 그러나 이제 전의식의 수면 상태는 그 이상의 진전을 허락하지 않는다. 아마 전의식 조직은 그 흥분을 저하시킴으로써 침입을 막을 것이다. 그렇기 때문에 꿈 과정은 바로 수면 상태의 특이성에 의해서 열려 있는 퇴행의 길을 더듬고, 다만 부분적으로 시각적 에너지 충당물로서 존재할 뿐 그 이후의 여러 조직의 기호로 바뀌지 않는 기억군(記憶群)이 꿈 과정에 미치는 견인력에 따른다. 꿈 과정은 퇴행의 도상에서 표현 가능성을 획득한다.

이제 꿈 과정은 몇 번이나 굴절하는 길의 두 번째 부분을 지난 셈이다. 첫번째 부분은 무의식적 장면 혹은 공상에서 전의식을 향해 전진하는 길이었으며, 두 번째 부분은 검열의 관문에서 다시 지각을 지향하는 것이다. 그러나 만일 꿈 과정이 지각 내용이 되었다면, 검열이나 수면 상태가 전의식 속의 꿈 과정에 놓은 방해물을 잘 피해서 지나간 셈이 된다. 꿈 과정은 자기에게 주의를 끌어당겨서 의식에 인정되는 데 성공한다.

의식은 우리에게는 심리적인 특성을 파악하기 위한 하나의 감각기관을 의미하는데, 이것은 깨어 있을 때 두 군데에서 자극을 받을 수 있다. 그 첫째는 지각 조직, 둘째는 심리적 장치 내부에서 에너지를 바꾸어 놓을 때 거의 유일한 심리적 특성으로 나타나는 쾌·불쾌의 자극이다. 전의식을 비롯하여, 심적 조직 안의 모든 과정에는 심리적인 특성이 결여되어 있으며, 따라서 그와 같은 과정들은 지각할 수 있는 쾌·불쾌를 제공하지 않는 한 의식의 대상은 될 수 없는 것이다. 우리는 '이 쾌·불쾌의 발산은 에너지 충당 과정의 진행을 통제한다.'는 가정을 인정해야 한다. 그러나 나중에 더 미묘한 작업이 가능하게 만들려면 표상 흐름을 불쾌감과는 독립적으로 유지해야 할 필요가 있음이 판명되었다. 이 목적을 위해 전의식 조직은 의식을 끌어당길 수 있는 독자적인 성질을 필요로 하며, 이런 독자적 성질은 전의식적 과정을 어떤 특질을 갖춘 언어 기호의 기억 조직과 결부시킴으로써 획득되는 듯하다. 이런 기억 조직의 특성에 의해, 전에는 단지 지각하기 위한 감각기관에 불과했던 의식은 이제 사고 과정의 일부를 위한 감각기관이 된다. 그래서 두 개의 감각면이 존재한다. 즉 하나는 지각 작용을 향하고 다른 하나는 전의식적 사고 과정을 향하고 있다.

나는 전의식을 향한 의식의 감각면은 수면 상태에 의해 지각의 여러 조직을 향한 감각면보다 훨씬 자극을 덜 받는다고 가정할 수밖에 없다. 밤의 사고 과정에 대한 관심의 포기는 큰 의미가 있다. 전의식이 잠자기를 바라고 있기 때문에 사고하는 일이 있어서는 안 되는 것이다. 그러나 일단 지각되면, 꿈은 이미 획득한 여러 성질에 의해 의식을 자극시킨다. 이 감각자극은 그 본래의 기능을 다한다. 그것은 그 자극을 일으키는 것에 대해 주의함으로써 전의식 속에서 자유로이 사용할 수 있는 충당 에너지의 일부를 움직인다. 그러므로 꿈은 언제나 잠을 깨우며, 전의식의 쉬고 있는 힘 일부를 활동시킨다는 점이 인정된다. 꿈은 이 힘으로부터 우리가 앞뒤 관계와 이해의 편의를 생각하는, 이차 가공이라고 하는 간섭을 받는 것이다. 즉 꿈은 이차 가공으로 다른 모든 지각 내용과 같은 취급을 받는다. 꿈은 그 재료가 허용하는 한, 동일한 기대 표상의 지배하에 놓인다. 꿈 과정의 이 세 번째 부분에서 그 진행 방향을 문제로 삼는다면, 이것은 다시 전진적 방향이 된다.

오해를 피하기 위해 이들 꿈 과정의 시간적 특성에 대해서 한 마디 하는 게 나을 것 같다. 고블로의 매력적인 생각은 모리의 단두대에 관한 꿈의 수수께끼에 자극을 받은 것 같은데, 그는 꿈이 수면과 각성 사이의 이행기(移行期) 이외의 다른 어떤 시간도 요구하지 않는다는 것을 증명하려 했다. 잠을 깨는 데는 시간이 필요하며, 이 시간에 꿈을 꾼다는 것이다. 고블로는 꿈의 마지막 형상이 매우 강렬하기 때문에 부득이 잠을 깨는 것이라고 생각하는데, 사실은 잠을 깰 시간이 되었기 때문에 마지막 형상이 강렬한 것이다. '꿈은 시작된 각성이다.'

꿈 작업에 대한 우리의 지식에 의하면, 꿈 작업이 잠을 깨는 데 필요한 시간 안에서만 행해진다는 것은 아무래도 인정할 수 없다. 거꾸로 꿈 작업의 첫 부분이 이미 낮에 아직 전의식이 지배하고 있을 때부터 시작될 가능성이 더 크다. 꿈 작업의 두 번째 부분인 검열에 의한 변경, 무의식적 장면에 의한 견인, 지각으로의 전진 등은 밤사이에 행해진다. 따라서 우리가 무엇을 꿈꾸었는지 말할 수 없지만 밤새 꿈을 꾼 듯한 느낌이라고 하면 틀린 말이 아니다. 그러나 나는 꿈 과정이 의식화에 이르는 동안 시간적 순서를 꼭 지킨다고 가정할 필요는 없다고 생각한다. 다시 말해, 먼저 정의된 꿈 소망이 존재하고, 다음에 검열에 의한 왜곡이 일어나고, 그런 다음 퇴행이라는 방향 전환이 일어나는 것은 아니라는 말이다. 설명의 필요상 그런 순서가 만들어졌을 뿐이며, 실제로는 이 길 저 길 동시에 탐색하면서 자극의 파도가 이리저리 몰려다닌 끝에 가장 합리적인 축적에 의해 이 구성이 이루어지는 것이다.

나는 꿈 작업이 그 결과를 제시하는 데 때때로 하루 이상의 시간을 필요로 한다고 믿는다. 만일 내 생각이 틀리지 않는다면, 꿈 구성에서 사용하는 비범한 기술도 별로 놀랄 것이 없다. 지각 대상으로 '이해될 가능성'에 대한 고려마저, 꿈이 의식을 자기 쪽으로 끌어당기기 전에 작용하기 시작하는 경우가 있다고 생각한다. 의식을 자기 쪽으로 끌어당기고 나면 꿈 과정은 급속히 진행된다. 왜냐하면 꿈은 이제 지각된 다른 것과 동일한 취급을 받기 때문이다.

꿈 과정은 꿈 작업에 의해 수면 시간이나 깊이와는 관계 없이 의식을 자기 쪽으로 끌어당겨 전의식을 눈뜨게 하는 데 충분한 강도를 획득하거나, 아니면 그러기에는 강도가 불충분할 경우에는 눈을 뜨기 직전 활발해진 주의력이 꿈 과정으로 돌려지게 될 때까지 계속 대기 자세를 취하거나 한다. 대부분의 꿈이 비교적 근소한 심리적 강도를 가지고 작업하는 것처럼 여겨지는 이유는, 눈을 뜨게 되기를 기다리고 있기 때문이다. 그러나 누군가 생각지 않게 깊이 잠든 우리를 깨웠을 경우, 보통은 꿈꾼 것을 기억하는 사실 역시 해명된다. 그때 맨 처음 우리의 주의를 끄는 것은 자연히 깨었을 때와 마찬가지로 꿈 작용에 의해서 만들어진 지각 내용이다.

그러나 더 큰 이론적 흥미를 느끼는 것은 깊이 잠들어 있는 사람을 깨울 수 있는 꿈들이다. 보통 어디에서나 입증할 수 있는 합목적성을 염두에 두고, 왜 무의식적 소망인 꿈에는 전의식적 소망의 충족인 수면을 방해하는 힘이 허용되는지 의문을 가질 수 있다. 그것은 우리가 미처 다루지 못한 에너지 관계가 원인일 가능성이 다분하다.

우리는 무의식적 소망을, 언제나 활동하고 있지만 낮에는 우리에게 인지될 만큼 강한 것은 아니라고 말했다. 그러나 수면 상태가 시작되고 무의식적 소망이 꿈을 형성하고 그 꿈을 통해 전의식을 눈뜨게 할 만한 힘을 갖는다면, 꿈이 지각된 후에는 어째서 이 힘이 다 없어지는 걸까? 꿈이 끊임없이 새로 되풀이되지 않는다는 것은 우습지 않은가? 대체 우리는 어떤 권리로 꿈은 수면 장애를 배제한다고 주장했을까?

무의식적 소망은 언제나 활동하고 있다고 한 우리의 주장은 옳다. 그것은 어느 정도의 자극이 이용할 때마다 언제나 통과할 수 있는 길이다. 무의식적 과정이 결코 사라지는 일이 없다는 것은 그 뛰어난 특성이다. 무의식 속에서는 아무것도 종결되지 않고, 아무것도 소멸되지 않고, 또 아무것도 망각되지 않는다. 노이로제, 특히 히스테리를 연구하면 이것이 가장 강하게 인상에 남는다. 발작에 의해 발산을 초래하는 무의식적 관념의 통로는 자극 에너지가 충분히 축적되었을 때는 즉시 통행이 가능해진다.

30년 전에 당한 모욕이라 해도 일단 무의식적 흥분의 원천을 향한 통로를 만들어내면, 30년 동안 줄곧 마치 금방 모욕을 당한 것처럼 작용한다. 그것은 기억이 일깨워질 때마다 되살아나서, 발작을 통해 운동성으로 배출되어 흥분 에너지로 충당되어 있다는 것을 보여준다. 바로 여기서 정신요법이 손을 써야 한다. 그 임무는 무의식적 과정을 해결하고 망각하도록 만들어 주는 일이다. 우리가 자명한 일로 간주하여 시간이 심적 기억 잔존물에 미치는 제1차적 영향이라고 설명하기 쉬운 경향이 있는 것, 즉 기억의 퇴색, 이미 최근의 것이 되지 못한 여러 인상의 감동적인 약화는 힘든 노력으로 완성되는 제2차적인 변화들이다. 이 일을 하는 것은 전의식이다. '정신요법의 오직 한 가지 방법은 무의식을 전의식의 지배 아래 굴복

시키는 것이다.'

그러므로 모든 무의식적 흥분 과정에는 출구가 둘 있는 셈이다. 즉 어디까지나 자기 스스로 처리를 하거나, 아니면 전의식의 영향에 복종하는 것이다. 첫번째의 경우, 무의식적 흥분 과정은 결국 어딘가에 돌파구를 만들어 단번에 흥분을 운동성으로 배출시키고, 두 번째 경우, 전의식에 의해서 흥분이 '배출'되는 대신 '속박'될 수 있다. '꿈 과정은 두 번째 경우에 해당한다.' 에너지 충당은 의식 흥분에 의해서 인도되기 때문에 꿈의 무의식적 흥분을 구속하고, 그것을 무해한 방해물로 만든다.

이제 우리는 무의식을 잠자는 동안 묶어 두기보다는 차라리 무의식적 소망을 방임하여 자유로이 퇴행의 길을 밟게 하고, 그리하여 이 소망으로 하여금 꿈을 형성하게 한 다음, 약간의 전의식적 노력으로 꿈을 구속하여 처리하는 편이 목적에 맞고 또 경제적이라는 사실을 알게 된다. 꿈이 본시 합목적적인 과정은 아니었다고 하더라도, 정신생활의 역학 관계 속에서 어떤 기능을 확보했다고 추정할 수 있다.

꿈은 무의식의 자유에 방임된 흥분을 다시 전의식의 지배 아래로 가져오는 임무를 맡고 있다. 이때 꿈은 무의식의 흥분을 배출시켜 무의식에 대해서 안전판 역할을 하며, 또한 약간의 각성 활동을 통해 전의식의 수면을 확보한다. 이렇게 꿈은 같은 계열의 다른 심리적 형성물과 마찬가지로 타협으로 나타나며, 두 조직의 소망이 서로 협조할 수 있는 범위 안에서 양쪽을 충족시킴으로써 동시에 봉사하는 것이다.

'두 소망이 서로 협조할 수 있는 범위 안에서'라는 한정은 꿈의 기능이 파탄에 빠질 수 있는 몇 가지 경우에 대한 암시를 포함하고 있다. 꿈 과정은 먼저 무의식의 소망 충족으로서 허용된다. 만일 이 소망 충족의 시도가 안정을 깰 정도로 전의식을 강하게 뒤흔들면, 꿈은 협정을 깨고 자기 임무의 나머지 부분을 완수하지 못하게 된다. 그럴 때 꿈은 즉시 중단되어, 완전한 각성이 꿈을 대신한다. 평소에는 잠의 수호자인 꿈이 잠의 방해자로 등장하지 않을 수 없을 경우 이는 사실 꿈의 책임이 아니며, 이로 인해 꿈의 합목적성에 의문을 가질 것은 없다. 그렇다고 이것이 유기체 안에서 평소 합목적적인 장치가 그 성립 조건에 변화가 일어남과 동시에 전혀 다른 것이 되어 방해 작용을 하는 오직 한 가지 경우는 아니다. 그런 경우, 이 방해는 적어도 거기서 일어난 변화를 알려주고 이 변화에 대항하여 유기체의 조절 수단을 일깨우는 새로운 목적에 봉사한다.

불안감을 불러일으키는 심리적 과정이 하나의 소망 충족일 수 있다는 것은, 우리에게는 벌써 오래 전부터 모순이 아니다. 우리는 이 상황을 이렇게 설명할 수 있다. 즉 소망은 무의식 조직에 속해 있지만, 전의식 조직은 이 소망을 물리치고 억누른다. 전의식에 의한 무의식의 지배는 어떤 건전한 심리적 상태를 가진 사람들에 있어서도 결코 철저하게 행해지지 않는다. 우리의 심리적 정상 상태의 정도는 이 지배의 강도로 결정된다. 우리는 노이로제의 여러 증세에 의해 조직이 서로 갈등을 겪고 있다는 것을 알 수 있다. 그 증세들은 갈등에 일시적인 결말을 짓는 타협의 소산이다. 그것들은 한편으로는 무의식에 대해 흥분 에너지의 배출을 허용하여 그 배출구 역할을 하지만, 다른 한편으로는 전의식에 무의식을 얼마쯤 지배할 수 있는 가능성을 준다. 이 점은 히스테리성 공포증이나 광장불안의 의의를 고려해 보면 잘 알 수 있다.

어떤 노이로제 환자는 혼자서 길을 가지 못한다. 그런데 그에게 자기로서는 할 수 없다고 생각하고 있는 그 행동을 강제함으로써 증세의 해소를 시도해 보라. 그러면 노상의 불안 발작이 종종 광장불안을 만들어내는 유인이 되듯 반드시 불안 발작이 일어난다. 따라서 그런 증세가 형성된 것은 불안의 폭발을 막기 위한 것이었음을 알 수 있다. 공포증은 불안에 대해서 마치 국경 요새와 같은 역할을 다하고 있다.

여기서 우리는 다음과 같은 명제를 세우려 한다. 즉 무의식의 억제는 무의식 안에서 방임된 표상의 흐름이 본시는 '쾌'의 성격을 가지고 있었으나 '억제'의 과정 이후 '불쾌'로 발전되기 때문에 필요한 것이다. 무의식의 억제는 이 불쾌감의 발전을 방지하는 목적을 가지며, 또 그 일에 성공하기도 한다. 억제는 무의식의 표상 내용 위에 펼쳐진다. 왜냐하면 표상 내용에서 불쾌감의 방출이 일어날 우려가 있기 때문이다. 이런 생각의 근거는 감정 조성의 과정에 관한 어떤 확고한 가정이다. 감정 조성은 운동성이나 내분비 기능으로 간주되는데, 무의식의 표상들 안에 그 기능에 이르는 신경 감응의 열쇠가 있다. 전의식의 지배에 의해 이들 표상은 억제되고 감정을 반전시키는 충동의 방사는 저지된다.

꿈 과정을 자유로이 방임하면 이런 위험이 야기된다. 이 위험이 실현되는 조건은 억압이 일어나고, 억제된 소망의 움직임이 충분히 강력하게 되는 것이다. 그러므로 이와 같은 조건들은 아예 꿈 형성의 심리학적 테두리 밖의 문제이다. 만일 우리의 테마가 수면중 무의식의 해방이라는 이 계기에 의해 불안 조성의 테마와 서로 관련되는 일이 없다면, 나는 불안 꿈에 관해서 언급할 필요도 없을 것이고, 불안감에 따라다니는 모든 모호한 점을 여기서 논할 필요도 없을 것이다.

나는 예닐곱 살 무렵 불안 꿈을 꾼 기억이 있는데, 30년이 지난 후에야 그 꿈을 분석했다. 그 꿈은 참으로 선명한 것이었다. '더할 나위 없이 편안히 잠든 듯한 얼굴의 어머니가 새의 부리를 한 두 사람(혹은 세 사람)에 의해 방에 옮겨져 침대에 뉘어졌다.' 내가 울면서 눈을 뜨는 바람에 부모님도 잠을 깼다. 새의 부리에 이상한 복장을 한 키가 큰 인물들은 필립슨 성서 속에 있는 삽화에서 따온 것이다. 그것은 이집트의 묘석에 부각되어 있는 매의 머리를 가진 신들이었다.

그러나 그밖에도 분석은, 집 앞 풀밭에서 흔히 우리 어린아이들을 상대로 놀아준 관리인의 개구쟁이 아들에 관한 기억을 되살려주었다. 그 아이의 이름은 필립이었다. 나는 그 소년의 입을 통해 처음으로 성교를 의미하는 야비한 말을 들은 것 같다. 교양 있는 사람이라면 그런 말 대신 라틴어에서 온 coitieren을 쓴다. 그러나 꿈에서 본 매의 머리가 그 야비한 말을 뚜렷이 암시하고 있다. 나는 그 말의 성적인 뜻을, 세상을 잘 아는 그 젊은 선생의 표정에서 짐작하게 된 것이 분명하다.

꿈속의 어머니 표정에는 할아버지의 얼굴이 묘사되어 있었다. 할아버지가 돌아가시기 며칠 전, 나는 혼수 상태에서 코를 골고 있는 모습을 보았다. 그러므로 이꿈의 이차 가공을 해석해 본다면 '어머니'가 죽는다는 것이었던 모양이다. 무덤의부각도 이와 합치한다. 이런 불안 속에 나는 눈을 떴으며, 부모님이 깨어날 때까지불안은 가시지 않았다. 그러나 이 꿈의 이와 같은 제2차적 해석은 이미 발전한 공포감의 영향 아래에서 행해진 것이다. 어머니가 죽는 꿈을 꾸었기 때문에 불안감을 느낀 것이 아니고, 이미 공포의 지배 아래 있었으므로 전의식적 가공 과정에서꿈을 그렇게 해석한 것이다. 그러나 이 불안감은 꿈의 시각적 내용 속에 훌륭하게표현된, 희미하지만 분명히 성적인 욕망에 귀착된다.

1년 전부터 중병에 걸려 있는 스물일곱 살 먹은 한 남자는, 열한 살 때부터 열세살에 걸쳐서 심한 불안감 아래 몇 번이나 이런 꿈을 꾸었다. '한 남자가 도끼를 들고 쫓아온다. 뛰어 달아나고 싶지만, 몸이 마비되어 그 자리에서 움직일 수 없다.'이것은 아주 흔한 틀림없는 성적 불안 꿈의 전형이다. 분석할 때 이 꿈을 꾼 사람은 먼저, 시간적으로는 그보다 뒤의 일이지만, 백부에게서 들은 이야기를 생각해냈다. 즉 백부가 밤에 길거리에서 수상한 사람에게 습격을 당했다는 이야기다. 그리고 그는 이 기억에 비추어, 자기가 이 꿈을 꿀 무렵 이와 아주 닮은 다른 체험에관해 들은 듯하다고 추정했다. 도끼에 대해서는, 꿈을 꿀 무렵 장작을 패다가 손에상처를 입은 일이 있다는 생각이 났다. 그러자 갑자기 동생과의 관계가 떠올랐다.그는 종종 동생을 못살게 굴고 때리곤 했는데, 특히 한번은 동생의 머리를 장화로때려서 피를 흘리게 했다. 그때 어머니가 "언젠가는 동생을 죽이겠구나." 하고 말한 것이 생각났다.

그가 이렇게 '난폭한 행위'라는 주제에 붙잡혀 있을 때, 느닷없이 아홉 살 때의한 기억이 떠올랐다. 그가 잠든 체하고 있는데 늦게 집에 돌아온 양친이 함께 침대에 들어갔다. 그 다음에 헐떡이는 소리와 그밖의 이상한 소리가 들려와서 그는왠지 무서운 생각이 들었다. 그는 침대 속의 양친의 모습을 상상해 보았다. 그후 그의 관념은 양친의 이런 관계와 동생과 자기의 관계 사이에 어떤 유사성을 만들어냈다는 것을 보여주고 있다. 그는 양친 사이에 일어난 일을 '난폭한 행위와 격투'의 개념으로 요약했다. 그가 어머니의 침대에서 가끔 발견한 핏자국은 이와 같은 견해를 뒷받침했다.

나는 어른들의 성행위가 그것을 목격하는 아이들에게 무섭게 느껴지고, 그들의 마음속 불안감을 일깨운다는 것은 일상의 경험이 보여주고 있다고 말한다. 나는 이 불안감의 이유가 성적 충동이라고 설명했다. 그것은 아이들의 이해를 넘어서는 문제이며, 양친이 관계하고 있기 때문에 거부한다. 그리하여 성적 충동이 불안으로 변하는 것이다.

어린아이들에게서 자주 볼 수 있는, 밤에 환각을 수반하는 불안발작(Pavor-nocturnus)에 대해서도 나는 주저하지 않고 같은 설명을 적용하고 싶다. 여기에서도 문제는 이해되지 않고 거부되는 성적 충동이다. 그런 성적 충동들을 기록해 보면, 시간상으로 주기가 드러날 것이다. 성적 리비도의 증대는 우연한 자극적 인상에 의해서도, 그리고 또 시간 간격을 두고 일어나는 자발적 발달 과정에 의해서도 생길 수 있기 때문이다.

나는 이것을 자세히 설명하는 데 필요한 관찰 재료를 갖고 있지 못하다. 그런데 또 소아과 의사들은 이런 현상들을 심리적인 면에서나 신체적인 면에서 이해하는 데 필요한 관점이 결여되어 있는 것 같다. 의학적 신화의 장막에 눈이 가려져서 이런 경우를 무심코 지나쳐 버린 예로, 내가 드바케르의 '불안발작'에 관한 명제 속에서 발견한 케이스를 인용하고자 한다.

몸이 약한 열세 살 난 소년이 무슨 일엔가 겁을 먹고 멍청해져서, 안면을 못하고 거의 한 주에 한 번은 환각이 따르는 불안발작 때문에 잠에서 깨어났다. 꿈의 기억은 언제나 매우 뚜렷했다. 악마가 그에게 "자, 붙잡았다. 이제 놓치지 않을 테다." 하고 소리친다. 그러더니 역청과 유황 냄새가 나고, 불이 그의 피부를 태운다. 이런 꿈을 꾸고 소년은 놀라서 잠이 깼으며, 처음에는 고함소리도 내지 못했으나 간신히 소리가 나오게 되자 이렇게 말하는 것을 분명히 들을 수 있었다. "아냐, 아냐, 내가 아녜요. 나는 아무 짓도 안했어요." 혹은 "놔요, 싫어요. 다신 안 그럴게요." 몇 번은 "알베르는 그런 짓을 안했어요." 하고 말한 적도 있었다. 그리고 나중에는 "옷을 벗으면 금방 불에 타는걸." 하고 옷벗기를 싫어하게 되었다.

이런 악마 꿈 때문에 건강이 나빠져 소년은 시골에 보내졌다. 거기서 1년 반 있는 동안에 완전히 건강을 회복했다. 그후 열다섯 살이 되었을 때 소년은 이렇게 실토했다. "그때는 차마 말할 수 없었지만, 사실은 '그 자리'가 끊임없이 따끔따끔했어요. 그 때문에 몹시 신경질이 나서, 몇 번이나 침실 창문에서 뛰어내릴 생각을 했어요."

추측컨대 ① 이 소년은 꽤 어릴 때 자위행위를 했는데 그런 짓은 안했다고 우겼으며, 그런 좋지 않은 행위를 하면 무거운 벌을 받는다는 위협을 받았다. ('다신 안 그럴게요.'라는 고백과 '알베르는 그런 짓을 안했어요.'라는 부인이 그것을 암시한다.) ② 사춘기의 어쩔 수 없는 충동에 사로잡혀 성기가 근질근질해지면서 자위행위에 대한 유혹이 되살아났다. ③ 그의 마음속에서 억압의 투쟁이 개시되고, 이 투쟁이 리비도를 억제하여 그것을 불안으로 변화시키고, 그 불안이 그 당시 위협으로 사용된 벌에 대한 생각을 하게 했다.

이에 관한 저자 드바케르의 결론을 들어 보자.

이 관찰에서 다음과 같은 사실을 알 수 있다.

① 몸이 약한 소년에게 있어서 사춘기의 영향은 건강 악화를 초래하여 '심한 뇌빈혈'을 일으킬 수 있다.

② 이 뇌빈혈은 성격을 변화시키고, 악마가 달려드는 환각이나 밤에(때로는 낮에도) 매우 심한 불안 상태를 초래한다.

③ 악마의 환각과 이 소년의 자기비난은, 어릴 때 받은 종교 교육의 영향에서 유래한다.

④ 오랫동안의 전원 생활 결과, 모든 징후는 육체의 단련과 체력의 회복으로 사춘기가 지나자 사라져 버렸다.

⑤ 이 소년의 뇌의 병적 상태 발생의 원인으로는 유전과 아버지의 해묵은 매독 감염을 들 수 있을 것이다.

결론. 우리는 이 특수한 상태의 원인이 대뇌의 국소 빈혈(局所貧血)이라고 생각하므로, 이 경우를 신체 쇠약에 의한 무열성(無熱性) 정신착란으로 분류한다.

제1차 및 제2차 과정 | 억압

나는 꿈 과정의 심리학에 깊이 파고들려고 시도했다가, 나의 서술법으로는 어쩔 수 없는 곤란한 한 과제에 부딪혔다. 나는 지금 내 견해가 꿈 심리의 서술에 있어서 역사적 발전 경로를 따르지 못한 데 대한 대가를 치르고 있다. 꿈 이론에 대한 내 관점은, 여기서 그런 연구를 인용해서는 안 되지만, 그렇다고 인용하지 않을 수도 없는 노이로제 심리학에 관한 연구 끝에 얻은 것이다. 이제 나는 그 반대 방향으로 나아가, 꿈에서 출발하여 노이로제 심리학에 이르는 길을 찾고 싶다.

꿈이 각성시 생활의 자극과 관심의 계속이라는 사실은 숨겨져 있던 꿈 사고를 밝힘으로써 널리 실증되었다. 꿈 사고는 우리가 중요하다고 여기고 우리의 관심을 강하게 끄는 것만 취급한다. 하찮은 것은 결코 상대하지 않는 것이다. 그러나 우리는 그와 정반대의 경우, 즉 꿈은 낮의 사소한 찌꺼기 같은 것을 주워 모으고, 낮의 중요한 관심사는 각성시의 활동에서 어느 정도 떠난 다음에야 손을 댄다는 점도 인정했다. 이런 점은 꿈 사고의 왜곡으로 변경하여 표현하는 꿈 내용에 대해서도 적용된다.

꿈 과정은 연상의 메커니즘에 입각하여, 각성 때의 사고 활동에 의해서 아직 착수되지 않은 최근의, 또는 사소한 표상 재료 쪽을 쉽게 취급한다. 또 검열을 기초로, 그 심리적 강도를 중요하지만 불쾌한 것에서 아무래도 좋은 사소한 것으로 전이시킨다.

우리 꿈 학설의 초석이 된 것은, 꿈의 초기억력과 유아기 재료의 자유로운 사용이다. 우리는 꿈 이론에서 유아적인 것에 유래하는 소망이 꿈 형성에 불가결한 원동기 역할을 한다고 가정했다. 물론 수면중의 외적 감각자극이 갖는, 실험적으로 입증된 의미를 의심할 생각은 하지 않았지만, 우리는 이 재료를 꿈 소망에 대한 관계에서 낮의 활동이 남긴 관념 잔존물과 동일하게 생각했다.

꿈이 객관적 감각자극을 일종의 착각같이 해석하는 데 대해서는 별다른 이론을 내세울 필요를 느끼지 못하지만, 우리는 많은 연구가들이 결정하지 못한 채 방치한 계기를 이에 덧붙였다. 즉 객관적 감각자극은 인지된 대상이 잠을 방해하지 않고 소망 충족에 이를 수 있는 방향으로 풀이된다. 수면중 여러 감각기관의 주관적 흥분 상태는 특별한 꿈의 원천이라고 인정하기 어려워도, 그것은 꿈의 배후에서 작용하는 기억들의 퇴행적 재생이라는 것으로 설명이 된다. 또 기꺼이 꿈 해석의 근거가 되는 내적 기관 자극들도, 소극적인 것이긴 하지만 우리 이론에 어떤 역할을 하고 있는 것이다.

꿈 과정이 빠르고 순간적이라는 주장은, 의식에 의해 미리 형성된 꿈 내용을 지각하는 것과 관련해서는 올바른 것으로 생각된다. 우리는 꿈 과정에 선행하는 부분은 파도치는 것처럼 완만하게 경과한다고 보았다. 또한 아주 짧은 순간에 풍성한 꿈 내용이 압축되는 비밀에 대해서는, 정신생활의 기성 형성물을 단숨에 받아들인다는 식으로 생각하여 해명에 도움을 얻을 수 있었다. 꿈이 기억에 의해 왜곡되고 손상되는 것은 그 나름대로 그럴듯한 이유가 있다는 것을 알았지만, 그것이 해석에 방해가 된다고는 생각하지 않았다. 왜냐하면 그것은 꿈을 형성하는 시초부터 작용하는 왜곡 작업의 마지막 현재적 부분에 지나지 않기 때문이다.

정신생활이 밤에 잠들어 버리는지, 아니면 낮처럼 자기의 작업 능력을 모두 발휘하는지에 대한 심한 논쟁은 화해가 불가능한 듯이 보인다. 그러나 우리는 양자의 주장에 저마다 일리는 있지만, 그렇다고 어느 쪽이 전적으로 옳다고 할 수는 없다는 태도를 취해 왔다. 꿈 사고 속에서 우리는 심적 장치의 거의 모든 수단을 동원하여 작용하는, 극히 복잡하고 지적인 작업을 찾아냈다. 그러나 이 꿈 사고가 낮에 발생한다는 사실은 인정해야 하며, 정신생활의 수면 상태가 존재한다는 가정 또한 부득이한 것이다. 이렇게 하여 부분적 수면설까지 주장할 수 있게 되었다. 그러나 우리는 수면 상태를 특징짓는 성격이 심리적 관계의 붕괴가 아니라, 오히려 낮 생활을 지배하는 심적 장치가 잠자려는 욕구에 부응하는 점에 있다고 생각했다. 외부 세계와의 격리는 우리의 이론에서도 그 나름의 의의가 있다. 그것이 꿈 표현의 퇴행을 가능하게 하는 오직 한 가지 이유는 아니지만, 아무튼 도와주기 때문이다. 표상 흐름의 자의적인 조정이 중지되는 데 대해서는 논쟁하고 말고 할 것이 없다. 그렇다고 해서 정신생활의 목표가 없어지는 것은 아니다. 소망하는 목적 표상들을 포기하게 되면 그 반대의 목적 표상들이 지배력을 갖게 되니까.

우리는 꿈에 있어서의 느슨한 연상 결합을 인정했을 뿐 아니라, 예상할 수 있었던 것보다 훨씬 큰 범위에 걸쳐서 그와 같은 연상 결합이 지배하고 있다는 것도 인정했다. 그러나 그 연상 결합은 또 다른 정확하고 뜻깊은 연상 결합의 대용물에 지나지 않는다. 물론 꿈은 황당무계한 것이 사실이다. 그러나 꿈이 황당무계하게 보일 때조차 그것이 얼마나 기지가 있는지 꿈의 여러 사례를 통해 발견할 수 있었다.

꿈의 여러 기능은 우리도 이의 없이 인정한다. 꿈이 환기 장치처럼 영혼을 환기시켜 주고, 또 로베르트의 말을 빌린다면, 온갖 유해한 것이 꿈속에서의 표상 작용으로 무해하게 되는 것은 꿈에 의한 소망 충족을 주장하는 우리의 주장과 부합한다. 뿐만 아니라, 표현상으로 보아서도 우리는 로베르트가 생각한 것보다 훨씬 잘 이해할 수 있다. 정신이 자유롭게 자기의 여러 능력을 발휘하는 것은, 전의식 활동에 의한 꿈의 자유 방임이라는 우리의 이론과 들어맞는다.

'꿈속에서 정신생활의 태생적(胎生的) 상태로의 귀환' 및 엘리스의 '막연한 감정과 불완전한 상념의 원시세계'라는 말은, 낮에는 억눌려 있는 원시적인 작업 방식이 꿈 형성에 참여한다는 우리 이론의 훌륭한 선배처럼 생각된다. "꿈은 끊이지 않고 발달한 지난날 우리의 인성, 사물을 보는 낡은 태도, 오랜 옛날 우리를 지배하고 있던 충동이나 반응 방식을 현재 속으로 불러온다."는 설리의 주장은 그대로 우리의 주장으로 삼아도 손색이 없다. 또 '억제된 것'이 꿈의 계기라고 보는 점에서 우리는 들라주와 다름이 없다.

우리는 셰르너가 꿈 환상에 부여한 역할과 그 해석 자체는 다 인정했지만, 그것들을 그와는 다른 각도에서 볼 수밖에 없었다. 꿈이 환상을 만들어내는 것이 아니라, 무의식적 환상 활동이 꿈 사고의 형성에 크게 관여하고 있는 것이다. 꿈 사고의 원천을 밝히는 문제에서 우리는 셰르너에게서 도움을 받았다. 그러나 그가 꿈 작업의 결과로 돌리는 것은 거의 모두 낮에 활발해지는 무의식 활동의 소산이라고 보아야 하며, 이 활동이야말로 꿈에 노이로제 증세와 비슷한 자극을 주는 것이다. 꿈 작업은 무엇인가 전혀 별개의 것, 그리고 훨씬 제한된 것으로서 이 활동과 구별되어야 한다.

우리는 여러 꿈 연구가들의 잡다하고 서로 모순되는 결론들을 우리 꿈 학설의 새로운 내용을 통해 보다 높은 수준으로 우리 이론의 구조 속에 끼워넣은 다음, 그 가운데 어떤 것들은 별도로 이용하기도 했지만, 완전히 물리친 것은 아주 적은 부분에 불과하다. 그러나 우리의 이론 구성도 아직은 미숙하다. 심리학의 어둠 속으로 파고들어가면서 여러 가지 명료하지 않은 점이 나왔지만, 그런 점을 도외시하더라도 또 다른 새로운 모순이 우리를 억누르는 듯하다. 우리는 한편으로는 꿈 사고를 완전히 정상적인 정신 작업의 소산으로 보았으나, 또 한편으로는 꿈 사고 속에서뿐만 아니라 꿈 사고에서 꿈 내용에까지 이르는 과정에서도 일련의 비정상적인 사고 과정을 발견했다. 그리고 이들 사고 과정을 꿈 해석 때 되풀이한다. 우리가 '꿈 작업'이라고 불렀던 일체의 것은 올바른 것으로 알려져 있는 과정에서 매우 동떨어진 듯하므로, 꿈을 꾼다는 것은 저급한 심리적 작업이라고 보는 일부 연구가의 가장 혹독한 평가까지도 자못 그럴듯하다는 생각이 든다.

꿈은 우리의 낮 생활에서 유래하고, 완전히 논리적인 줄거리를 가진 약간의 관념을 대리하고 있다는 것을 알았다. 따라서 우리는 그러한 관념이 정상적인 정신 생활에서 나오는 것임을 의심하지 않는다. 우리 사고의 흐름에서 높이 평가되며 또 사고의 흐름을 수준 높고 복잡한 작업으로 특징짓는 모든 특성들은 꿈 사고에서 발견할 수 있다. 그러나 이러한 사고 활동이 잠을 자는 동안 이루어진다고 가정할 이유는 없다. 만일 그와 같이 가정한다면, 심리적 수면 상태에 대해서 우리가 여태껏 견지해 온 생각이 매우 혼란스러워질 것이다. 물론 그런 사고들은 낮에서 유래하고, 그 발생 이래 우리의 의식이 깨닫지 못한 가운데 계속 존재하다가 잠이 드는 것과 동시에 완결된 것이다. 이런 사정에서 무엇인가를 끌어내야 한다면, 그것은 고작해야 '가장 복잡한 사고 작업도 의식의 협력 없이 가능하다.'는 증명일 것이다. 그것은 히스테리 환자나 강박관념을 가진 사람의 정신분석을 통해서 알 수 있는 것이다.

이와 같은 꿈 사고들은 물론 그 자체로 의식 속에 자리잡을 능력이 없는 것은 아니다. 그것들이 낮 동안 줄곧 우리의 의식에 떠오르지 않고 있었다면, 거기에는 여러 원인이 있을 것이다. 의식화는 어떤 특정한 심리적 기능, 다시 말해서 주의력의 지원과 연관을 갖는다. 그런데 이 주의력은 짐작컨대 다만 일정한 양만 소비되고, 다른 목표가 생기면 곧 해당 사고 흐름에서 방향을 돌릴 것이다. 그러한 사고 흐름이 의식에 이르지 못하는 다른 한 경로는 다음과 같다. 즉 의식적 반성 과정은 우리가 어떤 특정한 길을 쫓아 주의를 기울인다는 것을 알게 해 준다. 그런데 그 도상에서 비판을 견디어낼 수 없는 표상과 맞닥뜨리면, 우리는 곧 주의를 기울이는 일을 포기하고 만다. 그런데 일단 개시되어 도중에서 중지된 사고의 움직임은, 어딘가에서 주의를 끌 수 있을 만큼 특별히 높은 강도에 이르지 않는 이상, 다시 주의를 끌지 않고서도 계속될 수 있는 것처럼 보인다. 따라서 사고 행위의 실제적인 목적으로 보아 소용이 없다든가 적절하지 않다는 판단에 의해 처음에 의식적으로 행해진 거부 행위야말로, 어떤 사고 과정이 의식에 눈치채이지 않은 채 잠들 때까지 계속되는 원인일 수도 있다. 우리는 그런 사고의 움직임을 '전의식적' 사고의 흐름이라 하고, 그 활동을 합리적인 것으로 간주했다.

우리가 어떤 방법으로 표상의 흐름을 설명할 것인지도 명백히 말해 두어야겠다. 우리는 목적 표상에서 우리가 '충당 에너지'라고 부르는 일정한 크기의 흥분이, 이 목적 표상에 의해 선택된 연상의 길을 따라 이동된다고 믿는다. '등한시된' 사고의 움직임은 이런 에너지 충당을 얻지 못하며, '억제된' 또는 '배척된' 사고의 움직임은 이러한 에너지 충당이 철회된 채 그 자신의 흥분에 맡겨진다. 목표를 위해 에너지 충당을 얻은 사고의 움직임은, 일정한 조건 아래서 의식의 주의를 끌 수 있고, 그러면 그 의식을 매개로 에너지는 '과잉 충당'을 얻게 된다.

이와 같이 전의식 안에서 자극을 받은 사고의 움직임은 스스로 사라지는 수도 있고 보존되는 수도 있다. 스스로 사라지는 경우는 이렇게 생각할 수 있다. 즉 그 에너지는 그 사고의 움직임에서 나오는 모든 연상 방향으로 방사되어 사고의 고리 전체를 어떤 흥분 상태로 옮기며, 이 흥분 상태는 한동안은 그대로 지속되지만, 이윽고 방출을 필요로 하는 흥분이 안정된 에너지 충당으로 변하면서 차츰 사라진다. 이와 같이 스스로 사라지게 될 때, 이 사고 과정은 꿈 형성에 대해 그 이상 어떤 의미도 갖지 않는다.

그런데 우리의 전의식 속에는, 무의식적이고 언제나 움직이고 있는 소망의 원천에 유래하는 다른 목적 표상이 도사리고 있다. 이러한 목적 표상은 자기에게 맡겨진 사고권(思考圈) 안에 있는 흥분을 자기 것으로 만들 수 있으며, 이 사고권과 무의식적 소망을 결합시키고 무의식적 소망에 존재하는 에너지를 앞서의 것에 '전이시킨다'. 등한시되거나 억제된 사고의 움직임은 이와 같이 강화되어도 역시 의식에 이르지 못하지만, 대신 그때부터 스스로를 보존할 수 있게 된다. 즉 그때까지는 전의식적이었던 사고의 움직임이 이제 '무의식 속으로 끌려들어가' 버렸다고 말할 수 있다.

그리고 꿈이 형성되는 상황은 아마 다음과 같을 것이다. 즉 전의식적인 사고의 움직임은 처음부터 무의식적 소망과 결합되어 있으며, 그렇기 때문에 지배적인 목적 에너지 충당으로부터 배척을 당하거나, 아니면 무의식적 소망이 다른(이를테면 신체적인) 이유로 이미 움직이기 시작하고 있어서, 전의식으로부터 에너지 충당을 받지 못한 심리적 잔존물로의 전이를 탐색한다. 이들 세 가지 경우는 결국, 사고의 움직임이 전의식 안에서 이루어진다는 점에서 일치한다. 이 사고의 움직임은 모두 전의식이 아니라 무의식적 소망에서 에너지 충당을 발견한 것이다.

여기서부터 사고의 움직임은 정상적인 과정으로 인정할 수 없는 일련의 변화를 겪는다. 그런데 그러한 변화는 뜻밖의 결과, 즉 정신 병리적인 형성물을 낳는다. 정리를 위해 이러한 변화를 나열해 보자.

① 하나하나의 표상의 강도는 모두 방출이 가능하고, 한 표상에서 다른 표상으로 옮겨간다. 그 결과 높은 강도를 지니게 된 표상들이 형성된다. 이런 과정이 몇 차례 되풀이되면서 사고의 움직임 전체의 강도가 결국 하나의 표상 요소 속에 모이는 수가 있다. 이것이 우리가 꿈 작업 동안에 배운 압축의 사실이다. 꿈이 의아한 인상을 주는 것은 이 압축 때문이다. 왜냐하면 의식할 수 있는 정상적인 정신생활에서는 압축과 비슷한 것이 전혀 알려지지 않았기 때문이다. 우리는 여기서도 또한 전체 사고 고리의 교차점 내지 최종적 소산으로서 커다란 심리적 의의를 갖는 여러 표상을 갖는 셈인데, 이 가치는 내적으로 지각할 수 있을 정도로 명백한 특성으로 나타나지는 않는다. 따라서 내적 지각 속에 표상되어 있는 것은 더 이상 강해지지 않는다.

압축 과정에 있어서 모든 심리적 관계는 표상 내용의 '강도'로 바뀐다. 그것은 마치 내가 어떤 책을 만들 때, 이해를 위해 특별히 중요하다고 생각하는 단어에 방점을 찍거나 고딕 활자로 인쇄하게 하는 것과 같다. 그것이 강연이라면, 나는 그 단어를 큰 소리로 천천히, 그리고 힘을 주어 발음할 것이다.

첫번째 비유는 직접 꿈 작업에서 가져온 한 실례('일마의 주사에 관한 꿈'에서 트리메틸아민)에 해당된다. 우리는 예술사가들에 의해, 고대의 역사적 조각은 묘사된 인물의 지위가 높고 낮음을 상의 크기로 표현함으로써 비슷한 원칙을 따르고 있는 사실에 주의를 돌리게 되었다. 왕은 그 신하나 정복된 적보다 두 배나 세 배 크게 만들어진다. 로마 시대의 조각은 같은 목적을 위해서 더 정교한 수단을 쓰고 있다. 이를테면 황제를 한복판에 똑바로 세운 다음 그 모습을 특히 세심하게 손질하고, 적을 그 발 아래 놓는다. 그러나 황제를 소인들 중에 있는 거인으로 표현하지는 않는다. 오늘날 아랫사람이 윗사람 앞에서 절을 하는 것은 저 고대의 표현 원칙의 잔재이다.

꿈의 압축이 나아가는 방향은 한편으로는 꿈 사고의 정확한 전의식적 여러 관계에 의해서, 또 한편으로는 무의식 속의 시각적 기억의 견인에 의해서 규정된다. 압축 작업의 성과는 지각 조직을 향해서 나아가기 위해 요구되는 강도(強度)를 노리고 있다.

② 이러한 심리적 강도의 자유로운 전이의 가능성에 의해, 또한 압축의 지배를 받아 '중간 표상', 즉 타협적 산물(앞서의 많은 사례 참조)이 형성된다. 이것 또한 정상적인 표상 흐름에서는 전례없는 것으로, 이 과정에서 특히 문제가 되는 것은 '올바른' 표상 요소의 선택과 유지이다. 이에 반해 우리가 전의식적 사고를 말로 표현하려고 할 때는 매우 빈번히 혼합 형성물 및 타협 형성물이 생긴다. 그것들은 일종의 '말실수'로 간주된다.

③ 강도를 서로 전이하는 여러 표상은 '지극히 느슨한' 관계에 있으며, 우리의 사고에 의해 무시되고 기지적(機智的) 효과를 목표로 할 때만 이용되는 종류의 연상으로 결합되어 있다. 특히 동음 연상(同音聯想)과 동의어 연상(同義語聯想)이 다른 연상과 같은 취급을 받는다.

④ 서로 모순되는 사고들은 서로 포기하려 하지 않고 병존한다. 이 사고들은

마치 어떤 모순도 존재하지 않는 것처럼, 함께 압축의 산물을 만들어내거나, 우리의 사고에서는 절대로 허용되지 않지만 행위에 있어서는 이따금 용납되는 타협을 만들어낸다.

이상이 꿈 작업이 진행되는 동안 미리 합리적으로 형성되어 있던 꿈 사고가 겪에 되는 가장 현저한 이상 과정(異常過程)의 일부이다. 이와 같은 이상 과정의 주요 특성으로 인정되는 것은, 충당 에너지를 가동시켜 '방출 가능' 하게 만드는 데 중점을 둔다는 것이다. 이와 같이 에너지가 충당되는 심리적 요소의 내용과 고유한 의의는 부차적인 것이 된다. 압축과 타협은 사고를 형상으로 바꾸는 것이 문제일 경우에는 퇴행을 위해서만 일어난다. 그러나 형상으로의 퇴행이 결여된 꿈을 분석해 보면, 다른 꿈과 똑같은 이동과 압축 과정을 볼 수 있다.

따라서 우리는 다음과 같은 견해를 배제할 수 없을 것이다. 즉 꿈을 형성하는 데는 본질적으로 다른 두 종류의 심리적 과정이 참여하고 있으며, 그중 하나는 정상적인 사고와 같은, 완벽하게 정확한 꿈 사고를 만들어내고, 나머지 하나는 그 꿈 사고를 매우 부정확한 뜻밖의 방식으로 처리한다. 우리는 이미 후자를 앞에서 본래의 꿈 작업으로 분류했다. 그런데 이 두 번째 심리적 과정은 어디에서 유래된 것일까?

노이로제, 특히 히스테리의 심리학 속으로 한 걸음 들여놓지 않았더라면, 여기서 아무 답변도 할 수 없었을 것이다. 그러나 그 일을 통해 우리는 히스테리 증세를 만들어내는 것은 소위 부정확한 심리적 과정—또 아직 열거하지 않은 다른 과정—이라는 것을 알았다. 히스테리의 경우에도 일련의 의식적 사고와 똑같고 완벽하게 정확한 사고들을 발견하는데, 우리는 이런 형태로는 사고의 존재를 느끼지 못하고 다만 나중에 재구성해 볼 뿐이다. 그런 사고가 어딘가에서 우리의 지각에까지 도달할 경우 그 증상을 분석해 보면, 정상적인 사고들이 비정상적인 취급을 받고 있으며 '압축이나 타협 형성물에 의해서 표면적인 연상을 경과하고 모순을 은폐하면서 때에 따라서는 퇴행의 길을 지나 증상으로 바뀌는 것'을 알게 된다. 꿈 작업의 특성과 노이로제 증세로 귀착되는 심리적 활동이 완전한 일치를 보인다면, 히스테리로부터 끌어낸 추론을 꿈에 옮기더라도 잘못은 아니다.

히스테리에 관한 이론에서 다음의 명제를 차용해 보자. '정상적 사고의 흐름에서 그와 같이 비정상적인 심리적 가공이 이루어지는 것은, 유아적인 것에서 유래하며 억압되어 있는 무의식적 소망이 정상적인 사고 흐름에 전이되었을 경우뿐이다.' 이 명제를 위해 우리는 꿈의 이론을 다음과 같은 가정 위에 구축했다. 즉 원동력이 되는 꿈 소망은 언제나 무의식에서 나오며, 이것은 우리가 인정했듯이 일반적으로는 입증되지 않지만, 그렇다고 부정해 버릴 수도 없는 것이다. 우리가 이미 몇 번이나 언급한 '억압'이 무엇을 뜻하는지 말할 수 있기 위해서는 우리의 심리학적 뼈대를 좀더 구축해야만 한다.

우리는 앞에서 원시적인 심적 장치를 상정하고 꽤 깊이 생각했다. 심적 장치의 활동은 흥분의 축적을 피하고 가능하면 흥분하지 않으려는 노력에 의해서 조절된다. 따라서 심적 장치는 반사 장치의 도식에 따라 구성되었고, 운동성, 즉 신체의 내적 변화에 이르는 길이 이 심적 장치에 속한 방출로였다. 우리는 이어 충족 체험의 심리적 결과에 대한 논의로 옮겨서, 흥분의 축적은 불쾌하게 느껴져서 충족 체험을 다시 생산하기 위해 심적 장치를 활동시킨다는 제2의 가설을 덧붙일 수 있었을 것이다.

불쾌감에서 흘러나와 쾌감을 지향하는 심적 장치 내의 이런 흐름을 우리는 소망이라고 한다. 심적 장치를 움직일 수 있는 것은 오직 소망뿐이고, 소망 속의 흥분의 경과가 쾌·불쾌의 지각에 의해서 자동적으로 규제되는 것이다. 최초의 소망은 충족 기억의 환각적 에너지 충당에 있음에 틀림없다. 그러나 이 환각은 그것이 사라져 버릴 때까지 간직되지 않을 경우, 욕구의 정지, 즉 충족과 결부된 쾌감을 불러일으키는 데는 아무 소용도 없다는 것을 알았다.

그러므로 어쩔 수 없이 제2의 활동, 즉 두 번째 조직의 활동이 필요해진다. 이 활동은 기억 에너지 충당 지각에까지 돌진하여, 지각에서 심리적 힘을 구속하는 것을 허용하지 않고, 오히려 욕구 자극에서 나온 흥분을 임의의 운동성을 거쳐 외부 세계를 변화시킴으로써 실제로 충족 대상을 지각할 수 있는 우회로로 이끄는 것이다. 우리가 심적 장치의 도식을 그려 나간 것은 대개 이 정도까지였다. 두 조직은, 우리가 완성된 심적 장치에 무의식 및 전의식으로서 삽입한 것의 기원이다.

운동성에 의해 외부 세계를 목적에 맞도록 변화시키려면, 기억의 여러 조직 안에 대량의 경험을 축적시켜 갖가지 목적 표상에 의해 이 기억 재료 속에 생기는 여러 관계를 고착시킬 필요가 있다. 두 번째 조직의 에너지를 내보냈다 끌어들였다 하는, 흔히 모색적인 활동은 한편으로는 모든 기억 재료를 자유로이 처리할 수 있어야 되고, 다른 한편으로는 만일 그 활동이 각 사고의 통로에 다량의 충당 에너지를 보내어 그것이 헛되이 흘러 외부 세계를 변화시키는 데 필요한 양을 감소시키게 된다면, 그것은 헛된 소비라고 할 수 있을 것이다. 그러므로 나는 합목적성을 위해 두 번째 조직은 에너지 충당의 대부분을 안정된 상태로 유지하면서 근소한 부분만 이동을 위해 사용하는 데 성공한다고 생각하기로 한다.

이런 생각을 진지하게 다루고자 하는 사람이 있다면, 물리학적으로 그와 비슷한 것을 찾아내어 신경 흥분에 있어서의 운동 과정을 명확하게 하는 길을 개척해야 될 것이다. 나로서는 다만 다음과 같은 생각을 견지하기로 한다. 즉 첫번째 심적 조직의 활동은 '흥분량을 자유로이 흘려보내는 일'에 돌려지고 있으며, 두 번째 조직은 자체에서 나오는 충당 에너지에 의해서 이런 유출을 저지하거나 혹은 수준을 높이면서 안정된 에너지 충당으로 변화시킨다는 것이다. 그러므로 나는 두 번째 조직이 지배하는 흥분의 경과가 첫번째 조직의 지배 아래에서와는 전혀 다르다고 가정한다.

그런데 두 번째 조직에 의한 이와 같은 유출 저지와 불쾌 원리에 의한 규제 사이의 관계를 눈여겨보면, 어떤 흥미로운 사고의 흐름이 보인다. 일차적인 충족 체험의 대비물, 즉 '외적 경악'의 체험을 생각해 보자. 고통의 원천인 어떤 지각 자극이 원시적인 심적 장치에 작용하면, 여러 가지 운동성들이 질서 없이 표출되고 나중에는 그 가운데 하나가 심적 장치를 자각과 동시에 고통으로부터도 멀어지게 할 것이다. 그리고 이와 같은 과정은 지각이 재출현하면 곧 되풀이되어(예를 들면, 도주 운동) 그 지각이 다시 사라질 때까지 이어질 것이다.

그러나 이 경우에는 고통 원천의 지각에 대해서 환각적으로, 혹은 그 이외의 방법으로 다시 에너지를 충당시키려고 하는 경향이 남는 일은 없을 것이다. 오히려 일차적인 심적 장치 속에는, 이 고통스러운 기억 형상이 어떤 형태로든 일깨워질 경우에는 당장 다시 버리려고 하는 경향이 존재하는 듯하다. 왜냐하면 이 흥분이 지각 쪽으로 넘쳐흐르면 불쾌감을 환기할 것(더 정확하게 말하면, 환기하기 시작할 것)이 틀림없기 때문이다. 기억으로부터 달아나는 것은 전에 지각에서 도주한 일의 반복에 불과하지만, 기억은 지각과 달라서 의식을 흥분시키고, 그것으로 새로운 에너지 충당을 불러오게 할 만한 자질을 갖지 못하기 때문에 촉진된다. 심리적 과정이 과거의 고통스러운 기억으로부터 이처럼 쉽게 규칙적으로 회피하는 일은 '심리적 억압'의 본보기이자 그 첫 실례를 우리에게 보여준다. 고통스러운 것으로부터의 이와 같은 회피의 전술 중 많은 것이 성인의 정상적인 정신생활 속에 여전히 뚜렷하게 남아 있다는 것은 이미 다 아는 바이다.

따라서 첫번째 심적 조직은 불쾌 원리 때문에 어떤 불쾌한 것을 사고 관계 속에 끌어들일 수가 없다. 이 조직은 소망하는 것 이외에는 아무것도 하지 못한다. 사실이 그와 같다면, 경험 속에 가라앉았던 여러 기억을 모두 처리할 필요가 있는 두 번째 조직의 사고 활동은 방해될 것이다. 그런데 거기에 두 가지 길이 열려 있다. 즉 두 번째 조직의 활동이 불쾌 원리로부터 자유로워져서 기억의 불쾌 따위는 개의치 않고 자기 길을 걸어가거나, 그렇지 않으면 두 번째 조직의 활동이 불쾌감의 방출을 피할 수 있는 한 가지 방법으로 불쾌 기억에 에너지를 충당하는 것이다. 우리는 그중 첫번째 가능성을 물리쳐도 좋다. 왜냐하면 불쾌 원리는 두 번째 조직의 흥분 과정을 조절하는 장치 역할을 하기 때문이다.

이렇게 하여 우리는 두 번째 가능성에 의존하지 않을 수 없다. 즉 두 번째 조직이 기억의 흐름을 저지하고, 따라서 운동성의 신경 지배에 비유할 수 있는 불쾌감 조성을 위한 흐름을 저지하는 방법으로 그 기억에 에너지를 충당시키는 것이다. 우리는 불쾌 원리에 대한 고려와 최소한의 신경 지배 원칙이라고 하는 두 개의 출발점에서 두 번째 조직에 의한 에너지 충당은 동시에 방출에 대한 저지를 나타내고 있다는 가설로 인도되었다. 그러나 우리는 억압 이론의 열쇠, 다시 말해서 '두 번째 조직이 표상에서 비롯된 불쾌감이 일어나는 것을 저지할 수 있을 경우에만 표상에 에너지를 충당할 수 있다.'는 것을 분명히 말할 수 있다. 간혹 이런 저지를 벗어나는 것은 두 번째 조직으로서도 접근하기 어려운 것으로, 불쾌 원리에 의해서 곧 버림받을 것이다. 그렇다고 불쾌의 저지가 완전한 것일 필요는 없다. 왜냐하면 그것은 두 번째 조직에 대해서 그 기억의 성질을 나타내고, 사고가 추구하는 목적으로 보아 그 기억의 적정 여부를 나타내기 때문이다.

나는 첫번째 조직만이 허용하는 심리적 과정을 '제1차 과정'이라 부르고, 두 번째 조직의 저지를 받고 생기는 심리적 과정을 '제2차 과정'이라고 부르기로 한다. 또 다른 관점에서, 두 번째 조직이 어떤 목적을 위해 제1차 과정을 정정해야 하는지도 보여줄 수 있다. 제1차 과정은 그렇게 해서 누적된 흥분량으로 '지각 동일성'을 만들어내기 위해서 흥분의 방출을 지향하는 것이다. 제2차 과정은 이 의도를 포기하고, 대신 '사고 동일성'을 획득하려는 다른 의도를 가진다. 모든 사고는 단지 목적 표상으로 되어 있는 충족 기억으로부터 시작하여 같은 기억의 동일한 에너지 충당에 이르는 우회로에 지나지 않으며, 이 동일한 에너지 충당을 운동성의 경험을 거치는 도상에서 재차 달성하려고 한다. 사고는 틀림없이 여러 표상 사이를 결합하는 데 관심을 가질 것이지만, 이러한 표상의 강도 때문에 미혹되지는 않는다.

그러나 여러 표상의 중간 형성물 및 타협 형성물의 압축은 확실히 이 동일성의 목표 달성에 장애가 된다. 압축은 하나의 표상을 다른 표상으로 대체함으로써 앞의 표상으로부터 계속된 길에서 벗어난다. 그래서 이 과정은 제2차 사고에서는 신중하게 회피된다. 보통 같으면 사고 과정에 가장 중요한 단서를 제공하는 불쾌 원리가 사고 동일성을 추구하는 데는 여러 가지 어려움으로 이를 방해하는 것을 쉽게 간파할 수 있다. 그러므로 사고는 불쾌 원리에 대한 전일적 규정에서 되도록 멀리 벗어나, 사고 활동에 의한 감정 발전을 아직 신호로 이용할 수 있는 최소한 의 것에 국한하는 경향을 보인다. 즉 의식이 매개하는 아주 최근의 과잉 에너지 충당에 의해서 이와 같은 작업을 섬세하게 하려고 하는 것이다. 그러나 우리도 알 고 있듯이, 이와 같은 작업의 섬세화는 정상적인 정신생활에서는 완전히 성공하 는 일이 드물고, 우리의 사고는 언제나 불쾌 원리의 훼방 때문에 더럽혀질 우려가 있다.

내가 심적 장치 속에 있는 한 심리적 과정을 '1차적' 과정이라고 부른 것은, 등 급이나 업적 능력만 고려한 것이 아니라, 그것으로 시간적 관계까지도 나타내려 고 했다. 오로지 1차적 과정밖에 갖지 못하는 심적 장치라는 것은 우리가 아는 한 존재하지 않으며, 또 그런 뜻에서 이론적인 허구에 불과한 것이다. 그러나 1차적 과정은 심적 장치 속에 처음부터 주어진 데 반해, 2차적 과정은 삶의 경과에 따라 점차적으로 형성되어 1차적 과정을 완전히 지배하게 된다. 이와 같이 2차적 과정 이 늦게 출현하기 때문에, 무의식적 소망 충동으로 성립되는 전의식으로서는 우 리 존재의 핵심을 파악하기도 어렵고 저지하기도 어려운 것이다. 전의식의 역할 은 무의식에서 나오는 소망 충동의 목적에 가장 맞는 길을 가르친다는 점에 한정 되어 있기 때문이다.

이와 같은 무의식적 소망들은 그 뒤의 모든 심리적 경향에 일종의 강제력을 나 타낸다. 심리적 경향은 그 힘에 순응할 것을 강요당하거나, 그 힘에서 벗어나 보다 높은 목표로 나아가기 위해 노력하기도 한다. 그리고 2차적 과정이 뒤늦게 이루어 짐으로써 전의식은 넓은 영역에 걸친 기억 재료에도 영향을 미칠 수가 없다.

유아적인 것에서 유래하며, 파괴하기도 저지하기도 어려운 이들 소망 충동 중에 는 그 충족이 2차적 사고의 목적 표상과 모순 관계에 빠지는 것도 있다. 이런 종류의 소망은 충족되더라도 유쾌한 감정보다는 오히려 불쾌한 감정을 불러일으킨다. 그리고 '이 감정 변화는 우리가 〈억압〉이라고 부르는 것의 본질을 규정한다.' 이런 변화가 어떤 길을 지나 어떤 원동력에 의해 일어나는가 하는 것이 억압의 본질적 문제인데, 여기서는 간단히 언급하는 것으로 그친다. 즉 이와 같은 감정 변화가 성장에 따라 나타난다는 것(유년기 생활에서 처음에는 볼 수 없는 심한 혐오감이 나타나는 것을 생각해 보라.), 또 2차적 조직의 활동과 결부되어 있다는 것을 염두에 두면 그것으로 충분하다.

전의식은 무의식적 소망이 감정의 방사를 일으키는 원천인 기억들에 결코 가까이 갈 수 없으며, 그로 인해 감정의 발산 역시 저지할 수 없다. 그리고 바로 이와 같은 감정의 조성 때문에 이들 여러 표상이 자신의 소망의 힘을 전이시킨 전의식적 사고들 역시 표상들에 접근하지 못하는 것이다. 오히려 불쾌 원리가 작용해서 이 전의식이 이들 전이된 사고에서 돌아서는 계기를 만들어 준다. 전이된 사고는 방임되거나 '억압' 된다. 이처럼 전의식에서 멀어진 유아적 기억의 보고가 존재한다는 사실이 억압의 전제조건이 되는 것이다.

불쾌감의 발달은, 가장 순조로운 경우 전의식 안의 충당 에너지가 전이 사고로부터 제거되자마자 끝난다. 그리고 이런 결과는 불쾌 원리의 간섭이 목적에 맞는 것이었음을 특징짓는 것이다. 그런데 억압된 무의식적 소망이 기질적으로 강화된 후, 그 강화된 결과를 자기의 전이 사고에 빌려주고, 그것으로 말미암아 전이 사고가 전의식의 에너지 충당에서 버림을 받더라도 소망이 자극의 도움을 받아 진출하려고 노력할 수 있는 경우에는 사정이 다르다. 이때 전의식이 억압된 사고에 대한 대립을 강화하기 때문에 방위 투쟁이 벌어지게 되고, 그 결과 무의식적 소망의 전달자인 전이 사고의 진출이 증세 형성에 의해 타협의 한 형식으로 이루어지게 된다.

그러나 억압된 사고들은 무의식적 소망 충동에서는 강력한 에너지 충당을 하는 반면, 전의식에서는 에너지 충당을 받지 못한 채 버림받는 순간부터 1차적인 심리적 과정에 복종하여 운동성 방출만을 지향하거나, 혹은 길이 틔어 있는 경우에는 소망하는 지각 동일성을 환각적으로 부활시키려고 애쓴다.

우리는 앞서 말한 정확하지 않은 여러 과정이 억압된 사고만을 상대로 한다는 것을 경험적으로 확인했다. 이제 그 관계를 좀더 분명히 해두어야겠다. 이들 부정확한 여러 과정은 심적 장치 속에 있는 '1차적' 과정이다. 표상들이 전의식적 에너지 충당에서 버림받아 방임되고, 무의식으로 인해 방출을 지향하는 에너지로 충당될 수 있는 경우에는 언제나 그런 부정확한 과정이 나타난다. 이들 이른바 부정확하다고 말한 여러 과정은, 사실상 정상적인 과정의 변조, 즉 사고 착오가 아니라 심적 장치의 저지를 벗어난 활동 방식이라는 견해를 뒷받침하는 약간의 다른 관찰 결과도 덧붙일 수 있다. 그래서 우리는 이와 같은 과정이 끝난 다음 전의식적 흥분이 운동성으로 옮겨지고, 또 자칫 부주의로 귀착되는 이동과 혼동이 전의식 표상이 언어와 결합되는 가운데 나타나는 것을 알게 된다.

끝으로 이들 1차적 경과 방식의 저지 때 어쩔 수 없이 활동이 증가된다는 증거는 다음과 같은 사실, 즉 '우리가 사고의 이 경과 방식을 의식까지 밀고 나갈 때' '해학적' 효과, 다시 말해 '웃음'으로 방출되어야 할 에너지 과잉 상태에 이르게 된다는 사실에서 나타난다.

노이로제에 관한 이론은 유년시절의 여러 발달 단계에서 억압(감정 변화)을 경험하고, 그후의 여러 발달 단계에서는 본원적인 양성 성욕(兩性性慾)으로 형성되는 성적 체질에 의해서나 성생활의 불리한 영향에 의해 부활할 수 있으며, 따라서 노이로제적 증세 형성에 원동력을 부여하는 것은 유년시절에서 비롯된 성적인 소망 충동뿐이라고 확신할 수 있다. 이러한 성적인 힘들을 도입함으로써 억압에 관한 이론 속에 아직 남아 있는 결함을 없앨 수 있다.

무의식과 의식 | 현실

조금만 자세히 살펴보면, 우리가 앞 장에서의 심리학적 논의를 통해 채용할 가설은 심적 장치의 운동성 말단 조직 가까이에 있는 두 조직이 아니라 '두 가지 과정 또는 흥분의 경과 방식'의 존재이다. 물론 이것은 아무래도 좋은 일인지도 모른다. 왜냐하면 우리는 보조 표상을 미지의 현실에 보다 접근해 있는 무엇인가 다른 것으로 대체할 수 있다고 믿는 경우, 언제라도 그것을 버릴 만한 각오를 하고 있기 때문이다.

우리가 두 조직을 가장 치밀하고 대범한 의미에서 심적 장치 내부의 두 장소로 간주하고 있는 동안은, 당연히 오해하기 쉬운 형태로 형성되기 쉬운 몇 가지 관념, 이를테면 '억압하다'나 '진입하다'와 같은 표현에 그 자취를 남긴 관념들을 지금 여기서 약간 정정해 두겠다. 어떤 무의식적 관념이 의식에 진입하기 위해 전의식으로 옮겨지기를 바랄 경우, 마치 원본을 두고 사본을 만드는 것처럼 새로운 장소에서 제2의 관념이 형성되어야 한다는 뜻은 아니다.

우리는 또한 의식으로 진입하는 경우에도 장소가 바뀌는 것과 관련된 모든 생각을 조심스럽게 없애고자 한다.

전의식적 사고가 억압되고, 그런 다음 무의식에 의해 받아들여질 경우, 어떤 발판을 얻으려고 하는 투쟁의 표상군에서 빌려온 이런 표현들은 사실상 어떤 심리적 장소에서 하나의 배열이 해체되어 다른 장소로 새로이 배열됨으로써 대체된다는 식으로 잘못 생각하기 쉬운 것이다. 이런 비유적인 표현에 대해 우리는 에너지 충당이 특정 배열로 옮겨지거나 거기서 철회되고, 따라서 심리적 형성물이 어떤 장치의 지배 아래 놓이거나 아니면 거기에서 벗어나는 것이라고 말할 수 있다. 그리고 여기서 다시 국지적 표상 방식을 역학적 표상 방식으로 바꾸어놓는다. 즉 심리적 형성물이 아니라 그 신경 감응이 움직이는 것으로 나타난다.

그럼에도 불구하고 내가 두 조직의 구상적인 표상을 계속 사용하는 것은 목적에
도 맞고 정당한 이유도 있다고 생각한다. 만일 우리가 표상이나 관념, 또는 심리적
형성물 일반이 본시 신경조직의 기질적 여러 요소 속 저마다의 장소가 아니라 저
항이나 통로 개척이 그것과 대응하는 상관물을 형성하고 있는 곳, 이를테면 '그런
여러 요소 사이에' 위치한다는 것을 상기한다면, 이런 표현 방법의 남용을 피할
수 있을 것이다. 우리의 내적 지각의 대상이 될 수 있는 것은 모두 광선의 진입으
로 만들어지는 망원경 속 영상처럼 '허상(虛像)'이다. 그러나 두 조직은 그 자체가
심리적인 것이 아니며, 우리의 심리적 지각이 접근하기 어려운 것이므로, 영상을
형성하는 망원경의 렌즈와 같다고 가정해도 틀리지 않을 것이다.

　우리는 지금까지 독자적으로 심리학을 추구해 왔다. 여기서 오늘날의 심리학에
지배적인 여러 학설을 두루 살펴보고, 그것들이 우리 주장과 어떤 관계가 있는지
검토해야 할 것 같다. 심리학에서의 무의식 문제는, 립스가 역설한 바에 따르면,
심리학 내부의 한 문제가 아니라 심리학 그 자체의 문제인 것이다. 심리학이 이 무
의식 문제를 '심리적인 것'은 바로 '의식적인 것'이며, '무의식적인 심리적 과정'
이라는 것은 분명한 모순이라는 설명으로 처리하고 있는 이상, 의사가 비정상적
정신 상태에 대해서 관찰한 결과를 심리학적으로 소용이 되도록 할 수는 없다.

　무의식적인 심리적 과정이 '확고히 존재하는 사실을 나타내는, 목적에 맞는 정
당한 표현'이라는 것을 철학자와 의사 모두가 인정할 때, 비로소 양자는 제휴할
수 있는 것이다. "의식이란 심리적인 것의 불가결한 성격이다."라는 주장을 의사
는 극구 부정할 수밖에 없다. 그리고 그가 철학자들의 견해를 충분히 존중하고 있
는 경우에도, 철학자들이 다루는 대상과 추구하는 학문이 자신과는 다르다고 생
각할 것이다. 왜냐하면 노이로제 환자의 정신생활을 단 한 번이라도 이해심을 가
지고 관찰한다면, 또 단 한 번이라도 꿈 분석을 해 본다면, 심리적 과정이라고 부
르는 아주 복잡하고 정밀한 사고 과정이 본인의 의식을 흥분시키지 않고 나타나
는 경우가 있다는 움직일 수 없는 확신을 갖게 되기 때문이다.

물론 의사는 이러한 무의식적 과정이 그 전달이나 관찰을 허용할 수 있도록 의식에 영향을 미치지 않는 동안은 그런 과정에 대해서 알지 못한다. 그러나 의식의 작용은 무의식적 과정과 다른 심리적 특성을 나타낼 수 있기 때문에, 내적 지각이 한편을 다른 편의 대리로 인정할 수 없게 되는 것이다. 의사는 하나의 추론 과정에 의해 의식의 작용에서 무의식적인 심리적 과정으로 진행하는 권리를 확보해야 한다. 그는 이 도상에서, 의식의 작용은 무의식적 과정이 우회적으로 미치는 심리적 영향에 지나지 않으며, 무의식적 과정은 그 자체로는 의식화되지 않는다는 것, 또 어떤 식으로든 의식에 드러나지 않고 존속하며 작용해 왔다는 것을 알게 되는 것이다.

　심리적인 것의 움직임을 올바로 통찰하기 위해 불가결한 전제 조건은 의식의 특성을 과대평가하지 않는 것이다. 립스의 말에 의하면, 무의식은 심리적 삶의 보편적인 기초로 가정하지 않으면 안 된다. 무의식은 더 작은 의식의 세계를 자기 속에 감싸는 좀더 큰 세계이다. 의식적인 것은 모두 어떤 무의식적인 전 단계를 가지고 있는데, 무의식은 이 단계에 멈춘 채로 심리적 기능의 완전한 가치를 요구할 수 있다. 무의식은 본래 실재하는 심리적인 것으로 '외부 세계의 실재와 마찬가지로 그 내적 본성 또한 우리에게는 미지의 것이며, 우리의 감각기관이 제시하는 외부 세계가 불완전한 것처럼 의식의 자료를 통해 파악된 무의식도 우리에게는 불완전할 수밖에 없다.'

　꿈에서 행해지는 데 대해 사람들이 의심했던 그 많은 꿈 작업은, 오늘날에 와서는 이미 꿈 자체의 것이 아니라 낮에도 계속 활동하고 있는 무의식적 사고에 의한 것이라고 생각할 수 있다. 셰르너의 주장대로 꿈이 매우 다양한 상징으로 신체를 표현하는 것처럼 보이면, 우리는 그것이 성적 충동에 굴복한 무의식적 공상의 소행임을 안다. 그런 공상들은 꿈뿐 아니라 히스테리성 공포증이나 다른 증세 속에도 나타난다. 꿈이 낮의 일을 계속하여 해결하고 가치 있는 생각까지 겉으로 드러내면, 우리는 꿈 작업과 마음의 심층에 있는 알 수 없는 여러 힘이 도운 증거로 알고 꿈의 위장을 제외하고 생각해야 한다.

지적 활동은 낮에 그러한 모든 일을 하는 것과 같은 정신력에 귀속된다. 우리는 지적 및 예술적인 창조에 있어서도 그 의식적 특성을 너무 크게 평가하기 쉽다. 괴테나 헬름홀츠 같은 매우 창조적인 사람들의 경우에 의하면, 그 창조의 본질적이고 새로운 것은 갑자기 떠올라 거의 완전하게 지각된 것임을 알 수 있다. 모든 정신력이 집중되는 다른 경우에서 의식적 활동의 협력은 전혀 의심할 바가 없다. 그러나 의식적 활동이 언제나 관여하는 곳에서 다른 모든 활동을 숨기는 것은 그 특권을 남용하는 것이라 해야 할 것이다.

꿈의 역사적인 의의를 특별한 주제로 삼는 것은 가치 없는 일이다. 이를테면 어느 우두머리가 꿈을 꾼 다음 무엇인가 대담한 일을 기획할 결심을 하게 되고 그 기획이 성공하여 역사의 진로가 바뀌었을 경우, 꿈을 미지의 힘처럼 간주하고 더 잘 알고 있는 다른 정신력에 대립시키는 동안은 어떤 새로운 문제가 제기될 것이다. 그 반면, 만일 꿈에 대해 낮에는 저항의 중압을 받지만 밤이 되면 심층에 있는 충동의 원천에서 힘의 도움을 받는 충동의 한 표현 형식으로 생각할 경우엔 그와 같은 문제가 일어나지 않는다. 그러나 고대의 여러 민족들이 꿈에 바친 존경은, 인간의 마음속에 어떤 제어되지 않는 것과 파괴되지 않는 것, 즉 꿈 소망을 낳고 우리가 우리의 무의식 속에서 재발견하는 '마력적인 것'에 대한 정당한 심리학적 예감에 기초를 둔 공손한 마음인 것이다.

나는 일부러 '우리의 무의식 속에서'라고 말했다. 왜냐하면 우리가 무의식이라고 부르는 것은 철학자의 무의식과도, 또 립스의 무의식과도 다른 것이기 때문이다. 철학자들은 무의식이라는 말로 다만 의식의 대립물을 표현하려고 한다. 의식적 여러 과정 이외에 무의식적인 심리적 과정도 존재한다는 것은, 격한 논쟁을 불러일으키고 또 강력히 변호된 의견이다. 립스는 일체의 심리적인 것은 무의식으로서 존재하고, 그 가운데 일부는 나중에 의식으로도 존재한다는 한층 깊이 파고든 명제를 내세운다. 그러나 우리가 꿈이나 히스테리 증세 형성의 여러 현상을 여기에 인용한 것은, 결코 립스의 이 명제를 증명하기 위해서가 아니다. 그것은 정상적인 낮 생활만 관찰해도 입증할 수 있을 것이다.

정신병리학적 증세의 형성물 및 이미 그 첫 항의 하나인 꿈의 분석이 우리에게 가르쳐준 새로운 사실은, 무의식이란 두 개의 서로 다른 조직의 기능으로서 나타나고, 벌써 정상적 정신생활에서도 그와 같이 나타난다는 것이다. 따라서 심리학자들이 아직 구분하지 않은 '두 종류의 무의식'이 있는 셈이 된다. 둘 다 심리학적인 의미에서는 무의식이다. 그러나 우리가 쓰는 의미로는, 우리가 무의식이라고 부르는 한쪽 것은 '의식화될 수 없는 것'이다. 나머지 한쪽 우리가 전의식이라고 하는 것은, 그 흥분이 일정한 법칙을 지키고 필요한 경우 새로운 검열을 통과함으로써 비로소 무의식 조직을 무시하고 의식에 이를 수 있다.

흥분이 의식화되려면 불변의 순서, 즉 검열의 변화에 의해 드러나는 어떤 절차를 통과해야 한다는 사실은 우리가 공간 관계를 가지고 비유하는 데 도움이 된다. 우리는 두 조직 상호간의 관계와 두 조직과 의식에 대한 여러 관계를 이렇게 설명했다. 즉 전의식 조직은 무의식 조직과 의식 사이에 병풍처럼 막아 서 있고, 의식으로의 입구를 닫아놓고 있을 뿐 아니라, 또 자의적인 운동성에 이르는 통로까지도 지배하고, 그 일부가 주의력으로서 우리에게 잘 알려져 있는 동원 가능한 충당 에너지의 방출도 맡아서 다룬다. 노이로제의 새로운 문헌 속에 즐겨 사용하는 '상부 의식'과 '하부 의식'이라는 구분도 우리로서는 취할 것이 못 된다. 그 까닭은 이런 구분이야말로 심리적인 것과 의식의 동일시를 강조하기 때문이다.

그러면 우리는 전에는 전능했던, 그리고 모든 것을 갖추고 있던 의식에 대하여 어떤 역할을 부여할 것인가? 이것은 바로 '심리적 특질의 지각을 위한 감각기관'의 역할이다.

지각 조직의 감각기관으로 외부 세계를 향해 있는 심적 장치는 그 자체가 외부 세계이며, 이런 관계 속에 의식의 목적론적 존재 이유가 있다.

심적 장치의 구조를 지배하고 있는 것처럼 보이는 검문소 통과의 원리가 다시 한 번 우리의 문제로 등장한다. 흥분의 재료는 두 방면에서 의식의 감각기관에 흘러들어온다. 그 한 방면은 지각 조직으로, 특질에 의해 발생한 지각 조직의 흥분은 어떤 새로운 가공을 거쳐서 나중에는 의식에 감지되는 듯하다. 다른 한 방면은 심적 장치 내부로, 거기에서 비롯된 양적 과정들은 어느 정도 변화하게 되면 일련의 쾌나 불쾌의 성질로 느껴진다.

의식의 도움 없이도 정확하고 대단히 복잡한 사상이 형성될 수 있다는 것을 깨달은 철학자들은, 의식에 어떤 기능이 있다고 인정하는 데 난점을 발견했다. 그들에게 의식이란 완성된 심리적 과정의 불필요한 반영으로 여겨진 것이다. 이와 같은 어려운 상황에서 의식 조직과 지각 조직 사이의 상사성(相似性)이 우리를 구해준다. 우리는 감각의 모든 기관을 통한 지각이 감각 흥분이 퍼져 나가는 길로 주의력 에너지 충당을 유도하는 것을 알 수 있다.

지각 조직의 질적 흥분은 심적 장치 안에서 동원할 수 있는 양에 대해 방출 조절 장치로서의 역할을 한다. 우리는 이와 같은 기능을 의식 조직의 감각기관에 대해서도 요구할 수 있다. 이 감각기관은 새로운 특질들을 지각함으로써, 동원할 수 있는 충당 에너지량을 유도하고, 목적에 맞도록 배분하기 위해 새로운 기여를 한다.

그것은 쾌나 불쾌의 지각에 의해 보통은 무의식적이며 양의 이동을 통해 작용하는 심적 장치 안에서 에너지 충당의 전위를 자동적으로 조절하는 것으로 생각될 수 있다. 그러나 의식이 그와 같은 특질을 더욱 정교하게 다시 조절할 가능성이 훨씬 높다. 그뿐 아니라 두 번째 조절은 첫번째 조절에 대치될 수 있으며, 심적 장치에 본래의 성향에 반해 불쾌감 발산과 결부된 것까지도 에너지를 충당하고 가공하게 함으로써 그 능력을 완전하게 한다.

노이로제 심리학을 통해 심적 장치의 기능 발휘에서 감각기관들의 특질 자극에 의한 이러한 조절들에 큰 역할이 주어져 있다는 사실을 알 수 있다. 제1차 불쾌 원리의 자동적인 지배 및 그것과 결부된 능력의 제한은 그 자체로 자동 현상인 감각적 조절들에 의해 깨진다. 억압은 원래 합목적적이었지만 저지와 심적 지배를 단념함으로써 결국 해롭게 되는데, 지각에서보다 기억에서 더 쉽게 억압이 일어나는 것을 알 수 있다. 왜냐하면 기억에서는 심리적 감각기관의 흥분을 통해 에너지 충당이 증가하는 일이 없기 때문이다. 거부될 어떤 관념이 한편으로 억압됨으로써 의식되지 않는다면, 다른 한편으로는 여러 가지 다른 이유로 의식 지각에서 벗어났기 때문에 억압될 수 있는 것이다. 이것이 이미 가해진 억압을 해소하기 위해 치료 과정에서 이용하는 단서들이다.

의식의 감각기관이 가동량에 영향을 미침으로써 생겨나는 과잉 에너지 충당의 가치는, 새로운 일련의 특질과 함께 사람을 동물보다 뛰어나게 하는 새로운 조절 기능의 창출에 의해 목적론적인 관계에서 가장 뚜렷하게 입증되고 있다. 즉 사고 과정들은 사고를 방해할지도 모르므로 구속되어 마땅한 쾌와 불쾌의 자극들을 제외하고는 어떤 특질도 가지고 있지 않다. 사람의 경우, 그러한 사고 과정들은 새로운 특질을 부여받기 위해 연상에 의해 언어 기억과 결합되는 것이다. 언어 기억의 질적 잔존물에는 의식의 주의를 끌어 의식에서 사고에 새로운 에너지 충당을 이룰 만한 힘이 충분히 있다.

여러 가지 의식의 문제들은 히스테리 사고 과정의 분석으로 비로소 검토될 수 있다. 그때 우리는, 전의식에서 의식의 에너지 충당에 이르는 통로 역시 무의식과 전의식 사이에서와 마찬가지로 검열과 결합되어 있다는 인상을 받는다. 이 검열 역시 양적으로 어떤 한계에 이르렀을 때 비로소 활동하기 시작한다. 그로 인해 강도가 낮은 사고 형성물들은 검열을 벗어난다. 의식에서 차단하는 것, 그리고 여러 모로 제한되지만 의식으로 진입할 수 있는 가능한 모든 경우들은 노이로제 현상들의 테두리 안에서는 결합되어 있다. 그리고 그것들은 모두 검열과 의식 사이의 밀접하면서도 양면적인 관계를 나타낸다. 나는 그 사례 두 가지를 소개하면서 이 심리학적 논의를 끝내고자 한다.

지난해 나는 동료 의사들과 순진한 눈에 영리해 보이는 소녀를 진찰했다. 그 소녀는 묘한 옷차림을 하고 있었다. 대개 여자들은 복장의 주름 하나에까지 신경을 쓰는 법인데, 그 소녀는 양말 한쪽은 흘러내리고, 블라우스의 단추는 두 개나 잠그지 않은 차림새였다. 그녀는 한쪽 다리가 아프다면서 넓적다리까지 걷어올려 보였다.

그녀의 호소는 다음과 같았다. 마치 무언가 몸 '속에 들어와' 있고, 그것이 '이리저리 움직이며' 그 때문에 온몸이 '흔들리는' 듯한 기분이 든다고 했다. 그런 때는 가끔 몸 전체가 뻣뻣이 굳어 버린다는 것이다. 옆에 있던 동료 의사는 이 말을 듣고 내 얼굴을 쳐다보았다. 그 내용이 너무 분명하다고 생각한 것이다. 우리 두 사람이 이상하게 생각한 것은, 환자의 어머니가 딸의 말을 듣고 아무렇지도 않게 생각하는 태도였다. 어머니는 딸이 말한 상황을 몇 번이나 경험했을 것이 틀림없기 때문이었다. 그 소녀 자신은 자기가 하고 있는 말의 뜻을 전혀 모르고 있었다. 알고 있었다면 그런 말을 입 밖에 내지 않았을 것이다. 이것은 전의식 속에 머물러 있는 공상이 검열의 눈을 용케 속이고, 자못 순진한 체 증세의 호소라는 가면을 쓰고 의식 속에 들어가는 데 성공한 케이스이다.

다른 예 하나. 나는 열네 살 된 소년의 정신분석 치료를 시작했다. 이 소년은 안면 근육 경련, 히스테리성 구토, 두통 등으로 괴로워하고 있었다. 그래서 나는 우선 눈을 감으면 여러 가지 모습이 보이고 여러 가지 일이 머리에 떠오를 테니까 그것을 말해 보라고 했다.

그는 이야기를 시작했다. 나를 찾아오기 전의 마지막 인상이 그의 기억 속에서 시각적으로 되살아난 것이다. 숙부와 장기를 두었으므로 장기판이 눈앞에 떠올랐다. 유리한 형세, 불리한 형세, 금지된 장기말에 대해서 숙부와 여러 가지로 토론을 한다. 그리고 장기판 위에 단도가 한 자루 놓여 있는 것을 본다. 아버지의 물건인데, 소년의 공상이 그것을 장기판 위에 옮겨놓은 것이다. 그 뒤를 이어 장기판 위에 작은 낫과 큰 낫이 보였다. 다음에는 한 늙은 농부가 모습을 나타내더니, 먼 고향집 앞에서 풀을 베고 있다.

2, 3일 후 나는 이 형상들의 뜻을 알게 되었다. 불우한 가정 환경이 소년을 자극했던 것이다. 어머니와 사이가 좋지 않았던 소년의 아버지는 냉혹하고 화를 잘 냈으며, 소년을 교육하는 데도 마치 협박하듯 했다. 그리고 나중에는 마음이 부드럽고 약한 어머니와 이혼하고, 어느 날 한 젊은 여자를 새어머니로 집에 데리고 왔다. 그런 일이 있은 후 얼마 안 가서 이 소년은 발병했던 것이다.

앞서의 형상을 의미가 있는 암시로 짜맞춘 것은 아버지를 향한 억제된 분노였다. 어렴풋이 기억하는 신화가 재료를 제공했다. 작은 낫은 제우스가 아버지를 거세하는 데 사용한 낫이고, 큰 낫과 늙은 농부의 모습은 자기 자식을 잡아먹고 제우스에게 천륜에 어긋나는 복수를 당하는 난폭한 노인 크로노스를 나타내고 있다. 아버지의 재혼은 소년이 자기 성기를 '가지고 놀았다'고 해서 언젠가 아버지에게 들은 호된 비난이나 위협을 아버지에게 되돌려주는 데 아주 좋은 기회였다(장기놀이, 금지된 장기말, 사람을 죽일 수 있는 단도). 이것은 오랫동안 억압되어 온 갖가지 기억과 줄곧 무의식적인 채로 머물러 있던 그러한 기억의 파생물이 자기를 위해 열려 있던 우회로를 지나, '얼른 보기에 무의미한' 형상으로서 의식 속에 몰래 숨어들어간 사례이다.

그러므로 나는 꿈 연구의 이론적 가치를 심리학적 인식을 높이고 노이로제를 이해할 소지를 마련한다는 측면에서 찾고자 한다. 만일 우리의 현재 지식 수준으로 원래 치유 가능한 형태의 노이로제가 다행히 훌륭한 치료 효과를 거둔다 해도, 심적 장치의 구조와 기능에 대한 철저한 연구가 앞으로 어떤 의미를 갖게 될지 아무도 예상하지 못할 것이다.

나는 간혹 우리의 정신을 인식하는 문제에서 각자의 숨은 성격상 특성을 밝혀내는 데 이와 같은 연구의 실용적 가치가 있느냐는 질문을 받는다. 과연 꿈이 나타내는 무의식적 충동들에는 정신생활에 실재하는 힘으로서의 가치가 있는 걸까? 억제된 소망들은 꿈을 만들어내듯 어느 날 다른 것을 만들어낼지도 모르므로, 그 윤리적 의미를 경시할 수 있지 않을까?

나는 꿈 문제의 이런 측면을 깊이 파고들지 않았다. 다만 한 신하가 자신을 죽이는 꿈을 꾸었다고 해서 처형한 로마 황제의 생각은 잘못되었다고 생각할 뿐이다. 황제는 먼저 그 꿈이 무엇을 의미하는지 신중하게 생각해 보았어야 했다. 아마 그 꿈의 참뜻은 그 꿈이 보여준 것과는 달랐을 것이다. 그리고 또 다른 내용의 꿈이 이 꿈과 같이 반역적인 의미를 가지고 있다 해도, 덕 있는 사람은 악인이 현실에서 행하는 것을 꿈꾸는 것으로 만족한다는 플라톤의 말을 상기해야 할 것이다.

그러므로 나는 꿈은 그대로 내버려두는 것이 가장 좋다고 생각한다. 무의식적 소망에 '현실성'이 있다고 인정할 수 있는지 없는지 나로서는 답변할 수 없다. 물론 모든 과도적 사고와 중간 사고들에는 현실성이 없다고 해야 할 것이다. 그러나 무의식적 소망들이 궁극적인, 그리고 가장 진실한 모습으로 나타난다면, '심리적' 현실과 '물질적' 현실은 혼동되어서는 안 되는 특별한 존재 형식이라고 말해야 할 것이다.

사람이 그 자신이 꾼 꿈의 부도덕함을 책임지는 데 항거하는 것은 부질없는 짓이라고 생각된다. 우리의 꿈이나 공상 생활에서 윤리적으로 부당한 것은 심적 장치의 기능 방식을 잘 알고 무의식과 의식 사이의 관계를 통찰한다면 많은 경우 없어질 것이다.

'꿈이 현재(현실)와의 관계에 대해 우리에게 가르쳐주는 것을 의식 속에서 찾아내고, 분석이라는 확대경을 통해 본 괴물이 원생동물이라는 사실이 드러나도 놀라서는 안 된다.'(한스 작스)

인간의 성격을 판단하는 데는, 많은 경우 그 인간의 행동과 의식적으로 표현되는 의견이 있으면 충분하다. 무엇보다도 우선 행동을 중요시해야 할 것이다. 왜냐하면 의식으로 진입한 많은 충동들은 행동으로 흘러들어가기 전에 정신생활의 현실적인 여러 힘에 의해 폐기되기 때문이다. 그뿐 아니라, 그러한 충동들이 때때로 진행 도중 아무런 심리적 방해도 받지 않는 것은 무의식이 그것을 다른 어디에선가 막을 수 있다고 확신하기 때문이다.

아무튼 우리의 미덕이 자랑스럽게 서 있는 토대를 파헤쳐 깊이 알게 된다는 것은 유익한 일이다. 사방으로 힘차게 움직이는 복잡하기 짝이 없는 인간의 성격을 우리의 낡은 도덕론이 바라는 대로 이것이냐 저것이냐 둘 중 하나를 택함으로써 해결하기는 거의 힘든 일이다.

　과연 꿈의 가치는 미래를 예지하는 데 있을까? 물론 그렇다고는 할 수 없다. 그 대신 꿈은 과거를 가르쳐준다고 하는 편이 더 옳은 말일 것이다. 왜냐하면 꿈은 어떤 의미에서든 과거에서 유래하기 때문이다.

　예부터 꿈은 우리에게 미래를 예시해 준다고 믿어 왔는데, 그 말에도 물론 일면의 진실은 있다. 꿈은 어떤 소망을 충족된 것으로 보여주면서 우리를 미래로 이끈다. 그러나 꿈을 꾸는 사람이 현재라고 생각하는 미래는 깨지지 않는 소망에 의해 과거와 닮은 모습으로 만들어진다.

옮긴이의
말

이 책이 출간된 것은 20세기의 문을 연 1900년이었다. 출간된 시기가 상징하듯 이만큼 각 분야에 많은 영향을 끼친 저서도 드물다.

저자 지그문트 프로이트는 한마디로 '무의식'의 창시자라 할 수 있다.

프로이트 자신도 말했지만, 인간에게는 세 번의 큰 각성이 있었다고 한다. 그 첫 번째는 코페르니쿠스의 지동설(地動說)에 의해 인간이 우주의 중심으로부터 그 변두리로 밀려난 것이고, 두 번째는 다윈의 진화론(進化論)에 의해 인간이 신의 아들로부터 원숭이의 후손으로 전락한 것이고, 세 번째는 바로 프로이트에 의해 인간이 '무의식의 채찍'에 의해 이리저리 끌려다니는 불쌍한 존재가 된 것이다.

코페르니쿠스, 다윈과 같은 반열에 놓여 평가된다는 사실만으로도 프로이트의 업적의 막중함은 충분히 입증된다고 할 수 있다.

이 《꿈의 해석》은 프로이트의 많은 저서 가운데서도 《성욕론(性慾論)에 관한 세 논문》, 《정신분석의 입문》과 함께 그의 3대 저작으로 꼽히는 책이다.

오늘날 높은 평가를 받고 있는 대부분의 학설이나 사상이 흔히 그렇듯이, 이 《꿈의 해석》도 발표 직후에는 거의 '미치광이의 헛소리'에 가까운 취급을 받았다고 한다. 1900년 초판으로 간행된 600부가 8년이 지나도록 다 팔리지 않았다는 기록이나, 같은 시기에 '꿈'이라는 제목으로 한 프로이트의 강의에 수강생이 세 명밖에 없었다는 사실로도 이를 짐작할 수 있다. 그러나 보석은 언젠가는 그 가치를 인정받게 마련이어서, 그 분야의 권위자들에 의해 차츰 주목을 받기 시작해

13년 후인 1913년에는 영어 및 러시아어로 번역되기에 이르렀다.

프로이트 자신은 이 책과 《성욕론에 관한 세 논문》을 자신의 역작으로 평가하고 있는데, 특히 이 책에 대해서는 스스로가 "현재의 판단으로도 내가 운좋게 해낼 수 있었던 모든 발견 가운데 가장 가치있는 부분을 지니고 있다. 이와 같은 통찰은 한 사람의 일생에 한 번 있기도 힘든 일이다."라고 했다.

이 《꿈의 해석》이 후세에 끼친 영향은 실로 지대하다 아니할 수 없다. 정신의학·정신분석학적 측면은 말할 것도 없고 예술적·사상적·교육적인 면에도 커다란 영향을 미치고 있다.

한 예로 예술적 측면만 보더라도, '예술에서 프로이트의 무의식에 관한 영향을 논한다는 것은 바로 현대예술의 본질적 변모를 논하는 것이다.'라고 할 정도이다.

지그문트 프로이트는 1856년 오스트리아의 한 작은 마을에서 유대인의 피를 받아 태어났다. 학창시절 정치에 뜻을 두었으나 유대인이라는 조건이 걸림돌이 되자 의학 쪽으로 전공을 옮겼다고 한다. 1876년 빈 대학 의과대학에 입학한 프로이트는 이후 15년 남짓 신경·정신 계통의 연구에 종사하다가 생계 등의 이유로 종합병원과 개인병원 의사로도 활동했다. 이 책과 같은 분야의 연구는 개업의로서 신경성 환자와의 빈번한 접촉에 힘입은 바가 크다고 한다. 환자들의 이해하기 힘든 증상의 동기가 바로 '무의식'이라는 사실을 찾아냈던 것이다.

여기서 프로이트는 '인간에 대한 과학적 이해'를 생리학과 신경학으로부터 탈피시켜 심리학으로 접근시켰다. 이 《꿈의 해석》은 심리학의 세력 범위를 밝힌 것이라 할 수 있다.

1938년 프로이트는 나치의 유대인 학살을 피해 영국으로 망명했으나, 그 다음 해인 1939년 지병인 암이 재발하여 세상을 떠났다.

프로이트의 학설은 융, 아들러, 호네이로 계승되면서 끊임없이 많은 이견과 비판이 가해졌으나, 그 큰 흐름의 줄기는 변하지 않고 있다. 그런 점에서도 이 책의 근간을 이루는 프로이트 이론의 탁월함을 쉽게 짐작할 수 있을 것이다.

고전으로 미래를 읽는다 004

꿈의 해석

초판 발행_1988년 1월 15일
중판 발행_2019년 12월 20일

옮긴이_홍성표
펴낸이_지윤환
펴낸곳_홍신문화사

출판 등록_1972년 12월 5일(제6-0620호)
주소_서울시 동대문구 안암로50-1(용두동) 730-4(4층)
대표 전화_(02) 953-0476
팩스_(02) 953-0605

ISBN 89-7055-673- 03160